근대 한국사회의
정치적 정체성

지은이

유헌식 兪憲植, Yoo Heon-Sik

연세대 졸업 후 독일 프랑크푸르트 대학 철학부에서 「헤겔의 역사적 사유에 나타난 새로움의 문제」로 박사학위를 받았다. 한국헤겔학회 회장, 계간지 『철학과 현실』 편집위원을 역임하고 단국대 철학과 교수로 퇴직했다. 현재 단국대 철학과 초빙교수로 재직중이다. 헤겔철학 논문집 『역사이성과 자기혁신』, 철학과 일상의 소통을 위한 작업 『한국인의 일상행위에 감춰진 의미구조 연구』와 『통합적으로 철학하기』(공저) 1권 고독, 2권 성장, 3권 죽음이 있으며, 철학 입문서 『철학 한 스푼』, 소설을 철학으로 해석한 『행복한 뫼르소』, 자아의 성숙을 위한 교양서 『나를 찾아가는 철학여행』 등을 저술했다. 번역서로 크로너의 『헤겔』과 앙게른의 『역사철학』이 있다. 독일 관념론, 철학적 문명론, 철학의 일상화, 문예비평이 관심분야이다.

근대 한국사회의 정치적 정체성

초판인쇄 2023년 10월 10일 **초판발행** 2023년 10월 20일

글쓴이 유헌식 **펴낸이** 박성모 **펴낸곳** 소명출판 **출판등록** 제1998-000017호

주소 서울시 서초구 사임당로14길 15 서광빌딩 2층

전화 02-585-7840 **팩스** 02-585-7848

전자우편 somyungbooks@daum.net **홈페이지** www.somyong.co.kr

값 33,000원 ⓒ 유헌식, 2023

ISBN 979-11-5905-811-0 93340

(재)한국연구원은 학술지원사업의 일환으로 연구비를 지급, 그 성과를 한국연구총서로 출간하고 있음.

한국연구총서
116

근대 한국사회의 정치적 정체성

Political Identity in the Modern Korean Society

유헌식 지음

뒤늦게 독일 유학을 떠난 1988년 여름 저녁 무렵, 프랑크푸르트 대학이 위치한 보켄하이머 바르테 지하철역에서 우연히 한 인물과 마주쳤다. 그는 한국에서 출판사를 운영하던 그의 형을 빼닮아 나는 그 인물이 H라고 금방 확신했다. 국내에서도 유명했던 H는 프랑크푸르트 대학 정치학과 박사과정에 재학 중이었다. 그에게 다가가 나는 조심스럽게 H씨 아니냐고 물었다. 내 물음에 그는 미소로 긍정하면서, 대뜸 나에게 물었다. "어떤 색깔이지요?" 나의 정치적 성향을 밝히라는 말이다. 자기와 같은 색인지를 확인하고 싶었던 것일 게다. 느닷없는 그의 물음에 나는 그냥 웃고 말았던 것으로 기억한다. 그날 H는 기숙사에 나를 초대하여 「준비 중인 레닌Lenin 관련 학위논문의 독일어 표현에 지도교수가 칭찬을 아끼지 않았다고 자랑했다. H를 통해 나는 처음으로 소위 '색깔 자백Farbebekennung'을 강요당했던 것이다. 처음 만나는 이에게 던지는 그의 '돌직구' 앞에서 나는 적이 당혹스러웠다.

이청준의 용어를 빌리면 H는 나에게 '전짓불'을 들이댄 것이다.[1] 그 '전

---

[1] 이청준은 중편소설 「소문의 벽」에서 주인공 박준의 입을 통하여 6·25전쟁 초기 남해안의 한 포구 마을에서 벌어진 일화를 소개한다. 그 마을에는 국방군과 인민군이 수시로 바뀌어 드나들었다. 어느 날 밤 느닷없이 발자국 소리가 들리더니 창문이 열리고 눈부신 전짓불이 가득 방안으로 쏟아져 들어오더니, 남자들은 다 어딜 가고 꼬맹이와 아주머니만 남아있냐고 다그친다. 문제는 전짓불을 비춘 자가 어느 편인지 그 정체를 볼 수 없다는 데 있었다. '아버지가 누구를 따라갔느냐?'거나 '너희는 누구 편이냐?'는 전짓불의 물음에 "우리는 아무 것도 모르고 그저 농사나 지어 먹는 사람이다. 누구를 따라간 일도 없고 누구의 편이 된 일도 없다. 무식한 죄로 그러는 것이니 제발 허물을 삼지 말아 달라"고 애원한다.(이청준, 『소문의 벽』, 열림원, 1998, 125~126쪽) 이렇게 '전짓불'은 한민족에게 생사(生死)를 가르는 상징이 되었다.

짓불'은 들이대는 상대의 정체를 알고 있었기 때문에 엄밀하게 말하면 그가 비춘 것을 이청준의 '전짓불'이라고 할 수는 없다. 하지만 이쪽의 색깔에 따라 그의 아군인지 적군인지가 판가름 난다는 점에서는 차이가 없다. 나의 '색깔'이 최소한 그와 나의 '거리'를 결정할 것이기 때문에 색깔 자백은 누구에게나 껄끄러운 일이 아닐 수 없다. 이런 점을 고려하여 요즘은 예전처럼 대놓고 상대방의 색깔을 묻지는 않지만 우회적인 방식으로 서로의 '색깔'을 확인하려 한다. 이러한 사정은 오늘날까지 지속되고 있다. 자신의 정치적 성향을 주위 사람들에게 밝히는 이들도 있지만 하다못해 가족끼리도 지지하는 정당을 묻지 않는 것이 예의가 될 만큼 한국사회에는 여전히 '색깔 공방攻防'의 그림자가 드리워져 있다.

'색깔'은 한국의 근현대사에서 개인과 집단의 운명을 가르는 무서운 표시였다. 좌左와 우右의 대립상은 6·25전쟁기에 본격적으로 표면화되었지만, 그 뿌리는 한반도에 공산·사회주의가 출현한 1920년대로 거슬러 올라갈 수 있다. 일제 식민지기 경찰의 탄압으로 지하에 숨어든 공산·사회주의 또는 좌파 민족주의 세력이 해방을 맞아 공개 활동을 시작하면서 좌·우 대립은 한민족 역사의 무대에 공식적으로 등장하게 된다. 8·15 해방 직후의 세속 풍경을 보자. "무서운 판이었다. 총소리 없는 전쟁마당이다." 많은 사람들이 "소리 없는 총들을 마음속에 깊이들 지니고 있는 것"이었다.[2] 그래서 "해방 이전에는 막역한 지기知己여서 일조 유사한 때는 물을 것도 없이 동지일 것 같던 사람들이 해방 후, 특히 정치적 동향이 보수적인 것과 진보적인 것이 뚜렷이 갈리면서부터는, 말 한두 마디에 벌써 딴

---

2   계용묵, 「별을 헨다」, 『20세기 한국소설 10 황순원 김동리(외)』, 창작과비평사, 2009, 39쪽.

사람처럼 서로 경원敬遠이 생기고 그것이 대뜸 우정에까지 거리감을 자아 내는 것을 이미 누차 맛보는 것이었다."³ 비록 상황과 정도에서 그때와 비 교할 수는 없지만 현재 대한민국의 일상적 현실도 이와 크게 다르지 않다. 친구와 동료의 정치적 성향을 몰라 섣불리 자기의 정치적 소견을 밝히기 어렵다. 밝히는 순간 오랜 지우知友를 잃을 수도 있다.

한국은 지금 많이 아프다. 좌·우 양 진영의 타협 없는 대립은 가족과 친구 사이도 갈라놓고 있다. 여기서 나는 이것이 궁금하다. 서로가 '적'으 로 삼고 있는 '표적'은 과연 실체를 갖고 있는 것인가? 서로를 척결되어야 할 '적폐積弊'라고 단정하고 있는 그 '적폐'란 구체적으로 무엇을 지시하는 가? 그들이 상대를 비하하여 칭하는 '종북 빨갱이'와 '토착 왜구'는 존재 하는가? 실재하지도 않는 가상의 적을 만들어 서로를 공격하고 있지는 않 는가? 한국 근현대사에서 형성된 이데올로기적 대립과 흐름에 무의식적 으로 합류하여 상대를 적으로 겨누고 있는 것은 아닌가? 또한 한국사 연 구자들도 서로 상대에 대한 적대감을 기정사실화하고 이 감정을 정당화 하기에 유리한 사료만을 선별하여 자기 주장을 강화하고자 하지 않는가?

역사는 흐름이다. 흐름을 순식간에 거스르기는 어렵다. 역사는 물리적인 관성의 영향을 받기 때문이다. 좌와 우에 상관없이 어느 한 편에 기울게 되 면 개인의 의식 여부에 상관없이 역사의 흐름에 휩쓸린다. 그 흐름은 가차 없고 가혹하다. 역사 속 인물의 의지에 개의치 않고 역사는 자기의 갈 길을 간다. 개인은 자신도 모르는 사이에 역사의 흐름에 편승하고 있으면서 자 신의 행위가 마치 개별적인 선택의 결과인 양 착각한다. 일단 역사의 흐름

---

3 이태준, 「해방 전후」, 『20세기 한국소설 06 이태준 박태원』, 창작과비평사, 2010, 139쪽.

에 탑승하고 나면 승객들 서로 간의 관계 그리고 거기에서 기인하는 공동의 분위기에 휩싸여 분위기 자체가 독자적인 힘을 지니고 스스로 정당화하기 시작하면서 개인의 의지를 넘어서는 규범적 강제력을 띠고 작동한다. 이러한 '사회학적 실재'의 힘 안에 구성원들은 꼼짝없이 갇히게 된다.

역사적 관성의 방향을 틀기 위해서는 별도의 강력한 집단적 노력이 요구된다. 문제는 이러한 변화와 개혁의 시도 자체가 '인간'이라는 특수한 현상이 주도하는 역사의 진행에서는 또 하나의 반복적인 '관성'이 될 수 있다는 점이다. 속칭 '반골 기질'이 여기에 속한다. 반골 기질에는 기득권에 대한 부정만이 살 길이라는 의식이 깔려 있다. 부정의 태도는 긍정의 태도보다 훨씬 강력한 호소력을 지닌다. '저항 민족주의'를 한국 민족주의의 기본적인 특성으로 인식하는 국사학계의 전통이 이러한 사실을 뒷받침한다. 그러나 부정은 그 자체로 만능의 전략일 수 없다. 특히 한국의 부정주의자들이 민족주의와 사회주의를 도구로 무장되었다고 할 때, 그 무기로 설명할 수 있는 영역은 상당히 제한되어 있다. 역사의 현실이란 어느 하나의 잣대로 깔끔하게 재단되지 않는다. '좋은 뜻'이 현실에서 낭패를 보기 일쑤인 이유가 여기에 있다. '인간의 현실'은 단선적이고 평면적인 척도로 잴 수 없다.

과거를 청산하는 일도 간단한 문제가 아니다. 무조건 도덕적인 척도로만 역사적 사실을 평가할 수 없다. 도덕과는 무관한 물리적인 힘이 역사의 흐름을 바꾸는 경우를 세계사는 종종 보여주기 때문이다. 육면체 놀이기구 큐브의 한 면을 맞춘다고 해서 자동으로 다른 면들이 맞춰지지는 않는 것처럼 역사도 자신이 교육받고 경험한 사실만을 바탕으로 전체를 파악할 수는 없다. 교육과 경험도 시대의 산물이다. 현실이란 각 개인이 살던 당시의 정치체계와 그에 따른 교육 그리고 그에 반하는 교육이 뒤엉킨 상태로 진행된다. 각자는 자신이 받은 교육과 현실경험을 토대로 자기 입장의 진정성을 주장하지만, 그 주장 역시 시대의 한계 안에서만 유효하다. 더구나 자신의 교육과 경험에 갇혀 반대 입장에 감정적으로 분노하는 데 길들여질 경우 지금 한국사회가 직면한 문제 상황의 출구는 묘연해진다.

지금 한국사회 전반에서 벌어지고 있는 좌파와 우파 간의 정치적 이전투구泥田鬪狗는 종식되어야 한다. 좌·우 대립의 소모적인 논쟁의 돌파구를 찾아야 한다. 소리 없는 총성에 '소리'를 내게 하여 서로의 정체를 드러내 소통할 수 있는 공론의 장을 마련해야 한다. 지금의 대립으로 인해 국력 손실이 막대함은 물론이거니와 이 대립이 앞으로 어떤 양상으로 전개되느냐에 따라 미래 한국의 얼굴이 결정될 것이기 때문이다. 오늘날 한국사회를 분열시키고 있는 두 진영 사이에 인정認定과 화합和合의 길을 모색하는 과정에서, 현대 한국사의 비극을 초래한 역사적 갈등과 대립의 뿌리와 흐름을 살피고자 하는 것이 이 책을 집필하게 된 기본 동기이다.

2023년 9월
운정 까치재에서
유헌식

차례

책머리에__ 3
서문__ 11

제1장 '민족 문제'와 그 출구로서의 민족애 —————————— 23
　1. 민족 문제　　　　　　　　　　　　　　　　　　　　　23
　2. 자립의 아이러니　　　　　　　　　　　　　　　　　　27
　3. 민족애의 자가당착　　　　　　　　　　　　　　　　　32
　4. 민족의 자부심과 수치심　　　　　　　　　　　　　　37

제2장 조선중화주의와 서구근대주의의 충돌 ————————— 47
　1. 서구문명의 진입과 조선의 충격　　　　　　　　　　47
　2. 개항기 이전 조선중화주의를 둘러싼 논쟁　　　　　51
　3. 조선중화주의와 민족(의식)의 출현　　　　　　　　57
　4. 조선 문제를 둘러싼 청 · 일간의 충돌과 조선의 대응　62
　5. 동학농민운동의 진보성과 수구성　　　　　　　　　71
　6. 일본을 모델로 한 갑오개혁의 근대적 성격　　　　76
　7. 서구적 근대화 속 중화의 그림자　　　　　　　　　80

제3장 문명개화
　서학의 수용과 세계관의 불연속 문제 ————————————— 89
　　들어가며　　　　　　　　　　　　　　　　　　　　　　89
　1. 문명개화의 역사철학적 의미　　　　　　　　　　　91
　2. 실상의 개화와 허명의 개화　　　　　　　　　　　　93
　3. 새로운 패러다임의 자기화 문제　　　　　　　　　　99
　4. 계몽과 자유와 부강　　　　　　　　　　　　　　　102
　　나가며 – 가난하고 더러운 나라, 조선　　　　　　　108

제4장 국권 상실과 한국 민족주의의 탄생 ———————— 113

1. 국권 피탈에 따른 민족과 국민의 괴리   113
2. 3·1운동의 반#봉건적 특성   120
3. 유교와 민족주의 그리고 근대화의 걸림돌   123
4. 3·1운동의 의의에 대한 상이한 평가   131
5. 3·1운동의 집단심리적 특성   138
6. '태도'로서의 민족주의   142

제5장 1920년대 민족주의와 사회주의의 친화성과 배타성 ———————— 145

1. 승인의 민족주의 vs. 부인의 민족주의   145
2. 한국 민족독립운동과 볼셰비키 사회주의운동의 상호친화력   150
3. 자생적 민족주의와 사회주의적 민족주의의 화합과 분열   154
4. 상해 임시정부에서 좌·우익의 대립과 갈등   156
5. 신간회에서 민족주의자와 사회주의자의 대립과 파국   162
6. 조선 지식인사회의 사회주의화   171
7. 일제의 친미·반소 정책이 한국 민족주의운동에 끼친 영향   179

제6장 식민지기 조선인의 일상과 근대적 태도의 습득 ———————— 183

1. '민족'에서 '일상'으로   183
2. 절망과 선망의 양가성 속에서 근대적 태도의 습득   187
3. 친일 민족주의와 조선 근대주의의 관계   196
4. 식민지 근대의 자기분열 속 일상의 근대화   205

제7장 미국의 반공주의와 국내 우파 민족주의의 선택적 친화력

반일의 민족주의에서 친미의 자유주의로 ———————— 211

1. 해방 직후 일상의 표면과 이면   211
2. 한국 지식인들의 친소·친공적 경향의 배경   215
3. 민족 문제의 사회주의적 진단과 처방의 특성   221
4. 좌·우익 대립 속 우익과 미군정의 상호친화력   226
5. 해방 전후 미국의 대한對韓정책   231
6. 구한말 자유민주주의 담론의 부활   236
7. 반공과 자유민주주의에 적합한 정치 지도자   241
8. 맺으며   245

제8장 자유민주주의 체제 정착의 어려움 ──────────── 249
  1. 시대적 문제 상황   249
  2. 통일정부 수립의 어려움   254
  3. 미군정과 이승만의 밀고-당기기   259
  4. 남로당의 암약暗躍에 대한 미군정의 적대정책   265
  5. 중도파에 대한 미군정과 유엔한국임시위원단의 태도   268
  6. 정치제도로서 자유민주주의 도입에 따른 문제   273
  7. 제헌국회 내 좌파 민족주의 vs. 이승만 정부의 반공주의   276
  8. 미 · 일의 반공주의에 동조한 이승만 정부   282
  9. 자유민주주의 '국민국가' 세우기의 어려움   286

제9장 결론을 대신하여
한국 민족주의의 분절론적 이해 ──────────── 293
  들어가며 – 생존전략으로서 분절성   293
  1. 의타依他적 분절성   298
  2. 세계정신의 도구로서 분절적 민족주의   305
  3. 새로운 분절의 형성 문제   311
  4. 민족주의의 도구화   321
  5. 정치이념 수용의 무의식적 토대로서 민족주의   326
  6. 한국 민족주의의 폐쇄적 분절성   332
  나가며 – 성찰적 민족주의의 개방적 분절성을 위하여   338

  참고문헌__ 342
  찾아보기__ 351

부록 '한류'의 철학 – 다섯 가지 미학적 코드   355

서문

　우선 책 제목 『근대 한국사회의 정치적 정체성』과 관련하여 두 가지를 해명하고자 한다. 제목에서 '근대 한국'이 아니라 '근대 한국사회'라고 적은 이유는 이 책의 핵심주제인 '정치적 정체성'이 한국의 개항기에서 정부수립기까지 드러난 지배층의 정체政體, 즉 왕조국가·식민국가·군정국가의 정치체제만을 지시하는 것이 아니라 이들 체제 안에서 생활했던 보통사람들의 정치적 성향까지 포함하기 때문이다. 다음으로 이 책은 일반적인 '민족주의'보다는 '민족 문제'에 초점을 맞추는데, 그 이유는 민족 문제가 넓은 의미에서 민족주의를 포함할 뿐만 아니라 민족주의에서 배제되기 쉬운 '일상적 삶의 영역'을 포괄할 수 있기 때문이다. 민족 문제는 민족주의에 비해 한 민족의 대외적인 관계뿐만 아니라 민족 성원들이 실존적 인간으로서 겪는 문제 상황까지 포괄한다. 결국 이 책은 한민족이 역사상 처음으로 다양한 외세의 개항요구에 맞서던 시기부터 일제 식민지기를 거쳐 최초의 근대 국가인 제1공화국의 이승만 정부가 수립되는 시기까지 한국의 지배층과 피지배층이 위기에 처한 민족을 살리기 위해 개인적·집단적으로 표상하거나 표방한 정치적 신념체계가 무엇이었는지를 살피는 데 목적이 있다.

소위 '민족 문제nationale Frage'는 민족주의 담론을 위한 전제조건이다. '민족'이 '문제'로 등장하지 않는데 민족주의가 관심사일 수 없기 때문이다. '민족 문제'는 18세기 말 서구에서 근대적 국민국가가 건립되는 과정에서 처음 제기되었다. 그 당시 '민족 문제'는 일차적으로 민족과 국가의 관계 문제 그리고 부수적으로 대외정책 문제와 관련된다.[1] 신이나 왕이 아니라 민족이 주권자로서 국가의 토대를 이루어야 한다는 주장이 설득력을 얻으면서 민족이 국민으로 부상하게 되어, 서구 근대의 국민국가는 곧 민족국가와 동일시되었다. 하지만 20세기 초 제국주의 시대에 접어들자 '민족 문제'는 지배 민족과 피지배 민족 사이의 갈등 문제로 번지면서 식민지 해방운동이 민족 문제의 관건이 되었다.

그런데 한국 민족주의의 특수성을 고려할 경우 서구적 의미의 '민족 문제'는 그 외연이 확장되어야 한다. 민족 문제는 식민지 운영국의 외재적 입장만이 아니라 식민지 경험국 내부의 욕구 측면에서 조명할 필요가 있기 때문이다. 그리하여 '민족 문제'를 '민족의 미래에 대해 궁극적으로 어떠한 태도와 방향을 취할 것인가?'하는 보편적인 문제로 확대해야 한다. 해당 '민족'이 단순히 '국민'일 수도 있지만 '핍박 받는 가난한 민족'일 경우 '민족을 압제에서 어떻게 해방시킬 것인가?' 하는 문제 못지않게, '민족을 어떻게 잘 살게 할 것인가?' 하는 문제도 중대한 관심사로 등장한다. '민족 문제'는 단순히 민족의 독립이나 해방의 문제에 머물지 않고, **민족의 부흥이나 부강의 문제**이기도 하다. 이 사실이 중요한 이유는 한국 민족주의의

---

[1] '민족 문제'를 근대 국민국가의 출현 및 성립과 관련하여 전면에 내세워 체계적으로 다룬 인물은 바우어(Otto Bauer)라고 할 수 있다. 그는 민족 문제를 사회민주주의의 시각에서 해결하고자 시도한다.(바우어, 김정로 역, 『민족문제와 사회민주주의』, 백산서당, 2006, 9쪽 이하 참조)

특성을 설명하는 데서, 과거 회귀적인 전통적 민족주의나 사회주의의 성격을 띤 근대적 민족주의에만 초점을 맞추어서는 곤란하기 때문이다. 독립적인 근대국가의 건립을 위해서는 반反봉건 반反외세에만 눈을 돌릴 수 없으며, 가난에서 탈피하여 잘 먹고 잘 살아야 한다는 현실적인 문제에도 관심을 둘 수밖에 없었다는 사실을 감안해야 한다.

어떤 길이 민족을 살리는 길인가? 강력한 외세의 개방 요구에 어떻게 대응할 것인가? 그들의 선진문물 공세에 어떤 태도로 응할 것인가? 어떤 외세를 수용 또는 거부할 것인가? 외세를 거부하면 나라가 혼란에 빠지게 되고, 외세를 수용하면 나라의 주체가 혼들리게 되는, 아이러니의 덫에서 벗어날 수 있을까? 개항기 이후 한국의 근대사는 '외세와의 관계 정립 문제'를 떠나서 이해할 수 없다. 19세기 후반의 한반도는 명치유신으로 서구적 근대화에 성공한 일본을 위시하여 미국·영국·독일·러시아·프랑스 등 서양의 제국주의 세력이 막강한 군사력을 무기로 수교와 통상을 요구하는 데 시달린다. 그리고 결국 극동의 고요한 아침의 나라 조선은 자신의 의지와 상관없이 역사상 처음으로 세계사의 흐름에 동참하게 된다. 오늘날의 용어를 빌리면 조선은 이때에 비로소 '국제관계'에 휘말리게 되고 그 관계의 중요성에 눈을 뜨게 된다.

여기서 외세에 저항하여 나라를 지켜야 한다는 운동 못지않게 국제관계를 이용하여 나라를 살려야 한다는 주장도 만만치 않았다. 개항기에 등장한 척사위정파, 동도서기파 그리고 문명개화파 사이의 갈등과 대립은 외세의 수교통상 요구에 따른 국내외의 복잡한 정치적 국면을 대변한다. 문제는 말이 '외세'이지 특정 외세에 대한 태도도 조선의 조정과 지식인들의 이해관계에 따라 바뀌었다는 데 있다. 개항기 조선의 정세는 대對중국淸관계를 빼고 이해할 수 없는데, 조선과 중국의 오랜 역사적 교류는 조선의 대對일본 및 대對러시아 정책에 지대한 영향을 미쳤다. 대외관계의 직접적인 이해당사자인 조선의 왕과 그의 친인척은 물론이고 관료와 지식인들도 자신이 속한 당파의 이해득실을 계산하여 외세와의 친소親疎 관계를 결정하였다. 하지만 외부 세력의 성격과 의도를 제대로 파악하지 못했던 조선의 지배층은 그때그때의 위기상황을 타개하기 위해 자신에게 유리할 것으로 판단되는 세력의 원정을 요청하기도 하고 국내에 주둔시키기도 하는 등 외세를 조선의 국사와 국정에 깊숙이 개입시켰다. 이러한 태도는 한국의 근대사가 파행을 면치는 못하게 되는 근본적인 원인으로 작용하였다.

결국 한국사회는 존립을 위해 타자他者의 침입과 개입의 정도와 내용에 맞춰 자기를 변신 / 굴절 / 분절시켜야 하는 카멜레온의 전략을 구사해야 했다. 그런 점에서 한국사회의 정치적 정체성을 연구하는 데에서도 단선적이거나 평면적인 접근을 피해야 한다. 복잡하고 입체적인 사태를 어느 하나의 척도로 잴 수 없기 때문이다. 특히 민족적 감정에 치우쳐 한국 근대사의 복합적인 양상을 민족주의의 입장에서만 이해하려 한다거나 공산·사회주의의 관점을 적용하여 지배층의 탐욕과 집단이기주의 그리고 피지배층의 빈곤과 피폐된 현실 사이의 대립구도로만 설명하려고 해서도 곤란하다. 역사는 그렇게 단면적으로 재단할 수 있을 만큼 단순하게 진행되지 않기 때문이다. 역사는 직선直線이 아니라 원통圓筒의 형태를 이루고 진행되며, 또한 원통의 단면은 그 자체로 하나의 세력 장場을 이루고 있는데 그 장은 다양한 사회세력들의 역학力學관계로 얽혀 있다.[2] 그런 한에서

---

2   그런 점에서 한국 민족주의 전개과정을 이해하는 데서도 "여러 사회세력의 역학관계"를 고려해야 한다는 최갑수의 주장은 옳다.(최갑수, 「서구에서 근대 민족국가의 형성과 민족

한국 근대사회의 정치적 정체성을 규명하기 위해서는 당시 한국 문제를 둘러싸고 경합을 벌이던 외세들 상호간의 지정학적 이해관계, 이에 상응하는 한국의 위정자와 외국 세력의 상호 친화성과 배타성, 한국사회 내부의 세력 판도와 주도권 쟁탈의 양상, 한국사회의 지배층이 피지배층인 보통사람들과 맺고 있는 관계 그리고 보통사람들의 기본적인 욕구 등을 입체적이고 포괄적으로 고려해야 한다.

이러한 점에서 이 책은 한민족에 대하여 민족이나 개인이라는 관점과 더불어 '인간'이라는 관점을 견지하면서 논제에 접근하고자 한다. 연구대상인 근대 한국사회의 정치적 정체성을 다루는 데서 파생되는 **'민족 문제'는 '인간 문제'를 떠나서 해명할 수 없다**고 보기 때문이다. 민족과 개인이라는 특수한 현상은 인간이라는 보편적 현상을 고려할 때에만 객관적으로 설명하고 이해할 수 있다. '인간'이라는 변수는 근대 한국사회에서 발생한 복잡다단한 사건과 사고를 입체적이고 현실적으로 조망할 수 있는 근거를 마련할 것이다. 인간은 삶을 욕구한다. 보통사람들의 생존과 생활의 욕구는 현실에서 이념보다 앞선다. 이념 이전에 인간이 있다. 인간의 원초적 생명력은 모든 정치적 이념에 선행한다. '민족'에 충실하지 못했다고 해서 '인간'을 처벌할 수 있는가? 민족이라는 전체를 위해 인간과 개인에게 희생을 강요할 권리를 누가 가지고 있는가?

이 질문은 지금까지 한국 근현대사를 설명하는 평면적이고 도식적인 설명에 의문을 제기한다. 익히 알려진『해방 전후사의 인식』이 '민족' 중심적이었고,『해방 전후사의 재인식』이 '개인'에 초점을 맞추었다면 나의

주의」,『근대 국민국가와 민족문제』, 지식산업사, 1995, 13쪽)

연구는 '인간'에 대한 이해를 바탕으로 한다. 특히 전자의 민족주의 좌파적 역사 인식은 오로지 을乙의 시각, 즉 이데올로기 비판의 관점을 견지하여 인간이라는 현상이 지닌 다각적이고 다층적인 측면을 간과한 결과 '을乙의 민주주의'에 빠져 사태의 진상을 왜곡할 위험성이 크다. 그들은 민족주의적 애국심이라는 필터로 걸러낸 사실들만을 중심으로 한국의 근현대사를 파악한다. 이러한 편향적 역사 인식에 반발하여 이영훈과 박지향을 비롯한 『해방 전후사의 재인식』의 필자들은 '실상reality을 객관적으로 보자!'는 모토를 내세운다.

　한국 근현대사의 사건 사고를 '학자'의 입장에서 객관적으로 파악하고자 하는 이들의 문제의식은 높이 평가받아야 마땅하다. 다만 이들처럼 '민족'이 아니라 '개인'에 초점을 맞추는 것만으로는 역사적 진실을 파악하는 데 한계가 있다. 이들의 시각을 따를 경우 역사의 진행을 방법론적 개체주의methodological individualism로 파악할 공산이 크며, 이러한 연구 태도에는 역사의 문제를 자칫 개인의 문제로 환원시킬 위험이 따르기 때문이다. 개인의 문제는 근본적으로 인간의 문제에 귀착된다. 그런 한에서 '인간 현상' 또는 '인간 문제'를 배제한 채 역사적 사실을 다루는 모든 담론은 편협과 결핍을 수반할 수밖에 없다. 그래서 '인간이기 때문에'라는 변수는 그것이 지배층이든 피지배층이든 그들이 보인 행태에 대한 윤리적인 평가 이전에 고려해야 할 요소이다. 그래야만 우리는 역사와 정치의 파행성에도 불구하고 그 안에서 살아 숨쉬는 '인간'을 만나고 이해할 수 있으며, 그래야만 역사적 사실의 진실과 실상을 마주할 수 있을 것이다.[3]

3　이민진의 소설 『파친코』 첫 문장, "역사가 우리를 망쳐 놓았지만, 그래도 상관없다(History has failed us, but no matter)"에 나는 동감이다. 험난한 역사 속에서도 '인간'이 숨 쉬고

'인간' 문제를 축으로 삼는 연구 태도는 한민족의 근대 경험을 '안에서 밖으로' 보는 내재적 관점이 아니라 '밖에서 안으로' 보는 외재적 관점으로 전환하도록 요구한다. '일제 강점기'는 대표적인 내재적 관점으로서 이는 외재적 관점에서 '식민지기'로 표기되어야 한다. '일제 강점기'란 표기는 한국인 사이에서만 통용되는 주관적인 언술이다. 민족이 아니라 인간의 시각에서 볼 때 한반도에 대한 일본의 식민지배는 객관적인 사실이기 때문에 세계사의 보편적 진행과 연관하여 볼 때 자민족중심적인 '일제 강점기'는 학술 용어가 아니어서 공용어일 수 없다.

　'밖에서 안으로 보기'의 관점 전환은 '우리'에 대한 대외적 평가에 귀를 기울이게 한다. 예를 들어 근대기의 조선은 내부에서 볼 때 중화中華의 그늘 안에서 유교윤리가 만개한 문명국으로 '크게' 보이지만, 밖에서 보기에 당시의 '조선'은 빈곤에 허덕이는 '작은' 나라에 지나지 않았다. 중국을 돌아보고 온 실학파 박제가에게 조선은 가난했으며, 일본을 돌아보고 온 김옥균에게 조선은 더러웠다.[4] 이는 비단 구한말에만 해당되지 않는다. 미군정기와 정부수립기에도 '민생民生'은 해결해야 할 국가적 과제였다.[5] 우리는 우리 것에 너무나 익숙하여 우리의 실상을 객관적으로 보지

　　있었다는 사실을 이 소설은 입증하고 있으며, 구한말과 일제 통치기 그리고 해방 후 한번도의 역사가 외세와 얽혀 복잡하고 긴박하게 진행되던 시간에도 '인간'이 그 안에서 살아가고 있었다는 사실과 유비적으로 연관되기 때문이다.

4　박제가는 정조에게 올린 「丙午所懷」(1786년)에서 "현재 국가의 큰 폐단은 한 마디로 '가난'"이라고 말한다.(김충렬, 「1880년대 개화파의 세계관 연구」, 『한국동양정치사상사연구』 제 20권 1호, 2021, 84쪽) 김옥균은 서구 문명의 전파에 따른 세계사회의 변화된 풍경을 교통, 전선, 제철 등의 "民生과 日用에 편리한 일들"에서 찾으면서, 그 가운데 우리에게 가장 요긴한 정책을 "위생(衛生)"으로 지목한다.(김옥균, 「治道略論」, 『韓國의 近代思想』, 삼성출판사, 1977b, 87쪽)

5　정부수립 직후, 일시적으로 귀국했던 서재필은 한 인터뷰에서 "新정부에게 귀하는 무엇을 희망하는가?"라는 물음에 "무엇보다도 민생문제의 해결이니 청년에게 직장을 주라"고 답

못하였다. 우리를 바라보는 외부인의 눈은 '우리가 보는 우리와 그들이 보는 우리 사이의 차이'를 만들어냈다.

인간과 민생의 문제에 논의의 초점을 맞출 경우 한국 근대사를 패러다임의 연속과 불연속이라는 틀로 볼 수 있는 토대가 마련된다. 달리 말해, 한국의 근대사에서 '현대'로의 이행에 결정적인 모멘텀으로 작용한 역사적 사건, 운동 그리고 조약을 선택적으로 지목할 수 있게 된다. 우선, 조선이 봉건적인 중화의 패러다임에서 근대적인 서구의 패러다임으로 전환하는 계기는 조청상민수륙무역장정朝淸商民水陸貿易章程, 1882에 의해 중국이 조선을 속국화하자 이에 대한 반발로 발생한 개화당의 갑신정변1884을 들수 있다. 갑신정변은 몇몇 특권계급 청년들이 주도하기는 했지만 "민중의 경제적·사회적 복리福利"를 위해 시도된 조선 역사에서 드문 혁명이었다.[6] 갑신정변은 비록 실패했지만 이후 조선이 수차례 근대적인 방향으로 제도를 개혁갑오/광무개혁하는 토대를 제공하였으며, 이러한 근대적 정신은 서재필의 독립협회와 독립신문 그리고 대한자강회와 대한협회의 애국계몽운동 등으로 이어진다. 근대적 국가와 사회를 구축하기 위한 한민족의 자구自救적인 노력이 일제의 국권 침탈로 인해 단절되기는 했지만 일제 식민지라는 한계 안에서 한국사회는 비록 일본의 식민국가적 통치를 통하기는 했지만 우회적으로 근대적인 법제도를 경험하게 된다. 구한말에 싹튼 자유민주주의 사상과 교육이 일제시기에 제대로 발아하지 못했던 반면,

---

하고, 또한 "조선 체류 중 가장 기쁜 일과 슬픈 일이 무엇이었는가?"라는 물음에 "가장 기쁜 것은 민족들이 역사상 처음으로 선거권을 얻은 것이고, 가장 슬픈 일은 청년들이 일이 없어 일일(一日)의 식문제 해결을 위하여 할 일 없이 정당만 왕래하여 쓸 데 없는 데 건의의 시간을 허비하는 것이다"라고 말한다.(서재필, 최기영 편, 『서재필이 꿈꾼 나라』, 푸른 역사, 2010, 379쪽)

6   서재필, 「回顧 甲申政變」, 『한국의 근대사상』, 삼성출판사, 1977, 252쪽.

미군정기에 들어 군정 당국이 군정청의 공보부에 정치교육과를 설치하여 자유민주주의의 본질을 교육하기 시작하면서 구한말의 자유민주주의 이념이 다시 살아나게 되고 이는 이후 제1 공화국 대한민국 정부가 민주주의의 보통·평등 선거를 통하여 수립되는 발판이 된다.

개항기에서 정부수립기에 이르는 일련의 정치적 과정을 '자유민주주의 이념'의 성장과정으로 일별할 경우, 한국의 민족주의 사학에서 일반적으로 강조하는 동학농민운동, 의병활동, 상해 임시정부 활동 그리고 3·1독립운동 등의 역사적 의미가 상대적으로 간과되거나 폄훼된다는 인상을 받게 된다. 그런데 이들 소위 '저항 민족주의'의 흐름은 그 자체로 근대적 의미를 지닌다고 평가하기도 하지만, 그 흐름이 근대 정치사에서 차지하는 실질적인 의미는 1920년대에 들어 민족주의운동이 공산·사회주의와 결합한 데서 찾을 수 있다. 물론 여기서 민족주의운동의 성격에 따라 좌파와 우파 그리고 중도파로 나눌 수는 있지만 한국정치의 근대성이라는 측면에서 볼 때, 우파와 중도파는 대세에서 밀려나고 좌파만이 유력한 정치세력으로 한반도 현대사의 한 축을 형성한다는 점에서 사회주의를 등에 업은 민족주의에 각별히 주목할 필요가 있다. 그리하여 한반도 내 근대적 정치사상의 출현과 형성이라는 틀에서 볼 때, 갑신정변을 기점으로 형성된 '자유민주주의'의 패러다임과 더불어 1920년대 중반 소련의 코민테른_{국제공산당, Communist International}과 손을 잡고 조직된 조선공산당을 기점으로 형성된 '사회민주주의'의 패러다임을 생각할 수 있다. 이 두 패러다임은 한국사가 기존의 연속적인 흐름에서 벗어나 새로운 방향_{근대성}을 찾아가는 결정적 계기로 작용한다.

두 번째 패러다임을 굳이 '사회민주주의'라고 칭하는 이유는 전자의 '자유민주주의'와 대비시키기 위한 것일 뿐 실제 내용에서 전자가 '자본·자유주의'라면 후자는 '공산·사회주의'라고 칭하는 게 옳다. 그럴 때에만 양자의 정치사상적 근대성이 표현되기 때문이다. 두 경우 모두 엄밀한 의미에서 '민족주의'가 들어설 수 있는 공간이 마련되어 있지 않다. 자본·자유주의든 공산·사회주의든 거기에는 '인간'이 문제가 될 뿐 민족의 특수성이 고려되지 않기 때문이다. 그런데 한민족의 경우 식민지와 분단이라는 특수한 경험으로 인해 두 대립적인 정치이념이 각각 민족주의와 연결될 소지를 지니고 있었다. 여기서 **전자의 경우 '민족 문제'를 '민생 문제'로 파악하여 비교적 민족주의 운동과의 연결고리가 약했던 반면, 후자의 경우 '민족 문제'의 뿌리를 '계급 문제'로 규명하여 기존의 민족주의 운동과 호흡을 같이 한다는 점에서 '민족주의 좌파'의 특성을 강하게 지니게 된다.**[7] 조선공산당은 당시 대표적인 공산주의 그룹인 화요회와 북풍회의 통합으로 탄생했으나, 일제의 공산주의 탄압정책으로 해체의 길을 걷다가 해방 직후 재건되어 1946년 말 남조선노동당남로당으로 부활한다. 남로당은 정부수립 직후 반민특위 그리고 국회 프락치 사건 등에 연루되어 한국사회의 정치적 정체성이 '좌익' 이데올로기와 결부되어 혼전을 거듭하게 되는 빌미를 제공한다.

결국 근대 한국사회의 정치적 정체성이라는 주제를 성공적으로 다루기 위해서는 근대 한국사회의 정치의식 형성과정에서 근대성 확보의 계기로 작용한 두 흐름을 모두 고려하지 않을 수 없다. 따라서 ① 구한말에는 동학

---

7   물론 당시 공산·사회주의로 강하게 기울었던 극좌 세력, 대표적으로 박헌영은 상해 임시 정부의 활동과 3·1독립운동을 부르주아 운동이라 여겨 그 의미를 축소시킨다는 점에서 이들이 민족주의운동 전반과 호흡을 같이 한 것은 아니다.

농민운동이나 을사조약 그리고 한일합병 못지않게 갑신정변과 독립협회 그리고 갑오개혁의 근대적 의미에 주목해야 하며, ② 식민지기에는 3·1운동이나 상해 임시정부 못지않게 1920년대 공산·사회주의 세력의 출현에 착안해야 하고, ③ 미군정기에는 신탁통치에 대한 찬·반운동 못지않게 미군정청 공보국의 자유민주주의의 교육에도 주목해야 하며, ④ 정부수립 직후에도 친일파 척결의 민족적 요구에 못지않게 미·소 냉전시대 이승만 정부의 반공 정책이 지닌 국제정치적 의미도 평가해야 한다.

제1장
'민족 문제'와 그 출구로서의 민족애

1. 민족 문제

구한말 조선은 천주교 박해에 따른 결과로 1866년 병인丙寅양요를, 그리고 미국의 통상 요구를 거부한 데 대한 대가로 1871년 신미辛未양요를 겪는 등 밀려오는 외세의 압력에 직면하고 있었다. 미국의 페리 제독에 의한 일본의 개국1853 그리고 영·불 연합군에 의한 청淸의 수도 북경의 함락 1860 소식을 접한 조선의 조정에게 일본과 서양의 통상요구는 과거 수 세기 동안 겪었던 외세의 악몽을 떠올리기에 충분했다. 대원군의 소위 '쇄국정책'은 그가 당시의 외국 사정이나 국제정세에 눈이 어두웠다는 이유로 비난할 일만은 아니다. 쇄국정책은 조선의 "오랜 역사적 경험 위에 이미 예상되었던 외세의 위협을 현실적으로 받아야 했던 절박한 사태에 대처할 수밖에 없었던 하나의 반응"이었을 따름이다.[1]

하지만 조선은 결국 쇄국鎖國에서 개국開國으로 정책을 전환하지 않을 수

---

1 한우근, 「개항 당시의 위기의식과 개화사상」, 『한국사연구』 2집, 한국사연구회, 1968, 294쪽.

없었으며 일본과 조일수호조규朝日修好條規, 1876를 체결한 이후 미국1882, 영국1883, 독일1883, 이탈리아1884, 러시아1884, 프랑스1886 등과 차례로 수호통상 조약을 맺는다. 보국안민輔國安民을 위해 '양이침범 내수외양洋夷侵犯 內修外攘'을 국난 극복의 대안으로 내걸고 문을 굳게 닫으며 저항하던 조선이 이제 서양의 문물로 무장한 일본과 서양 제국들에게 문호를 개방하는 길을 택한 것이다. 조선의 이러한 대對서양 정책 전환은 전통적인 국가 수호 방책인 이이제이以夷制夷의 묘를 살리겠다는 의지로 볼 수도 있으나, 궁극적으로는 지난 200년간 청과 맺었던 종속적 관계에서 벗어나고자 하는 의지도 깔려 있었다. '청을 따르는 길'을 버리고 '일본을 따르는 길'을 택하는 것이 조선의 장래에 유리할 것이라는 계산이었다.

여기서 본격적으로 조선의 '민족 문제'가 출현한다.[2] 이전까지 조선은 청에 대해 형제 또는 군신의 관계를 적당히 유지하며 청을 종주국으로 섬기며 살았으나 조선에게 청은 더 이상 따라야 할 대상이 아니게 되었다. 지금까지 조선이 세계의 중심으로 떠받들어 오던 중국淸이 서양의 세력 앞에서 무기력하게 무너지는 모습은 조선에게 엄청난 충격이었으며, 이 사실로 인해 조선은 청이 더 이상 믿고 의지할 수 있는 모델이 아니라는

---

2 민족 문제(nationale Frage)는 본래 서구에서 민족주의 담론과 더불어 출현하였다. 18세기 말 서구에서 근대적 국민국가를 구성하는 대목에서 '민족 문제'는 처음 대두하였다. 이 당시 '민족 문제'는 일차적으로 민족과 국가의 관계 문제 그리고 부수적으로 대외정책 문제와 관련되었다. 신이나 왕이 아니라 민족이 주권자로서 국가의 토대를 이뤄야 한다는 주장이 설득력을 얻어 민족이 국민으로 부상하면서, 서구 근대의 국민국가는 곧 민족국가와 동일시되었다. 하지만 20세기 초 제국주의 시대에 접어들면서 '민족 문제'는 지배 민족과 피지배 민족 사이의 갈등 문제로 번지면서 식민지 해방운동이 민족 문제 해결의 관건이 되었다. '민족 문제'를 근대 국민국가의 출현 및 성립과 관련하여 전면에 내세워 체계적으로 다룬 인물은 바우어(Otto Bauer)이다. 그는 민족 문제를 사회민주주의의 시각에서 해결하고자 시도한다.(바우어, 김정로 역,『민족문제와 사회민주주의』, 백산서당, 2006, 9쪽 이하 참조)

사실을 깨닫게 된다. 조선이 점차 자신들의 세력권에서 벗어나려 하자 청은 1882년에 조선과 체결한 조청상민수륙무역장정을 통해 조선을 조약상 '속방'으로 규정함으로써 조선에 대한 정치·경제적 주도권을 행사하려 했으나 그마저도 청일전쟁1894에서 일본에 패하여 수포로 돌아가게 되었다. 이제 조선이라는 '민족'은 대외적으로 뿐만 아니라 대내적으로 '문제'로 부상하게 되었다. 조선을 어떻게 할 것인가? 조선은 어디로 가야할 것인가? '문제'로서 조선은 조선을 둘러싸고 이권다툼을 벌이는 외세들에게는 물론 조선 자체의 내부에서도 뜨거운 감자가 되고 말았다. 19세기 후반의 한반도는 강대국 간의 세력 다툼이 치열하게 벌어지던 공간이었고, 그 안에서 조선의 국왕과 관료와 지식인들은 민족의 현재에 번민하면서 민족 문제의 출구를 모색하기에 여념이 없었다. 19세기 후반에 자의반 타의반으로 진행된 외세의 조선 진입은 조선 사람에게 '민족'의 존재를 일깨우면서 '민족의식'을 싹트게 하고, 이 의식이 합쳐져 민족을 살려야 한다는 '민족애民族愛'를 형성하여, 급기야 뜻있는 이들이 '민족주의'를 지향하기에 이른다.

한국 민족주의의 특성과 관련하여 '민족 문제'는 기본적으로 '민족의 삶에 대해 어떠한 태도를 취할 것인가?' 하는 보편적인 문제로 확대할 필요가 있다. 그런데 '민족 문제'가 제기된 서구의 경우 민족이 단순히 '국민'일 수 있지만, 조선을 비롯한 제3 세계의 경우 민족이 '핍박받는 가난한 민족'이라면 민족을 압제에서 어떻게 해방시킬 것인가 하는 계급 **해방의 문제** 못지않게, 민족을 어떻게 잘 살게 할 것인가 하는 **민생의 문제**도 중대한 관심사가 아닐 수 없었다. '민족 문제'는 단순히 민족의 독립이나 해방의 문제에 머물지 않고, 민족의 부흥이나 부강의 문제이기도 하다. 개항기 이후 혼돈과 혼란에 빠진 조선의 조정과 관료들이 자주자립自主自立과 부국강병富國强兵을 기치로 내세운 이유는 조선의 자주自主와 부강富强만이 조선이 직면한 '민족 문제'를 해결할 수 있는 출구라고 보았기 때문이다. 그러나 민족 문제의 해결은 단순치 않았다. 청과 일본이 조선의 장래를 놓고 쟁투를 벌일 뿐만 아니라 러시아를 비롯한 서양의 제국주의 열강들이 각자 조선을 통해 자국의 이익을 챙기고자 했기 때문이다. 조선의 민족 문제를 이들은 '조선 문제'로 인식하여 '조선'의 정치·경제·군사의 향방을 자신들이 결정하고자 하였다. 특히 청과 일본은 지리적 근접성과 역사적 유대를 빌미로 조선의 정치제도와 경제제도 개혁에 본격적으로 개입하려 하였다. 하지만 서구 열강들이 조선에 진출하면서 청과 일본은 이들 세력을 의식하지 않을 수 없었고, 무엇보다도 부동항을 찾아 남하하는 러시아 세력에 맞서기 위해 대對조선 정책을 수정하지 않을 수 없었다.[3]

'민족'이 하나의 문제 상황으로 등장할 때, '민족 문제'는 그들외세에게 '조선 문제'로 나타나지만 우리조선에게는 '자립 문제'가 절박해진다. 한반도를 둘러싼 정세는 조선이 스스로 서기에 턱없이 불리했지만 조선의 대외정책 1순위는 '자립'이었다. 조선의 이러한 의도를 정확히 파악하고 이용한 나라는 물론 일본이다. 일본은 강화도조약1876의 1조, 시모노세키조약1895 1조에서 '조선은 자주독립국'이라는 사실을 명시했을 뿐만 아니라 갑신정변 직후의 톈진조약1885에서는 '조선에서 청·일 양군의 동시 철병'을 약속함으로써 조선이 더 이상 청의 속국이 아니라는 점을 공식적으로

3　러시아의 남하에 따른 위기의식에서 일본은 1890년 중의원 개원식에서 내각 수상 야마가타(山縣有朋)는 '일본의 주권선(主權線)을 수호하기 위한 최소한의 이익선(利益線)은 조선'임을 천명한다.(최덕수, 「청일전쟁과 동아시아의 세력변동」, 『역사비평』 28호, 역사문제연구소, 1994, 59쪽 참조)

강조하고 확인하였다. 당시에 대륙 진출을 꿈꾸는 일본의 입장에서는 청 세력을 조선에서 몰아내는 일 못지않게 점차 한반도로 팽창해오는 러시아 세력을 막는 일 또한 시급한 과제였다. 여기서 조선을 청에서 분리시키려는 일본의 전략은 청에서 독립하려는 조선의 의지와 호응한다. 그리고 이러한 친화력이 차후에 어떤 결과를 초래할지 조선이 미처 예상하지 못했을 만큼 일본은 주도면밀하고 기민하게 조선 문제에 개입하였다. 결국 **일본은 조선 문제를 매개로 조선의 민족 문제에 개입하기 시작한 것이다.** 이제 조선이 거부하고 그로부터 자립해야 할 대상에는 청에 더하여 일본이 포함되었다.

2. 자립의 아이러니

조선의 자립은 쉽지 않았다. 자립을 방해하는 요인이 외부와 내부에서 동시적으로 작용했기 때문이다. 외부 정세에서 볼 때, 조선은 청으로부터 정치·경제·군사적으로 자립하기 위해 현실적으로는 외세인 일본에 의지해야 한다는 아이러니에 빠지게 되었다. 더욱이 조선이 청의 간섭에서 벗어난다 해도 중화문화권에서 탈피하는 것은 아니라는 것이 또한 문제였다. 조선의 지리와 종족을 중국에 대해 지킨다 해도 조선의 문화가 여전히 중화에 갇혀 있다면 조선은 명실공히 자립했다고 말할 수 없었다. 청에서 자립하기 위해 일본에 의지하는 문제가 차후에 일본의 조선국권 침탈이라는 엄청난 사태를 몰고 올 만큼 일본이 조선의 자립을 방해하는 결정적인 외부요인이었다면, 그 고질적인 내부요인은 조선의 오래된 중화주의였다. 여기서 **후자의 문제 상황**은 근본적으로 조선이 자기民族를 지키기 위한 애국의 대상이 곧 '자기 속에 들어와 있는 타자中華'라는 데서 비롯한다. 중국은 조선조 건국 이후 300년간 명明이라는 이름으로, 그 이후 200년간 청이라는 이름으로 조선에 종속을 강요하며 군림해 왔다. 조선은 중국의 전통적인 화이관華夷觀에 따른 이夷에 속하지 않기 위해 '소小중화'로 자처해 왔던 것이다.

여기서 당시의 조선이 '조선중화주의朝鮮中華主義'의 성격을 지녔었는지 아니었는지는 중요하지 않다.[4] 관건은 '중화中華'에 대한 조선인의 '태도 attitude'이다. 조선에게 '중화'는 무엇이었나? 이 문제가 중요할 따름이다. 정옥자나 우경섭처럼 조선이 중화를 주체적으로 자국화自國化하여 '조선의 중화'를 유지함으로써 민족적 자부심을 갖게 되었다고 주장하든, 계승범의 주장대로 조선중화주의가 조선후기 사회를 주도한 독립변수가 아니라 명·청 교체에 따른 종속변수에 지나지 않는다고 보아 조선의 주체적인 자국화의 의미를 축소시키든, 중화와 조선의 긴밀한 유대관계를 부인할 수는 없다. 중화문화가 어떤 형태로 조선에 존속하든 당시 조선의 굴레였던 것만큼은 사실이었다.

이렇게 볼 때, 조선이 타자他者로부터 자기自己를 지켜 자립하고자 하는 의지에는 한족 중심의 정통 중화인 명의 정신문화 그리고 비록 초기에는 이

---

4 정옥자의 『조선 후기 조선중화사상 연구』(1998)가 발단이 되어 국사학계에서 대표적으로 계승범의 「조선후기 조선중화주의와 그 해석 문제」(한국사 연구 159집, 2012b)와 우경섭의 「조선중화주의에 대한 학설사적 검토」(한국사연구 159집, 2012)를 통해 조선 속의 중화사상이 자율적이었는지 타율적이었는지를 따지는 논쟁이 일었고, 이 논쟁은 최근에 다시 조선 / 대한제국의 근대화에 대한 내재적인 설명 가능성 그리고 식민사관의 극복과 관련하여 배항섭을 위시한 일군의 학자들에 의해 새롭게 부각되었다(배항섭, 「'탈근대론'과 근대중심주의」, 『민족문학사 연구』 62호, 2016과 배항섭, 「한반도의 오늘, 한말의 경험에서 생각한다—국제질서 인식의 자율성·냉철성을 중심으로」, 『역사비평』 124집, 2018 참조).

적夷狄으로 치부했지만 중원을 차지한 후에는 명의 후예로 인정한 사이비 정통 청의 제도와 문물에서 자유로워져야 한다는 당위까지 포함되어 있다. 문화가 빠진, 영토와 정치와 경제와 군사의 자립은 반쪽짜리 자립에 지나지 않기 때문이다. 조선의 정신이 과거 타자의 정신에 붙박여 있는 한 진정한 자립이라 할 수 없다. 그런데 500년 이상 중화라는 타자를 자기화自己化한 조선은 이 타자로부터 자립하기에 이미 너무 멀리 와 버렸다. 조선의 사대부와 유생들이 기치로 내세운 척사위정斥邪衛正과 동도서기東道西器는 '중화'라는 그림자가 조선의 역사와 사회에 얼마나 짙게 드리워져 있는지를 단적으로 보여준다. '탈중화脫中華'는 조선에게 곧 '탈조선脫朝鮮'으로 이어진다는 점에서 조선의 정신적 / 문화적 자립은 환골탈태의 대변신을 요하는 지난한 일이 되었다. 한민족에게 닥친 '민족 문제'를 해결하기 위해 발휘하는 애국 애족의 정신이 결국에는 중화와의 연결고리를 찾는 일로 환원되는 아이러니가 발생한 것이다. 위정衛正의 '정正'이 중화의 '성性'이고 동도東道의 '도道'가 중화의 '리理'인 한에서, 조선 민족의 민족애民族愛는 곧 조선의 중화애中華愛와 다를 바 없었다. 애국이 자립과 충돌하는 순간이다. 그리하여 조선은 조선 자신으로부터 독립해야 하는 데 따른 진통을 스스로 감내해야 했다.

조선사회가 동조하던 화이관華夷觀은 개항기를 기점으로 퇴조하기 시작한다. 그리하여 조선 내부에서도 고종이 김옥균에게 청에서 독립하는 방도를 묻는 장면이 『갑신일록』에 기록되어 있으며, 청 이홍장의 추천에 따라 고종의 외교고문으로 활동한 데니O. N. Denny는 『청한론淸韓論』에서 조선은 대내외 문제를 자주적으로 처리해 온 민족이기 때문에 국제법에 따라 엄연히 자주적인 주권국가라고 설명한다. 갑오개혁 직후인 1895년 청일전쟁을 계기로 조선은 청과의 조공관계를 철폐하는 한편 고종은 홍범 14

조를 통하여 청으로부터의 독립을 공식적으로 천명한다. 또한 이와 병행하여 청의 사신을 맞이하던 영은문을 철거하고 그 자리에 독립문을 건립한다. 이와 같은 일련의 '청으로부터의 독립운동'은 일본의 지원을 받는 조정의 개화파들에게는 당연한 처사였으며, 척사위정파의 핵심인물인 최익현과 류인석 등 유생들까지 『만국공법』과 『공법회통』을 근거로 조선의 칭제 건원은 자주 독립 국가로서 조선의 권리라고 주장하였다.[5] 그리하여 독립의 성격을 띤 '대한제국'의 선포1895는 비록 제한적이기는 하지만 조선이 대외적으로 자주국自主國으로서 국민들에게 충군애국忠君愛國의 정신을 강조하는 계기가 되었다.[6]

하지만 조선이 청으로부터 자립하는 일은 곧 조선 내 일본 세력의 확장을 수반하였다. 러일전쟁에서 일본이 승리하면서 러시아가 조선에서 물러나자 일본은 강압적으로 한일협상조약을巳條約, 1905을 체결하여 조선의 외교권을 박탈한 뒤 급기야 1910년에는 한일합병조약을 통해 조선을 식민지화한다. 일본에 문호를 개방한 강화도조약을 시작으로 조선은 한편으로 일본을 청에 대한 견제세력으로 이용하면서, 다른 한편으로는 서구화된 일본의 선진문물을 수용하려 하였다. 요컨대 일본과의 교류를 통해 조선은 자주自主와 개화開化라는 두 마리 토끼를 한꺼번에 잡으려 한 것이

---

5 김현숙, 「한말 '민족'의 탄생과 민족주의 담론의 창출 – 민족주의 역사서술을 중심으로」, 『동양정치사상사』 제5권 1호, 한국동양정치사상사학회, 2006, 121·122쪽 참조.

6 '국민'이란 용어는 갑오개혁 이후에 처음 등장하였다.(김현숙, 위의 글, 2006, 128쪽) 하지만 '국민(國民)'이란 용어 자체는 『주례(周禮)』, 『사기(史記)』 등 동아시아 문명권의 대표적인 고전들에서 등장할 뿐만 아니라 조선시대 『승정원일기』에도 출현하는데, 이때의 국민은 '民', 곧 '백성'을 의미하는 반면, 근대국가에서 근대적 정치체의 구성원이라는 의미에서 'nation'에 해당하는 '국민'은 독립협회에서 나라의 주인이라는 뜻에서 '대한국민'을 언급할 때 처음 등장한다.(강동국, 「근대 한국의 국민·인종·민족 개념」, 『동양정치사상사』 제5권 1호, 한국동양정치사상사학회, 2006, 7~11쪽 참조)

다. 하지만 이 전략은 들어맞지 않았다. 일본은 조선이 자주와 개화에 이르도록 돕는다는 안내자 역할을 명분으로 내세워 조선을 서서히 장악함으로써 침략의 야욕을 드러냈다. 당시 동북아 정세는 이미 일본 쪽으로 기울어 조선과 일본의 관계에서 일본은 일방적인 우위를 접하고 있었다. 러시아는 물러났고 미국·영국에도 일본의 조선 점령을 공식적으로 인정받은 상황에서 일본으로서는 더 이상 거리낄 것이 없었다.

조선인은 일본의 돌연한 태도 변화에 '민족'의 이름으로 거세게 저항하기 시작했다. 러일전쟁과 을사조약은 조선 / 대한제국의 사회구성원이 스스로를 민民, 백성이나 국민으로 간주하는 데서 벗어나 '민족'으로 단결하여 저항하게 만든 기폭제가 되었다. 조선인과 일본인은 같은 동양인으로서 인종적으로 동질성을 유지할 뿐만 아니라 조선과 일본은 각각 자국민自國民으로 구성되어 있기 때문에 조朝·일日 간에 갈등을 야기할 소지가 없었다. 그런데 일본의 조선 침탈로 조선이 국권을 상실하자 조선인이 일본인이 되면서, 동양 인종으로서 조선인과 (대한)제국 국민으로서 조선인 사이에 균열이 생긴다. 조선에서 인종과 국민 간의 조화가 깨진 것이다. "러일전쟁 이후 인종 개념이 제국주의 논리로 변하여 국민 개념과 인종 개념의 조화가 깨어짐에 따라 제국주의에 대항하기 위해서는 새로운 인간집단을 개념화할 필요가 생겼고 민족 개념은 바로 이러한 요청에 의해 수용되었다." 여기서 '민족'은 "대한제국의 구성원을 규정하는 중요한 정치적 개념"으로 정착되기에 이른다.[7]

---

[7] 강동국, 앞의 글, 24쪽. 이 글에서 강동국은 결정적으로 한일합병을 거치면서 조선은 '인종 vs. 국민-민족' → '국민-인종 vs. 민족'으로 이행했다고 설명한다. 이 설명은 근대 한국 '저항 민족주의'의 특성을 단적으로 보여준다.

3. 민족애의 자가당착

벼랑 끝에 몰린 민족의 운명 앞에서 조선의 뜻있는 지식인들은 '지켜야 할 우리의 가치'에 주목했다. 최익현을 비롯한 척사위정파는 조선의 정신과 평화와 자연을 서양의 물질과 폭력과 인위에 맞서 보호하고자 했다. 조선의 정신은 무엇인가? 정신은 무형無形적인 것이다. 한 국가에서 무형적인 것은 제도와 문화언어로 대표된다. 척사위정파의 입장에서 볼 때, 왕정 체제를 유지시키는 제도와 사회구성원들이 공유해 오면서 의사소통을 가능하게 하는 문화와 언어가 침해받아서는 안 된다. 다음으로 평화는 전쟁이 없는 상태이다. 최익현이 말하는 '평화'는 '전쟁'과 대비되는 의미에서 '다른 나라와 싸우기 싫다'는 대외적인 의지 표명이기 때문에 대내적으로 '지켜야 할 것'에 포함되지는 않는다. 그러나 이를 뒤집어 대내적인 의미로 보면, 평화는 정체停滯와 통한다. 조선의 경우 평화는 외부의 간섭이 없이 이미 익숙한 상태의 지속을 뜻한다. 외부를 향해 문호를 개방할 의사가 없다는 것은 곧 좋든 싫든 '정체된 상태의 자기'를 보듬고 살겠다는 뜻이다. 마지막으로 '자연'은 유형有形적인 것이다. 우선 그들이 지키고자 하는 것은 토지영토이고 다음으로 사람이다. 땅은 민족의 삶을 위한 공간이고 사람은 그 땅을 일구며 살아 온 혈연이다.

여기서 사람과 영토는 자연에 속하여 일차적인 것인데 반해, 제도와 문화언어는 역사 속에서 형성되는 인위적이고 이차적인 것으로 볼 수 있다. 그런데 최익현을 비롯한 척사위정파는 조선조 500년의 긴 역사 과정을 겪으면서 국왕을 정점으로 하는 **국가의 정치체계를 인위적인 것이 아니라 자연적인 것으로 간주하였다.** 마치 국가王와 신민臣民이 하나인 것처럼 인식하는 사태가 빚어졌다. 그리하여 인위적인 '정치체계'가 자연적인 '사람'과 붙어있는 것으로 착각하여 '왕이 없는 나라'는 '내가 없는 나라'만큼 상상할 수 없었다. 개항기를 기점으로 하여 일본과 서구 열강의 조선 침입은 자연적인 토지와 사람에 대한 위협을 넘어 국가왕의 존망을 위태롭게 하는 국가비상사태가 아닐 수 없었다. 조선은 역사상 가장 강력하게 외부의 '충격'을 경험하였다. 척사위정파가 말하는 양이洋夷로 인하여 구한말의 조선은 역사상 처음으로 역사가 '단절'될 위기에 처한다. 조선의 땅에 타민족이 들어와 거주居住할 수 있으며, 조선의 정치체계도 '변화'될 수 있다는 사실 앞에서 그들은 혼란스러웠다. **한반도에 처음으로 '질적인 변화의 역사'가 출현하는 순간이었다.** 반만년 한반도 역사가 연속적이고 점진적인 변화에서 벗어나 '서양'이라는 이질異質적인 문명과 전면적으로 마주치면서 '새로운 국가'로 변신할 수 있는 획기적인 기회가 찾아온 것이다.

그러나 외부에서 주어진 '충격'을 새로운 국가 건설의 계기로 활용하려는 의지는 강했으나 이 의지를 어떻게 살려갈지, 개혁의 방향에 대해서는 갈피를 잡기 어려웠다. 개항 이후 자강自强이나 부국강병富國强兵은 지배층의 국가 차원에서 지향한 가치였다면, 국권이 피탈될 위기 상황에서 관심은 '우리에게 무엇이 문제인가?', '우리는 누구인가?' 그리고 '우리는 어디로 가야 하나?' 하는 문제의식 속에서 민족정신의 계몽 또는 애국계몽운동 쪽으로 쏠리기 시작한다.[8] '민족 지키기'를 모토로 내세운 구한말의 민족 계몽운동은 '애국지상주의'라 부를 수 있다. 국가와 국민이 사라질

---

8 물론 이 방향은 지배층의 시각에서 그런 것이고, 피지배층의 경우에는 민란, 화적, 의병 등의 운동으로 나타난다.(김도형, 「한말 계몽운동의 정치론 연구」, 『한국사연구』 54집, 1986, 75쪽 참조)

위기에서 보존해야 할 '국國'에 대한 애착과 애정은 민족 계몽운동 외에 다른 길이 열려 있지 않았다. '민족애'의 표현인 '민족 계몽'을 위해서는 '계몽'의 표준이 요구되었고 그 기준은 이미 일본을 통해 조선에 유입되기 시작한 서양의 학문이었다.

당시의 계몽운동에서 서양학을 수용하는 자세는 중국에서 이미 논의되고 있던 양무론洋務論의 입장과 변법론變法論의 입장으로 나눌 수 있다. 전자가 중국의 중체서용론中體西用論과 유사하게 동도서기東道西器 또는 구본신참舊本新參의 원칙에 따라 조선의 유교정신을 바탕으로 삼으면서 서양의 기술문명만 수용하자는 입장이라면, 후자는 서양의 근대적인 정치나 법률까지도 수용하자는 입장이다. 하지만 어느 경우에나 근본은 유교儒敎였다. 그리하여 당시 조선의 지성계는 유교의 근본이념을 보다 철저하게 이해해야 한다는 부류, 유교의 비현실적인 폐습을 인정하고 개선하여 그 바탕에서 서양의 새로운 학문을 수용하자는 부류, 학문과 종교로서 유교의 한계를 인식하고 서양학을 적극적으로 수용하자는 부류로 나뉘었다. 하지만 세 번째 부류도 겉으로 표방하는 태도와는 달리 유교의 근본적인 이념을 전적으로 부정하는 단계까지 이르지는 않았다. 그들이 실제로 제시한 근대화의 방법을 살펴보면, 서양 학문 자체도 유교의 입장에서 수용하려는 노력을 확인할 수 있기 때문이다.[9] 유교 또는 중화의 그림자는 멸망해 가는 조선의 뒷덜미를 끈질기게 물고 있었다.

조선의 지식인들은 현재의 자기를 깨닫기 위해 부단히 과거로 생각의 방향을 돌렸을 뿐만 아니라 당면한 문제 상황의 돌파구를 과거의 유교

---

9   김도형, 위의 글, 97~100쪽 참조.

이념에서 찾고자 하였다. 그들은 역사의 불연속을 인정하려 들지 않았다. 그래서 개화사상의 현실주의를 조선 후기 '실학'의 이용후생이나 경세치용과 연계시키는가 하면, 개화사상의 실행實行주의를 중국 고대 공맹孔孟의 실천론에서 찾기도 한다. 이러한 시도에는 서구의 근대를 수용하는 과정에 '우리 것'이 — 그것이 중국 것을 주체적으로 발전시킨 것이든 아니면 중국 것을 모방한 결과이든 간에 — 녹아 있다고 봄으로써 양자 사이의 이질성을 거부하고 점진적인 연속성을 찾고자 하는 열망이 배어 있다. 그리하여 1880년대 개화파 지식인들이 '부강富强'을 목표로 내세웠을 때, 거기에는 박제가의 『북학의』에 제시된 경세론이 암암리에 작용하고 있으며, 『한성순보』와 『한성주보』에 실린 '부강' 관련 기사에는 '주례周禮', '논어論語', '서경書經' 등의 중국 고전에서 이론적인 가르침教보다는 국가와 백성을 부유富裕하게 만드는 일이 더 중요하다는 논지가 인용되고 있다. 이들은 특히 '대학大學'에서 연원하여 주자학의 근간을 이루는 '격물치지格物致知'를 글자 그대로 '사물을 연구하여 지식을 습득함'으로 재해석하여 "일단 격물치지가 이루어지면 생재生財의 일과 사물을 이용하는 것 그리고 국가의 내수외교에 대해 두려워할 것이 없다."고 말한다. 격물치지에서 유래한 '격치학格致學'은 'science'의 일본어 번역인 '과학科學'과 같은 의미로 사용되었다. 개화당의 중심 인물 박영효조차도 사서삼경과 제자백가서만 읽고 암송하는 일에 몰두하는 유생儒生들을 비판하고 주자의 '격물치지론'을 현실화하여 폐습에 가득 찬 전통적인 '문화文華'에서 벗어나 서양의 실용학으로 나아가야 한다고 주장한다.[10] 이렇듯, "18세기 후

---

10 김충렬, 앞의 글, 85·86쪽 참조.

반의 박제가나 19세기 후반의 개화파나 모두 전통적인 윤리적 관점과 대결할 필요가 있었고, 고전 유학의 텍스트들 속에서 자신들 주장의 논거를 가져왔던 것이다".[11]

조선 후기 지식인들의 민족애民族愛는 자기애自己愛, 곧 자기의 과거에 대한 애착과 결부되어 나타난다. 자신들의 입지와 논지를 강화하기 위해 끌어들이는 중화의 격물치지는 말할 나위 없고 조선조 실학實學도 결국 중화의 영향권 아래 있는 유학 텍스트라는 점을 고려하면, 문제는 이들이 **새롭게 접하는 서양의 학문과 문명을 부단히 과거의 텍스트로 환원하여 이질적인 불연속을 동질적인 연속으로 파악하려 한다는 데 있다.** 이러한 서구 문명 수용 태도를 견지할 경우, 외부에서 아무리 질적으로 새로운 것이 유입되어도 기존의 전통적인 틀로 덮어씌워 해석하기 때문에 결과적으로는 어떠한 새로운 것도 조선에 들어오지 못하게 된다. 새로운 것은 새로운 틀에 담을 수 있어야 하는데, 명의 비호 아래에서 300년 동안 그리고 청에 조공하며 200년간 중화의 짙은 그늘 아래 머물러온 조선의 관료와 지식인들에게 중국에서 벗어나는 일은 마치 잠을 자고 있는 사람에게 잠에서 깨어나는 일이 가장 상상하기 힘든 일인 것처럼 어려운 일이었다. **그들의 마음뿐만 아니라 행동은 이미 충분히 중국에 길들여져, 그로 인한 관성慣性이 지금 새로운 세계로의 진입을 방해하고 있는 것이다.** 과거의 자기自己가 미래의 자기를 붙잡고 있는 형국이다. 그들의 민족애 또는 애국지상주의는 이렇듯 왜곡되어 나타났다.

---

11 위의 글, 86쪽.

4. 민족의 자부심과 수치심

조선 최초의 신문인 『한성순보』의 고문이었던 이노우에 가쿠고로井上角五郎는 언론인으로서 한국말도 잘하여 주변의 지인들과 잘 어울리던 차, 하루는 술에 취해 이렇게 말한다. "제공들이 평소 큰 말로 지껄이며 사대부를 자처하고 우리 일본인을 가리켜 꼭 왜놈倭奴 왜놈 하는데, 대저 왜놈은 왜 왜놈이오. 하지만 가히 **왜놈을 꺾어 굴복시킨 다음에 왜놈은 스스로 굽혀 왜놈이란 것을 인정할 것입니다.** (…중략…) 제공들은 입으로만 사대부라 빙자하면서 **칼이 어떤 물건인지 살피지 아니하고 왜놈을 다스리려 하면 우리 왜놈들이 순순히 복종하겠습니까?**"[12] 이노우에는 여기서 조선인이 자신들을 업신여긴다는 사실을 인정하는데, 이를 뒤집어 말하면 일본은 조선처럼 문명하지 못하여 무시당해도 괜찮은 나라라는 인식이 일반 조선인에게 팽배해 있었다는 사실을 암시한다. 하지만 이제 사정이 달라져 일본은 더 이상 조선이 무시해도 되는 존재가 아니었다. 아니, 오히려 과거와 그 형국이 완전히 전도되어 삼국시대 이후 미개한 왜족倭族에게 선진 문명을 전수해 주던 스승 조선은 이제 거꾸로 그들의 지도를 받아야 할 처지가 된 것이다. 조선인으로서는 치욕이 아닐 수 없었다.

여기서 민족의 자부심과 수치심을 베버M. Weber가 말하는 민족의 '위신威信'과 연관하여 생각해 볼 수 있다. "민족Nation이란 이념은 이를 나르는 사람들에게는 '위신Prestige'이라는 이해 문제와 밀접한 관계에 있다. (…중략…) 민족의 이념은 하늘이 부여한 '사명Mission'이라는 전설을 포함했는

---

12 황현, 『梅泉野錄』, 대양서적, 1978, 120쪽. (강조는 저자)

데, 그 이념의 대표자의 열정은 이 사명을 향했으며, 이 사명은 '민족'으로 특화된 집단들의 개별적인 고유성을 관리함으로써 수행될 수 있다. 따라서 이 사명은 특수한 '문화Kultur'의 사명으로서만 생각될 수 있다. 고유성의 관리를 통해서만 보존되고 발전되는 '문화재'가 지닌 탁월성과 대체 불가능성은 '민족'의 의미가 닻을 내리고 있는 근거인 셈이다. 그리하여 정치공동체 안에서 권력자들이 국가이념을 자극하듯이 '문화공동체 Kulturgemeinschft' 내의 권력자들도 지도력을 찬탈한다. 이들은 말하자면 '지식인'으로서 (…중략…) 어느 정도 '민족의' 이념을 선전하도록 정해져 있는 것이다."[13] 이렇듯 '민족'은 민족 성원들의 대외적인 '위신'과 관련된다. 위신은 자민족의 자긍심이나 자존심과 관련하여 '이해관계'의 성격을 띤다. 외부에서 보기엔 열악하고 거친 문화도 그들에게는 소중하다. 민족의 성원은 자기 문화를 관리, 즉 보존·계승·발전시켜야 할 사명이 있다. 이 활동은 문화공동체 안에서 특정 지식인들에게 맡겨진다. 이항로와 최익현 그리고 박은식 등은 이러한 민족문화 관리의 사명을 지고 활동한 인물들이다.

한일관계의 주객전도에 따른 민족적 비애는 구한말의 애국계몽 사상가이며 2대 대한민국 임시정부 대통령을 역임한 박은식1859~1925의 사상에 잘 나타나 있다. 그는 『한국통사韓國痛史』에서 "한국은 중국 요堯임금 시대에 나라를 세워 인문人文이 일찍이 열렸고, 그 백성은 윤리가 두터워 천하가 군자의 나라라고 일컬었으며, 역사는 면면히 이어져 4천 3백여 년이 되었다. 오호라! 옛 문화가 극동 삼도三道에 널리 미쳐, 저들일본인들의 음식, 의

---

13 M. Weber, "Wirtschaft und Gesellschaft", Tübingen : J.C.B. Mohr, 1976, p.530.

복, 궁실宮室이 우리에게서 나왔고, 종교와 학술 또한 우리에게서 나온 것이다. 그러므로 저들은 일찍이 우리를 스승으로 삼아왔음에도 이제는 우리를 노예로 삼으려는가?"[14] 해동성국海東盛國으로 일컬어졌던 발해의 거대한 땅과 찬란했던 문화를 한민족의 역사에 포함시켜야 한다는 박은식의 '한국 민족'에 대한 자부심은 하늘 높은 줄을 모른다. 유구한 역사문화와 높은 정신적 기상을 지니고 섬나라 일본에 스승 역할을 해온 한국이 시대가 바뀌어 일본의 노예 신세로 전락하니, 민족의 처지에 대한 치욕과 일제에 대한 분노에 치를 떨지 않을 수 없었다. 상처 입은 민족적 자존심을 민족에 대한 자존감과 자부심으로 회복하기 위해 그는 언론과 정치의 문으로 뛰어 든다.

박은식은 무엇보다 '민족' 개념을 정립한 인물이다. "오늘날 우리 민족은 모두 조상의 피로써 골육骨肉을 삼고, 우리 조상의 혼魂으로써 영각靈覺, 영혼을 삼고 있다. 우리 조상은 신성한 교화敎化가 있고 신성한 정법政法을 가졌으며, 문사文事와 무공武功이 있으니, 우리 민족을 어찌 다른 것에서 구해야 옳겠는가?"[15] 그에게 민족은 구성원들이 반만년 역사 속에서 공유해 온 혈연이고, 영혼이며, 문화이다. 하지만 박은식의 지극한 민족애는 그가 난국을 타개하는 해법을 제시하는 데 오히려 걸림돌이 된다. 그의 해법은 '과거 회고적'이다. 국권 피탈에 분개하는 박은식은 현재의 문제 상황에서 벗어나기 위한 돌파구를 '과거의 현재화'에서 찾고자 한다. 현재 한민족이 입고 있는 상처를 과거의 정신적 유산을 통해 치유하고자 한다. "4천년의 문명을 지닌 전통국"을 내세워 한민족 역사의 "국혼國魂"을 되살려야 한다고 역설한다.[16]

---

14 박은식, 「한국통사 서언 및 결론」, 『한국의 근대사상』, 삼성출판사, 1977a, 119쪽.
15 위의 글, 121쪽.

그런데 여기서 흥미로운 점은 그의 과거회상적 처방이 정신의 측면에 국한된 것이었으며, 물질의 측면에서 그는 미래지향적으로 서구 선진문물을 조속히 습득해야 한다고 주장했다는 사실이다. 박은식은 기본적으로 동도서기東道西器의 입장을 취한다. 1907년에 발표한 「물질개량론物質改良論」이란 제하의 글에서 그는 물품 제조의 개량이 시급하다고 적고 있다. "저들이 쓰는 것은 민첩한 물건이요 우리들이 쓰는 것은 둔하며, 저들이 만든 것은 정밀하고 우리들이 만든 것은 거칠다. 그러니 누가 민첩한 것을 취하지 않고 둔한 것을 취하며, 정밀한 것을 요구하지 않고 둔한 것을 요구하겠는가? 저들의 물건을 사들이면 이익이 있고 우리나라 물건을 사서 쓰면 손해가 있으니 누가 이익을 구하지 않고 손해를 구하겠는가?" 서구 문명의 실용주의에 대한 박은식의 애호는 급기야 "누가 기차를 타지 않고 교자轎子를 타겠는가?"라는 구체적인 반문으로 이어진다.[17]

원래 정통 주자학자로 출발했던 박은식은 1896년을 전후하여 독립협회와 만민공동회가 펼친 자주민권자강운동自主民權自强運動에 자극을 받아 이 운동에 참여하면서 자신이 신봉하던 주자학을 버림으로써 수구적인 척사위정파가 아니라 진보적인 개화독립파開化獨立派로 선회하기에 이른다. 그런데 그가 지향한 애국계몽운동은 한 편으로 국학國學과 국어國語와 국사國史 등 한민족의 전통적인 혼정신을 교육하면서, 다른 한 편으로 서양의 선진

---

16 위의 글, 122~123쪽. 이러한 과거회상적 발상은 대표적인 민족주의 사학자 신채호의 경우에도 해당된다. 신채호만큼 민족애를 강조하고 민족애의 근거를 한민족의 '역사'에서 찾은 인물도 찾기 어렵기 때문이다. 1908년 『대한협회보』에 실은 「역사와 애국심의 관계」에서 그는 우리 민족의 귀, 눈, 손, 다리, 목소리, 두뇌, 모발 그리고 혈루(血淚)가 애국(愛國)하기 위해서는 오직 우리 민족의 '역사'를 알아야 한다고 주장한다. 유구한 역사와 그 역사 안에서 살아 숨 쉬는 민족의 맥박을 느끼면 현재 우리의 행동방향을 알 수 있다고 보았기 때문이다.
17 박은식, 「物質改良論」, 西北學會 月報 제1권 8호, 『한국의 근대사상』, 삼성출판사, 1977b, 172쪽.

문물을 하루빨리 우리 것으로 만들어야 한다는 인식에 기초한다. 결국 그는 '애국愛國'과 '계몽啓蒙'의 병행을 주장하고 있는 셈인데, 이러한 시도에는 한민족의 '빛나는 과거'와 서양의 '빛나는 현재'를 종합하여 한민족의 밝은 미래를 창출하고자 하는 의도가 배어 있다. 하지만 그의 시도는 성공할 수 없었다. 두 요소는 원칙적으로 양립할 수 없었기 때문이다. '우리의 과거'와 '그들의 현재'는 서로 합칠 수 있는 성질이 아니었다. 이를테면 박은식이 예로 든 '기차'는 단순히 기차의 물질적인 형태만이 아니라 기차를 만드는 서양의 기술, 곧 서양의 정신이 수반하고 있어서 서양의 유형有形적인 물질을 동양의 무형적인 정신으로 사용한다는 발상은 어불성설이 아닐 수 없다. 근대적인 제품은 근대적인 기술을 요구하며 이 기술은 근대적인 정신을 필요로 한다. 그런 한에서 '동도서기東道西器' 식의 처방은 실패할 수밖에 없었다. 박은식은 물질과 정신이 상호 결합되어 있다는 사실을 간과했던 것이다.

이러한 모순적 사유는 박은식만이 아니라 신채호에게서도 나타나고 있다. 신채호도 봉건적 가치에 항거하여 윤리적 당위에 비해 사실적 행위를 우위에 두면서도 이 행위의 근거를 한민족의 정신적 원형에서 찾기 때문이다. 일제시기 일본에 대한 치욕과 분노의 감정이 적나라하게 담긴 그의 「조선혁명선언朝鮮革命宣言」에는 민족애를 기반으로 한 민족주의 역사관이 잘 나타나 있다. "우리는 우리의 생존의 적인 강도強盜 일본과 타협하려는 자나 강도 정치하에서 기생寄生하려는 주의主義를 가진 자文化運動者나 다 우리의 적임을 선언하노라." 여기서 신채호는 특히 외세를 이용하여 민족의 독립을 꾀하려는 모든 외교적 노력과 방책을 신랄하게 비판한다. "위정자의 정책은 갑甲국을 인引하여 을乙국을 제制함에 불과"하였으며, "국가 존망

·민족 사활의 대大문제를 외국인 심지어 적국인의 처분으로 결정하기만 기다리었도다."[18] 그리하여 한국의 독립과 관련하여 일반적으로 높이 평가되고 있는 대외적인 시도, 예를 들어 안중근의 이토 히로부미 사살이나 유생들의 의병활동 그리고 헤이그 평화회의와 국제연맹에의 호소 등을 폄하하였다. 신채호는 한민족의 자율적이고 자주적인 노력만이 한민족 고유의 특성을 살려낼 수 있다고 본다.

신채호의 민족주의 역사학은 그 서술의 객관성이나 실현가능성을 떠나서, 무엇보다 조선인의 정신에 배어 있는 민족정신의 원형을 보여 주고 있다는 점에 주목할 필요가 있다. 일본에 대해서뿐만 아니라 중국을 포함한 외세에 대하여 신채호는 '순수한 한민족'을 보호하고 계발해야 한다는 입장에 서 있다. 그리하여 혼종이 아니라 순수한 단일 민족으로서 한민족의 순수한 정체성을 유지하고 발굴해야 한다는, 지극히 국수주의적인 역사관을 피력한다. '반反외세의 자주독립주의'라 부를 수 있는 신채호의 역사관은 이념의 좌우를 떠나서 '민족주의'의 입장을 견지하는 지식인들에게 큰 영향을 미친 것으로 보인다.

신채호의 '조선 폭력혁명 선언'은 내정독립內政獨立, 참정권參政權, 자치自治를 주장하여 일제 치하에서 민족의 자존을 지키려는 타협적이고 소극적인 민족주의 운동과 일본에 기생하여 생명을 유지하려는 문화운동자들을 거부한다. 그가 보기에 '강도強盜' 일본의 제도에 순응하며 진행되는 모든 민족주의의 노력은 '잘못된 구조' 안에서의 개선 또는 혁신이라는 점에서 문제의 본질을 회피하는 비열한 작태가 아닐 수 없었다. 과학철학자 포퍼

---

18 신채호, 「朝鮮革命宣言」, 丁海廉 편역, 『申采浩 歷史論說集』, 現代實學社, 1995, 332·333쪽.

K. Popper의 용어를 빌리면, 이들은 민족의 독립을 위해 '부분적이고 점진적인 접근방식piecemeal approach'에 의존하나[19] 이런 방식으로는 목적을 달성할 수 없다고 신채호는 단언한다.

그리하여 그는 맹자孟子의 "주기군이조기민誅其君而弔其民, 왕을 죽여 그 백성을 위로함"과 "단식호장이영왕사簞食壺漿以迎王師, 광주리에 밥을 담고 병에 술을 담아 왕사를 환영함"의 뜻을 새겨 민중 자신을 위한 "민중혁명"을 꾀하되 이 혁명은 관념을 거부하는 "직접혁명"이어야 한다고 목청을 높인다. 신채호가 주장하는 직접혁명은 조직적인 암살, 파괴, 폭동을 수단으로 일제의 구체적인 인물과 시설물을 목표로 한다. 그리하여 빼앗긴 한민족을 새로 건설하기 위하여 다음과 같이 파괴의 목적과 대상을 분명히 한다. ① 고유적 조선을 발견하기 위하여 이족異族통치를 파괴함 ② 자유적 조선 민중을 발견하기 위하여 특권계급을 타파함 ③ 민중생활을 발견하기 위하여 경제 약탈제도를 파괴함 ④ 민중 전체의 행복을 증진하기 위하여 사회적 불평등을 파괴함 ⑤ 민중문화를 제창하기 위하여 노예적 문화 사상을 파괴함. 이렇게 그는 "이상적理想的 조선"을 건설하고자 한다.[20]

여기서 신채호는 '민족적 사회주의자'로서의 면모를 분명하게 드러낸다. 그는 「조선 역사상 일천년래 제 일대 사건」에서 묘청의 서경천도 계획이 김부식에 의해 무산된 사실에 울분을 토한다. 신채호에 따르면 당시 고려의 성종은 낭파郎派를 억압하고 유파儒派를 지지하여 화랑花郎 김유신金庾信을 숭배한 윤관尹瓘의 고토 회복을 위한 북벌론을 묵살하고 비굴한 말卑辭과 두둑한 돈厚幣으로 중화를 섬겨 평화의 길을 주장하는 김부식의 입장을

---

19 K. Popper, *The Poverty of Historicism*, Happer Torchbooks, 1961, p.64 이하 참조.
20 신채호, 앞의 글, 335~338쪽.

수용한다. 이 사건을 그는 우리 민족의 전통적인 정신문화인 낭郎·불佛에 토대를 둔 국풍파國風派가 중화中華의 유儒에 토대를 둔 한학파漢學派에 패한 것으로 간주한다. 신채호는 강경론자낭파에 대한 유화론자유파의 승리는 곧 자주自主주의자에 대한 사대事大주의자의 승리라는 점에서 한민족 역사의 돌이킬 수 없는 오점이 아닐 수 없었다고 평가한다.[21] 한민족의 자주적인 정신을 드높일 수 있는 절호의 기회가 이렇게 물거품이 되었다고 분개하는 신채호에게 '자주정신으로 무장한 민족의 부활'은 일제에게 국권을 탈취당한 한민족이 가장 시급하게 해결해야 할 과제였다.

외세에 의존하는 길은 그에게 죽음의 길이다. 그래서 사대주의는 민족이 결단코 가서는 안 되는 길이다. 그에게 '애국'은 '자주적인 나라에 대한 사랑'이다. 여기서 관심을 두어야 할 문제는 낭郎과 불佛에서 자주정신을 찾는 신채호의 '과거지향적' 태도가 아니라 '한민족 고유의 정신'을 찾아 그것을 바탕으로 난국을 극복하자는 주장이다. 그의 조선혁명론에서 첫 번째 항목에 해당하는 '고유固有적 조선의 발견'이 그러한 주장을 뒷받침한다. 그는 민족 본질주의자이다. 한민족의 본질이 있다고 믿었다. 그렇기 때문에 이 본질만 찾으면 이를 바탕으로 '잃어버린 조국'을 찾을 수 있다고 믿었다. 하지만 과연 한민족의 '본질'이 존재하는가? 또한 본질이 있다고 해도 그 본질은 한민족이 지킬만한 가치가 있는 것인가? 이 두 물음에 대해 신채호는 어떻게 답할 것인가?

대표적인 민족주의자이며 애국지사인 박은식과 신채호는 민족 혼魂의 부활을 꿈꾸었다. 한민족에 대한 그들의 사랑은 한민족의 역사적 뿌리에

---

21 위의 글, 209쪽.

대한 자부심으로 나타났다. 하지만 이 자부심의 배후에는 국권 피탈에 대한 수치심이 작용하였다. 역사적으로 한민족을 문화의 스승으로 모셨던 일본에 오히려 고개를 숙이고 나라까지 빼앗겼으니 한민족의 일원으로서 조상에게 낯이 서지 않을뿐더러 '나라 잃은 백성'으로서 치욕과 분노의 감정에 휩싸일 수밖에 없었다. 이러한 감정의 근원은 수치심이었다. 1910년의 '한일합병韓日合倂'을 '경술국치庚戌國恥'라고 칭하고, 그 날 8월 29일을 '국치일國恥日', 즉 '나라가 수치를 당한 날'이라 부르기도 한다. 한민족은 무엇이 부끄러웠을까? 수치 또는 치욕이란 타자가 아니라 자기를 중심으로 발생하는 심리 상태이다. 빼앗은 자에 대해서보다는 빼앗긴 자의 입장에서 '부끄러움'이라는 현상이 생긴다. 그래서 '빼앗긴 것'보다는 '지키지 못한 것'이 부끄러움恥辱의 실체이다. 그들은 우리에게 '자기를 지키지 못한 부끄러움'을 안겨주었다. 그들에 대해 분노하는 것은 그들이 우리에게 부끄러움을 안겨주었기 때문이다. 더구나 유사 이래로 우리에게 문화를 전수받던 그들에게 우리의 자기를 빼앗기는 수모受侮를 당한 것은 우리의 자존심을 짓밟았다.

우리는 을사늑약과 경술국치 이전까지 풍전등화 같은 '자기'를 지키기 위해 주변의 외세를 끌어들이는 외교 전략을 다양하게 구사하였다.[22] 하지만 백약이 무효였다. 결국 막강한 군사력을 바탕으로 근대적인 자기를 확장하려는 일본의 아시아 대륙 진출 의지 앞에서 우리는 '자기'를 지키

---

22 구한말의 조선과 대한제국은 자기가 자기를 지키기에 역부족이어서 외세를 끌어들여서라도 자기를 지키고자 했다. 자기를 방어하기 위해 외국 군대, 특히 청과 일본의 군대를 등에 업고 자기를 지키고자 한 태도야말로 대한제국 몰락의 시발점이 아닐 수 없다. 이러한 태도는 호시탐탐 침략의 기회를 엿보는 주변국들에 맞서기 위해 국력(군사력) 신장을 모토로 삼아 이를 현실화했던 이스라엘의 경우와 크게 다르다.

는 데 실패했다. '우리를 지키지 못했다'는 자괴감은 구한말 이후의 민족자강운동과 의병 활동과 독립 운동 등의 민족 '되찾기' 운동으로 전개된다. 우리의 '자기 지키기' 또는 '자기 되찾기'라는 의지는 컸으나 그 의지를 뒷받침하는 물리적 힘이 열세인 상황에서 민족의 자기 지키기와 자기 되찾기의 활동은 유효성과 생산성 면에서 별다른 효과가 없었다. 그들에 대한 반감과 저항과 분노의 밑바닥에는 지켜야 할 우리를 지키지 못한 데 따른 자괴감과 모욕감이 자리 잡고 있었다. 자기를 지키지 못한 것이 부끄러웠다. 나라를 잃어버린 것은 '약한 우리'의 책임이다. 그래서 민족운동의 실제에서 분노의 대상은 겉으로는 그들 일제였지만 속으로는 우리 자신이었다. 우리는 우리 자신에게 화가 났다. 그리하여 숱한 애국지사가 자결自決하였다.[23] 그런데 이러한 '자기 상실'의 원인과 책임을 자기自己가 아니라 타자他者 곧 일본에게 돌리면서 분노의 대상이 자기에서 타자로 바뀐다. 이에 따라 구한말 이후의 민족 살리기민족 운동의 성격과 방향은 크게 자강自强과 항일抗日이라는 두 갈래로 나뉘게 된다.

---

23 황현(黃玹)은 을사보호조약 직후 칼을 물고 자결한 병사 김봉학(金奉學)의 말을 이렇게 전한다. "우리들은 병사라 칭하면서 나라가 망했는데 한번 결사 투쟁하지 않고 국록만 절취하는 것이 옳단 말인가? 어찌 각자 원통한 주먹을 휘둘러 왜놈 하나를 잡아 물어뜯어 죽이지 아니 하는가?"(황현, 앞의 책, 320쪽) 김봉학은 적의 침략 앞에 무력(無力)한 자신을 스스로 죽임으로써 적에 항거하였다.

제2장

조선중화주의와 서구근대주의의 충돌

1. 서구문명의 진입과 조선의 충격

조선 후기 척사위정파가 보인 존명배청尊明排淸의 태도는 멀리 고려 말 송宋의 성리학주자학이 전파되면서 보인 절원귀명絶元歸明의 태도와 맥을 같이한다. 중화의 적통인 송宋과 명明에게 원元과 청淸은 이적夷狄이었다. 주자학朱子學만이 정학正學이어서 양명학陽明學조차 이단異端으로 치부되었다. 이황李滉을 비롯한 조선의 성리학자들은 주자학적 교조주의에 빠져 주자朱子와 다른 설을 내세우면 사문난적斯文亂賊으로 몰아세웠다. 이러한 주자학적 교조주의는 송시열宋時烈에게 그대로 이어진다.[1] 그리하여 조선 지성계의 주류는 사상의 측면에서 벽이단 숭정학闢異端 崇正學, 정치의 측면에서 존중화 양이적尊中華 攘夷狄의 입장을 강력하게 두둔한다.

중국 내에서 유래한 학설이라도 주자학에 반하면 모두 이단異端으로 취급하던 조선 성리학계의 풍토에서 서양 천주교의 출현은 이전과는 비교

---

[1] 이이화(李離和), 「척사위정론의 비판적 검토」, 『한국사 연구』 18집, 1977, 117~118쪽.

할 수 없는 엄청난 충격으로 다가왔다. 천주교가 중국을 거쳐 조선에 전래된 것은 조선의 주자학적 질서를 뿌리째 뒤흔드는 사건이었다. 여기서 기존의 이단론異端論을 대신하여 척사론斥邪論이 등장한다. 1784년에 조선 최초의 신부 이승훈이 조선교회를 설립한 후 1791년의 신해辛亥박해를 거쳐 1801년의 신유辛酉박해에 이르기까지 천주교는 '애비도 없고 임금도 없는 無父無君' 사악한 종교邪敎로 탄압받는다. 서양과 그들의 천주학은 거란, 몽골, 여진 같은 아시아권의 이적夷狄보다 더 악랄한 이적이며, 이단異端보다 더한 사학邪學으로서 조선의 국가기강을 문란하게 하기 때문에 소중화小中華인 조선은 천주학을 도저히 용납할 수 없었다. 송시열의 교시에 따라 이항로李恒老도 존주의리尊周義理의 정신을 토대로 존왕양이尊王攘夷를 주창한다.

'서구의 충격과 한국인의 자존'이라는 논제 아래 조선 후기 유학사상과 그 대외적 전개 과정을 살핀 최창규는 18세기 서양 천주교의 전래가 "이제까지 한 번도 접해 본 적이 없는 이질 문화의 직접적인 충격"이었으며, 이 충격은 "그 이전에 중국을 통하여 간접적으로 체험했던 산발적인 대對서구 지식과는 근본적으로 다른 성격을 지니고 있었다"고 말한다.[2] 이교異敎가 정교正敎를 침범하는 '이질성異質性의 충격'은 한민족에게 주체성의 위기를 안겨주면서 조선조가 자기추진력을 상실하게 되는 기폭제가 되었다. '이질성의 충격'은 충격의 양적인 차이가 아니라 질적인 차이에서 비롯하는 '놀람'과 '저항'을 유발한다. 여기서 '충격'은 미국의 프래그머티스트 퍼스C.S. Peirce가 말하는 '충격shock의 경험'과 통한다. 그에 따르면 '경험'이란 종래 경험론자들의 주장처럼 반복과 축적에 따른 결과가 아니라 '기

---

2   최창규,『한국의 사상』, 서문당, 1975, 79~80쪽.

대와 실제의 차이'에서 비롯하는 저항과 놀람을 야기할 때만 참된 경험이다. 퍼스의 '충격으로서 경험'은 서양문물이 한국에 처음 들어올 때 한국민이 겪었을 충격과 저항의 성격을 가늠하게 해준다. 조선 후기 낯선 서구 문물과의 접촉은 조선인의 관성적인 기대 또는 예상을 훨씬 웃도는 것이었고, 이는 곧 조선사회 전반에 엄청난 혼란과 파장을 몰고 왔다.[3] 이렇게 조선조의 자기自己가 타자他者인 서양에게 문화의 자리를 내줘야 하는 긴박한 상황에서 자기를 보존하기 위해 벽위론闢衛論이 등장한다. 벽위론, 즉 서양 것기울어진 것을 물리쳐서 우리 것바른 것을 지켜야 한다는 논리는 민족적 저항의 발로였다.

벽위론은 조선 후기 열강의 침입에 맞선 척사위정파의 정치의식을 드러내는 하나의 형식이다. 벽위론은 벽이위정闢異衛正, 곧 벽이단 숭정학闢異端 崇正學의 약자로서 부지오도척양사술扶持吾道斥攘邪術 : 우리의 바른 도를 지켜 나쁜 계략을 물리침을 함축한다. 여기서 '이異'라는 표현에 주목해보자. 그들은 올바른 길正道에서 벗어나 잘못된 길邪道에 들어선, 우리 것과는 '다른 것'이다. 우리 것과 다른 것은 이질적이고 낯선 것으로서 우리에게 '충격'으로 다가온다.[4] 그들의 것을 만난 우리는 놀랐다. 우리는 충격적인 경험을 한 것이다. 더구나 그들은 처음에는 성경을 손에 들고 천주교를 전파하여 조선인의 정

---

3 퍼스에 따르면, 외부의 지각이 나에게 충격으로 다가올 때 충격을 완화하여 평정을 유지하기 위해 신체 기관이 종전과는 다른 새로운 방식으로 충격을 흡수하려는 데서 놀랍이라는 현상이 발생한다. 여기서 관건은 경험의 양이 아니라 질이다. 예를 들어, 나에게 접근하는 기관차의 긴 기적소리가 점점 커지다가 내가 서 있는 지점을 통과하는 순간부터 점차 작아질 때 나의 귀가 기대하던 '점점 커지는 소리'의 관성이 거부되면서 나의 청각은 관성을 유지하기 위해 작아지는 소리에 저항하면서 깜짝 놀라게 된다.(C.S. Peirce, *Collected Papers* Vol.I, Harvard Uni. Press, 1960, p.169f)
4 최창규는 서구문화가 던진 이질성의 충격은 한민족의 문화적인 위기뿐만 아니라 "한국사회 전반에 걸친 정체성의 위기"였다고 진단한다.(최창규, 앞의 책, 80쪽)

신을 지배하려 했을 뿐만 아니라 물리적인 힘, 곧 군사력이나 기술력 등을 동원하여 조선 땅에 발을 들여놓기 시작하였다. 이단을 물리쳐 정학正學을 지켜야 한다는 벽위론은 타자他者에 대한 일종의 태도이다. '그들'을 대하는 '우리'의 마음가짐이다. 여기서 타자는 양이洋夷 곧 서양 오랑캐를 가리키지만, 이 오랑캐는 유사 이래 한민족이 경험한 이민족들에 비견될 수 있는 족속이 아니었다. 그들은 단순히 야만적인 이민족이 아니다. 그들은 문명으로 무장한 강력한 이민족이었다. 그들의 힘이 강력할수록 그에 대응하여 우리를 지키려는 반작용도 강력해야 했다. 척사위정파는 이러한 '역학力學적' 맥락에서 출현한다. 여기서 역학적 변수를 고려하는 이유는 척사위정파의 저항운동을 단순히 윤리적인 차원에서 살피는 태도에서 벗어날 필요가 있기 때문이다. 당시 제국주의 열강들의 침입에 대한 조선 유생들의 사상적 물리적 저항을 윤리적인 측면에서만 접근할 경우 사태의 진상을 오도할 위험성이 크다.[5]

---

[5] 이황직은 그의 탁월한 연구업적인 『군자들의 행군』에서 구한말 조선 유생들, 특히 척사위정파의 저항운동에서 의(義)를 추구하는 군자들의 모습을 본다. 그는 당시 조선의 유교를 "통치의 이념"이면서 동시에 "비판의 이념"으로 파악하여 구한말 유교의 보수적 특성을 극복하고자 시도한다.(이황직, 『군자들의 행군』, 아카넷, 2017, 104쪽) 유교의 도덕론적 특성이 차후에 의병활동과 독립운동으로 이어지는 근간을 이룬다는 그의 설명이 설득력을 지니기는 해도 유교의 도덕론으로 서구 근대의 사상을 담아낼 수 있다는 식의 설명은 다소 억측으로 보인다. 유교의 보편적 가치를 미래지향적인 이념으로까지 확장하려는 이황직의 시도는 조선의 미래를 원시유가의 원형적 사고에 준거하여 그리로 회귀시키려는 '과거 지향적 사고'와 다를 바 없다고 보인다. 더구나 박은식과 신채호 그리고 류인석의 유교적 개화사상을 끌어들여 그들이 제시하는 유교의 원형적 세계관은 서구의 근대적 사유와 상호 친화적이라고 주장하는 것은 결과에서 원인을 추론하는 사후정당화의 논리에 갇힌 접근법으로 보인다. 특히 박영효의 '건백서'를 토대로 당시 "개화파의 개혁관이 유교에 근거"한다는 주장은 사태를 표면적으로만 파악한 결과로 판단된다.(같은 책, 110쪽) 박영효는 '조선의 선비'로서 그 자신이 '새롭게 접한 서구문명'을 조선의 왕을 설득하고 관료에게 설명하기 위해서는 불가피하게 자신이 이미 습득하고 있던 지식내용을 기반으로 삼을 수밖에 없었고, 여기서 유교는 그에게 뿐만 아니라 조선의 사대부 일반에게 가장 친근한 공통분모였던 것이다. 유교의 언어는 그들이 5백 년간 익혀온 가장 익숙한 언어로서 서양의 담론을

2. 개항기 이전 조선중화주의를 둘러싼 논쟁

척사위정파의 대부라 할 수 있는 송시열은 "비례부동非禮不動"의 원칙 아래 '중화문화의 적통이 명明에서 조선으로 이어졌다'고 말한다. 그리하여 현실에서는 명이 멸망하고 청이 들어섰어도 배청排淸의 입장에서 중화의 정통을 잇고 있는 명의 명맥을 조선이 살려나가야 한다는 입장이다. 송시열의 존명배청尊明排淸사상은 제자 이항로에게 이어져 그가 척사위정의 실질적인 사상적 지주로 활동하게 되는 시금석이 된다. 이항로는 송시열에 따라 벽이숭정闢異崇正의 원칙을 바탕으로 조선조의 정통성을 중화사상의 원천인 요순의 이상理想정치에서 찾는다. 이러한 이항로의 입장에 대해 이이화는 "위국衛國은 부수적인 것이오, 위도衛道가 그 중심을 이루고 있는 것"이어서, 그는 철저한 중화주의자일 뿐 민족주의자는 아니라고 그의 척사위정론을 비판한다.[6]

척사위정파의 거두 이항로는 '민족주의자'가 아니라는 이이화의 평가는 구한말 '우리 것'을 지키기 위해 사상과 행위에서 투쟁한 인물과 사건의 역사적 의미를 축소시킬 뿐만 아니라 구한말 초기 민족주의의 정체성을 의문시하는 처사가 아닐 수 없다. 노재봉은 '한국 인식의 방법론'과 관련하여 이용희와 대담하는 자리에서 이러한 문제 상황을 지적한다. 노재봉은 당시 한국연구의 흐름을 "민족주의적 입장에서 한국을 바라보는 방향으로

이해하는 데서 가장 자연스러운 언어였기 때문에 이를 끌어들인 것이지, 그 언어가 곧 서양의 담론을 담아낼 수 있기 때문에 그리 했던 것은 아니다. 새로운 담론을 이해하고 설명하기 위해서는 새로운 언어가 필요했지만 그들에게는 그러한 언어가 준비되어 있지 않았다. 유교인들은 당시 세계사의 흐름을 읽지 못하여 현실에 부합하는 논리와 세계관을 전향적으로 계발하지 못했을 따름이다.

6   이이화, 앞의 글, 138쪽.

나아가고 있다"고 진단하면서, "이렇게 민족주의적으로 우리나라를 볼 때 여러 가지 문제가 발생할 것 같다"고 우려한다.[7] 이에 대해 이용희는 노재 봉의 우려를 기우로 치부한다. 노재봉은 이이화와 마찬가지로 민족주의 가 자칫 당위적이고 감정적 혹은 낭만적 민족주의로 치우쳐 사태를 객관 적으로 파악하는 데 걸림돌로 작용할 수 있다고 우려하는 반면, 이용희는 기본적으로 한국의 인식에서 민족주의적 접근방법에 우호적인 태도를 보 인다. 특히 한민족의 '우리'와 관련하여 두 사람은 서로 어긋나는 평가를 보인다. 노재봉은 '우리'가 함축하는 국수적이고 과거복귀적인 인식태도 를 경계하는 반면, 이용희는 '우리'가 비록 당위적인 성격을 띤다고 해도 그것은 '우리'의 중요한 특성이고 사실로서 존중해야 한다는 입장이다.

'우리'를 둘러싼 이용희와 노재봉의 대담에서 노재봉은 통상적인 이해 방식에 따라 '우리'를 외래의 것에 의해 영향을 받기 이전의 고유한 우리 것이라는 좁은 의미로 이해하는 데 반하여 이용희는 '우리'의 외연을 넓 게 잡아 외래 것이라도 우리 민족이 수용한 것이면 모두 우리의 것이라고 주장하는 대목에 주목할 필요가 있다. 이용희는 "한국의 주자학은 우리의 것이고 한국의 실학은 우리의 것이고 한국의 국학은 우리의 것"[8]이라고 말하면서 이러한 외래문화 수용의 태도를 선인들의 "탁월한 적응능력"이 라고 평가한다.[9] 여기서 이러한 '적응'은 오늘날 우리가 지향하는 '독립' 이 아니라 '종속'이 아니냐고 반문하는 노재봉에 대해 이용희는 그런 식 의 이해는 문화적 수용과 정치적 독립이 별개라는 사실을 인식하지 못한

---

7 이용희, 「한국 인식의 방법론—이용희·노재봉 대담」, 『정치사상과 한국 민족주의』, 동주 이용희 전집 2, 연암서가, 2017, 457쪽.

8 위의 글, 473쪽.

9 위의 글, 470쪽.

데 따른 것이라고 반론한다. 즉 외래문화의 수용은 '적응'의 문제이지 '종속'의 문제가 아니라는 것이다. 서구 선진국의 경우에도 정신문화의 바탕인 헤브라이즘과 헬레니즘은 외래 것이지만 그렇다고 해서 그들의 문화가 종속적이라고 평가하지 않는다는 것이다. 그래서 우리 것은 없고 중국 것만 있다는 평가는 문화 수용의 메커니즘에 대한 오해에서 비롯하며 그들과 구별되는 우리 고유의 것이 있다고 주장하는 것은 신비주의에 불과하다고 맞선다.

앞서 서술한 이이화의 '척사위정론에 대한 부정적 평가'에 부합하는 노재봉의 시각에 대해 이용희는 민족주의의 관점에서 '조선화化한 주자학'은 '조선 것'이라고 맞선다. 이 문제는 조선의 주자학이 중국 것인가, 조선 것인가 하는 소속 문제에 그치지 않고 조선이 얼마나 '주체적으로' 주자학을 수용했는가 하는 문제와 관련하여 급기야 조선조 사대주의의 성격 문제 그리고 내재적 발전론을 통한 일제의 식민사관 극복 문제로 이어진다. 정옥자를 필두로 근래 한국 국사학계에서 제기한 조선중화주의에 대한 우호적인 재평가는 조선 후기 근대로의 이행과정에 내재적인 설명이 가능한가 하는 근대성 담론의 화두가 되었다. 근대성 담론에서 초점은 내재적 발전의 근거 문제였다. 내재적 발전과 관련해서는 '주체성'과 '자율성'이 관건이었다. 명이 멸망1644한 뒤 조선이 삼대夏殷周-한漢-당唐-송宋-명明으로 이어지는 한족漢族의 적통嫡統이 되어 '조선朝鮮=중화中華'라는 자부심을 일컫는 '조선중화주의'를 둘러싸고 논란이 야기되었다. '중화'에 의존하기 때문에 타자 의존적이고 타율적인 태도로 볼 것인가, 아니면 '중화'를 자국화自國化하여 '조선 것'으로 내면화했기 때문에 주체적이고 자율적인 태도로 볼 것인가 하는 문제가 논쟁의 초점이었다.

정옥자는 조선중화주의가 "우리 역사를 중국의 역사에 합함으로써 이夷의 범위에서 벗어나 회華가 된" 것이고 "중화 문물은 우리나라에서만 찾아볼 수 있는 현실"이라는 점에서 명이 사라진 자리를 조선이 주체적으로 채웠으며 그로 인해 조선은 자부심을 느꼈다고 서술한다.[10] 이에 대해 계승범은 조선이 보편적 문명제국으로 섬긴 명이 소멸하면서 남긴 빈자리를 조선 후기의 지식인들이 중화주의로 메웠을 뿐이라고 비판한다. 조선중화주의는 "하나의 독립변수로서 조선후기사회를 주도했다기보다는 명·청 교체에 따른 종속변수로 작용"했다는 것이다.[11] 또한 조선 후기 탈중화脫中華의 움직임이 있었지만 명明이 멸망한 "1644년 이후 정치적 중화질서淸와 문화적 중화질서明가 일치하지 않던 조선에서 어떤 탈중화 조짐이 감지되더라도 그것이 어떤 중화로부터 이탈인지를 살피는 것이 매우 중요하다"고 말하면서, "예전부터 조선인들이 중화로 인정한 한족明으로부터 이탈"이 아니라 "청이 구축한 '새 중화'를 거부"한 것으로 결론 내린다.[12] 따라서 당시 조선중화주의자의 자기 문화에 대한 자부심은 중화를 '우리 것'으로 체화한 주체적 태도에 대한 자부심이 아니라 자신들이 정통正統 한족漢族의 중화 문명을 독립적으로 계승했다는 점에서 자부심을 가진 데 불과한 것이라고 축소 평가한다. 조선중화주의는 자존自尊의 바탕을 '존화尊華', 곧 '타자에 의존'하는 데 두었다는 점에서 주체적이거나 자율적이라고 할 수 없다는 것이다.

더구나 18세기 조선의 지성계는 중국에 대해 이중적인 태도를 취하고

---

10 정옥자, 『조선 후기 조선중화사상 연구』, 일지사, 1998, 228~229쪽.
11 계승범, 「조선후기 조선중화주의와 그 해석 문제」, 『한국사연구』 159집, 2012b, 286쪽.
12 계승범, 「조선의 18세기와 탈중화 문제」, 『역사학보』 213집, 2012a, 72·76쪽.

있었다. 문화적으로 명에 의지하는 조선중화주의를 표방하면서도, 외교·정치적으로는 청에 의존하자는 견해가 힘을 얻었다. 특히 존명尊明사상에 입각하여 북벌론을 주장하는 송시열 계열에 맞서 청의 선진 문물을 배워야 한다는 북학론이 등장하면서 청은 명을 잇는 중화에 속한다는 현실인식이 파급되어 성리학의 추상적인 관념보다는 실질적인 이용후생에 역점을 두는 북학파가 대두하였다. 당시 조선에게 청이 어떤 존재로 인식되었는지는 대표적으로 박지원의 『열하일기』에서 확인할 수 있다. 박지원은 열하의 태학太學에서 광동 안찰사 왕노야汪老爺의 관간管幹, 청지기인 누일왕鏤一旺과 다음과 같은 대화를 나눈다.

누 : 귀국 황제의 연호는 어찌 되나요?

박 : 무슨 말씀이오?

누 : 황제의 기원 연호 말이외다.

박 : 우리나라는 중국의 연호를 쓰다 보니小邦奉中國正朔, 어찌 따로 연호가 있겠소. 금년은 건륭乾隆 45년이지요.

누 : 귀국은 어찌 중국과 대등한 천자가 아니옵니까?

박 : 만국이 하나의 황제천자를 받들고, 천지가 모두 대청大淸이오, 해와 달이 모두 건륭입니다萬方共尊一帝 天地是大淸 日月是乾隆.[13]

---

13 박지원, 『熱河日記(中)』, 李家源 譯, 대양서적, 1978, 78~79·84쪽. 박지원의 이러한 논지는 19세기 후반 청에서 조선의 외무아문(外務衙門)에 고문으로 파견된 데니(O.N. Denny)가 『청한론(淸韓論)』에서 조선은 청의 봉신국(封臣國)이 아니라 독립국(獨立國)이라는 주장에 대해 그 이전에 조선의 외교고문으로 활동한 묄렌도르프(P.G. Möllendorff)가 『반청한론(反淸韓論)』에서 조선 국왕은 "청의 황제에게 보내는 청원에서 항상 청의 종주권을 인정"했으며, "공문서와 모든 조약에 청조(淸朝)의 연호와 함께 중국식 달력을 항상 사용했다"고 맞선 것과 일맥상통한다.(데니·묄렌도르프·홀, 『청한론 | 데니의 서한집/묄렌도르프 | 반청한론/조선서해탐사기』, 집문당, 2019, 153쪽)

누일왕에 대한 박지원의 저자세를 단순히 전략적이라고 평가할 수 있을까? 그렇더라도 박지원은 모든 나라가 중국의 천자를 우러르고 중국淸은 세계의 중심으로서 조선은 그 일월乾隆 아래의 작은 지역小邦에 지나지 않는다고 간주하는 게 틀림없다. 그렇지 않았던들 그가 "그누일왕는 정말 우리나라에서 중국의 책력을 쓰는 줄도 몰랐고 돈을 보고는 우리나라에도 연호가 있는 줄만 알았던 모양"이라고 스스로 생각하지는 않았을 것이다.[14] 이렇듯 송시열의 척사위정파는 문화적으로만 중화에 기울어 명에는 우호적이지만 청에는 배타적인 태도尊明排淸를 취한 반면, 박지원의 북학파는 중원을 차지한 청을 곧 중화로 인식하여 문화뿐만 아니라 지역까지 중화의 정통성을 인정하였다.

북학론이 제기되던 18세기 후반의 조선은 송시열류의 대명의리와 존명배청에서 벗어나 중화와 이적의 경계를 무너뜨리면서 이적인 청을 중화에 포함시키고자 하는 논의가 성행하였다. 그리하여 청 중심의 보편적인 세계 질서를 인정하고 수호하여, 청과 공동전선을 이루어 서양 세력의 침범을 경계하고자 하였다.[15] 하지만 19세기 후반에 들어 우려했던 북경 함락이 현실로 드러나자 조선은 양이침범을 기정사실화 하여 내수외양을 서두르게 된다. 내수외양을 급선무로 판단한 좌참찬 신관호는 고종에게 올리는 疏에서 총기탄약을 보수하고, 서북지방의 우수한 포수를 기용하며, 민간의 자보자위체계를 구축하고, 오가에서 장정 1인씩을 징병하며, 내정을 독수하고, 포교를 위해 잠입하는 외국인 신부를 처형할 것 등을 진언한다.[16]

14　위의 책, 79쪽.
15　그리하여 '중화(中華)'를 한족(漢族)만의 고정된 전유물이 아니라 "형성되어 가는 존재"로서 유연하게 파악하고자 하였다. (조성산, 「18세기 후반~19세기 전반 對淸認識의 변화와 새로운 中華 관념의 형성」, 『한국사연구』 145집, 2009, 69쪽 이하 참조)

3. 조선중화주의와 민족(의식)의 출현

중화의 정통성을 조선이 잇는다는 조선중화주의의 자부심에 담긴 주체적 의식을 과소평가할 수 없다. 이러한 주체적 의식이야말로 개항기 이후 제국주의 열강의 조선 진입이 본격화되면서 출현한 민족의식과 민족주의 운동의 뿌리가 되기 때문이다. 조선중화주의가 민족의식과 민족주의로 전환하는 데는 한반도 유사 이래 가장 이질異質적인 문물과 접촉하면서 발생한 충격이 도화선이 되었다. 외부의 힘이 강력하고 이질적일수록 내부의 결속을 다지려는 저항력도 강력하게 작동했다. 이때 조선이 지키고자 한 자기自己는 다름 아닌 '주자학에 기초한 조선' 또는 '중화를 자국화한 조선' 이었다. 그래서 조선의 자기를 보존하는 일은 곧 중화의 전통을 연속적으로 이어가고자 하는 노력이었다. 고려 말 이후 5백 년 이상 주체적으로 수용하여 구성한 성리학의 국가 이념적이고 일상 문화적인 연속성이 서양 문물이라는 외래의 타자他者에 침범 당하여 단절되어서는 안 된다는 위기의식이 조선사회 전반에 조성되었다. 조선 역사의 연속이냐, 단절이냐? 강력한 무기를 앞세운 서양의 타자 앞에서 조선의 자기를 어떻게 지킬 것인가, 하는 문제의식 속에서 척사위정사상의 출현은 불가피했으며, 이 사상은 곧 조선중화주의의 자부심과 자긍심에 의해 뒷받침되었던 것이다.

조선중화주의가 민족의식을 촉발시킨 결과가 곧 척사위정론斥邪衛正論이다.[17] 척사위정은 이론뿐만 아니라 구체적인 행동으로도 나타났다. 척사위

16　한우근, 앞의 글, 293~295쪽 참조.
17　역사용어로서 척사위정(斥邪衛正)을 흔히 위정척사(衛正斥邪)라고 쓰는데, "척(斥)은 공격을 뜻하며 위(衛)는 방어를 뜻한다. 그래서 척(斥)은 외부의 충격에 대한 반(反)작용으로 일어나는 것이며, 위(衛)는 외부의 충격에 의한 반(反)작용에 따라 저절로 일어나는 것"이

정 운동은 조선의 자기自己 곧 조선중화주의를 지키고자 하는 민족의식의 발로였다. 그 운동은 비록 당시 조선의 조정과 지성계에서 추진되었다는 점을 한계로 지적할 수 있지만 실질적으로는 조선 민족 전체의 의사를 반영하였다. 외세의 침입에 맞서는 조선의 '자기 지키기'는 흥선 대원군이 신미양요를 겪으면서 전국적으로 세운 척화비斥和碑, 1871로 표출되었다. "서양 오랑캐가 침범하는데 싸우지 않는 것은 화친하는 것이고 화친하는 것은 나라를 팔아먹는 것이다洋夷侵犯 非戰則和 主和賣國." 조선에게 서양은 만주의 거란족이나 여진족과 같은 오랑캐夷로 취급되었다. 조선의 '자기'는 견고했다. 서양 오랑캐와 가까이 지내는 것은 나라를 팔아먹는 행위였다. 조선은 중국華과의 오랜 사대와 친교에 익숙해져 그 외의 나라와는 친교가 필요치 않았다. 나라의 문을 닫고 살아온 조선은 그 관성에 젖어 여전히 문을 닫은 채로 있고자 하였다. 서양 '근대'의 문 두드리는 소리에 조선은 화들짝 놀라 문단속에 나섰다. 그들에게는 나라의 문을 걸어 잠가 접촉 자체를 원천봉쇄하는 쇄국鎖國만이 살 길이었다.

척사위정 운동의 출발점을 이루는 유학자 이항로李恒老, 1792~1869는 송시열을 따라 존화양이尊華攘夷의 대의를 고수하여 외세인 제국주의 열강들의 개항 요구에 저항하였다. 그의 『화서집華西集』에는 당시 대외적인 위기를 타개하기 위한 대응책이 제시되어 있다. "내수內修와 외양外攘은 나무의 뿌리와 가지잎의 관계로서 분명히 어느 한 가지도 빠질 수 없습니다. 가지와 잎

다.(이이화, 앞의 글, 1977, 111쪽) 이러한 설명은 퍼스의 '충격' 개념과도 통하며 사태를 力學적으로 이해하는 태도로서 바람직하다. 결국 '나쁜 것을 물리치는 행위(斥邪)'가 없으면 '바른 것을 지키는 행위(衛正)'가 있을 수 없으므로, 척(斥)은 위(衛)에 선행한다. 따라서 나는 이이화의 용어선택에 따라 이 책에서는 '위정척사(衛正斥邪)'가 아니라 '척사위정(斥邪衛正)'으로 표기하기로 한다.

도 급하기는 하지만 뿌리는 더욱 급합니다." 또한 이 상소문에는 당시 교역과 통상을 요구하는 서구 열강의 침투에 대하여 서양의 물건들을 적극적으로 배척하는 태도가 드러나 있다. "그것들은 모두 기기음교奇技淫巧하여 민생의 일용日用에 무익할뿐더러 크게 화가 될 것입니다."**18** 당시 조선의 유학자에게 서양 것은 이해할 수 없이 기묘하고 음흉스런 것으로 보였다. 조선 500년을 지배한 성리학에 '갇혀 익숙한' 유생들에게 서양 것은 '낯설고 기괴한 것'으로 보였다. 그들에게 낯선 것은 나쁜 것이다. 낯선 것을 물리칠 힘이 없으니 익숙한 것을 지키는 일이 현실적으로 '쉽고 우선'이라고 이항로는 생각했다.

스승 이항로의 뜻을 이어 최익현은 왕에게 올린 상소문 「지부복궐척화의소持斧伏闕斥和議疏」도끼를 들고 대궐 앞에 꿇어앉아 척화를 주장하는 상소문에서 일본이 통상무역을 강요하는 강화조약에 반대하는 다섯 가지 이유五不可論를 다음과 같이 제시한다. 첫째, 우리의 물화物貨는 한정이 있는 반면 일본의 요구는 끝이 없어서 이로 인해 결국 개항이 우리나라에 난리와 멸망을 가져올 것이다. 둘째, 일본 측의 물화는 모두가 음사기완淫奢奇玩, 음란하고 사치하며 기이한 노리개한 것으로서 손으로 만드는 무한한 것인데, 우리의 물화는 모두가 백성들의 생명이 달린 것으로 토지에서 나오는 유한한 것이므로, 저들의 풍속을 문란케 하는 사치스러운 공산품과 우리의 국민생명에 필수적인 농산품을 교역하면 수년 후에는 국토를 지탱할 수 없도록 나라가 황폐화될 것이다. 셋째, 저들이 비록 왜倭라고 하지만 실은 양적洋敵이다. 화친和親이 한 번 이루어지면 사학邪學의 서책과 천주의 초상이 교역하는 속에 섞여 들어오게

---

18 이항로, 「사동의금소(辭同義禁疏)」, 『華西集』 卷三, 대양서적, 1978.

되고, 조금 지나면 전도사와 신도가 포교하여 사학邪學이 온 나라에 두루 가득차게 될 것이다. 넷째, 강화 후에 저들이 국내에 상륙하여 거주하게 되면 저들은 얼굴만 사람이지 마음은 금수이므로 우리의 재산과 부녀를 마음대로 약탈할 것이며, 우리의 고관들은 화약和約을 깨뜨릴까 두려워하여 이를 막지 못할 것이므로 백성이 하루도 살아가지 못할 것이다. 다섯째, 강화를 주장하는 자들은 병자호란 때의 강화가 그 후의 평화를 가져온 예를 들지만 청은 이적夷狄이고 일본은 실은 재화와 여색만 아는 금수禽獸이므로 이적과는 화약을 맺을 수 있어도 금수와는 화호和好할 수 없는 것이다.[19]

이 상소문에서 우선 확인할 수 있는 사실은, '일본과 강화조약을 체결할 경우 나라가 망한다', '일본은 서양과 다를 바 없다'는 것이다. 하지만 나는 여기에 덧붙여 다음의 사실에 주목한다. 조선인은 일본인을 '음란하고 기이한 비정상적인 인간군'으로 취급하며, 교역이 천주교의 전국적인 전파로 이어질 것이고,[20] 일본인은 금수의 마음을 지녔으며, 그래서 청과 친할 수는 있어도 일본과 좋은 관계를 맺어서는 안 된다는 것이다. 이 내용에는 일본에 대한 조선의 경각심이 드러난다. 일본보다는 차라리 청이 낫다고 생각한다. 청이 비록 여진족의 후예이기는 하지만 조선이 전통적으로 친교관계를 맺어온 중국의 계보를 잇고 있어서 일본보다 덜 위험하다고 판단한 것이다. 일본의 강압적인 통상 요구 앞에서 '우리 것'을 지켜야 한다는 위

---

19 최익현, 『면암집(勉菴集)』, 솔출판사(전자책), 1997, 124쪽 이하 참조.
20 두 번째 사항은 일본에 파견된 수신사 김홍집이 청국 주일공사관 참찬관이었던 황준헌(黃遵憲)이 지은 『조선책략』(원제 : 私擬朝鮮策略)을 고종에게 바쳤는데, 이 내용 가운데 부동항을 찾아 남하하는 러시아를 막기 위해 '중국과 화친하고 일본과 결탁하고 미국과 연합하는 것(親中國 結日本 聯美國)'을 우선시해야 하며 미국과의 통상에서 야기되는 '전교(傳敎)가 무해하다'라는 말을 염두에 둔 말이다. 특히 이 문제와 관련하여 강력하게 이의를 제기한 글이 이만손, 강진규, 이만운이 중심이 되어 올린 '영남 만인소'(1881년)이다.

기의식은, '금수' 일본인에 대해 '인간' 조선인을 보호하는 일, 서양의 사치스런 '공산품'에 대해 백성들의 생명이 달린 '농산물' 또는 '토지'를 지키는 일, 기독교의 사邪에 대하여 성리학의 예禮를 보호하는 일 등으로 나타난다. 최익현을 비롯한 척사위정파는 서양의 물질과 폭력과 인위에 맞서 조선의 정신과 평화와 자연을 보호하고자 한 것이다. 나아가 최익현은 조선을 지키는 일에서 자주적이고 자립적인 태도를 견지한다. "자주로 망할지언정 의지해서 살아남지 말라寧自主之亡 不依附而存"[21] 이항로의 '뿌리 지키기'가 최익현에게서 '자기 지키기'로 이어지면서 외세洋夷에 대한 조선 유생들의 목숨을 건 투쟁이 시작된다.

척사위정파의 '나라 지키기'는 최익현, 임병찬 등의 의병 활동으로 이어진다. 나라를 지키고자 하는 그들의 숭엄한 뜻과 별도로 그들은 가난한 삶을 살았다. 구한말 그들의 삶은 열악하고 피폐했다. 그런데도 그들은 자신들이 '가난하다'는 사실을 몰랐다. 폐쇄된 공간에 익숙해져 비교할 대상을 갖지 못했기 때문이다. 그들은 '갇혀' 있어서 다른 나라 사람들이 어떻게 살고 있는지 알 수 없었다. 비교 대상이 없으면 자기를 판단할 수 없는 법이다. 폐쇄된 삶의 공간에 있으면서, 사람이란 모두 우리처럼 살겠거니 추측하고 스스로 위로하며 살아갔다. 가난이 일상이면 가난을 모른다. 조선인은 자신들이 어떤 나라에서 살고 있는지를 모르고 있었다. **대원군의 쇄국정책과 유생들의 척사위정 운동은 비교 가능한 대상의 경험이 부재한 데 따른 자기방어 욕구의 소산이 아닐 수 없었다.**

---

21 황현, 앞의 책, 290쪽.

4. 조선 문제를 둘러싼 청·일 간의 충돌과 조선의 대응

구한말 한반도는 청과 일본 그리고 러시아를 비롯한 서구 열강들의 세력 확장을 위한 각축장이 되었다. 더구나 한민족 역사상 최초로 '서양'이라는 이질적인 문명, 그것도 세계사적으로 '근대'라는 문명세계를 접하면서 조선사회는 국시國是 자체가 시험대에 오른 정체성의 혼란을 겪고 있었다. 크고 작은 다양한 사건 사고가 조선사회 내부에서 발생했지만, 그 가운데 조선의 미래와 관련하여 정치적으로 가장 의미 있는 사건으로 갑신정변1884과 동학농민운동1894을 꼽을 수 있다. 이 두 사건은 당시 조선이 '새로운 국가'로 발돋움하는 데 결정적인 불씨를 당겼기 때문이다. 갑신정변은 대외적인 차원에서, 동학운동은 대내적인 차원에서 조선사회의 제도적인 개혁을 시도하거나 요구한 사건이었다. 갑신정변은 '위로부터의 사건'이고 동학운동은 '아래로부터의 운동'이며, 갑신정변이 지배층의 봉건적 통치 구조 자체를 개혁하려던 시도인 반면, 동학운동은 지배층의 실정失政에 대한 민족적 저항이라는 차이는 있지만, 양자 모두 민족의 현재에 대해 불만을 느끼고 기존 조선사회의 관성적인 정치 구조 및 행태와 불연속을 꾀하고자 한다는 측면에서 차이가 없다.

이 두 사건이 비록 실패로 끝나긴 했지만 이후의 조선은 더 이상 종래의 조선일 수 없게 된다는 점에서 '새로운 조선'의 탄생을 알리는 신호탄이 되었다. 갑신정변이 서학西學 즉 '그들 것'에 토대를 두는 데 반해, 동학운동은 동학東學 즉 '우리 것'에 토대를 두는 한에서 갑신정변이 '근대의 여명'을 대리한다면, 동학운동은 한국 역사 최초로 '민족의 탄생'을 대변하기 때문이다. 한국 역사에서 차후에 갑신정변은 '서구적 자유주의'의 노선으로 이어진다면, 동학운동은 '민족적 사회주의'의 노선과 연결된다. 그 점에서 두 사건에 대한 이해는 한국 근현대의 정치적 성격을 규명하는 데 필수적이다.

조선과 일본 간에 체결된 강화도조약朝日修好條規, 1876은 조선이 타국과 맺은 최초의 국제조약으로서 이를 통해 조선은 공식적으로 처음 타국에 문호를 개방開港한다. 조약의 1조는 이렇다. "조선국은 자주국自主國으로서 일본과 평등한 권리를 가진다." 12개 조로 구성된 첫 번째 조항에서 '조선의 자주自主'를 언급한 이유는 말할 나위 없이 청은 조선에 대한 종주권을 포기하고 조선도 더 이상 청에 대해 종속적인 자세를 취하지 말라는 데 있다. 일본이 일관되게 추진해온 '조선을 청에서 떼어놓아야 한다'는 대對조선 전략은 일단 국제법적으로 성공한 셈이다. 이 조약에 '개항장 내에 조계租界를 설치하여 일본 상인의 자유로운 무역을 보장하고 일본인 거주의 편의를 제공할 것', '조선 연해의 자유로운 측량과 해도 작성을 허용', '개항장 안에서 일본인 치외법권 보장' 등이 포함되면서 당시 일본에서 일고 있던 정한론征韓論이 현실화되기 시작한다. 조선 조정의 친일 개화파는 통리기무아문을 통해 일본 군대를 본떠 신식군대인 별기군을 창설한다.

임오군란1882 시 구식군이 흥선 대원군을 자신들의 리더로 끌어들여 일본식 군대인 별기군에 대항하는 과정에서 고종과 민씨 척족세력이 수세에 몰리자 민비는 청에 원병을 요청한다. 청의 북양대신 이홍장의 지시로 대원군이 청으로 끌려가고 조청상민수륙무역장정朝淸商民水陸貿易章程이 체결되는데, 이 조약에서 조선은 청의 속국屬保국이 된다.[22] 이 조약에 따라 조선의 국왕은 청의 북양대신과 동급으로 격하되고, 조선은 청의 동의 없이

---

22 이때 이홍장은 청에 대한 조선의 관계를 조공관계인 속방(屬邦)이 아니라, 만국공법에 따라 속국(屬國)으로 규정한다.

자국의 외교관을 임명할 수 없으며, 청국인淸國人은 조선에서 치외법권을 가진다. 조청朝淸 간의 이러한 불평등 관계는 청이 친일 개화파와 재조선 일본세력을 약화시키고 조선 조정의 정사에 깊숙이 관여할 수 있는 기회를 제공한다. 하지만 개화파가 갑신정변의 성공을 위해 끌어들인 일본군이 경복궁에 진입한 뒤 청의 총리공관을 공격하여 청군淸軍을 제압하면서 조청 간의 무역장정은 무력화된다.

조일수호조규와 조청상민수륙무역장정은 각각 일본과 청에 유리한 조약이었다. 일본은 조선에게서 오랜 숙원인 '정명가도征明假道'를 얻어낼 수 있게 되었으며,[23] 청은 조선을 이전보다 더욱 강력하게 지배하여 '속국'으로 삼으려 했다. 그런데 개화당이 기도한 갑신정변을 일본이 지원하면서 조청 간의 무역장정을 무효화하여 다시 일본이 조선 문제의 주도권을 잡는 듯했으나 사태의 심각성을 눈치 챈 청군의 개입으로 조선 내 주도권은 다시 청의 손으로 넘어가게 되었다. 비록 갑신정변은 국내외적 요인에 의해 실패했지만 한민족 역사상 최초로 중세적 왕조국가를 근대적 입헌국가로 전환하려는 시도였다는 점에서 근대 한국 개혁운동의 밑거름이되었다. 차후에 진행된 갑오경장1895의 개혁안도 개혁의 성격과 방향에서 갑신정변이 내세운 혁신정강 14개조와 질적인 차이를 보이지 않기 때문이다.

김옥균, 박영효, 서광범, 홍영식, 서재필 등 양반 출신 젊은 지식인들은 19세기 중엽 박규수, 오경석, 유홍기 등에게서 실학의 이용후생 사상과

---

23 일본이 조선을 대륙 진출의 교두보로 삼고자 한 역사는 오래 되었다. 선조 24년(1591년) 3월에 일본의 도요토미 히데요시(豊臣秀吉)는 조선에 통신사를 보내 대륙의 '명(明)나라를 치려 하니 길을 내달라'(征明假道)고 요구한 데 대해 조선이 거절하자 임진왜란이 일어났었다.

서구 문명세계를 접하면서 조선사회의 개혁에 눈뜨기 시작하였다. 이들은 '문명개화文明開化'를 모토로 내세워 내부적으로 개화당을 조직하여, 당시 고종과 민씨 정권이 추진하던 개혁정책에 참여하였다. 그런데 당시 조정의 실세였던 김홍집, 어윤중, 김윤식 등은 청에 대한 사대외교를 유지하면서 점진적인 개혁을 시도하려는 입장을 취하고 있었기 때문에 '청으로부터 독립'과 '서구적 근대화'를 추구하는 개화파와 충돌할 수밖에 없었다. 이때 '청으로부터 독립'은 곧 '민씨 세력의 축출'을 의미한다. 여기서 당시 한반도를 둘러싼 동아시아 정세를 고려할 때 김옥균이 주동이 되어 일으킨 갑신정변은 결국 민씨 세력의 배후인 청과 개화당의 실질적인 후견자인 일본 사이에 벌어진 정략적 이해관계의 소산이었다는 사실이 드러난다. 동아시아의 저물어가는 종주국 청과 신흥 패권국가 일본이 다시 한 번 조선 문제를 두고 결전을 벌이는 양상이 펼쳐진 것이다. 여기서는 **갑신정변을 전후하여 청과 일본이 어떻게 조선 문제에 개입하게 되는지**, 당시 상황을 소상하게 밝힌 김옥균의 「갑신일록甲申日錄」을 중심으로 살펴보자.

1884년 10월 31일 김옥균은 평소 친분이 있는 주한 일본 공사 다케소에 싱이치로竹添進一郎를 방문한다. 이 자리에서 다케소에는 김옥균에게 묻는다. "만일 다른 나라가 귀국의 개혁을 돕는 일이 있으면, 그대들은 어떻게 하겠는가?" 이에 대해 김옥균이 웃으며 답한다. "나는 3년 전부터 어리석은 소견으로 우리나라를 독립시키고 옛 습관을 개혁하자면, 일본의 손을 빌리는 이외에 달리 방법이 없다고 생각했기에, 끝내 그동안 부지런히 애써 왔소. 그러나 귀국 정부의 변화가 많기 때문에 우리 당으로서는 어찌할 바를 모르고 있는 것이오. 그런데 지금 그대의 말은 무슨 뜻인지 알 수가 없소." 이에 대해 다케소에도 웃으며 응대한다. "대체로 국가의 정략政

略이란 때에 따라서 변하고, 형세에 의해서 움직이는 것이니, 어찌 한 귀퉁이에 못박혀 있을 뿐이겠는가?" 그의 말을 김옥균은 '일본 정부의 정략이 크게 변한 것'으로 판단한다. 11월 1일 박영효는 다케소에가 큰 소리로 자신에게 했던 말을 김옥균에게 전한다. "청나라는 장차 망할 터이니 귀국의 개혁에 뜻을 가진 사람들은 이 기회를 놓치지 말라!"[24]

당시 월남의 지배권을 두고 프랑스와 전쟁을 벌이던 청이 열세에 몰리자 조선에 주둔하던 청군을 차출하면서 조선에 다소간 청의 군사적 공백이 생긴 틈을 타 조선에서 청의 간섭을 완전히 배격하자는 견해를 다케소에는 강력히 피력한다. 11월 2일 다케소에는 김옥균과 대면한 자리에서 청과 프랑스의 전쟁에서 장차 청이 패배할 것이며, "조선의 내정內政은 개혁하여 구미歐美의 법을 따르지 않을 수 없으니, 조속히 독립을 도모하는 일이 일본 정부가 바라는 바"라고 말한다.[25] 그가 누누이 '조선의 독립'을 말하지만, 이는 '조선을 위해서'라기보다 '일본을 위해서' 즉 일본에게는 청이야말로 일본의 조선 진출에 최대의 걸림돌이라는 사실을 암시한다.

11월 5일 미국 공사 푸트L. Foote가 배석한 자리에서 김옥균이 조선의 내정이 어렵고 시세時勢가 곤困하다고 말하자, 푸트는 이렇게 응대한다. "지금 귀국을 위해서는 청과 일본 군대를 깨끗이 돌려보내는 일이 시급하다."[26] 11월 14일 김옥균은 시일 내 개혁을 도모할 뜻을 푸트에게 비친다. 그는 이미 낌새를 눈치 채고 있다는 듯이 별로 놀라지 않으면서 차분히 말한다. "그대들이 전부터 나라를 위하여 한번 죽겠다는 뜻은 나도 깊이 믿

---

24 김옥균, 「甲申日錄」, 『한국의 근대사상』, 삼성출판사, 1977a, 46쪽.
25 위의 글, 48쪽.
26 위의 글, 50쪽.

어 흠모하고 공경하는 터이오. 그러나 귀국에 도착한 이후로 우리 정부의 비밀한 부탁도 받은 바 있고, 또 나 한 사람의 심중에 생각한 바도 있고 해서 한 가지도 말로 발표는 하지 못하고 있소. 나는 일찍 돌아가야 할 것이나 아직도 늦추고 있는 것은 실상 귀국의 독립을 위해서이고, 또 그대들에게 바라는 바가 있는 것이오. 오직 청의 군대를 돌려보내는 일에 대해서는 그대들이 간절히 바라고 있으나 나 역시 깊이 생각하는 바가 있소." 이렇게 말하면서 그는, 조용히 조금만 기다려 달라고 부탁한다.[27]

미국 공사 푸트는 한국왕실의 개인적인 자문 역할을 맡으면서 한국 최초의 미국시찰단인 보빙사를 파견한 인물이다. 김옥균이 『갑신일록』에서 언급한 푸트의 '심중'이 무엇이었는지는 알 수 없으나, 적어도 러일전쟁 이전까지 조선의 미국 공사들은 청의 강력한 반대세력으로서 고종의 반청反淸자주독립 의지를 지원하였다.[28] 1882년에 체결한 조미수호통상조약에서 약속한 거중조정居中調整 즉 '제 3국이 한쪽 정부에 부당하게 또는 억압적으로 행동할 때는 다른 한쪽 정부가 원만한 타결을 위해 중재를 선다'는 입장을 계속 유지했다.[29] 갑신정변 당시에 미국은 조선의 정사에 깊이 개입하려 하는 청뿐만 아니라 일본에 대해서도 대체로 우호적이지 않았다. 미국 정부는 수교 이후 조선 정치에 개입하지 않으며 중립을 지킨다는 원칙을 고수하여, 청과 일본 사이에서 고민하던 고종의 개입 요청에도

---

27 위의 글, 53쪽.
28 손정숙, 「구한말 주한 미국공사들의 활동과 개인문서 현황」, 『이화사학연구』 30집, 2003, 287쪽 참조. 갑신정변 당시 푸트의 정확한 의중을 파악할 수 없는 이유는 그의 개인문서가 1906년 샌프란시스코 화재로 소실되었기 때문이다. (위의 글, 291쪽)
29 이러한 사실은 민비 시해사건(을미사변 : 1895년) 당시 일본이 노골적으로 친일내각을 구성하여 간접통치를 획책했을 때, 미국의 대리공사 알렌(H. Allen)이 이에 저항하는 세력을 규합 / 주도했던 데서도 알 수 있다. (이우진, 「러일전쟁과 데오도어 루스벨트 미국 대통령의 대 한국정책」, 한국정치외교사학회, 『한국정치외교사논총』 26집 2호, 2005, 178쪽 참조)

불구하고 그들이 미국의 이익을 해치지 않는 한 조선을 위기에서 구할 필요성을 느끼지 않았다.[30]

미국의 불개입이 청과 일본의 적극적 개입과 무력 충돌을 야기하리라는 것은 충분히 예상할 수 있었다. 국왕고종과 왕비민비를 친견한 자리에서 왕이 김옥균에게 묻는다. "일본과 청이 싸우면 그 승부는 어찌 되겠는가?" 김옥균이 답한다. "일본과 청 두 나라가 교전하면 최후의 승부가 어찌 될지 미리 짐작할 수 없사오나, 이제 일본과 프랑스가 합치면 승산은 단연코 일본에게 있을 것입니다." 이에 고종이 응대한다. "그렇다면 우리나라 독립을 도모하는 방법도 또한 여기에 있는 것이 아니겠는가?" 김옥균이 답한다. "신도 참으로 지금 전하의 말씀과 같습니다. 그러나 전하의 아주 가까운 신하들이 모두 청에 붙어서 사냥개나 양羊 노릇을 하고 있사오니, 일본이 아무리 우리를 독립시키고자 해도 될 수가 없을 것입니다. 신이 이 말을 내는 것은 생사生死에 관련되는 일이옵니다."[31] 청에 붙어 있는 민비가 배석한 자리에서 김옥균은 목숨을 내걸고 고종에게 자신의 뜻을 아뢴 것이다.

이 대목에서 김옥균뿐만 아니라 고종도 조선의 '독립'을 목표로 삼고 있다는 사실이 주목을 요한다. 독립은 일차적으로 '청으로부터 독립'을 뜻하지만, 이미 조선의 정사에 깊이 관여하고 있는 '일본으로부터 독립'도 뜻한다.[32] 1876년 개항 시부터 일본이 조선의 조정과 관료들에게 기회 있

---

30 홍규덕, 「구한말 미국의 대조선 정책」, 『국제관계연구』 23권, 2007, 22~23쪽 참조.
31 김옥균, 앞의 글, 1977a, 62~63쪽.
32 1886년 고종에게 보낸 상소에서 김옥균은 "청과 일 모두를 신뢰하지 마시어 그들에게 이용당하지 마시옵소서!"라고 적고 있다. 뒤이어 박영효는 1888년 일본에서 고종에게 올린 개화 상소 「建白書」에서 봉건적 신분제 철폐, 근대적 법치국가 확립 그리고 조선의 자주독립과 부국강병을 제안한다.

을 때마다 언급하여 주입한 '조선의 독립'과 '조선은 자주국'이라는 말을 고종과 개화파는 곧이곧대로 믿을 만큼 순진했던 것일까? 한편 의심했겠지만, 다른 한편 '지는 해' 청의 그늘에서 벗어나 '뜨는 해' 일본과 친교하는 것이 조선의 장래를 위해 생산적이라는 점에서는 김옥균과 고종이 뜻을 같이 했다. 일본이 배후에서 도왔던 갑신정변은 청군의 개입으로 실패했지만 그 역사적 의미는 작지 않다. 김옥균이 거사를 치르면서 포고한 정령政令 가운데 핵심적인 개혁 사항은 다음과 같다. 문벌 폐지, 인민의 평등한 권리 보장, 지세地勢의 법을 개정하여 관리들의 농간 방지, 내시부內侍府 폐지, 각 도道의 징수제 폐지, 순사巡査 설치, 혜상공국惠商公局 폐지, 근위병 설치, 재부아문財簿衙門 폐지하여 호조戶曹로 통합.[33] 김옥균의 개혁안에 비록 과거 조선의 봉건적 요소가 잔존하긴 하지만 근대 세계로 향한 의지는 분명하게 드러나 있다.

서재필은 「갑신정변 회고」의 글에서 갑신정변을 조선 역사상 최초의 "정치적 사회적 혁명을 위한 혁명"이었다고 서술한다. 갑신정변은 비록 실패했지만 역사적 의미에서 볼 때, 1215년 영국의 귀족들이 국왕 존을 강압하여 마그나카르타대헌장에 서명하게 한 사건과 1867년 일본의 다이묘大名들이 최후 장군의 왕후王侯 권력을 빼앗아 한세키호칸藩籍奉還한 사건에 비견될 만하다고 치켜세운다. 여기서 갑신정변을 주도한 김옥균에 대해 서재필은 "대인격자", "진정한 애국자"라고 평가하면서 김옥균은 "조국이 청국淸國의 종주권하에 있는 굴욕감을 참지 못하여, 어찌하면 이 수치를 벗어나 조선도 세계 각국 중에 평등과 자유의 일원이 될까 주주야야

---

33 김옥균, 앞의 글, 1977a, 79~80쪽 참조.

로 노심초사하였다"고 술회한다.[34] 그의 기억에 따르면 김옥균은 "일본이 동방의 영국 노릇을 하려 하니 우리는 우리나라를 아시아의 프랑스로 만들어야 한다."고 늘 말했다고 한다. 자유와 평등이 숨 쉬는 아시아의 프랑스! 그러나 아쉽게도 동포들은 김옥균독립당의 뜻을 알지 못했다. 송진우는 갑신정변을 "4천 년래 신기축新基軸을 전개하여 일대 변혁을 시도"했다는 점에서 "조선의 혁신운동의 기원"이라 평가한다. 갑신정변이 지향하는 이념은 "재래의 정권여탈政權與奪과 존주양이尊周攘夷의 사상과 그 범주를 달리하여 적어도 현대문명現代文明을 긍정하고 민족복리民族福利를 기도"한다는 점에서 "개국존민開國尊民의 대이상大理想"을 실현하려고 하였다는 것이다.[35]

갑신정변으로 야기된 청군淸軍과 일군日軍의 충돌을 막기 위한 타협책으로 청의 이홍장과 일의 이토 히로부미 사이에 톈진天津조약1885이 체결되었다. 이 조약은 청·일 양군이 조선에서 동시에 철병하고, 조선에 군대를 파병할 때는 상대방에게 미리 통보해야 한다는 내용을 담고 있었다. 이로써 일본은 조선에서 청과 대등한 세력을 유지하게 되었다. 그리고 이후 일어난 청일전쟁1894~1895에서 청이 일본에 패하자, 조선이 청의 번속인가 아니면 청에서 독립해 있는가 하는 문제로 청과 일본 사이에 오간 오랜 다툼은 일단락되었다. 조선은 청에서 독립한 자주국이라는 사실이 '일본'에 의해 공식적으로 확인된 것이다. 물론 이로 인해 일본은 '청의 간섭 없이' 조선사회의 개혁에 독점적으로 개입할 권리를 갖게 된다.

---

34 서재필, 「回顧 甲申政變」, 『韓國의 近代思想』, 삼성출판사, 1977, 252~253쪽 참조.
35 송진우, 「세계 대세와 조선의 미래」, 『동아일보』, 1925년 8월 29~30일 자.

5. 동학농민운동의 진보성과 수구성

근대 한국의 출현과 관련하여 갑신정변 다음으로 주목해야 할 역사적 사건은 동학농민운동갑오농민전쟁, 1894이다. 동학교 남접南接의 접주로서 동학운동의 중심인물인 전봉준을 앞세운 농민군은 '의義를 들어 (…중략…) 창생蒼生, 백성을 도탄에서 건지고 국가를 반석 위에 두겠다'는 기치 아래 봉기의 목적을 "① 관료 부패의 중심인 양반계급의 파괴 ② 국가의 평화와 국민 안녕의 회복"으로 압축하여 전국에 배포하였다. 또한 서울을 향해 북진하는 도중에 그의 군대가 점령한 지역들에 대한 민사행정을 위하여 다음 12개의 규약을 주문했다. ① 동학도와 조정 사이의 적대감을 일소하고 상호 협력을 모색할 것 ② 탐관오리들은 극형에 처할 것 ③ 전횡을 일삼는 부자들을 처형할 것 ④ 파렴치한 유생들과 양반들을 징계하고 개혁할 것 ⑤ 모든 노예 장부를 불사를 것 ⑥ 7천7賤, 7개의 가장 낮은 공직의 대우를 개정하고 차별적인 삿갓을 철폐할 것 ⑦ 청춘과부는 개가改嫁를 허용할 것 ⑧ 모든 잡세雜稅를 근절할 것 ⑨ 정부 관리의 등용은 가계보다 능력을 기준으로 삼을 것 ⑩ 반역하는 자는 엄벌할 것 ⑪ 공사의 모든 과거의 부채는 무효로 할 것 ⑫ 농토는 평등하게 재분배할 것.[36] 전봉준이 제시한 조선사회 개혁안이라 부를 수 있는 이 항목들은 가히 혁명적이고 근대적이다.

조선 관리들의 폐정과 혹정으로 도탄에 빠진 민생을 구제하기 위해 동학교도 중심의 사회개혁 운동에서 촉발된 동학농민전쟁은 청과 일본이 조선 안에서 패권을 다투는 빌미를 제공하여 급기야 조선 문제를 둘러싼

---

[36] 윔스, 홍정식 역, 『동학 백년사』, 서문문고, 1975, 86~88쪽 참조.

청일전쟁을 야기하였다. 여기서 이후 발생한 사건들의 시간적인 전후만을 살피면 동학농민전쟁이 일본의 조선 식민지화에 원인을 제공한 것처럼 보인다. 하지만 실제로는 일본이 명치유신1868 이후 지속적이고 구체적으로 대륙 진출을 노려왔다는 사실과 당시 동아시아의 정세를 고려할 때 동학농민전쟁이 아니었더라도 일본의 조선 침략은 시간문제에 지나지 않았다.[37] 다만 동학군의 전주성 점거는 일본정부가 국가운영체제를 전시체제로 전환하게 하는 도화선이 되었을 뿐이다. 당시 조선주재 대리공사 스기무라 후카시杉村濬에게서 동학농민군이 전주를 함락하자 고종이 청군의 파병을 요청했다는 소식을 접한 일본정부伊藤博文 내각는 안팎으로 궁지에 몰려있던 터에 해외 파병을 통해 난국을 타개할 목적으로, 당일로 국회를 해산하고 조선 파병을 결정한 뒤 통수권을 천황 직할에 두는 대본영을 설치하였다.[38] 더구나 청·일 간에 이미 체결한 톈진조약에 따라 청군의 조선 진입은 곧 일군의 조선 진입을 정당화하는 명분을 제공했다.

동학군의 제압을 위해 고종이 청군의 조선 파병을 요청하면서, 임오군란과 갑신정변에 이어 청의 조선 속방화屬邦化 전략이 다시 고개를 들게 되었다. 그렇지만 동학군과 대원군의 결탁이 일본 측에 알려지면서 그들의 계획은 수포로 돌아간다. "대원군의 정적들開化黨 일파은 대원군과 그의 손孫 이준용이 동학당과 연락하여 반일反日 비밀공작을 하고 있는 것을 왕비의

---

37 특기할 사항은 1890년 일본의회(중의원) 개원 기념 시정연설에서 일본 최초의 수상인 야마가타 아리토모(山顯有朋)는 나라의 독립과 자위를 위해 주권선(主權線)을 수호하고 이익선(利益線)을 보호해야 하는데, '조선'은 "일본의 주권선을 지키기 위한 최소한의 이익선"이라고 천명한다.(최덕수, 「청일전쟁과 동아시아의 세력변동」, 『역사비평』 28호, 1994, 59쪽) 일본의 이익을 보호하기 위해 조선이 전초기지 역할을 수행하도록 만들 것이라는 조선 점령 전략이 명시적으로 드러나는 대목이다.
38 최덕수, 위의 글, 58~59쪽 참조.

지시로 일본 측에 밀고하고, 경무사 이윤용은 다수의 경찰관과 순검을 지휘하여 대원군 등의 행동을 내탐하고, 드디어 양자兩者와 동학당을 연락하던 정인덕을 체포하여 일체의 증거물품을 일본 측에 제공하였다."[39] 결국 대원군은 동학당을 일본 세력과 개화파 타도에 이용하려 했으나 동학당과 대원군의 연락선이 개화당과 일본 측의 첩보망에 노출됨으로써 뜻을 이루지 못하였다.

동학운동은 대외적으로는 최초의 반反외세적인 민족주의 운동이었으며, 대내적으로는 최초의 반反봉건적인 사회혁명 운동으로 평가된다.[40] 하지만 동학운동이 지향한 이념은 기본적으로 척사위정의 성격을 강하게 띠고 있었다. 다만 동학교도들이 지키고자 하는 정正은 척사위정파의 유도儒道가 아니라 천도天道이었을 뿐이다. 동학天道敎이 추앙하는 한울님이 기독교의 하느님과 유사하여 '동학東學'은 표면적인 명칭과 달리 당시 위정자들에 의해 서교西敎로 인식되어 사교邪敎로 탄압받는 빌미를 제공하긴 하지만, 기본적으로 동양적인 애국愛國 또는 충忠과 효孝를 근간으로 한다는 점에서 한국의 전통적인 가치관에서 크게 벗어나지 않는다. 동학교도들이 기독교교회에 대항하여 내건 게시문에는 이런 문구들이 눈에 띤다. "왕릉들은 야만인들과의 접촉으로 더럽혀졌다. (…중략…) 부모가 죽은 뒤에는 눈물도 흘리지 않고 장례 예식도 없다. 이것이 인간성이란 말인가?"[41] 동

---

39 이상백, 「東學黨과 大院君」, 『역사학보』 17~18 합집, 1962, 7쪽.
40 위의 글, 25쪽 참조. "동학란은 국제정치의 면에서 볼 때 신진세력인 일본의 제국주의적 진출이 우리나라를 무대로 청(淸)국이라는 구대(舊大)세력에 도전하여 질풍노도를 일으키던 동양정국의 격동하고 급변하는 광경을 보여주는 것"이다.(위의 글, 17쪽)
41 윔스, 앞의 책, 66~67쪽. 서양 교회에 대한 동학도의 이러한 분노는 척사위정파의 대부 격인 이항로의 '邪敎 비판'과 맥을 같이 한다. "서양 사람의 말에는 천만 가지 문제가 있으면서도, 아비와 임금이 없는 것(無父無君)을 근본으로 삼는다."(이항로, 『華西集』, 대양서적, 1978, 383쪽)

학교도의 어떤 선언서에서는 "일본 놈들과 외국 반역도들"에게서 민족을 지키기 위해 "애국과 효성의 대의를 위하여 생명을 희생해야 마땅하며, (…중략…) 생명을 희생할 용의가 있는 사람은 흔쾌히 그들의 왕이나 부모를 위해 몸을 바치는 사명을 감수할 것"을 주장한다.[42]

이렇듯 동학운동은 기본적으로 배외排外주의를 표방한다는 점에서 反외세를 지향하는 '민족운동'의 성격을 띤다. 일본과 서양이라는 외세의 침입 앞에 거의 무정부상태에 빠진 조선의 현실 속에서 민족 종교인 동학천도교을 토대로, 대중對中적으로는 조선에 대한 청의 종주권을 재정립하는 한편, 대내적으로는 국가의 법제도 자체가 아니라 그 부조리한 운영 실태를 들춰내 개혁하고자 한다. 여기서 법제도 자체의 개혁을 주장한 것은 아니라는 점에서 동학운동은 反외세에 비하여 反봉건의 성격은 약했다고 볼 수 있다. 그리하여 결국 동학운동은 기존의 이항로, 최익현 등의 척사위정파가 의지하던 존왕양이尊王攘夷의 정신을 현실에서 실행에 옮겨 한국 역사의 연속적 흐름을 재확립하겠다는 수구적 특성을 보이게 된다.

하지만 동학운동의 후반기는 척사위정의 수구주의에서 벗어나 근대를 지향하는 개혁주의의 성격을 띤다. 전봉준全琫準이 동학군의 실질적인 지도자로 부상하면서 동학은 '농민운동'의 성격을 띠게 되고, 이는 '밑으로부터의 운동'이라는 점에서 한반도 역사에 획을 긋는 정치적 사건으로 평가된다. 여기서 동학운동의 성격은 최시형崔時亨을 위시한 정통파의 소극적 투쟁에서 전봉준을 중심으로 하는 혁명파의 적극적인 투쟁으로 이행하게 된다. 전자는 동학의 강령이념에 따라 비폭력을 지향하는 반면, 후자

---

42 위의 책, 69쪽.

는 당시의 현실인식에 따라 폭력을 지향한다. 전자의 소극적 비폭력주의는 차후에 천도교 3대 교주 손병희가 일제에 협조하게 되는 빌미를 제공하며,[43] 후자의 폭력주의는 차후에 동학운동이 의병의 민중운동 및 일제하 민족적 사회주의운동과 이념적으로 연결될 수 있는 소지를 제공한다.[44]

"동학 교문敎門 가운데에는 교조 최수운의 보국안민輔國安民이니 지상신선地上神仙이니 하는 사상을 실현함에 두 가지 전술적 분파가 생겼으니, 그 하나는 무위이화無爲而化를 원칙으로 하여 실력을 쌓아 서서히 이념을 실현시키자는 최시형파요, 다른 하나는 부패한 현실 사회를 개혁하려면 먼저 부란분자腐爛分子의 제거를 급무로 하여 하루라도 속히 무고한 인민을 도탄에서 구출해내자는 서병학徐丙鶴류의 일파이었다."[45] 여기서 **점진적 개선주의자**로 부를 수 있는 전자에 대하여, **혁명적 개혁주의**를 주장하는 후자에 속하는 급진분자들은 동학의 이념적 강령보다는 현실적 실천에 관심을 가진 인물들로서 이들은 개혁의 색채가 농후한 동학교문의 정신에서 '무기를 사용할 수 있는 땅用武之地'을 발견하여 동학에 입교한 경우가 많았다. 그래서 남접南接의 수령 전봉준도 동학의 고천의식告天儀式과 주문呪文에 조금도 관심을 보이지 않았다고 한다. 전봉준이 통솔한 전라 일대의 동학당과 서장옥徐璋玉이 인솔하는 호서 일대의 도중徒衆은 멀리는 이필李弼, 가깝게는 서병학의 혁명 정신에 뿌리를 두고 있었다.[46]

---

43 "동학은 傳統思想에 입각한 反외세적 改革運動에서 西歐思想에 입각한 親외세적 開化運動으로 노선을 전환"한다.(조규태, 「일제의 한국강점과 동학계열의 변화」, 『한국사연구』114집, 2001, 184쪽)
44 "동학운동의 주요한 의의는 대중의 지지와 민중 조직으로 된 최초의 개혁운동으로서 한국국민 속에 민중 개혁의 씨를 뿌렸던 것이다."(윔스, 앞의 책, 101쪽)
45 김상기, 『東學과 東學亂』, 춘추문고 002, 한국일보사, 1975, 99~100쪽.
46 위의 책, 100~101쪽 참조.

이렇듯 동학운동이 내건 포덕천하布德天下의 기치는 점진적 개선과 급진적 개혁이라는 분열적 양상을 띠고 전개되었는데 여기서 동학군과 일본군의 관계 그리고 동학군과 대원군의 관계는 이후 조선의 역사적 운명과 관련하여 중요한 정치적 의미를 지닌다. 그런데 이들 관계는 당시 동아시아의 정세, 특히 청과 일본과 러시아가 이해관계의 측면에서 조선에 대하여 취하는 태도와 긴밀히 연관되어 있다. 청일전쟁이 끝난 1895년 4월 청은 일본과 맺은 시모노세키조약下關條約에서 조선에 대해 특수한 지위와 권리를 포기하고 '조선의 완전한 독립과 자치'를 인정한다. 이 조약으로 조선은 5백년 역사에서 처음으로 중국의 세력권에서 공식적으로 벗어나게 된다. 하지만 이를 뒤집어 보면, 일본이 조선의 미래에 깊숙이 관여할 수 있는 여지가 마련된 셈인데, 이 가능성은 곧 현실로 드러난다. 같은 해 10월 일본의 민비 시해 → 러시아 지원요청 → 고종의 아관파천 → 청이 대련항과 여순항을 러시아에 양도 → 러시아의 팽창과 미·일의 분개 → 러·일 간에 조선 독립 재확인 등으로 한반도 정세는 외세에 의해 숨가쁘게 요동치고 있었다. 하지만 조선에 대한 지배권을 놓고 일본과 러시아는 피차 물러설 뜻이 없었다. 결국 1904년 2월 러일전쟁이 발발한다.

6. 일본을 모델로 한 갑오개혁의 근대적 성격

일본이 청일전쟁에서 거둔 승리는 조선 조정이 청과의 애증관계에서 벗어나 일본에 기울게 하는 근거를 제공하는 한편, 일본이 청의 눈치를 보지 않고 조선의 미래를 자신의 청사진에 따라 설계할 수 있는 자격을 부여하였다. 그리하여 김옥균이 갑신정변 당시 제시한 개혁안은 1893년 조선 공사로 부임한 오토리 게이스케大鳥圭介, 1833~1911의 개혁안으로 구체화되었다. 그는 일본의 대표적인 매파主戰派였다. 청의 이홍장이 동학란을 빌미로 조선에 출병한 뒤 "속국屬國 조선에 내란이 있어서 그 청을 따라 병사를 움직인다"는 통지에 대해 그는 "조선은 청의 속국이 아니다"라고 반박한 뒤 텐진조약에 따라 조선에 출병한다. 그는 청에 권하여 조선의 내정을 개혁하려 하였으나 청이 듣지 않자 단독으로 조선의 조정에 조선내정개혁안 5개항을 제시한다.[47] 고종은 1893년 7월 궁중에 교정청校正廳을 두고 조선의 독자적인 개혁 추진의사를 밝히면서 일본의 요구를 거절하였다. 하지만 일본이 제시한 개혁안으로 인해 조선에서 처음으로 "개혁의 단서"가 마련되었다.[48] 5개항에 나타난 중앙과 지방의 제도 개혁, 재정 정비 및 재원財源 확보, 법과 재판의 개정, 치안 유지 기관 설치, 교육제도 확립 등은 차후에 일본이 대對조선 동화同化 정책을 추진하는 데 일관되게 적용했던 준거점이다. 겉으로는 조선 개혁의 권고가 조선의 독립과 번영을 위한 조치라고 내세웠지만, 이면에는 조선을 대륙 진출을 위한 발판으로 삼을 때 조선의 제도를 일본의 제도와 비슷하게 만들어 조선 통치를 용이하게 하려는 의도가 감춰져 있었다. 조선의 의지와 무관하게 조선을 자기화自己化하겠다는, 즉 일본과 닮은꼴로 만들겠다는 구상하에 일본의 주도로 갑오개혁1984이 시작되었으며 이는 '일본과 하나 된 조선', 곧 내선일체內鮮一體를 향한 제도상의 첫걸음이었다.

---

47 개혁안 5개항은 다음과 같다. ① 중앙 정부의 제도를 개정하고 인재를 채용할 것 ② 재정을 정리하고 부원(富源)을 개발할 것 ③ 법률을 정돈하고 재판법을 개정할 것 ④ 국내의 민란을 진정하고 안녕유지에 필요한 병비(兵備)를 설치할 것 ⑤ 교육제도를 확립할 것.
48 현채, 임이랑 역, 『동국사략』(근대 역사교과서 2), 소명출판, 2011, 387~388쪽 참조.

1894년 7월 27일 개혁추진기구로서 설치된 군국기무처軍國機務處가 주관하여 약 210건의 개혁안을 제정하여 실시하였다. 이를 시작으로 3차에 걸친 개혁이 시행되는데 그 내용은 대략 다음과 같다. 1차는 정치제도의 개편이다. 개편된 관제는 의정부안과 궁내부안으로 나뉜다. 국왕의 잡다한 권한과 궁중의 잡다한 부서를 궁내부宮內府 산하로 통합하여 국왕의 권한을 축소하였다. 조선 후기에 들어 유명무실해진 의정부議政府를 중앙통치기구의 중추기관으로 삼아 그 밑에 종래의 육조六曹를 개편한 내부, 외무, 탁지, 군무, 법학, 학무, 공무 농상 등 8아문衙門에 분속한 뒤 이들 아문에 권력을 집중적으로 안배하였다. 여기서 왕정의 언론기관 역할을 하던 대간臺諫제도가 폐지되고, 내무아문 예하에 경찰청이 신설되었다는 사실이 주목을 요한다. 또한 종래 18등급의 관등품계를 12등급으로 축소하여 칙임관勅任官, 주임관奏任官, 판임관判任官으로 각각 나누었다. 이제 왕권이 대폭 축소되면서 의정부와 8아문이 실질적인 권력기관으로 등장했다.

군국기무처는 또한 조선사회의 폐단으로 지목되어왔던 제도 및 관습을 대대적으로 개혁하였다. 과거제 폐지, 문벌과 반상제도班常制度 혁파, 문무존비文武尊卑 차별 철폐, 공사노비법公私奴婢法 혁파, 역인驛人·창우倡優·피공皮工 등 천인의 면천免賤, 죄인연좌법罪人緣坐法 폐지, 양자제도 개선, 조혼 금지 및 과부재가 허용 등은 조선조 5백 년의 근간을 이루는 구조와 가치를 뒤흔드는 혁신적 조치가 아닐 수 없었다. 정치·사회제도의 개혁에 비하면 미약하지만 경제제도 개혁도 단행되었다. 국가의 모든 재정사무를 탁지아문이 전관專管하도록 하여 재정을 일원화하고, 「신식화폐장정」을 의결하여 은본위제銀本位制를 채택하는 한편, 종래의 물납세제物納稅制를 금납제金納制로 대체하고, 전국적으로 도량형을 통일시켰다.

총리대신 김홍집과 내무대신 박영효가 주도한 2차 개혁에서는 의정부와 아문을 각각 내각內閣과 부部로 명칭을 바꾸어 청의 영향에서 벗어나 일본의 관제 명칭을 사용하기 시작하였다. 이 개혁에서 특이사항은 종래의 도道·부府·목牧·군郡·현縣 등의 대소행정구역이 폐합되어 전국이 23부 337군으로 개편되었다는 점이다. 그 밖에도 근대적인 군사 및 경찰제도 확립을 위한 「군부관제軍部官制」·「훈련대사관양성소관제訓鍊隊士官養成所官制」·「경무청관제警務廳官制」 등이 제정되었고, 행정관이 장악하고 있던 사법권의 독립을 보장하기 위한 조처로서 「재판소구성법裁判所構成法」과 「법관양성소규정法官養成所規程」이 공포되었다.

2차 갑오개혁의 목표는 고종에 의해 홍범洪範14조로 구체화되어 선포되었다. 요컨대, 청의 대對한 종주권 부인, 대원군과 명성황후의 정치개입 배제, 근대적인 내각제도 확립, 탁지아문 관할하의 재정 일원화, 조세법정주의 및 예산제도 수립, 지방제도 개편, 해외유학생 파견을 통한 외국문물 수입, 법치주의에 입각한 국민의 생명과 재산권 보호, 문벌 폐지와 능력에 따른 인재 등용 등은 한국 최초의 근대적인 정책백서帛書이자 헌법의 성격을 띤 문서이다. 여기서 고종은 청으로부터 독립을 선언하였지만 일본에게는 내정에 관여할 수 있는 빌미를 제공한다.

1895년 8월 24일부터 1896년 2월 11일까지 3차 개혁이 김홍집 내각에 의하여 추진되었다. 이 내각에서는 일본세력의 퇴조에 따라 박정양朴定陽을 위시한 친미親美·친로親露파가 우세하였다. 그러나 이노우에의 후임으로 부임한 미우라三浦梧樓 공사가 일본세력의 퇴조를 만회하기 위해 일으킨 을미사변 이후 그의 의도대로 김홍집내각의 친일적 성격은 강화되었다. 김홍집 내각은 계속 내정개혁을 추진하여 140여 건에 달하는 법령을 의결,

공포하였다. 그 가운데는 7월 9일 「소학교령小學校令」, 11월 10일 「상무회의소규칙商務會所規則」, 11월 15일 건원建元에 관한 건, 11월 15일 연호를 의정議定하는 건, 1896년 1월 1일 태양력의 채용 등의 개혁안건이 들어 있었다. 그러나 을미사변의 사후 처리에서 김홍집내각이 보여준 친일적 성격과 단발령의 무리한 실시는 보수 유생층과 일반국민들의 반발을 불러일으켰고, 급기야 국왕의 아관파천이 단행됨으로써 김홍집내각은 붕괴하였다.

약 2년 반의 기간 동안 세 차례에 걸쳐 추진된 갑오개혁은 비록 개혁의 주도 세력이 일본에 의존하였으며 그 배후에 조선 침탈을 용이하게 만들려는 일본의 의도가 숨어 있기는 했으나 정치·경제·사회·문화 등 전분야에 걸친 근대적 개혁의 성격을 띤다는 점에서 의미가 깊다. 개혁의 내용을 살펴보면 갑신정변과 동학농민운동의 개혁안이 상당 부분 수용되고 있음을 알 수 있는데, 이는 일본의 강요로 이루어진 타율적 개혁이었음에도 불구하고 (문명)개화를 희구하는 세력과 농민층의 의사가 반영되었음을 보여준다.

7. 서구적 근대화 속 중화中華의 그림자

그런데 조선의 구제도가 겉으로는 서서히 일본을 모델로 근대적 면모를 갖추게 되었지만 배후에서는 여전히 조선중화주의의 맥이 흐르고 있었다는 사실을 간과할 수 없다. 역사는 하나의 층위에서만 진행되지 않는다. 더구나 아관파천을 전후하여 조선의 지배층은 친청親淸계, 친일親日계 그리고 친로親露계를 형성하며 내부에서 권력다툼을 벌이고 있었다.[49] 하지만 아직 조선 내부에서 통역관들 이외에 별다른 세력을 구축하지 못한 러시아를 제외하면 '뜨는 해 일본'에 추종하는 세력과 과거의 관성에 따라 여전히 '지는 해 중국'에 의존하는 세력의 대립이 조선사회의 표면과 이면에서 진행되고 있었다. 여기서 이면裏面의 의미와 활동을 경시할 수 없다. 조선중화주의의 맥을 이어 속으로는 명明의 의리義理를 추종하면서도, 겉으로는 청과의 유대를 통해 조선의 미래를 구상하는 세력이 적지 않았다.

고종은 일본과 강화도조약을 체결한 뒤에도 조선의 무비자강武備自强을 위해 강력한 유럽형 무기를 필요로 했는데, 이를 위해 청으로부터 신식무기를 수입하고 제조법을 배우고자 하였다. 이후 청의 승낙에 따라 신무기 제조법을 학습하는 군계학조사軍械學造事, 1879.8를 추진하여 중국에 69명의 유학생機器學徒을 파견하였다. 또한 일본대리공사 하나부사花房義質가 외교사무를 전담할 기구의 필요성을 역설하자 조선정부는 대외적인 외교업무 및 군국기밀을 총괄하고, 위의 군계학조사 업무도 추진하기 위해 청의 총리아문總理衙門, 총리각국사무아문(總理各國事務衙門), 1861년 창설 부속기관인 동문관이 1876년에 번역 출간한 『성초지장星軺指掌』을 바탕으로 통리기무아문統理機務衙門을 설립한다.1880.12 이 기관은 고종이 청의 제도를 모방하여 설치하였는데 그 휘하에 12사司를 두어 첫 자리에 '사대사事大司'를 배치할 만큼 조선은 여전히 중국에 대한 예우를 소홀히 하지 않았다. 군계학조사와 통리기무아문이 본래의 취지를 달성하지는 못했지만 조선에 대한 일본의 정

---

49 황현에 따르면 이범진 등이 주도한 아관파천은 충의(忠義)를 위한 것이 아니며, 그렇다고 러시아를 후(厚)하게 하고 일본을 박(薄)하게 한 것이 아니라 순전히 권력다툼(爭權)에 지나지 않았다. 김윤식·어윤중의 청당(淸黨), 김홍집·유길준의 왜당(倭黨) 그리고 이범진·이윤용의 아당(俄黨)이 번갈아가며 진출하였다.(황현, 앞의 책, 199쪽 참조)

치·군사적 위력이 점차 강화되고 있는 상황에서도 조선은 중국과의 전통적인 유대의 끈을 놓지 못하고 있음을 여실히 보여준다.

청과의 연결고리를 쉽사리 끊어내지 못한 것은 정치·군사적으로 청에서의 독립을 꾀하는 개화파의 인물들도 마찬가지였다. 개화파의 지주격인 박규수는 『열하일기』의 저자 박지원의 손자로서 그의 재동 사랑방은 개화파 정치세력의 인큐베이터로 부를 수 있을 만큼 문명개화의 산실 역할을 하였다. 그럼에도 정작 그 자신은 조부 박지원의 뜻에 따라 일본의 서구적 근대를 수입하기보다는 중국의 양무洋務운동을 모범으로 삼아 북학파의 이용후생 정신을 개화사상에 연결시켰다. 또한 일본과 미국의 유학 경험이 있는 개화파의 핵심인물 유길준에게서도 중국에 대한 신뢰를 엿볼 수 있다. 그는 열강의 각축장이 된 한반도가 위기에서 벗어나기 위해 조선의 '중립국'을 선언을 제안하면서, 중립국 유지를 위한 조선 주둔 외국세력의 중심국으로 중국을 지목한다. 그에게 중국은 아시아의 맹주로서 여전히 조선의 신뢰할 수 있는 우방이었다. "중국은 조선과 4000년의 오랜 관계를 맺고 있는 나라이며, 그 동안 적은 규모의 내란이 일어나도 서로 도와왔으므로 흥망과 관계되는 외우를 당하게 되면 가만히 보고만 있지는 않을 것이다."[50] 이제는 조선중화주의에서 나타났던 명明과 청淸의 경계도 더 이상 의미가 없었다. 명이든 청이든 모두 중국이며 조선의 일부 주류세력은 여전히 중국과의 관계를 유지하고 싶어 했다. 여기서 조선의 민족의식은 조선중화주의와 서구근대주의 사이에서 오락가락하는 양상을 보인다.

---

50 兪吉濬 全書, 제4권, 323쪽(김학준, 『구한말의 서양 정치학 수용연구－유길준, 안국선, 이승만을 중심으로』, 서울대 출판문화원, 2011, 266쪽에서 재인용).

조선의 국왕뿐만 아니라 관료와 지식인들은 중국과 일본에 대해 독립과 의존의 양가감정으로 흔들리고 있었다. 여기서 특히 주목할 대상은 '**중국을 통하여 중국을 극복**'하고자 하는 조선중화주의자들이다. 그들은 중화의 보편적 가치를 불러내어 현재의 '근대'가 야기하는 문제 상황의 출구를 마련하고자 시도한다. 여기에서 조선중화주의와 관련된 소위 '근대성 문제'가 생겨난다. 이 문제를 촉발한 정옥자의 『조선 후기 조선중화사상 연구』1998가 출간된 이후 조선중화주의를 '주체성'이라는 이름으로 비호하는 학자들에 정면으로 도전하고 나선 인물은 계승범이었다. 그에 따르면, 구한말의 조선은 문화적 / 관념적으로는 명에 의지하면서 정치적 / 현실적으로는 청淸에 종사하는 이중 전략을 구사했다. 이 전략으로 조선은 이념의 명분과 현실의 실리를 챙겼다. "조선중화주의를 조선의 주체적 자부심이니 자존이니 하는 말로 매듭짓는 것은 지나치게 단편적인 해석이다. 조선중화주의는 오히려 현실의 국제무대에서는 청의 만주족 황제에게 정기적으로 조공을 바치고 책봉을 받으면서도, 그래서 그런 청질서淸秩序 '덕분에' 외침의 우려 없이 왕조의 안녕을 유지하면서도, 국내에서는 청을 '공공의 적'으로 규정하는 방법으로 조선사회의 내부단속을 강화함으로써 기존의 왕조지배질서를 유지하기 위한 이데올로기였다."[51]

계승범에 따르면 결국 조선중화주의는 "자존自尊의 근거와 방법을 중화에 귀속"시키는 한 "타율성"에서 벗어나기 어렵다는 것이다.[52] 조선중화주의에 대한 계승범의 이러한 해석에 대해 우경섭은 "유교망국론의 계승이자 정체성론의 재판"이라고 비판하면서, "'서구적 근대화'의 노선과 상

---

51 계승범, 앞의 글, 2012b, 281쪽.
52 위의 글, 289쪽.

이한 '중화'라는 이상을 품었다는 이유로 그들의 사상적 고뇌와 분투는 아무런 가치를 인정받을 수 없는 그저 후회 어린 반성의 대상으로만 간주되어야 하는지 도무지 이해할 수 없다"[53]고 억울해한다. 그는 또한 조선중화주의에 담긴 "근원적인 고민, 즉 보편적 도덕법칙에 대한 동아시아 유학의 오랜 고민의 전통만은 개별 국가 단위의 부국강병의 역사로 모든 것을 해석하는 지금의 역사학에서 염두에 두어야 할 요체"라고 주장한다.[54] 유학의 '깊은 고뇌'를 서구의 '근대'라는 잣대로 판단하여 쉽사리 폄훼하지 말아야 한다는 것이다.

계승범과 우경섭의 의견 대립을 조율하는 자리에서 김영민은 '근대성 문제'를 끌어들여 이렇게 설명한다. "조선중화주의를 근대성 여부와 관련하여 평가하고자 하는 것은, 그들에게 근대라는 것이 단순히 설명적 언어가 아니라 그 자체로 규범적 성격을 띤 언어이기 때문이다. 즉 혹자에게 근대는 성취되어 자부해야 할 어떤 것이고, 중세는 역사의 어떤 시점에서 극복되어야 할 어떤 것이다. 다른 혹자에게 근대는 우리의 현대를 망쳐 놓은 어떤 것이고 오히려 중세가 근대를 극복시켜줄 통찰의 보고이기도 하다."[55] 이쯤 되면 관건은 '근대를 어떻게 정의할 것인가?' 하는 문제로 귀결된다고 보인다. '근대'를 '사실의 문제'가 아니라 '가치의 문제'로 보아야 한다는 조선중화주의 옹호론자의 주장도 나름 일리가 있다. 그럴 경우 '근대' 자체가 비판의 도마 위에 오를 수 있다. 더구나 역사철학적으로 볼 때, 시간적으로 뒤에 것이 반드시 앞에 것보다 우월하다고 평가할 수 없다.

---

53 우경섭, 앞의 글, 249쪽.
54 위의 글, 259쪽.
55 김영민, 「조선중화주의의 재검토」, 『한국사연구』 162집, 2013, 235쪽.

우경섭의 주장대로 조선중화주의가 '중화中華'에서 인간의 보편적 도덕 가치를 보아 거기에서 '서구 근대'를 비판하고 새로운 근대의 출구를 찾으려고 했던 시도는 이해할 수 있다. 그러나 조선중화주의가 내세우는 '중화'는 그 자체가 '윤리적' 성격을 띠기 때문에 그 입지에서 '서구 근대'를 비판할 수는 있으나 사실로서 '근대주의'를 대체할 수는 없다. 더구나 서구 근대주의에 대하여 조선중화주의를 옹호하는 이들은 사후정당화post factum의 논리적 오류를 범하고 있다. 그들은 근대를 겪고 나서 근대의 문제점을 파악한 뒤 이를 근대 이전의 조선중화주의에서 찾는 추론방식을 택한다. 이러한 추론은 이미 진행된 역사적 사실을 놓고 '그때 그렇게 하지 말았어야 했는데' 하는 식으로 역사를 되돌려놓으려는 비현실적 태도를 마치 현실인 것처럼 착각하게 만든다. 더구나 당시 구한말 한반도의 시대적 특성은 '윤리'가 아니라 '사실', 즉 군사력과 경제력을 필두로 한 '문명화'가 관건이었고 서구 자체가 이성에 눈뜨는 계몽開化의 시대를 겪고 있어서 수학과 과학의 위력을 바탕으로 한 국력 신장이 화두로 등장하는 터에 중국과 조선만 한가롭게 '윤리' 타령을 할 경우 시대를 역행하는 길을 걷게 될 것이고, 실제로도 그렇게 되었다. 조선중화주의의 입장에서 보면 결국 중국과 조선 / 대한제국은 공동운명체였기 때문이다.

여기서 특별히 주목할 한 가지 사실이 있다. 조선중화주의자들은 중화의 '주체화主體化'에 자부심을 가질 수 있으나, 이는 그들의 그러한 태도가 역으로 중국이 스스로 자부심을 갖게 만드는 빌미를 제공한다는 점이다. 구체적인 예를 들어 보자. 청 말기 변법자강운동을 주도했던 량치차오梁啓超는 『조선망국사략朝鮮亡國史略』에서 조선의 멸망에 눈물까지 흘리며 애통해 한다. 이 눈물은 언뜻 오랜 형제국가가 사라진 데 대한 연민에서 기인한 것처럼 보이나 실은 청의 속국이었던 조선을 일본에 빼앗긴 데 대한 분노의 눈물이었다. 그는 톈진조약에 따라 조선이 더 이상 청의 속국이 아니라고 청 스스로 인정한 점을 가장 애석해했으며, 조선이 중국인 기자箕子의 후손이라는 데 자부심을 가지고 있었다. 조선이 병자호란 이후 200년 이상 청의 번속藩屬으로서 해마다 조공을 바쳐 왔는데, 결정적으로 청일전쟁에서 중국이 패함으로써 조선과 청의 관계가 확실하게 단절되기 시작한 데 대해 아쉬움과 애달픔을 토로한 것이다.[56] 이렇듯 중국에게 조선은 자기 신체의 일부여서, 조선의 상실은 곧 자기 신체 일부의 상실이었다. 그는 조선 멸망의 최대 원인이 왕실과 양반에 있다고 진단하나, 이 평가는 옳지 않다. **조선 멸망의 원인은 다름 아닌 청의 멸망에 있었기 때문이다.** 조선에서 청이 일본에 밀리지 않았더라면 조선은 여전히 청의 그림자 안에 머물렀을 것이다. 일본의 중국 대륙 정복 시나리오에 중국이 굴복하면서, '소小중화' 조선은 자연스럽게 일본의 세력권 안에 놓이게 되었다.

량치차오가 중국의 속국인 조선의 멸망에 비통해했다는 사실은 조선이 얼마나 강력하게 중국에 의존적이었는지를 방증한다. 이 대목은 앞서 서술한 이이화의 조선중화주의 비판에 설득력을 부여한다. 조선은 '중화'를 주체적으로 자국화自國化한 주체적인 국가라는 정옥자의 주장과 달리 일본을 비롯한 외세의 침략이 있을 때마다 청에 원군을 요청한 의타적인 국가였다. 19세기 후반의 임오군란과 갑신정변 그리고 동학농민전쟁에서 청은 매번 조선 문제의 해결사로 요청되어 등장하였다. 하지만 청의 조선 문제 개입의 결과는 성공적이지 않았을뿐더러 일본이 조선 문제에 깊숙이

---

56 양계초, 최형욱 편역, 『량치차오, 조선의 망국을 기록하다』, 글항아리, 2014, 15~22쪽 참조

관여하게 되면서 지배력을 강화시키는 현실적인 원인을 제공했다. 청과 일본의 대결에서 청은 매번 패배했으며, 이는 청에 대한 일본의 우세를 입증하여 청에 종속해 있던 조선을 청이 더 이상 비호할 수 없게 되기에 이른다. 요컨대 **청의 몰락은 곧 조선의 몰락을 재촉했다.**

서양문명과 충돌하면서 현실은 관념적인 당위가 아니라 실재적인 존재가 지배한다는 사실을 조선인은 깨닫는다. 조선의 서구문명 수용은 단순히 미개未開사회에서 문명文明사회로의 이행에 그치지 않고 사태 / 세계를 이해하는 방식과 준거점이 당위當爲에서 사실事實로 변화하는 계기를 마련해주었다는 점에서 엄청난 패러다임 전환을 야기했다. 이에 따라 조선사회는 유교의 예학禮學을 중시하여 조정의 종묘 제의에서 평민의 제사에 이르기까지 주자가례朱子家禮라는 윤리적 형식을 중시했던 당위의 세계에서 벗어나 **인간의 기본적인 욕구**에 충실한 사실의 세계에 입각하여 세계 / 사태와 관계하기 시작하였다.[57] 국가 차원의 군사력뿐만 아니라 일상의 빈곤과 불편함과 불결한 위생상태 등의 욕구에서 실질적으로 자유롭고자 하였다. '인간'은 민족에 선행한다. 한국 역사상 처음으로 한민족은 전적으로 이질異質적인 문명을 접하여 인간다운 새로운 세계에 진입하게 되었다. **세계는 당위가 아니라 사실이 지배한다는 사실을 한민족은 처음 자각한 것이다.** 서구적 근대의 유입으로 인해 500년 이상 조선을 지탱해온 유교 이념이 한반도 역사의 전면에서 물러나게 되는 순간이었다.

---

57 이런 의미에서 나는 이영훈이 근대 한국의 민족 문제를 '문명사적' 관점에서 접근하고자 하는 시도가 일면적이라고 생각한다.

제3장

문명개화

서학의 수용과 세계관의 불연속 문제

들어가며

구한말 동아시아의 정치·군사적교정 흐름과 조^朝·청^淸 관계의 성격 그리고 일본의 대륙진출 야망을 고려할 때, **청의 몰락은 조선의 몰락을 예고했다.** 청은 막강한 서양 제국들과 불평등조약을 맺으면서 그 입지가 갈수록 좁아지고 있었는데도 조선은 그렇게 약세에 몰린 청과의 오래된 주종主從 관계를 청산하지 못하고 있었다. 조선은 임오군란에서 갑신정변을 거쳐 동학농민전쟁에 이르기까지 국가의 위기 때마다 청에 원군을 요청하면서도 다른 한편으로는 조선을 청에 의존하지 않는 자주국으로 건립하려는 의지를 지니고 있었다. 그런데 조선 내부의 세력다툼에서 자주파가 우세해지면서 이들이 '청으로부터의 자주'를 위해 불가항력적으로 '일본에 의존'해야 하는 아이러니에 빠지고 말았다.[1]

---

[1] 개화(開化)를 정책적으로 수행하기 위해 고종이 1880년에 청(淸)의 제도를 모방하여 설치한 통리기무아문(統理機務衙門)을 필두로 하여 1894년 동학농민운동 이후 텐진조약을 토대로 일본이 조선에 강압적으로 설치한 군국기무처(軍國機務處)를 통해 추진한 갑오경장(홍범 14조 포함) 등의 개혁 정책에는 이미 일본의 입김이 강하게 배어 있었다. 청(淸)으로

청과의 연결고리를 끊기 위해 일본을 끌어들인 것이 조선 조정의 결정적인 오판이었다고 비난할 수 있으나 당시 조선의 국왕과 관료들이 손에 쥘 수 있는 선택지는 극히 제한되어 있었다. 더구나 이미 일본과는 강화도조약 이후 정치·경제·군사·외교 분야 전반에 걸쳐 교류가 진행되고 있었기 때문에 조선의 입장에서는 일본이야말로 개화문명을 위한 거의 유일한 통로가 아닐 수 없었다. 따라서 조선이 정치적으로 청으로부터 독립하는 것은 곧 정치적으로 일본에 귀속되는 것을 뜻했다. 사태의 이러한 추이는 동시에 조선이 청의 전통적인 중화주의의 그림자에서 벗어나 일본과 서양의 근대로 진입하는 계기가 된다. 이에 따라 근대적인 서학西學이 본격적으로 조선의 지성계에 유입되면서, 조선은 반만 년 역사에서 처음으로 지금까지 접해온 외래문화들과는 질적으로 다른 새로운 세계를 맞이하게 된다. 이로 인해 공맹孔孟과 주자에 물들어 있던 조선이 분열되기 시작한다. 세계관의 불연속성을 수용해야 한다는 분위기는 개항기 이후 문명개화파에 의해 조성된 뒤 독립협회와 독립신문 그리고 대한자강회와 대한협회의 애국계몽운동 등을 통하여 조선사회 전반에 퍼져나갔다. 여기서 키워드는 독립과 계몽과 부국자강이었다.

부터 독립을 선언했지만 일본과의 악연이 시작된 것이다.

1. 문명개화의 역사철학적 의미

구한말 조선은 당면한 '민족 문제'의 출구를 찾는 과정에서 서구 문물을 통한 문명개화와 민족의 얼을 지킨다는 두 가지 중대한 사안을 두고 갈팡질팡하고 있었다. 대체 "문명개화라는 목표와 민족 문제를 어떻게 결합할 것인가?"[2] 이 물음 앞에서 조선의 지성계는 실력양성론, 외교독립론 등으로 자강과 자주의 길을 모색하였지만, 그 방법에서 결국은 문명개화된 일본의 지도 아래 문명화, 개방화, 서구화 그리고 근대화의 방향으로 나아가게 되었다.

하지만 '문명개화'란 단지 학습의 문제가 아니어서, 마음만 먹으면 '개명開明'할 수 있는 그런 단순한 사태가 아니었다. '문명개화'는 조선 / 대한제국에게 하나의 '문제적 사건'이었다. 최창규와 김운태를 포함한 일부 국사학자들은 당시의 상황을 '채서探西'라는 용어로 설명하는데 이는 지극히 편향된 민족주의적 관점의 소산이다. 최창규는 척사斥邪를 기반으로 서양을 선택적으로 수용했다는 채서探西사상을 동도서기론東道西器論의 요체라고 주장한다. "자주개화운동自主開化運動"[3]을 내세워 서양을 '주체적'으로 수용했다는 것이다. 한민족의 주체성을 살리고자 하는 의지는 이해할 수 있으나 그럴 경우 사태의 진면목을 제대로 파악하지 못할 위험성이 크다. 또 다른 국사학자는 이렇게 말한다. "성리학의 도덕적 세계관과 비교해 볼 때, 개화파들, 특히 급진파의 세계관은 거대한 단절이 있는 것처럼 보인다. 하지만 이 패러다임의 전환이 조선의 역사 속에서 점진적인 과정 속에

---

2   김도형, 「대한제국 초기 문명개화론의 발전」, 『한국사연구』 121집, 2003, 201쪽.
3   최창규, 『한국의 사상』, 서문당, 1975, 197쪽.

있었다는 사실을 놓쳐서는 안 된다."[4] 그런데 불연속처럼 보이지만 사실은 연속이라는 이런 식의 설명은 사실 아무것도 명확하게 밝히지 못한다.

조선 후기 사태의 진상을 파악한다는 명목하에 조선 후기 서학의 유입에 따른 사회적 난맥상을 연속과 불연속 그리고 중화中華와 탈중화脫中華의 동시적인 진행이라는 틀로 설명하려는 시도도 있다. 하지만 그러한 현상은 역사 진행에서 일반적으로 관찰되는 특성이기 때문에 그 설명을 통해 새롭게 밝혀지는 사실이 없다는 점에서 그다지 유익하지 않다. 그보다는 변화와 개혁의 시대에 '단절'과 '탈脫'의 성격을 분명히 밝히는 일이 더 긴요하고 생산적이다. 개화사상을 외래의 새로운 사상으로 평가하기보다는 기존의 유교와 연관시켜 해석하려는 복고적인 발상뿐만 아니라 서양 문물의 내재적인 성격을 밝히기보다는 외형만을 보고 '새로운 것'으로 인식하는 태도 또한 불합리하다. 새로운 것을 과거의 낡은 틀로 해석할 경우 그것은 더 이상 새로운 것이 아니다. 새로운 것은 새로운 패러다임으로 설명하는 한에서만 명실공히 '새로운 것'일 수 있다.[5] 개항 이후 대한제국에 이르는 구한말은 분명히 유교의 전통주의에서 서양의 근대주의로 패러다임이 전환하는 데 따른 인식론적 혼란과 진통을 겪어야 했던 과도기였다.

세계사가 그렇듯 문화사에도 '흐름'이 작동한다. 대세를 이루는 흐름은 이 흐름의 장場에 속한 개별적인 민족들의 개체성을 쉽게 무화시켜 버린다. 그래서 이 흐름에 섣불리 저항할 수 없다. 그런 의미에서 '채서採西'를 말하

---

4 김충렬, 「1880년대 개화파의 세계관 연구」, 『한국동양정치사상사연구』 제 20권 1호, 2021, 94쪽.
5 유헌식, 「새로운 것의 출현을 설명하기 위한 철학의 조건」, 『사고개발』 11권 3호, 2015, 31쪽 이하 참조.

는 이들은 이러한 '문화의 흐름'이라는 사태를 과소평가하는 경향이 있다. 더구나 서양의 근대문명은 단순히 어떤 민족이 선별적으로 수용하기에는 그 유혹이 막강하여, 그리스 신화에 등장하는 사이렌의 노래처럼 일단 그 문명의 '맛'을 보는 순간 자동으로 빠져들지 않을 수 없다. 오죽하면 박은식조차 시간과 경비를 고려할 때 누가 '기차'를 타지 않고 '말'이나 '교자轎子'를 타겠느냐고 반문했겠는가?[6] 우마차는 기차로 대체될 뿐 우마차와 기차 사이에 어떠한 개념적 연결고리도 존재하지 않는다. 서양의 기차가 급작스럽게 동양의 우마차를 밀치고 들어온 것이다. 동양인에게는 문화의 충격이자 불연속이지만 서양의 입장에서는 자기 문화의 외연적 확장이다. 농도나 밀도가 높은 서양 문화 속으로 농도나 밀도가 낮은 동양 문화가 흡수되는 물리적 현상이 발생한 것이다.[7] 서양의 기술과 제품은 수학과 과학의 지식이 인간의 노동력을 통해 집약되어 목적을 달성하는 수단으로서의 효율과 가치가 탁월하다는 점에서 농도밀도가 높다고 할 수 있다.

2. 실상의 개화와 허명의 개화

조선은 지금까지 경험해 보지 못한 새로운 신앙과 지식, 기술과 상품을 만나면서 기존의 자기로부터 탈피해야 하는 고된 여정을 시작하게 되었다. 종래의 사고방식과 행동양식 안으로 수렴되지 않는 서양의 낯설고 새

6　박은식, 「物質改良論」, 『韓國의 近代思想』, 1977, 172쪽 참조.
7　배추를 소금물(높은 농도)에 담그면 배추 속의 물(낮은 농도)이 소금에 밀려 밖으로 빠지는 현상과 유사하다.

로운 것들 앞에서 조선사회는 처음에는 당황하고 혼란스러웠겠지만 서서히 그쪽 세계로 진입하여 적응하기 시작했다. 이렇게 새로운 근대 세계로 진입하는 것이 곧 '문명개화'이다. "문명개화론자들은 사회진화론에 의거하여 국가의 부강화를 추구하고, 대한제국기에 달성된 '독립'을 유지하려고 하였다. 이를 위해 그들은 서양의 문물을 적극 수용하였다."[8]

이와 관련하여 유길준은 '(문명文明)개화開化'를 대하는 태도를 '실상實狀의 개화'와 '허명虛名의 개화'로 나누어 설명한다. '실상의 개화'는 "사물의 이치와 근본을 깊이 연구하고 고증하여 그 나라의 처지와 시세에 합당케 하는 것"인데 반해, '허명의 개화'는 "사물에 대한 지식이 부족하되, (…중략…) 앞·뒤를 생각할 양식도 없이 덮어놓고 시행하기만을 주장하여 재물을 소비하기만 하여, 실용에는 닿을 만한 정도에는 미치지도 못하는 수가 많다."[9] 여기서 유길준은 서양이 개화에 걸린 오랜 시간을 언급하면서, 개화를 조급하게 서둘러서는 안 된다고 경고한다. 서양이 200~300년 걸려 이룩한 문명적 성과를 어느 날 접하면서 그 열매의 달콤함에 취해 오직 대상의 외양과 물질의 측면에만 집착함으로써 정작 중요한 기술과 원리의 습득에는 태만한 '허명 개화'의 세태를 그는 지적한다. 『매일신문』에서는 '참 개화'와 '실학實學'를 주창하면서 "기본적으로 서구문명을 적극적으로 수용하는 '개화'의 입장에 있으면서도 그 개화가 실질적인 것은 모르고 겉모양만 취하고 있었던 점"을 비판한다.[10]

개화의 본질에 대한 유길준의 설명은 서양의 18세기에 출현한 계몽주

---

8   김도형, 앞의 글, 199쪽.
9   유길준, 『西遊見聞錄』, 蔡壎 譯, 大洋書籍, 1978, 249쪽.
10 김도형, 앞의 글, 182쪽.

의Enlightenment와 통한다. 개화를 위해서는 백성 / 국민이 계몽되어야 한다. 서구 근대의 출발점인 계몽주의는 우선 '형이상학적 미몽迷夢'에서 깨어나 주어진 사태를 이성적으로 판단하는 일이 관건이다. 그런 의미에서 개화는 계몽의 의미에서 "교화敎化" 또는 "교육敎育"과 같은 말이다.[11] 근대의 인간은 전통의 미몽을 떨쳐버려야 한다. 어떤 미몽에서 벗어나야 할까? 존재를 윤리적이고 관념적으로 이해하는 태도에서 벗어나야 한다. 성리학은 도덕인륜(人倫)을 지향하는 거대한 형이상학이다. 관찰과 실험은 계몽주의의 방법이며, 법칙의 정립은 계몽주의의 목표이다. 이 과정에서 "감각이 드러내는 측정 가능한 속성들에 수학적인 기술이나 언어를 적용하는 것"이야말로 계몽주의가 이전의 중세적 사유와 구별되는 결정적인 차이이다.[12] 그 점에서 뉴턴Newton은 계몽주의의 선구자인 셈이다.

이러한 사실을 통해 수구파척사위정파와 진보파개화파의 중간에 위치한 동도서기파가 존재의 추론에서 어떤 오류를 범하고 있는지 드러나게 된다. 이들은 체용론體用論의 시각에서 동양의 도道를 바탕으로 서양의 기器를 사용한다는 입장이다. 여기서 기器는 '그릇'으로서 '도구'의 의미를 갖는다. 도구는 정신이 빠진 물질에 지나지 않아 생활에서 사용하는 것만으로 목적을 달성할 수 있다. 그런데 바로 여기에 문제가 있다. 동도서기東道西器 사상이 실패한 이유는 중화中華에 갇힌 조선의 수구적 지식인들이 도道, 정신와 기器, 물질를 분리할 수 있는 것으로 보아 동양의 도와 서양의 기가 양립 가능한 것으로 간주했다는 데 있다. 서양의 기에는 서양의 도가 함께 따라온다는 사실을 그들은 간과한 것이다. 서양의 과학과 기술에는 서양

---

11 이광린, 『한국개화사상연구』, 일조각, 1989, 33쪽.
12 I. Berlin, *The Age of Enlightenment*, A Mentor Book, London, 1956, p.15.

의 정신이 배어 있기 때문에 서양의 과학기술을 수용하는 순간 이는 곧 서양의 정신까지 함께 수입한다는 사실을 함축한다. 서양의 과학기술은 서양 정신의 반영이기 때문에 서양의 정신을 배제한 채 과학기술器만을 따로 수입하는 일은 어불성설이었다. 서양과 같은 과학기술을 발전시키기 위해서는 동양의 정신이 아니라 서양의 정신이 요구될 따름이다.

유길준은 허명虛名의 개화가 가진 문제점을 지적하면서, "외국에서 기계를 사들여왔을 경우 그 기계가 못쓰게 되면 기계는 다시 없게 되는 셈이며, 기술자를 고용할 경우 기술자가 떠나버리면 기술자가 다시 없게 되는 셈"이니, "외국의 기계를 사들이거나 기술자를 고용하지 말고 (…중략…) 무엇보다 먼저 자기 나라 국민으로 하여금 그것에 관련되는 기술을 배우도록 하여 그 일에 종사하게 하는 것이 옳다"고 말한다.[13] 여기서 유길준은 '기器'를 '기技'로 이해하는 영민함을 보인다. 물론 개화에 대한 그의 이해가 서양의 '계몽' 개념과 일치하지는 않지만 그가 앞 인용문에서 개화의 의미를 '사물의 이치와 근본을 깊이 연구하고 고증'하는 자세라고 했을 때, 그는 개화사상이 기존의 전통사상과 어떻게 다른지를 막연하게나마 알고 있었다. 보이는 겉이 아니라 보이지 않는 속 즉 사태의 본질을 파악해야 한다고 믿었던 것이다.

조선 / 대한제국은 **동양의 중화적 세계관에서 서양의 근대적 세계관으로 이행**하면서 패러다임의 전환을 겪는다. 이 전환은 기본적으로 **윤리倫理-실천實踐적 태도에서 사실事實-이론理論적 태도로의 전환**을 의미한다. 조선은 500년 이상을 중국中華의 영향아래 유교의 윤리적 세계관에 따라 사유하고 행동했다. 초점은

---

13 유길준, 앞의 책, 250쪽.

항상 '인간으로서의 도리道理'였다. 량치차오梁啓超는 말한다. "우리 중국은 언제나 인간의 일에 중심을 두고 하늘을 공경하는 데 귀납시킨다."[14] 중국의 전통사상에서 볼 때, 천도天道와 인도人道 그리고 천륜天倫과 인륜人倫은 서로 통한다. 그리하여 천하에 덕을 밝히려는明德 자는 먼저 수신修身 → 제가齊家 → 치국治國 → 평천하平天下의 단계를 밟아야 한다. 인간의 실천적인 노력이 전제되지 않으면 천하를 평화롭게 운영할 수 없을뿐더러 우주의 섭리道에도 어긋난다.[15]

이러한 동양의 형이상학적이고 윤리적인 세계관은 서양 근대의 경험적이고 사실적인 세계관과 대립한다. 이러한 차이는, 동양의 "총체적" 사고방식이 항상 "무엇을 위해?Wozu?"를 묻는 반면, 서양의 "분석적" 사고방식은 주로 "어떻게?Wie?"에 관심을 갖는 데서 비롯한다.[16] '일상'과 '실천'에 닿지 않는 문제에 중국의 지식인은 관심을 기울이지 않았다. 이에 반해 서양의 지식인은 세계와 사물의 구성 또는 작동의 원리이론에 관심을 기울였다.[17] 그리하여 자신의 연구가 '인간을 어떻게 이롭게 할 것인가?'를 묻기 전에 인간적인 유용성과 무관하게 사태의 객관적 사실이 무엇인지를 탐구했다. 앞서 언급한 '계몽주의'는 바로 이러한 시각에서 사태를 이해한다. 계

---

14 양계초, 『中國文化思想史』, 이민수 역, 정음사, 1974, 23쪽.

15 중국의 인간중심적 사유를 임어당은 이렇게 변호한다. "오늘날 헤겔 논리학이나 빅토리아 중기 경제사상의 정통학파만큼 낡아빠진 것도 없다. 중국인의 인본주의적 견지에서 볼 때, 이것처럼 이해하기 어렵고 거짓투성이고 지나치게 비상식적인 것은 없으리라."(임어당, 『생활의 발견』, 범조사, 1977, 134쪽)

16 O. Weggel, *Die Asiaten*, Deutscher Taschenbuch Verlag, 1994, p.188.

17 이와 관련하여 후설은 동양과 서양이 공히 보편적 세계인식에 관심을 기울였지만, "오직 그리스인들에서만 순수 '이론적인' 태도라는 본질적으로 새로운 형태로 보편적(우주론적) 생활관심을 발견할 수 있는데, 그러한 관심이 내적 근거들에서 작동하는 공동의 형식은 그에 상응하는 본질적으로 새로운 종류의 철학자, 과학자(수학자, 천문학자 등)로 나타난다".(Husserl, *Die Krisis der europäischen Wissenschaften und die tranzsendentale Phänomenologie*, Martinus Nijhoff, 1962, p.326) 이렇게 보면 '순수 이론적' 관심은 고대 이후 줄곧 서양 학문의 기조를 이룬 셈이다.

몽주의는 주어진 사태에 대한 형이상학적이고 초월적인 설명을 거부하고 제3의 시각에서 사태를 경험적 / 객관적으로 설명하는 태도를 지향한다.

구한말의 계몽운동이 '교육'의 이름으로 등장했을 때, 그 '교육'의 방향도 사실은 기존의 도덕윤리의 문제에서 사실의 문제로 전환하는 일이었다. 세계를 지배하는 힘은 '윤리'가 아니라 '실력'이라는 인식 아래 사물과 세계를 윤리적인 관점에서 보는 태도에서 벗어나 사실적인 관점에서 보는 태도를 습득하는 것이 '교육'의 본령이 되었다. 그래서 조선조 5백 년간 구성원들의 머리와 행동을 지배했던 성리학의 형이상학적-윤리적 세계관이 조선의 현실 문제를 해결하는 데 얼마나 무력無力했는지를 통감하고, 서양의 계몽주의와 마찬가지로 인간과 사물을 사실적이고 객관적으로 파악하는 새로운 방향을 모색하기 시작하였다. 조선 성리학에서 당파 또는 붕당을 이루어 진행된 리理와 기氣를 둘러싼 숱한 논쟁도 궁극적으로는 인성性과 관련된 윤리적 문제로 수렴된다고 할 때, 서양문물의 수입은 조선의 지식인들이 **존재와 세계에 대한 '윤리적' 사고에서 벗어나 '사실적' 사고로 전환하는 데 결정적 계기가** 되었다.

이와 더불어 서양 상품의 조선 진출은 백성들이 조선사회의 기본 산업이었던 농업 즉 토지를 매개로 한 생산 위주에서 벗어나 공산품이라는 인공적인 물건의 생산 위주로 진입하는 기회를 제공했다. 그리하여 토지를 바탕으로 농산물을 자기 것으로 삼는 데 사용하던 원초적인 도구들이 서구 '문명'의 도움으로 세련되게 가공되어 생산성을 향상시킴에 따라 조선인이 자연과 맺고 있던 상대적으로 직접적인 관계는 매개적인 관계로 변화하기 시작한다. 봉건사회에서 근대사회로 이행하는 데서 '진보'는 넓게 보면 자연과 인간을 연결하기 위해 인간이 고안한 도구매개자의 진화 즉 문화문명의 진보이며, 좁게 보면 수공업에서 기계공업으로의 진화이다. 인간의 생존과 생활을 위해 요구되는 원초적인 요소는 존재에 대한 사실적 이해와 설명이지 윤리가 아니다. 몸身體의 사실적인 욕구는 옷衣冠의 윤리적인 강요에 앞선다. 구한말의 조선사회는 이제야 자신들이 처한 열악한 실상을 바로 보기 시작한 것이다. 18세기 이후 학문의 실질적인 측면을 부각시킨 실학實學의 관점에서 볼 때, 윤리에 사로잡혀 현실 문제를 간과한 조선의 전통적인 성리학은 '허학虛學'이었던 셈이다. 그러나 실학 역시 이용후생이니 경세치용이라는 당장 눈에 보이는 실리에만 주목했다는 점에서 서양 계몽주의의 특성에 부합하지는 않았다. 질적으로 새로운 것을 수용하여 자기 것으로 만든다는 문제는 이렇듯 간단한 문제가 아니다.

3. 새로운 패러다임의 자기화 문제

민족이 당면한 문제를 해결하기 위한 방법은 보통 두 가지가 가능하다. 하나는, 척사위정파처럼 민족을 지켜서 살리는 길, 다른 하나는 개화파처럼 민족을 바꿔서 살리는 길이다. 하지만 앞서도 보았듯이, 개화파조차 과거에 자신들에게 익숙한 것을 바탕으로 새로운 것을 수용하고자 하는 태도를 보일만큼 민족의 '새로운 자기己'를 형성하는 문제는 만만치 않다. 단절은 항상 고통을 수반한다는 실존적인 문제 때문이기도 하지만, 새 것은 옛 것을 바탕으로만 이해하고 설명할 수 있다는 해석학적 문제도 따르기 때문이다. 여기서 다음과 같은 근본적인 물음이 제기된다. 인간은 항상 특정한 세계관에 이미 사로잡혀 있는데 어떻게 새로운 관점을 습득하게 되는가? 한국의 경우 구한말 조선조 500년 동안 성리학의 이념을 바탕으로 한 유교적 가치에 익숙해 있던 한민족에게 어떻게 새로운 가치관의 수용이 가능할 수 있겠는가?

이를 보편적인 철학의 물음으로 전환하면 이렇다. "우리는 세계관, 역사적인 과거, 습속 그리고 습관을 충분히 의식하지 못한 채 살고 있어서 우리의 도덕적 판단능력은 이것들에 의해 흐려져 있기 때문에 여기에서 도덕적 혁신moralische Erneuerung을 기대할 수는 없는 것 아닌가?"[18] 이 물음에 주목하는 이유는 조선조 500년간 유교적 가치에 입각하여 그 '속'에서 일상을 영위해오던 사람들이 이와는 완전히 다른 세계관을 수용한다는 것은 그 시대를 살던 사람의 입장에서는 생각조차 할 수 없는 엄청난 일일 것이기 때문이다. 비유컨대 물고기가 물 밖의 세상을 꿈인들 꾸어 보았겠는가? 이 사실을 감안하면 척사위정파의 강력한 저항은 충분히 이해할 만하다.

하지만 실제에서 조선은 외세에 문호를 개방하여 서구의 새로운 가치를 수용하기에 이른다. 이러한 일이 어떻게 가능했을까? 역사에서 새로운 가치의 수용이 어떻게 가능한가를 묻는 이 질문에는 다양한 답변이 가능하다. 그 가운데 이 문제 상황과 관련하여 크라우써P. Krausser는 설득력 있는 답변을 제시한다. 그는 기존의 가치관에서 벗어나 새로운 가치관을 습득하게 되는 과정을 다음과 같이 설명한다. 우리의 도덕적 판단은 분명히 우리의 사회와 문화의 세계관과 가치관을 통해 규정된다. 그리고 그 사실을 우리는 거의 의식하지 못하며 산다. 그러나 우리의 사유와 지각과 의지 등

---

18 W. Hochkeppel(hg.), *Die Antworten der Philosophie heute*, München : Szczesny Verlag, 1967, p.306.

이 사회문화적으로 영향을 받아 규정된다고 해도 이것이 반드시 우리의 판단능력을 '흐려' 놓기만 하지는 않는다. 특정한 가치관을 갖고 있지 않으면 주변세계와 관계할 수 없기 때문이다. 그런데 특정한 가치관을 하나의 관점이라고 할 때 이 관점 이외에 다른 관점이 있다는 사실을 어떻게 알게 되는가? 자신의 가치관의 한계를 어떻게 알게 되는가? 인간의 의식은 표면적으로는 어느 하나에 준거해 있지만 잠재적으로는 달리될 수 있는 가능성을 자기 안에 지니고 있다. 다른 가능성은 하지만 스스로 발현하지 않고 외부의 타자와 만남을 통하여 외화外化한다. 나와는 다른 개인사를 지닌 타인을 만난다거나 역사에서 다른 "문화를 만남Kulturbegegnungen"으로써 나에게 잠재해 있던 새로운 관점이 자극받아 발현하게 된다.[19]

개인상호적, 사회상호적 관계방식은 기존의 도덕적 관계를 반성하여 개선하거나 혁신하게 하는 계기가 된다. 그런데 자기의 문화와 질적으로 다른 문화와 만나는 경우 갈등과 대립은 불가피하다. 비록 자신의 현재가 열악하고 비루해도 자기에게 익숙한 세계관과 가치관을 버리고 새로운 것으로 갈아타는 일에는 고통이 따르며, 모든 역사의 진행이 보여주듯이 단번에 전체적인 구조변혁이 이루어지기보다는 점진적이고 부분적인 개선을 통하여 점차 새로운 것으로 이행하게 된다.[20] 구한말의 혼란과 갈등은 이러한 이행기의 특성을 보인다.

---

19 Ibid., pp.307~308 참조.
20 포퍼는 역사 진행의 이러한 양상을 "점진적인 조정(piecemeal engineering)"이라 부른다.(K. Popper, *The Poverty of Historicism*, Torchbooks, 1961, p.64 이하 참조)

4. 계몽과 자유와 부강

근대의 계몽주의에서 이론철학의 키워드는 경험과 이성이지만 실천철학의 키워드는 자유이다. 집단과 개인의 차원에서 위계적인 예속과 타자의존에서 벗어나 서로가 동등한 관계에서 자립적 존재로 서는 일이 관건이다. 그런 한에서 '주체'와 '자유'는 근대적 인간이 추구해야 할 핵심 가치이다. 구한말의 조선은 민족 문제를 청·일·러에 의존하여 해결해 왔으며 그 결과는 파국적이었다. '약소국' 조선 / 대한제국에게 그 세 나라는 '강대국'으로 인식되어 그들을 통하지 않고 조선이 스스로를 보존할 방도를 찾지 못하였다.

이승만은 『독립정신』에서 조선 역사의 치명적인 문제점을 '남에게 의존하려는 태도'에서 찾는다. 개인이든 국가든 남에게 의지하는 자는 자유自由롭지 못하다. 그는 '백성의 마음정신이 먼저 자유해야 한다'는 글에서 "생각을 제 뜻대로 하지 못하는 것", "사람들이 벼슬관직에 복종하는 노예의 사상을 면치 못한 것" 그리고 "사람의 마음이 세력에 의지하기 좋아하는 것" 등을 조선인의 치명적인 결격사유로 지적한다.[21] 여기서 그는 특히 세 번째 사항에 주목한다. 그가 제시한 이솝우화에 등장하는 '박쥐'의 예는 조선의 생존전략과 관련하여 흥미로운 점을 시사한다. "날짐승과 길짐승이 편을 갈라 싸울 때 박쥐는 양편의 강약强弱만 살피다가, 길짐승이 강할 때는 날개를 감추고 그 편에 들어가고, 날짐승이 이기면 날개를 펴고 새 편을 도왔는데, 그 후에 양편에서 다 박쥐의 정체를 알고 붙여주지 아니하

---

21 이승만, 『독립정신』, 비봉출판사, 2018, 183~192쪽 참조.

였다."[22] 그가 예로 든 박쥐는 조선이 스스로의 힘이 아니라 타국他國에 의지하여 위기를 극복하려는 태도를 빗댄 것이다. 그는 『독립정신』 안의 '대한이 청淸·일日·아俄 삼국에서 해害를 받음'이란 제하의 글에서 청과 일본과 러시아에 의지하여 난국을 타개하려 했지만 이는 결국 미봉책에 지나지 않아 상황을 더욱 악화시키는 결과를 초래했다고 개탄한다.[23] 이러한 사정을 량치차오도 「조선 멸망의 원인」에서 이렇게 기록한다. "이전에 완고했던 저명인사들도 갑오 이후로는 날마다 도도하게 개혁을 말하고, 이전의 중국당이 몇 년 안 되어 갑자기 일본당으로 바뀌고, 몇 년 안 되어 다시 러시아당으로 바뀌었다가 또다시 금세 일본당으로 바뀌었다. 오직 강한 것만 바라보고 오직 나를 비호해줄 수 있는 것을 따랐다."[24]

조선은 지금 과거의 자기를 반성한다. 다른 나라에 의지하여 자기를 정당화하거나 보존할 때는 조선의 처신과 생활이 어떠했는지 알지 못했으나 서양 근대가 수입되면서 종래의 자신들의 행태가 어떠했는지를 되돌아볼

---

22 위의 책, 191쪽.
23 위의 책, "타국이 와서 통상하자고 하면 내가 홀로 담당하여 조처할 생각은 하지 않고 다만 청국에 미루어 대신 조처해주기를 바라면서 매번 은밀히 청하여 도와주기를 바라니"(363쪽), 특히 동학 때에도 "우리 백성이 일으킨 난리인데도 우리 스스로 진압하려고는 생각지 않고 청인들을 슬그머니 청해 들여왔다".(364쪽) 또한 일본의 경우도 강화도조약 이후 조선의 독립을 위하여 청(淸)과 교섭하여 조약을 맺기는 했으나 "우리가 따로 서지 못함으로써 끝내 갑오전쟁까지 있었으니, (…중략…) 우리가 따로 서기를 힘쓰지 아니하고 언제나 의지하려고만 하다가 마침내 아라사인의 간섭을 불러 들였"다.(365~366쪽) 러시아의 경우도 마찬가로, "우리가 러시아의 보호를 청하여 들어와서 내정에 간섭할 기회를 스스로 허락하자 (…중략…) 마침내 이번 전쟁(러일전쟁)을 일으켰"다.(366쪽) 이렇듯 우리는 자주(自主)할 생각은 하지 않고 남에게 의뢰만 하다가 결국 나라를 잃는 지경에까지 이르게 되었다.
24 양계초, 앞의 책, 98쪽. 이러한 조선의 강대국 기생(寄生)주의가 조선 자신이 파국을 자초했다고 그는 진단한다. "조선을 망하게 한 자는 처음에는 중국인이었고, 이어서 러시아인이었으며, 끝은 일본인이다. 그렇지만 중·러·일인이 조선을 망하게 한 것이 아니라 조선 스스로 망한 것이다."(위의 책, 53쪽)

있게 되었다. 근대의 대두는 조선인으로 하여금 '자기반성'의 기회를 갖게 하였다. 여기서 자기반성은 단순히 개인의 자유, 즉 속박으로부터의 해방에 그치지 않고 조선의 정치체계 자체에 대한 불신으로 이어졌다. 서양 근대 정치제도의 근간을 이루는 '자유'의 이념은 근대 일본 초기의 지식인들에게뿐만 아니라 조선의 개화 지식인들에게도 혁신적이고 발견적이었다.

유길준은 일본 체류 시 후쿠자와 유키치福澤諭吉의 개인지도에서 큰 영향을 받아 저술한 『서유견문록』에서 근대적인 정부의 통치제도가 지녀야 할 첫 번째 항목으로 '자유自由' 즉 "자유임의自由任意"를 꼽는다. 그에 따르면 자유란 "결코 국법을 두려워하지 않고 방탕 등을 자행한다는 뜻이 아니다. 어느 나라에 살면서 무슨 일을 하든지 국법에 어긋나지 않을 때에는 자기가 좋아하는 바에 따라 임의로 행동할 수 있다는 뜻"이다.[25] 박영효는 자유가 부강과 밀접히 관련된다고 말한다. "한 나라의 부강을 기약하고 만국과 대치하고자 한다면, 군권君權을 축소하여 인민으로 하여금 정당한 만큼의 자유를 갖게 하고, 각자 나라에 보답하는 책무를 지게 한 연후에 점차 문명을 향해 나아가게 하는 것이 상책이다."[26] 새로운 문명의 원리로서 자유주의가 한국에 첫 발을 내딛는 순간이다.

---

[25] 유길준, 앞의 책, 126쪽. '자유임의(自由任意)'란 용어는 유길준이 후쿠자와 유키치의 『서양사정(西洋事情)』에서 그대로 따온 표현이다. 후쿠자와는 이 책에서 서양 문명 정치의 요결 6가지 가운데 'freedom' 또는 'liberty'를 첫 항목으로 꼽는데, 이 영어에 해당하는 적당한 번역어(한자어)가 아직 없어 임시로 '자유임의(自由任意)'라고 옮기지만, 그 취지는 "모든 사람과 교제할 때 신경 쓰거나 걱정하지 않고 자기 능력만큼 충분히 발휘할 수 있다"는 데 있으며, 자유란 "상하·귀천이 각각 그 소임을 얻어 조금도 타인의 자유를 방해하지 않으면서 천품의 재능을 펼치게 하는 것"이라 설명한다.(후쿠자와 유키치, 『서양사정』, 송정호 외역, 여문책, 2021, 29쪽) 중국에서도 '자유(自由)'라는 용어는 서양의 근대가 수입되면서 만들어졌으며 그 이전까지는 '방탕부기(放蕩不羈)', 즉 고삐 풀린 짐승처럼 제멋대로인 상태를 뜻했다.(손문, 『三民主義』, 삼성출판사, 1977, 392·393쪽 참조)

[26] 박영효, 건백서(김석근(2011), 각주 11에서 재인용)

조선이 부국강병 정책을 적극적으로 추진하게 된 실질적인 계기는 수신사로 일본에 다녀온 김홍집이 고종에게 전한 황준헌의『조선책략』이었다. 청 이홍장의 외교적 구상이 많이 반영된『조선책략』은 구미 열강과의 개항과 통상, 서양의 학문과 기술의 도입, 기독교의 전파 등이 주공周孔의 도道를 숭상하는 조선에 해를 입히지 않는다는 요지를 담고 있다.[27] 그렇지만 황준헌은 외교적으로 친중결일연미親中結日聯美, 중국과 친하고 일본과 맺고 미국과 이어짐를 기조로 하라고 조언하여 미국과 소통하기를 권하면서도 이미 서구 문물을 받아들인 청과 일본의 제도를 조선이 본뜨기를 종용한다. 그리하여 조선은 이들 나라를 모델로 하는 부국강병책을 구상하기 시작한다. 무비강구武備講究를 위해 청에 자문咨文을 발송1880.5하고, 정부기구 개편을 위해 통리기무아문統理機務衙門을 설치1880.12하는 한편, 새로운 문물과 제도를 시찰하고 습득하기 위해 일본에 신사유람단을 파견1881.1하고, 군기학조軍器學造를 위해 청에 유학생을 파견1881.7한다.[28] 이러한 일련의 조치에는 부국자강을 위한 문명개화에 조선의 조정이 얼마나 적극적이고 자발적으로 관심을 보였는지가 역력하게 드러난다.

『조선책략』에서 황준헌은 조선이 특히 미국과 교섭을 서두르라고 적극 권한다. "미국이 오는 것은 우리를 해칠 마음이 없을 뿐만 아니라, 오히려 우리를 이롭게 하려는 마음이 있는 것이다." 황준헌이 미국에 우호적인 태도를 견지하는 이유는 조선에 통상을 요청하는 강대국들 가운데 어

---

27 이러한 사정을『조선책략』은 "교목(喬木)에서 내려와 유곡(幽谷)으로 가는" 지경에 이르지는 않을 것이라고 비유적으로 표현하고 있다.(황준헌,『조선책략』, 건국대 출판부, 1977, 25쪽) 이는 당연히 이적(夷狄)의 교(敎, 서양의 기독교)를 수용한다고 해서 공자(孔子)의 도(道)를 배반하는 것은 아니라는 뜻이다.
28 최창규, 앞의 책, 186~187쪽 참조.

느 한 나라가 조선을 일방적으로 휘두르는 사태를 막아야 했기 때문이었다. "러시아의 병합併合을 막고 영英·불佛·독獨·이伊의 절제를 피하기 위해서는 미국과 이어지는 것은 급히 서둘지 않을 수 없는 일이다. 바로 제때에 미국 사자使者를 오게 하여 공평한 조약을 의논하면 서양 우방의 예에 따라 곧 만국공법萬國公法을 적용할 수 있을 것이다. 그렇게 되면 일국一國의 전횡을 막을 수 있을 뿐만 아니라 여러 나라의 선도가 될 것이다."[29]

그러나 황준헌의 판단은 당시 미국의 사정을 충분히 이해하지 못한 데서 비롯된 것으로 보인다. 미국은 당시 조선을 비롯한 동아시아 국가들과 조약을 맺을 때 항상 '거중조정居中調整, 중간에서 조정하는 역할을 함'의 입장에서 국가 간 대립과 전쟁에 불개입과 중립의 원칙을 고수하였다. 동아시아에 식민지를 경영하는 일은 경제적으로 부담이 되었을 뿐만 아니라 당시 미국 내의 정치적 상황이 여의치 않았기 때문이다. 그렇지만 실제에서 미국은 "일본에 더 가까운 중립"을 지켰다.[30] "루스벨트 시절 미국에서는 일본의 급속한 성장에 대한 견제 심리보다, 일본을 격려하여 더 큰 상대인 러시아를 견제할 수 있도록 도와야 한다는 주장이 대세를 이루었다."[31] 더구나 "루스벨트는 조선의 일본 편입이 지역 안정에 도움이 된다고 판단"하였다.[32] 미국은 이미 서재필, 유길준, 윤치호 등의 인물을 유학생으로 받아 배출하고 식민지기에는 재미 한국독립운동가의 활동공간이기도 하여 대

---

29 이상, 황준헌, 앞의 책, 27쪽.
30 홍규덕, 「구한말 미국의 대조선 정책」, 『국제관계연구』 23권, 2007, 24쪽.
31 위의 글, 25쪽. 만주에서 이익을 얻고자 하는 미국에게 러시아의 침략은 위협이 아닐 수 없었는데, 그렇다고 지리적으로 멀리 떨어진 미국이 러시아를 상대로 전쟁을 벌이는 무리수를 둘 수는 없었기 때문에 루스벨트 행정부는 미국을 위해 일본이 러시아와 대리전쟁을 치르기를 바랐다.(이우진, 「러일전쟁과 데오도어 루스벨트 미국대통령의 대 한국 정책」, 2005, 178쪽 참조)
32 위의 글, 32쪽.

일對日정책에서 겉으로는 모호한 태도를 보이는 듯했지만, 19세기 말 20세기 초 동아시아의 정세를 고려할 때 일본과 우호적인 관계를 맺는 것이 국가 이익 면에서 유리하다고 판단했다. 더구나 미국은 이미 일본과 통상 교섭을 맺고 있어서 일본의 조선 점령을 묵과했을 뿐만 아니라 조선이 일본의 문명개화를 모델로 근대문물을 수용하는 태도를 긍정적으로 평가하였다. 미국의 이러한 태도는 구한말 조선의 역사적 불연속을 가속화시키는 데 큰 영향을 미쳤다.

불평등조약인 을사조약으로 일본에게 외교권을 빼앗긴 뒤 '힘없는 나라'의 현재와 미래를 어둡게 전망한 실력양성론자들은 망국의 원인을 '실력부족'에서 찾았다. 실력을 배양하기 위해서는 교육, 경제, 외교 등 다방면에서 실력 있는 인재를 양성하는 일에 힘써야 하기 때문에 현실적으로 불가능한 저항운동에 국력을 낭비하지 않기를 국민들에게 기대했다. 그래서 그들은 "민중의 의병전쟁에 대해 부정적"이었다.[33] 우리는 갈 길이 멀었다. 적에 대항해 싸워 이길 힘도 없으면서도 입으로만 독립을 외치는 구두선口頭禪에서 벗어나 저들을 실질적으로 물리칠 수 있는 힘을 기르자는 무실역행務實力行의 태도는 일본과 미국의 선진 문명을 힘써 익혀 우리 것으로 만드는 길 외에는 없다는 판단으로 이어진다.

---

33 김도형, 앞의 책, 131쪽.『대한매일신보』에서도 의병운동이 때와 힘을 헤아리지 않은(不度時不量力) 무모한 행위라고 규정하고, 프로이센의 60년 국민교육을 본받아 실력을 양성하고 때를 기다려야 한다고 주장한다.(132쪽) 이러한 입장은 식민지기 초기에 윤치호가 민족의 실력양성을 목표로 내세워 '정작 힘이 없어 물지도 못하면서 짖기만 하는 행태'인 3·1운동을 비롯한 민족주의운동에 반대한 것과 통한다.(윤치호, 『윤치호 일기』, 김상태 편역, 역사비평사, 2005, 제1부 참조)

나가며 – 가난하고 더러운 나라, 조선

19세기 말 청淸과 일본과 러시아가 조선 문제를 두고 이권을 다투는 틈바구니에서 조선은 정치·외교적으로 한민족 역사상 가장 혼란한 시기를 겪고 있었다. 그 시기에 조선이 직면한 두 가지 과제는 세계사의 흐름에 맞게 근대화를 추진하는 일 그리고 힘의 논리가 지배하는 국제관계에서 외세에 굴복하지 않고 스스로의 힘으로 서는 일이었다. 하지만 안타깝게도 조선의 지도층과 지배층은 호시탐탐 한반도 진출을 노리는 외세에 대항하여 조선 / 대한제국의 장래를 책임질 만한 능력을 자체적으로 갖추지 못한 채 어느 나라와 우호관계를 맺는 것이 유리할지를 판단하기에 급급했다. 그들에게는 '힘 있는 나라'에 의존하여 나라를 보존하는 방법 외에는 다른 길이 보이지 않았기 때문이다.

당시 조선을 둘러싼 외세의 영향과는 별도로 조선은 내부적으로 산적한 문제에 직면해 있었다. 중화의 논리에 갇혀 외부 세계와 거의 교류가 없었던 폐쇄된 사회에 살던 조선인은 일본을 통해 서구문명에 맞닥뜨리게 되면서 자신들을 비추어볼 거울을 갖게 되자 그제야 자신들이 어떤 환경 속에서 살아왔는지를 깨닫게 되었다. 무엇보다 일상의 가난과 위생이 문제로 떠올랐다.[34]

김옥균은 당시 조선에 온 외국인들의 말을 이렇게 전한다. "조선은 산천

---

34 『북학의』의 저자 박제가는 정조에게 올린 「병오소회(丙午所懷)」(1786년)에서 "현재 국가의 큰 폐단은 한 마디로 '가난'"이라고 말한다. 그는 가난의 문제를 해결한 연후에야 도덕을 논할 수 있다는 현실주의적 입장을 보인다. 그러나 그는 가난 구제책으로 중국과 통상하고 중국의 발전된 문물을 수용하는 길밖에 없다고 하여 여전히 중화주의의 틀을 벗어나지 못하고 있다.(김충렬, 앞의 책, 84~85쪽 참조)

이 비록 아름다우나 사람이 적어서 부강해지기는 어려울 것이다. 그보다도 사람과 짐승의 똥·오줌이 길에 가득하니 이것이 더 두려운 일이다." 조선은 더러웠다. 그래서 "수십 년 이래로 괴질怪疾과 역질疫疾이 가을과 여름 사이에 성행하여, 한 사람이 병에 걸리면 그 병이 전염되어 백 명, 천 명에 이르고, 죽는 자가 계속해서 생기고, 죽는 자의 대다수는 일을 한창 할 장정들이었다. 이것은 비단 거처가 깨끗지 못하고 음식물에 절제가 없는 것뿐만 아니라, 더러운 물건이 거리에 쌓여 있어 그 독한 기운이 사람의 몸에 침입하는 까닭이다". 청결치 못한 위생 환경은 질병과 전염으로 이어진다. 그래서 김옥균은 구미歐美 각국이 근대적 기술과 정책 가운데 "의업醫業"과 "위생"을 으뜸으로 삼는다고 서술한다.[35] 외국인의 눈에 비친 조선은 인간이 건강하게 살 수 있는 환경이 아니었다.

비위생적인 도로 상태에서 벗어날 방책으로 김옥균은 도기점에 부탁하여 구운 수통水桶을 도랑에 묻고, 장군소변을 볼 수 있는 목이 좁은 옹기을 변소 구석에 두도록 한다. 또한 소와 말, 닭과 개의 똥·오줌을 다른 것과 섞이지 않게 하여 별도로 처리하도록 한다.[36] 그런데 이러한 일을 실시하는 데서 김옥균은 일본 공사가 데려온 일본인 치도사治道師의 지도를 잘 따를 것을 첨언한다. 이렇게 조선의 일상적인 배설 문제까지 일본의 근대가 간섭하고 나선 것이다. 이제 일본은 스승이고 조선은 제자가 되었다.

어느 나라보다 조선의 독립을 보장하고 인정한다고 약속한 일본의 전략이 결국 일본이 조선을 문명개화의 길로 인도한다는 명목하에 일본에 의지하게 만듦으로써 자기에게 귀속시키려는 속셈이었다는 사실을 알았을

---

35   김옥균, 1977b, 87~88쪽.
36   위의 글, 90쪽.

때는 사태를 되돌리기에 이미 늦었다. 일본은 너무 깊숙이 조선의 핵심적인 정책 결정에 관여하고 있었기 때문이다. 더구나 일본을 방문한 경험이 있는 개화파 지식인들 눈에 일본과 비교하여 조선은 너무 가난하고 더러웠다. 대외적으로 청과 러시아를 물리치고, 대내적으로 문명개화를 이룩하기 위해 이미 긴밀하게 친교를 맺어온 일본의 조선 진출이 본격화되면서 조선의 구체적인 현실이 비로소 눈에 들어오기 시작한 것이다. '잘 사는 일본'을 보면서 '못사는 조선'을, '깨끗한 일본'을 보면서 '더러운 조선'을 깨닫게 되었다. 외세에 저항하는 '자립/독립의 문제'에 못지않게 일본처럼 잘 살고 강하고 싶다는 '부강의 욕구'가 조선의 뜻있는 지식인들 사이에 확산되기 시작하였다.

조선을 어떻게 부강하게 만들 것인가? 정치와 외교 이전에 경제와 군사가 본질적인 문제로 부상하였다. 여기서 조선 역사 불연속의 문제가 나온다. 불연속의 문제는 문제의 중심을 정치와 외교에서 군사와 경제의 문제로 전환하는 데서 발생했다. 그래서 무비강구武備講究를 위해 청淸에 자문을 발송한다든지, 군기학조軍器學造를 위해 청에 유학생을 파견하는 등의 조치가 이루어졌다. 하지만 이러한 조치가 청에 의존하여 진행된다는 사실은 조선이 여전히 청의 그늘에서 벗어나지 못하고 있다는 것을 시사한다. 그런데 문제는 조선이 청으로부터 독립하기 위해서는 일본의 도움을 받아야만 했다는 데 있다. 개화문명을 성공적으로 진행하고 있는 일본은 조선의 모델이 되었으며, 또한 일본과 우호적인 관계를 맺고 있을 뿐만 아니라 일본도 본받고자 하는 자유민주주의의 대명사 '미국'의 문물은 조선의 개화 지식인들에게 선망의 대상이었다. 그리하여 자연스럽게 조선은 역사에서 한 번도 경험하지 못한 '전적으로 이질異質적인' 미국의 문물과 접촉하면서 수천 년간 동아시아를 지배해온 전통적인 중화주의에서 벗어나 계몽과 자유에 토대를 둔 서구의 근대와 만나기 시작한다.

이러한 불연속은 조선이 중화주의의 윤리-실천적 세계관에서 탈피하여 서구 근대의 사실-이론적 세계관에 눈을 떠 이 새로운 세계관으로 세계와 사물을 만나기 시작한다는 사실을 뜻한다. 특히 자유는 정신思惟의 자유뿐만 아니라 정치적 자유까지를 함축하여 『독립신문』과 독립협회 그리고 『황성신문』과 『대한매일신보』 등 단체와 언론을 통하여 급속도로 조선의 다중에게 전파되어 자유민주주의가 공론의 장에 들어서게 되었다.

제4장
국권 상실과 한국 민족주의의 탄생

1. 국권 피탈에 따른 민족과 국민의 괴리

일본과 서구 열강의 수교와 통상 요구를 이기지 못하여 조선이 문호를 개방하면서 한반도에 서구의 문물이 진입하기 시작한다. 그 문물을 접하면서 조선인은 지구상에 자신들과는 질적으로 다른 세계가 존재한다는 사실을 깨닫는다. 이질적인 문물은 조선의 자기自己에 대해 타자他者로 인식되는데 그치지 않고 그 문물을 생산하는 주체가 자기들과는 '다른 민족'이라는 사실을 깨달아 비로소 자신들을 하나의 '민족'으로 의식하기 시작한다. '민족'에 대한 의식이 깨어남으로써 조선사회의 구성원들은 한반도에 진출을 꾀하는 다른 민족들에 맞서 자기 민족을 지켜야 한다는 의무감을 갖게 된다. '동학농민운동'은 이러한 '민족의식'이 최초로 발현된 결과이다.[1]

---

[1] 이정식, 『한국 민족주의의 정치학』, 한밭출판사, 1982, 38~41쪽 참조. 여기서 이정식은 동학란을 중국의 태평천국의 난(1850~1864)과 의화단 사건(1900)과 비교하면서, 이들 민족운동이 지도자, 조직, 무장봉기, 민족적 이상, 외국인에 대한 혐오 등에서 서로 흡사한 성격을 띤다고 지적한다. 하지만 이들은 왕권 자체를 부정하지 않았다는 점에서 탈(脫)봉건의 근대를 지향하지는 못했다는 한계를 지닌다.

'민족'은 그래서 당시 제국주의 세력들에 대항하는 역동적인 성격을 띠지 않을 수 없었다.[2]

대한제국이 건립되면서 '국민'이 출현하기는 했으나 이때의 '국민'에는 일제의 입김이 작용하고 있어서 충분히 자립적인 성격을 지니지 못하여, 대한제국의 주체인 국민이 겉으로는 민족과 하나인 것처럼 보였으나 실제에서 양자는 부분적으로만 통일을 이루었을 따름이었다.[3] 결국 병자수호조약1876 이후 조선 내 친일세력을 구체적으로 확장해 오던 일본이 을사보호조약1905으로 조선의 외교권을 박탈한 뒤 경술합병조약1910을 강압적으로 맺자 조선은 일본에 국권을 상실하게 되었다. 조선이 일제의 식민지로 전락하면서 조선 / 대한제국에 약하게 존재하던 민족과 국민의 연결 고리마저 끊어지게 되었다. '조선의 민족' 또는 '대한제국의 국민'은 국제법적으로 '일본의 국민'이 된 것이다. 개항 이후 이민족의 한반도 침략과 더불어 한민족에게 형성된 '민족' 또는 '민족의식'이 국권 피탈과 더불어 '민족주의'로 전환되는 순간이다.

서구의 근대국가가 출현하는 과정에서 국민국가를 바탕으로 민족국가가 성립했던 것과는 다르게 대한제국의 국민은 일본의 식민지배 정치체제에 귀속되면서 민족과 국민 사이에 확실한 분리 또는 균열이 생기게 되었다. 이에 따라 일본의 군국주의적 제국주의에 대한 반발 또는 저항으로

---

2 그래서 강동국은 동적인 개념으로서 '민족'을 정적인 개념인 '국민'과 대비시킨다.(강동국, 「근대 한국의 국민·인종·민족 개념」, 『동양정치사상사』 제5권 1호, 한국동양정치사상사학회, 2006, 27쪽 참조)

3 이렇게 볼 때, 당시의 '국민'은 『대한매일신보』 논설에서 설명한 국민, 즉 "국민이란 자는 (…중략…) 반드시 같은 정신을 가지며 같은 이해를 취하며 같은 행동을 지어서 그 내부에 조직됨을 한 몸의 근골과 같으며 밖을 대하는 정신은 영문(營門)에 군대같이 하여야" 한다는 정의에 부합하지 않았다.(『대한매일신보』, 1907년 7월 30일 자: 강동국, 위의 글, 25~26쪽에서 재인용)

한국에 '민족주의'가 출현하게 된다. '민족주의'는 '민족'이나 '민족의식'과 다르다. '민족'이 자연발생적인 공통성을 바탕으로 성립하며, '민족의식'이 민족의 집단적인 심리라면, 민족주의는 이에 더하여 정치적 성격을 띠고 집단행동을 취하는 민족의 태도라 할 수 있다.

'민족주의nationalism'에 대한 최근의 사전적 정의는 이렇다.

> Nationalism is an idea and movement that promotes the interest of a particular nation (as in a group of people) especially with the aim of gaining and maintaining the nation's sovereignty over its homeland.[4]

여기에서 '특정 민족의 이익을 증진시키는 이념과 운동' 그리고 '조국에 대한 민족의 주권을 획득하고 유지할 목적'은 민족주의가 함축하고 있는 목적론적 특성을 잘 드러낸다. 그러나 한국 민족주의의 특성을 고려하면 민족주의에 대해 이러한 정의만으로는 부족하다. 한국을 포함하여 피식민지를 경험한 제3 세계 국가들의 특수성을 고려할 경우, 민족주의란 '민족에 대한 심정적 애정과 사실적 판단에 준거하여 다른 민족에게 자기를 표현하고 주장하는 정치 문화적 태도 및 활동'이라고 정의할 수 있다. 이 정의에는 기본의 민족주의에 대한 이해에 '심정적 애국심' 그리고 이와 관련된 '정치·문화적 태도와 활동'이 첨가된다. 요컨대, **민족주의는 민족의 보존과 이익을 위해 해당 민족이 의식적으로 발휘하는 집단적인 심정 및 태도이다.** 그런 한에서 **민족주의 그 자체는 특정 이념이나 제도를 지향하지 않는 맹**

---

4 Wikipedia에서 'nationalism' 검색.

목적 의지로서 특정 정치 이념과 결합하여 긍정적 또는 부정적으로 사용된다.[5]

한국 민족주의를 논하는 데서 '민족주의'를 생각하거나 발화하는 이들이 머릿속에 떠올리는 '민족'은 무엇일까? 민족주의는 민족이라는 통일적인 단위를 전제하고 '민족'의 보존과 이익을 대변하고자 하는 세력이 민족을 향하여 지니는 욕구이며 태도이다. 여기서 그들이 믿고 있는 '민족'이 구체적인 실체를 지닌 것인가 하는 문제는 중요치 않다. 그들이 민족에 대하여 지니고 있는 열망 혹은 의지가 중요하다. 민족주의의 관점에서 볼 때, 민족은 '감정 공동체'로서 절망과 희생의 경험에 따른 자괴감을 공유할 뿐만 아니라 공동으로 희망찬 미래를 개척해나갈 근거로서 자존감과 애국심의 원천이다.

여기서 우리는 민족과 민족주의의 차이에 주목해야 한다. 민족은 역사적으로 존재하는 '사실'인데 반해, 민족주의는 민족을 바탕으로 지향하는 '가치'이다. 그런데 일부 학자들은 "민족주의라는 가치의식을 마치 민족 성원의 애족심이나 민족의 존재 그 자체에 붙어있는 것처럼" 다룬다. 민족이 존재해 왔다는 사실과 민족을 어떤 이념과 정책에 따라 이끌 것인가 하는 가치는 구별해야 한다. 세계사에서 민족이라 부를 수 있는 집단들은 수없이 생기고 사라졌다. 그 민족들에게 민족을 최고의 가치로 삼아 거기에 맞춰 정치와 문화의 체계를 바로 잡으려는 '주의主義'가 반드시 있었던 것은 아니다. 정태적인 성격을 지닌 민족과 달리, 민족주의는 민족의식의 총체적인 형성에 직간접으로 관여하는 적극적인 정신이고 활동이다. 그

5　"민족주의는 정치적으로는 민주주의와도, 독재주의와도 결부될 수 있고, 경제적으로는 자본주의와도, 사회주의와도 결부될 수 있다."(차기벽, 『한국 민족주의의 이념과 실태』, 까치, 1978, 62쪽)

런 점에서 한족韓族 또는 한민족韓民族이라는 가상관념에 근거하여 '민족'을 근사하게 포장하려는 애족愛族적 민족주의는 민족역사 기술에서 올바른 태도가 아니다. 그런데도 민족에 대한 자연발생적인 애정에 사로잡힌 사이비 민족주의자들은 민족의 사실적 욕구를 민족주의의 가치 지향점과 동일시하여 민족과 민족주의의 차이를 간과함은 물론 자칫 국수주의로 빠질 위험성을 안고 있다. 그래서 외세에 대한 태도에서도, 민족의 단순한 자기방어와 민족주의의 민족적 저항은 같이 취급될 수 없다.[6]

알려진 대로 서구에서 민족주의는 근대의 국민주의와 밀접하게 결부되어 출현하였다. 이 사실은 nationalism이 국민주의와 민족주의 모두를 지칭하고, 독일어의 Volk를 국민과 민족 모두로 번역하는 데서도 드러난다.[7] 그런데 불행히도 우리의 경우 nationalism을 수용한 시기가 공교롭게도 일제의 조선 침탈과 겹쳤다. 그로 인해 **민족조선민족과 국민일본국민의 괴리가 생기면서 nationalism은 우리에게 오직 민족주의의 의미로만 사용되게** 되었다. 그래서 nation의 두 의미 가운데 사회성원들의 대내적인 통합에 초점이 맞춰진 '국민'의 의미는 축소되고, 자기조선와 타자일본의 대외적인

---

6   이용희, 『정치사상과 한국 민족주의』, 동주 이용희 전집 2, 연암서가, 2017, 397~398쪽 참조.

7   헤겔의 『역사철학 강의』는 세계사를 철학적으로 서술한 저술이다. 여기에서 그는 독일어 Volk의 라틴어계열 표기인 nation의 natio가 nasci(태어나다)를 어원으로 한다고 해서 Volk를 자연적인 규정태(Naturbestimmtheit)로 간주해서는 안 된다고 주의를 요한다.(Hegel, *Vorlesungen über die Philosophie der Weltgeschichte*, Hamburg : Felix Meiner, 1980, p.65 참조) 이러한 맥락에서 헤겔은 "세계사에서는 국가를 형성하고 있는 민족들만이 논의의 대상이 될 수 있다"(위의 책, 113쪽)고 말하는데, 이는 '민족'과 '국민'을 모두 일컫는 Volk에만 '자유로운 정신' 개념이 들어 있다고 보기 때문이다. 세계사를 '자유의식의 진보과정'으로 파악하는 헤겔의 역사철학적 시각이 유효한가 하는 문제와는 별도로 그가 역사에서 '정신(의식)을 가진 민족(국민)'에 초점을 맞추었을 때, 이를 한국역사로 좁혀 적용할 경우 3·1운동에 이르러 비로소 한민족은 명실공히 '민족의 정신'을 자각하였으며 그런 한에서 3·1운동은 한국 민족주의의 탄생지라 할 수 있다.

구별에 주안점을 둔 '민족'이 더 활성화되면서 민족주의 운동이 촉발되기에 이른다. 이러한 자타自他구별이 역사 안에서 구체적으로 드러난 형태가 3·1독립운동이다.

한국역사에서 민족주의는 대외적인 면에 치중한 3·1운동을 전후하여 출현하였으며, 타자로서 일제에 대한 거부행위라는 점에서 기본적으로 저항 민족주의로 출발하게 되었다. 더구나 3·1운동은 민족대표 33인이 서명한 독립선언문의 배포가 기폭제가 되어 지역, 종교, 직업, 연령 등에 무관하게 전국적으로 "민족대연합전선民族大聯合戰線"이 형성되면서 거족적으로 진행됨으로써 한국 민족주의 운동의 시금석이 되었다고 평가되기도 한다.[8]

그렇지만 민족주의 운동으로서 3·1운동은 서구의 민족주의 운동과 크게 다르다. 민족주의론의 고전적 저술인 『민족주의』에서 한스 콘은 '민족주의'와 관련하여 다음과 같이 서술한다. 민족주의란 "개개인의 최고의 충성은 마땅히 민족국가에 바쳐져야 한다고 느끼는 하나의 심리상태이다." '민족'은 역사 속에서 "생동하는 적극적인 소속 의사"로서 민족주의는 "국민 대다수를 고무하고 나아가서 국민 전체를 다 같이 고무하기를 요구하는 하나의 심리상태"이다. 민족주의에 대한 이 정의에 따르면, "국민국가야말로 이상적인 동시에 유일한 합법적 정치조직체"이다.[9] 여기서 서구 민족주의의 경우 18세기 말 프랑스 혁명을 기점으로 국민국가가 성립하고 왕이 아니라 국민민족이 국가운명의 책임을 진다는 근대적 의식이

---

8 신용하, 「3·1獨立運動 勃發의 經緯」, 『韓國近代史論』 II, 1977, 지식산업사, 67쪽 이하. 여기서 신용하는 3·1독립운동이 대규모의 거족적 민족운동일 수 있었던 이유를 운동을 구상하던 초기에 국내외 7개의 세력과 단체들이 긴밀히 소통하여 조직화하는 데 성공한 점에서 찾는다.
9 한스 콘, 『민족주의』, 차기벽 역, 삼성문화문고, 1974, 10·11쪽.

싹트면서 각 민족의 차이 또는 특수성이 찬양되기 시작하였다. 19세기 중엽, 1848년 2월 혁명을 계기로 산업혁명과 자유주의가 현실화되고 동시에 전통주의가 부활하면서 자신민족을 타他민족과 구별해서 인식하는 태도가 생겨나기 시작하였다. 요컨대 서구의 근대 민족주의 출현에는 다음과 같은 기본요건들이 그 배경으로 작용하고 있었다. ① 국민이 국가의 주인이다 ② 국가는 민족의 구현체이다 ③ 국가는 개인의 자유를 보장해야 한다 ④ 애국조국사랑은 국민민족의 의무이다 ⑤ 국가를 구성하는 민족마다 특수성을 지니기 때문에 민족 간에는 상호 배타성을 띤다.[10]

민족주의의 특성에 대해 한스 콘이 제시한 기준에서 볼 때, 3·1운동은 민족주의 운동으로 불리기 위한 조건에서 오직 다섯 번째 항목만을 충족한다. 이러한 사정은 근본적으로 당시 조선사회가 일제의 식민지여서 민족과 국민이 일치하지 않았다는 사실에서 기인한다. 민족과 국민의 상위相違로 인해 민족이 국가의 주인이 될 수 없었으며, 국가가 민족의 구현체일 수 없었고, 당연히 민족의 자유는 억압되었으며, 민족이 사랑할 국가가 없었다. 일본 민족에 대한 한국 민족의 특수성으로 인한 배타성排他性만이 극대화되어, 한국의 민족주의는 '저항 민족주의'로 출발할 수밖에 없게 된다. 더구나 서구의 민족주의가 근대 국민국가의 성립과 더불어 출현한 점을 고려할 때, 일제 식민지 치하에서 주입된 일제 식의 국민국가는 한국의 민족주의가 건강하게 성장하는 데 최대의 걸림돌이 되었다.[11] 이에 따라 한국 민족주의의 출발을 알린 3·1운동의 진행과정은 숱한 고난과 풍파를 예고했다.

---

10 위의 책, 21~50쪽 참조.
11 한국의 민족주의가 건강하게 출발하지 못했다는 사실은 한국의 근대화가 정상적으로 진행되지 못한 원인과도 연관된다. 민족주의는 "근대화의 가장 기본적인 원동력"이기 때문이다.(차기벽, 『한국 민족주의의 이념과 실태』, 까치, 1978, 63쪽)

2. 3·1운동의 반^半봉건적 특성

3월 1일 새벽 서울의 중심가에 배포되기 시작한 '국민대회' 명의의 선언서 가운데 일부를 인용하면 다음과 같다. "불행한 이천만 동포여! 황제 폐하의 갑작스런 서거 소식을 아는가? 폐하께서는 항상 건강하였고 아프다는 소식도 없었다. 그러나 폐하는 한밤중에 침실에서 갑작스레 돌아가셨다. 이게 정상적인 일일 수 있을까? (…중략…) 매국노 윤덕용과 한상학은 폐하의 저녁식사를 마련하는 놈들인데 두 시녀를 시켜 한밤중에 폐하가 드실 음식에 비밀리에 독을 탔다." 고종의 독살설에 대한 분노에는 과거 을미사변^{민비시해사건}의 굴욕까지 겹쳤다. 그리하여 윌슨의 민족자결주의 원칙에 따라 국가 주권의 회복을 호소하면서 마지막에는 "황제와 황후를 죽인 불구대천의 원수를 갚기 위하여 이천만 동포여, 궐기하라!"로 맺고 있다.[12] 이 대목에서 일반적으로 알려진 기미독립선언서와는 사뭇 다른 논조와 분위기를 감지할 수 있다.

국민대회 선언서와 달리 민족대표 33인이 서명한 기미독립선언서는 냉정하고 근엄하다. 비록 일본에 나라를 빼앗겼지만 조선인은 일본인을 용서할 용의가 있다는 품격 있는 태도를 취한다. 일본이 강화도조약 이후 수차에 걸쳐 약속을 지키지 않았지만 "일본을 믿을 수 없다고 비난하는 게 아니며", 조선의 유구한 역사와 한민족의 훌륭한 심성을 무시한다고 해서 "일본의 의리 없음을 탓하지 않을" 것인 즉, "일본 정치인들이 공명심으로 희생시킨 불합리한 현실을 바로 잡아, 자연스럽고 올바른 세상으로 되돌리는

---

12 이정식, 앞의 책, 152~153쪽에서 재인용.

것"을 목표로 제시한다. 조선민족 대표들은 대인배의 태도로 소인배 일본의 일시적인 잘못을 용서하는 모습을 보인다. "조선의 독립이 어찌 사소한 감정의 문제인가!"라고 말하는 대목에서 민족대표들의 군자연한 태도는 더욱 강화된다. 선언문 후반부를 장식하는 '동양의 평화', '위력威力의 시대가 가고 도의道義의 시대가 도래', '자유권', '양심', '진리' 등의 키워드는 독립선언의 결기를 한껏 드높인다. 하지만 이미 대륙 진출의 욕망에 사로잡혀 있는 일본 제국주의자들의 귀에 이런 도덕적 설득이 먹힐 리 없었다.

33인의 독립선언문은 대외적인 성격이 강하고, 국민대회의 선언서는 국내용이라는 점을 고려한다 해도, '모든 행동은 질서를 존중하여, 배타적 감정으로 함부로 행동하지 말라!'는 선언문 공약의 차분한 어조와 조선의 일본 관료와 경찰에 대하여 '불구대천의 원수를 갚기 위해 궐기하라!'는 선언서의 감정적인 외침 사이에는 분명한 차이가 있다. 선언문의 점잖은 어조는 대외적으로 국제사회제1차 세계대전의 승전국들가 이미 독립을 승인한 다른 식민지 국가들과 마찬가지로 조선도 독립을 승인받기 위한 전략에서 비롯한 태도라는 점을 감안한다면, 선언서의 감정적 언사가 오히려 조선 백성의 진솔한 속내일 수 있다. '저들이 국부國父와 국모國母를 죽였으니, 원수를 갚자!'는 논리는 반일反日 감정을 부추겨 행동을 유발할 수 있는 현실적이고 구체적인 명분이다. 고종의 승하1919.1.21 뒤 인산일장례일인 3월 1일을 거국적인 독립운동의 D-데이로 정한 것은 일본에 대한 적대감을 극대화하기 위한 전략이었다. 고종은 백성들에게 사랑받던 인물이 아니었다. 그런데도 그 죽음의 상징성은 적지 않았다. 조선이라는 국가뿐만 아니라 조선의 국왕이 일본에 의해 사라지자 식민지 조선사회는 심정적으로 의지할 기초國基를 잃게 된 것이다. 더구나 일제에 의한 독살설까지 나돌자, 백성들은 일제에 분노했다.[13] 국가의 주권主權과 주군主君을 빼앗긴 데 대한 치욕과 분노에 휩싸였다.

고종이 재위 기간에 백성의 삶을 진작시키는 데 얼마나 게을렀는지와 상관없이 '왕의 죽음'에 대한 슬픔과 더불어 그 죽음이 조선의 망국을 기정사실화하는 데 따른 분노는 컸다.[14] 식민지 조선의 구성원들은 여전히 반半봉건적인 의식에서 벗어나지 못하고 있었다. 대한제국을 거치면서 독립협회와 독립신문 그리고 대한자강회 등의 애국계몽 단체들이 서서히 국왕 중심의 군주정君主政에서 국민 중심의 민주정民主政으로 전환을 꾀해왔지만 이 시도는 소수의 뜻있고 깨어있던 이들 사이에서의 정치 담론에 지나지 않아 대다수 백성들에게는 거의 파급효과가 없었던 것이다.[15] 식민

---

13 신용하는 고종의 승하와 독살설이 3·1운동에 큰 영향을 주지 못했고, 다만 기술적으로 운동의 전개에 극히 작은 자극요소에 지나지 않았고 평가한다. 그러나 이런 평가는 식민지 초기 조선사회가 여전히 반(半)봉건적인 분위기에서 탈피하지 못하고 있었다는 사실을 지나치게 과소평가한 결과로 보인다. 그는 "한말의 애국계몽운동과 의병운동이 국권회복 (國權回復) 의식을 이미 민중에게 깊이 심어 놓은 위에 (…중략…) 식민지 학정(虐政)이 자행"되어 당시 사회 상태는 불만 지르면 폭발할 수 있는 것이었다고 판단한다.(신용하, 위의 글, 42~43쪽) 그러나 그 판단은 근대적 민주주의와 민족자결주의를 표방한 조선사회 의 지도층 인사들에게는 통용될 수 있겠으나 그렇게 개화된 의식이 대다수의 민중들에게까 지 파급되었다고 보기는 어렵다. 애국계몽운동의 주체와 객체는 일본을 매개로 한 '서양의 근대'를 모방하기에 여념이 없어 조선총독부가 통감부의 업무를 인계받아 시행하는 근대 화 정책에 자의만 타의반 순응하고 있었으며, 의병운동은 조선후기의 척사위정파와 유사 하게 유림 중심의 '왕권수호'를 목표로 삼았기 때문에 일본에 의한 민비의 살해와 고종의 독살설은 그들에게 엄청난 충격으로 다가왔을 것이다. 운동을 주도한 지도층의 의식은 근 대적이었으나 운동에 참여한 대다수의 민중들의 의식은 여전히 반(半)봉건적이었다. 운동의 주도세력은 민중들의 이러한 사정을 잘 알아 국민대회 명의의 선언서에서 고종과 민비의 죽음을 십분 활용하였던 것이다.

14 "서울의 조선인들은 고종황제의 승하에 대해 야단법석을 떨고 있다. 스스로를 유교적인 예문자(禮文家)라고 자부하는 많은 노인들은 볼썽사나운 상복을 입고 있다. (…중략…) 고 종황제의 통치가 어리석음과 큰 실수로 전철된 지긋지긋한 통치였다는 걸 몰라서가 아니 라, 고종황제의 승하야말로 조선의 자결권이 끝내 소멸되었다는 상징적인 사건이기 때문 이다."(윤치호, 「윤치호 일기 1919년 1월 23일」, 역사비평사, 2005, 68쪽)

15 독립협회 회장을 역임했던 윤치호는 독립협회운동의 실패 원인 중 하나로 "민중의 개화의

지 조선인에게 조선 국왕의 죽음은 민족과 국민이 확실하게 분리되는 순간이었다. 조선의 민족이 일본의 국민으로 편입되면서 양자 간의 괴리는 식민지기 전반에 걸쳐 소위 '식민국가'의 부조리를 생산하는 원인이 된다.

3. 유교와 민족주의 그리고 근대화의 걸림돌

일제에 의한 국권의 피탈 그리고 조선의 망국과 관련하여 당시 조선 유학자들의 동정을 평가하는 일은 한국이 '근대'로 이행하는 과도기에서 겪어야 했던 역사의 연속과 불연속의 문제를 해명하는 데 불가결하다. 이황직은 그의 탁월한 연구에서 '유교 망국론'에 반대한다. 그는 일본이 제시한 '일본-문명 vs. 조선-야만'이라는 코드에 당대의 신세대 일본유학파 지식인들, 예를 들면 현상윤과 송진우 등이 보조를 맞췄다고 주장한다. 이들은 일본을 따라잡기 위해서는 '문명-야만'의 코드를 인정하지 않을 수 없었다는 것이다. 이러한 사정을 이황직은 '자가당착'이라 진단한다. 조선의 지식인들이 한일합병 이후에도 '실력양성'을 모토로 근대 교육에 치중하는 태도는 "독립을 목표로 하면서 동시에 유예"하고 있기 때문이다. 그리하여 결국 "유교 망국론은 의도하지 않게 일본 식민지 정책을 정당화하는 논리가 되었다"고 평가한다.[16] 일제는 유림의 반발을 사전에 막기 위해 "지방의 향교와 서원의 교육을 인정하지 않는 방법"으로 일제에 대한

식 결여"를 꼽을 만큼 민중의 역량에 회의적이었다.(노상균, 「윤치호, 방관과 친일 사이」, 『3·1운동 100년 2. 사건과 목격자들』, 휴머니스트, 2019, 299쪽)

16 이황직, 『군자들의 행군』, 아카넷, 2017, 177~178쪽.

"유교 저항 세력이 자연스럽게 소멸되도록 유도"했기 때문에 반反유교는 곧 친일親日로 통할 위험을 내포한다는 것이다.[17] 그는 유교인이 직접 3·1 운동의 만세 시위에 적극 가담했을 뿐만 아니라 유교계가 조직적으로 독립운동에 참여하는 계기를 마련했다는 사실을 유교와 일제의 대립관계에 대한 근거로 제시한다.

그러나 이 논변에서 이황직은 중대한 사항 하나를 빠트리고 있다. 탈脫봉건의 문제이다. 일본을 통한 서구 근대문명의 수용은 단순히 물질이나 외양에서 서양의 기계나 상품을 모방하고 수입하는 데 그치지 않고, 앞 장에서 언급했듯이 그러한 물질적인 것을 운용하는 정신 그리고 그것을 구현할 수 있는 정치·사회적인 제도, 즉 서구 자유민주주의 체제의 유입을 의미한다. 그럴 경우 기존의 구체제를 지탱해온 정치이념으로서의 유교는 더 이상 새로운 시대의 요구에 부합하지 않는다. 유교의 원리에 집착하는 태도는 신분제 위주의 기존 봉건사회에서 탈피하여 근대를 지향하고자 했던 당대의 변화에 걸림돌이 될 뿐이다.[18] 하지만 500년 이상 지속된 조선조의 유교적 관성은 변화된 시대정신 속에서도 여전히 작동하여 쉽사리 사라지지 않았다. 구한말 고종을 비롯한 조정의 중도적 개화 세력인 동도서기파는 말할 나위 없고 민족주의적 근대사상가인 박은식과 신채호뿐만 아니라 개화파의 기수 박영효조차 개혁의 방향과 내용은 '서양 근대'로 설정하면서도 개혁과 수용의 자세 또는 토대는 여전히 '유교의 본질'

---

17 위의 책, 172~173쪽.
18 한일합방 이후 지방 유생들이 자결하는 사태가 속출하였는데, 이들의 항일정신은 기본적으로 국왕에게 충성을 다하는 "유교적인 근왕사상(勤王思想)"에 근거했다.(최영희, 「3·1 運動에 이르는 民族獨立運動의 源流」, 『韓國近代史論』 II, 지식산업사, 1977, 13쪽) 이렇듯 유생들의 항일정신은 과거회귀적인 왕정복고주의에 입각하고 있다는 점에서 근대적 민주주의의 이념과 대립각을 세운다.

이었다. 그들이 근대문명 수용의 자세로 내세운 맹자의 여민동락與民同樂이나 주자의 격물치지格物致知 같은 추상적이고 직관적이며 종합적인 세계관으로는 새로운 근대의 욕구를 담아낼 수 없다. 유교가 여전히 조선의 미래에 발목을 잡고 있는 한 조선은 '서구적인 근대'로 진입할 수 없었다.[19]

그렇다면 이러한 해명이 일본의 조선 식민통치를 정당화하는가? **사실의 정당화와 사실의 인정은 다르다.** 탈脫유교주의나 탈조선중화주의의 입장에서 부국강병이나 실력양성을 주장하는 이들이 일제의 식민 지배를 옳다고 간주하지는 않는다. 하지만 이러한 태도가 일제의 식민 지배를 인정하지 않는 것은 아니다. 일제가 싫어도 그들은 삶을 영위하기 위해 일제의 논리와 체제를 따라야만 했다. 한반도라는 땅을 떠나지 않고서는 일제의 지배에서 벗어날 다른 길은 열려 있지 않았다. 일제의 조선 지배를 정당하다고 평가하지 않았지만 힘의 우열에서 지배와 종속의 관계가 불가피하다는 '사실'을 인정할 수밖에 없었던 것이다. 결국 '유교'라는 낡은 칼로 일제에 대항하는 방식은 '독립'을 쟁취하는 데 무력無力할 뿐더러 근대로의 진입을 방해할 따름이었다. 유교와 근대가 서로 화합할 수 있는지 여부와 무관하게 적어도 당시 세계사의 흐름을 읽기 시작한 지식인들 사이에 유교와 근대는 물과 기름의 관계로 간주되었다. 유교주의와 근대주의 가운데 무엇이 더 도덕적으로 우월한가를 따지는 오늘날 한국 사학계의 담론인 '식민지 근대성론'은 당시 시대적 흐름이나 식민지 조선사회 내부의 문제 해결책을 고려할 때 논의의 대상이 아니었다.[20] 그들은 일제가 들여

---

19 이러한 양상을 이용희는 이렇게 지적하기도 한다. "한국사회가 오래 편입되어 있던 사대주의적 국제질서조차도 그것이 근대적 국제질서와 어떻게 다름으로써 한민족의 근대화를 늦추었느냐 하는 것은 중대한 역사적 문제가 아닐 수 없습니다."(이용희, 앞의 책, 422쪽)
20 일제 식민지기에 조선은 근대화되었는지를 따지는 '식민지 근대화론'에 대하여, 최근 국사

온 '서구적 근대'를 수용하여 적응하는 길 외에 다른 길을 알지 못했다. 당시에 그들이 닥쳤던 문제상황을 고려할 때, 그들에게는 선진국의 모델에 따라 '근대화'하는 길만 열려 있을 뿐 다른 선택지는 없었다.

한국은 이제 더 이상 개혁의 근거를 유교의 존주양이尊周攘夷 사상에 두지 않고 세계사의 주류에서 찾기 시작한다. 예를 들어 송진우는 당시 '세계대세'를 '제국주의의 발흥과 동양 항로의 개척으로 인한 서세동점西勢東漸'으로 이해하면서 3·1운동의 역사적 의의를 이렇게 적고 있다. "적어도 일구일구년의 삼·일운동은 조선민족에 대하여 사천 년 이래 윤회 반복하여 오던 동양적 생활양식을 정신상으로나 문화상으로나 정치상으로나, 근본적으로 민중적으로, 파괴 건설하려 하는 내재적 생명의 폭발이었다. 그러므로 조선 역사에서 처음 보는 운동인 만큼 그 의의가 심장하고 그 관계와 영향이 중차대한 것도 물론일 것이다. 어째 그러냐 하면 과거 기천년 간의 역사상으로만 표현된 기다幾多의 개혁과 전란이 있었으나, 그 내용과 실질에 있어서는 소수 계급의 정권 쟁탈의 변혁이 아니면 존주양이의 사상에서 배태되며 출발하였던 것은 불무할 사실이었다. 그러나 최근 삼·일운동의 일건에 지하여는 그 내용과 형식을 일변하여 적어도 사상의 근저가 세계적 대여론인 민족적 자존과 인류적 공영의 정의 인도의 관념하에서 전국적으로도 민중적으로 도검리 철쇄 간에서도 의연히 입하며 태연히 동하였던 것은 어찌 조선민족의 혁신운동 사상에 일대기적이 아니며 일대위관이 아니랴."[21] 3·1운동은 이렇듯 한국 역사상 처음으로 세계사의 흐름에 보조를 맞춘 일대 사건이었다.

학계의 '식민지 근대성론'은 식민지기의 근대 자체를 담론의 중심에 놓는다.
[21] 송진우, 「세계대세와 조선의 장래」, 『동아일보』, 1925년 8월 25일 자.

3·1운동 초기 유림儒林들은 3·1독립선언에 참여하지 못한 것이 아쉬워 137명의 유림 대표들이 서명한 독립탄원서파리장서를 파리평화회의1919~1920에 보냈다. 이 장서長書에 다음과 같은 구절이 나온다. "우리 한국이 비록 국력은 약소하나 삼천리에 퍼져 살고 2천만 명이 4,000여 년 역사를 지내 왔으며 우리 국사國事를 감당할 힘이 없지 아니 할 것이어늘 어찌 이웃 나라의 다스림을 받으리오. 천리의 풍조가 다르고 백리의 풍속이 같지 않거늘 저들이 이르되 우리 한국이 능히 독립하지 못함이라 하여 제 나라 다스리는 방법을 우리나라에 맞추려 하나, 풍속은 졸연히 바꿀 수 없는 것이다."[22] 줄이면, 한국은 비록 힘은 없지만 한국의 오랜 역사는 한국이 다른 나라의 도움 없이도 스스로 국사를 운영할 수 있는 역량을 입증하며, 각 나라의 풍습은 그 자체로 존중되어야 한다는 것이다. 여기서 다시 **역사 불연속의 문제**가 등장한다. 파리장서의 논리는 여전히 대원군 시절 척사위정파의 논리와 별반 다를 게 없다.

　하지만 당시 동아시아 역사는 세계사의 흐름, 즉 서구 제국주의의 근대를 수용해야 하는 흐름 속에 있었고, 이 흐름을 거스르는 행위는 역사의 퇴보를 의미하였다. 개혁과 혁신은 아시아 국가들의 화두였고, 한국도 예외가 아니었다. 시대의 요구에 부응하기 위해 이미 구한말에 서재필이 독립신문에서 민주정民主政 수립의 당위성을 시사했고, 박은식을 비롯한 애국지사들이 서양 문물의 효용을 인정하여 조선의 관료와 백성이 서서히 서구의 과학기술과 자유민주주의의 가치를 인정하여 현실화하려는 의지에 차 있었다. 이렇게 조선 역사상 처음으로 역사의 단절을 통한 한민족의 혁신

22　이황직, 앞의 책, 199~200쪽에서 재인용.

을 서두르고 있었다. 그러한 상황에서 다시 과거로 회귀하려는 유림들의 태도는 역사를 거슬러 올라가려는 비적시적非適時的 태도가 아닐 수 없다.

여기서 당시 유림들이 입각해 있는 유교이념이 인류의 보편가치일 수 있는가 아닌가 하는 문제는 지금 논의의 쟁점이 아니다. 관건은 다만, '힘 없고 가난한 조선'이 어느 길로 가야할 것인가 하는 문제이다. 일본이 힘에서 앞선다고 해서 일본을 따르는 것이 아니라, 일본이 이미 걸어온 길이 과연 한국이 본받을 만한 것인가 하는 점이 지금 관건이다. 하지만 한국에게는 선택권이 없었다. 대륙진출에 대한 일본의 준비된 야망에 한국은 속수무책으로 편입되지 않을 수 없었기 때문이다. 파리장서에서 보인 유림들의 독립에 대한 갈망은 무기력한 민족의 공허한 울부짖음에 지나지 않았다. 그들의 민족 살리기는 내용과 방법 면에서 아무런 대안이 되지 못했을 뿐만 아니라, 설사 그 방향대로 추진된다 해도 한국의 미래에 바람직하지 않았을 것이다. 결국 '유교적 민족주의'는 변화와 혁신에 저항하는 허울 좋은 회고回顧주의에 불과했다.

이러한 사정은 유학자 김황金榥, 1896~1978의 3·1운동 체험기라 할 수 있는 『기미일기己未日記』에서 김황과 임유동의 대화 내용에도 잘 나타나 있다. 영남 퇴계학파의 영향을 받은 김황은 고종의 승하 소식을 듣고 스승 곽종석의 지시에 따라 경남 산청에서 상경한다. 그는 곽종석의 같은 문하생인 임유동을 만난다. 임유동은 당시 중동학교 학생으로서 김황보다 네 살 연하였다. 그는 김황에게 조선 유림의 중국문화에 대한 예속성 또는 의존성을 신랄하게 지적한다. 편의상 논쟁의 핵심 내용을 재구성하면 다음과 같다.[23]

---

23 이하는 서동일, 「유학자 김황의 3·1운동 경험과 독립운동 이해」, 『3·1운동 100년 2. 사건과 목격자들』, 휴머니스트, 2019, 280~285쪽에서 재인용. (등장인물 가운데 곽윤은 곽종

임유동 : 예전에는 의기양양하여 진정 만국萬國의 일원이었으나 지금은 위축되어 남의 하인이 되는 것을 면치 못하고 있습니다. 이는 무엇 때문입니까?

김　황 : 군은 누구의 책임이라 생각하는가?

임유동 : 예전에 우리나라가 교육을 시행할 때 중국의 글을 읽고 중국의 역사를 기록하며 중국의 성인을 칭찬하고 중국의 제도를 본받아 일단 정신이 모두 중국에 빼앗겼는데, 다행히 '소중화小中華'라는 칭호를 얻었다고 하면 과장입니다. (…중략…) '사대事大'라는 한 글자는 그 화가 오늘에 이른 것이 그대들의 죄입니다.

김　황 : 사대하는 자라고 어찌 본심인들 편하겠는가? (…중략…) 만방에 하나라도 법으로 삼을 만한 것이 있다면 그것을 취한들 무슨 해가 있겠는가?

김　황 : 우리들儒林이 제대로 실천實踐과 실조實操를 하지 못해 군들에게 조롱을 당하는 것은 당연하다. 그러나 군이 이것을 가지고 유자儒者가 쓸모없다고 완전히 말한다면 불가하다. (…중략…) 신설新說을 논하는 자는 어찌 능히 다 유용하여 배운 것을 저버리지 않겠는가?

임유동 : 비록 그렇지만, 우리 동국東國의 인민은 우리 동국의 역사를 물으면 알지 못하고, 중국을 물으면 눈앞에 있는 듯하니(…중략…)

곽　윤 : 오늘날 인사人士는 각기 소견을 따른다. 훗날을 기다려 보는 것이 어떤가? 그것을 찢는 자가 없을 수 없고, 그것을 보완하는 자가 없을 수 없을 것이다.

석의 조카)

임유동 : 이미 부패하여 일찍이 종기가 더욱 심해졌는데 보완한다고 합니까?

곽 윤 : 군은 단지 물의 말류末流가 때때로 어지러운 것을 보고 탁하다고 여기고 드디어 그 근원은 본래 맑은 곳이 없다고 하면 지나친 것이다.

임유동 : 더 이상 말할 수가 없겠군요.

김 황 : 군들은 말하기를 우리들이 중화의 잘못을 배워 조국정신祖國精神을 잃지 않았는지 강요하지만, 도리어 군들의 장 속에는 서국정신西國精神이 있어 그것이 조국정신에 병통이 되지 않을까 걱정이다. (…중략…) 우리나라 500년이 어떻게 그것이 공고하다가 하루아침에 개화가 되어 결국 과연 어떻게 됐는가?

(…중략…)

임유동 : 금번에 왜 인사들이 많이 왔습니까? 인산因山 때문입니다. 인산이 무슨 구경거리입니까? 지방 사람들이 임금 보기를 중요하다고 여기는데視君爲重 이런 습관을 없애지 않는다면 끝내 회복될 운명이 없을 것입니다.

김 황 : 무슨 까닭인가?

임유동 : 임금은 '민족의 대표'입니다. (…중략…) 대표가 좋지 못하다면 당연히 바꿔야 합니다. 어찌 존중의 대상이라고 하여 대대로 지킴이 있겠습니까?

김 황 : 군의 말이 여기에 이르니 오히려 다시 어찌하겠는가?

    조선의 마지막 국왕 장례에 참여하기 위해 천리 길을 마다하지 않고 경성에 온 김황에게 임유동은 나라를 망하게 한 왕의 죽음이 무슨 대수인가 하고 따지는 장면은 연속성을 추구하는 전통적인 유교주의와 불연속성을 수용하는 서양 근대주의 사이의 첨예한 대립을 잘 보여준다. 유교 전통을 수정 보완해서 이어가자는 조선의 유교주의와 조선 유교의 중국 종속성이 결국 망국을 초래했으니 유교문화의 폐단에서 벗어나 새로운 서양 문물을 적극 수용하자는 근대주의의 입장이 팽팽히 맞서고 있는 것이다. 식민지기 조선사회는 이렇듯 전통과 근대 사이에서 갈피를 잡지 못하고 있었다.

4. 3·1운동의 의의에 대한 상이한 평가

3·1운동은 당시 제1차 세계대전이 연합군의 승리로 끝나고 세계질서가 재편되면서 미국의 윌슨 대통령이 제창한 민족자결주의의 원칙에서 독립선언의 명분과 정당성을 확보한다. 베르사유조약에 따라 기존의 약소민족들이 신생 독립국으로 전환되는데 고무된 조선의 지식인들은 '새로운 세상新天地'에서 '새로운 문명新文明의 밝아오는 빛'에 따라 '세계의 변화된 흐름에 올라타는 일'에 주저하지 않았다. 그런데 '인류의 공동 번영'이라는 세계사의 흐름에 동참하려는 민족 지도자들의 의지가 실현되느냐는 전적으로 식민자인 일본 위정자들의 수용 여부에 달려 있었다. 하지만 패전국 독일에 선전포고를 하고 또 러시아를 공동의 적으로 삼기 위해 영국과 영일동맹1902을 맺은 일본으로서는 다른 승전국들과 마찬가지로 자신들의 식민지를 포기할 뜻이 전혀 없었을 뿐만 아니라 중국 대륙 진출이라는 오랜 숙원을 아직 이루지 못한 상황에서, 조선 애국지사들의 독립선언은 이상적인 구호에 불과했다.

을사조약 이후 3·1운동 이전까지 항일독립운동은 의병운동으로 대표되는 무력투쟁 그리고 민족의 개화와 실력양성을 목표로 하는 애국계몽운동으로 크게 나눌 수 있다. 1913년에 결성된 광복회光復會와 1918년에 조직된 조선국민회朝鮮國民會는 각각 전자와 후자를 계승하였다.[24] 당시 조선총독부가 헌병과 경찰을 대거 동원한 무단武斷정치를 통해 독립운동을 원천 봉쇄하고 제압하여 수많은 의병운동은 수포로 돌아갔으며, 안명근 사건, 신민회의 양기탁사건 그리고 소위 105인 사건으로 알려진 민족운동도 일경日警의 계획적인 탄압으로 뜻을 이루지 못하였다. 그렇지만 1909년 장인환·전명운이 친일 미국인 스티븐스를 저격한 사건을 계기로 미주美洲에서 결성된 대한인국민회大韓人國民會는 서북간도와 시베리아에 이주한 조선인들의 독립운동을 직간접으로 지원하는 등 해외의 독립운동은 국내에 비해 활발히 전개되었다.

민족이 연합전선을 이루어 일으킨 3·1운동은 내부적으로 '위로부터의 지도'와 '밑으로부터의 호응'이라는 두 흐름이 합세하여 추진되었다. 그렇다면 3·1운동은 이전의 어떤 민족운동과 맥을 같이하고 있을까? 일반적으로 3·1운동은 개항 이후 전개되어온 "개화운동-독립협회-계몽운동의 부르주아적 계열과 민란-농민전쟁-의병전쟁의 민중적 계열이 합류"한 것으로 평가된다.[25] 전자는 보수적 민족주의, 후자는 진보적 민족주의를 대변한다. 하지만 흐름에 따른 이러한 구분은 3·1운동의 주도세력을 학생과 종교계 인사 등 지식인층으로 볼 것인지 아니면 농민과 노동자 등 피지배 계층으로 볼 것인가에 준거한다. 여기서 전자의 흐름은 일관성이 있다고 볼 수 있지만, 후자의 경우 의병운동을 주도했던 조선 유림儒林과

---

24 최영희, 앞의 책, 11쪽 참조.
25 이용기, 「3·1운동 연구의 흐름과 민족주의의 향방」, 『사학연구』 139호, 2020, 148쪽.

유교의 영향을 받은 농민이 봉건적인 의식에 지배받고 있었던 것과는 달리 3·1운동은 '주권재민主權在民'의 근대적 의식에 토대를 둔다는 점에서 이전의 운동과 불연속적이라고 평가할 수 있다.[26] 3·1운동은 비록 식민지 조선사회의 엘리트층이 주도했지만 전국적인 규모의 운동으로 진행되었기 때문에 이들 운동 주체는 백성, 즉 민족 일반으로 보아야 한다는 평가이다. 이들 백성은 부지불식간에 주도세력인 엘리트층이 지향한 근대주의를 추종했다는 점에서 이들의 운동은 민족애를 바탕으로 한 근대적 민족주의 운동으로 평가할 수 있다는 것이다.

그런데 농민과 노동자는 근대적 의식이 깨어나 민족지도자들의 지도에 따랐던 것일까? 그들은 아직 미몽迷夢에 사로잡혀 있었고 그렇기 때문에 대한제국 이후 계몽운동이 시도되었던 것인데, 서구에서 100년 이상 걸려 이룬 계몽이 조선에서 20년 만에 성취될 수 있었을까?[27] 또한 이러한 한계 때문에 3·1운동을 '부르주아 민족운동'이라 칭하지 않는가? 3·1운동에 참여한 피지배층들은 단순히 타민족의 지배에 본능적으로 저항한 것 아닌가? 반일독립운동은 장구한 역사가 타민족에 의해 단절된 데 대한 자연적인 분노의 폭발이 아니었을까? 그들의 저항에 '근대적'이라는 수식

---

[26] 홍순옥, 「대한민국 임시정부의 성립과정」, 『한국근대사론』 II, 지식산업사, 1977, 273쪽 참조.

[27] 이러한 의문은 도면회도 제기한다. 그는 3·1운동을 개화운동-갑신정변-동학농민운동-독립협회와 만민공동회운동-한말 의병운동과 애국계몽운동-1910년대 국외 독립운동 등과 동일선상에서 발생한 민족 내부의 자생적인 의지의 표현이라고 주장하는 신용하의 내재적 설명에 회의적이다. 그는 특히 신용하가 "한말 애국계몽운동이 양성한 수십만의 당시 10여 세의 청소년과 의병운동에 참여했다가 해산하여 농촌에 잠재해 있던 농민병사들이 9년 후에 자라서 3·1운동의 전국 각 지방에서의 자발적인 봉기에 결정적 역할을 한 주체세력이 된 것"이라는 주장이 "구체적으로 실증에 의해 뒷받침된 주장은 아니"라고 의문을 품는다.(도면회, 「3·1운동 원인론에 관한 성찰과 제언」, 『3·1운동 100년 1 메타역사』, 휴머니스트, 2019, 154~155쪽)

어를 붙여도 괜찮은가?[28] 그런 점에서 도면회가 "3·1운동이 전국적으로 확산되는 과정에서 농민층을 비롯한 인민대중이 과연 민족자결주의나 10월 혁명의 영향을 받았겠는가?"라고 제기한 의문은 일리가 있다.[29]

여기서 '근대'의 의미를 서구 자유민주주의와 사회민주주의의 두 측면에서 이해할 수 있다. 그런데도 당시에는 3·1운동의 근대성을 주로 후자의 의미로 파악하는 경향이 짙었다. 이러한 경향은 3·1운동이 일어나기 직전에 성공한 러시아 혁명1917의 여파 속에서 조선의 의식 있는 지식인들이 3·1운동을 '민족해방운동'이라고 치켜세운 데서도 알 수 있으며, 이후 식민지기 뿐만 아니라 해방 후에도 3·1운동에 대한 좌익 지식인들의 이해방식에서 주류를 이루었다. 3·1운동에 대한 이러한 평가에 대하여 홍이섭은 "코민테른의 지시와 자극에 따른 것"으로 치부하고, "서구 민주주의 정신과 자본주의 정신을 기반으로 하는 국권 확립"을 추구했던 3·1운동에 1920년대의 "혁명적 투쟁의식"을 결부시키는 "역행의 인식"을 배격해야 한다고 주장한다.[30]

3·1운동은 한국 민족주의 운동의 출발을 알리는 신호탄이라는 점에서 그 정치적 함의가 막대한 만큼 이후 상해 임시정부 수립의 근간을 이루었을 뿐만 아니라 대한민국 수립 시의 제헌헌법 그리고 지금의 대한민국 헌법 전문에 이르기까지 민족의 주체적 의지가 담긴 독립정신의 표본으로 칭송되었다.[31] 그런데 바로 여기에서 '민족의 신화'가 탄생한다. 한민족

---

28 그런 의미에서 배성준은 3·1운동을 근대적인 민족운동이나 계급운동의 일환이 아니라 조선 후기 농민봉기의 연장선에서 본다.(배성준, 「3·1운동의 농민봉기적 양상」, 박헌호·류준필 편, 『1919년 3월 1일에 묻다』, 성균관대 출판부, 2009)
29 도면회, 앞의 책, 152쪽.
30 이용기, 앞의 글, 140~141쪽 참조.
31 1919년 9월 11일에 공표한 통합임시정부의 「대한민국 임시헌법」 전문은 '3·1독립선언

역사 진행을 내재적이고 연속적으로 읽어내고자 하는 애족적 의지는 이해할 수 있으나 사실관계를 충분히 살피지 않고 필연적인 연결고리를 만드는 행위는 상상을 통해 허구를 창조하는 것과 다를 바 없다. 더구나 3·1운동과 상해 임시정부의 관계 설정에서 3·1운동을 임정 법통의 근거로 삼는 데는 석연치 않은 구석이 남아있다. 1919년 4월 11일 상해에서 '대한민국 임시헌장'과 같이 발표한 '선언서'를 보자. "민국民國 원년 3월 1일 대한민국이 독립을 선언함으로부터 (…중략…) 우리 민족의 독립과 자유를 갈망하는 실사와 정의와 인도로 애호하는 국민성을 표현한지라. (…중략…) 이때를 당하여 본 정부는 전 국민의 위임을 받아 조직되었으니"[32] 여기서 '국민의 위임'과 관련하여, 이승만은 1948년 5월 31일 제헌국회 개회식에서 3·1운동과 임정의 전신이라는 한성정부의 법통성을 다음과 같이 주장한다. "이 민국은 기미 3월 1일에 우리 13도 대표들이 서울에 모여서 국민대회를 열고 대한독립민주국임을 세계에 공포하고 임시정부를 건설하여 민주주의의 기초를 세운 것입니다."[33]

만일 그렇다면 '13도 대표'는 어떤 경로로 '대표'가 되었으며, 어떤 근거에서 국민의 권리를 임정에게 위임했다는 말인가? 더구나 안병직의 분

서'를 원용하여 "우리 대한 인민은 우리나라가 독립국임과 우리 민족이 자유민임을 선언하였도다."로 시작하며, 1948년 7월 17일에 공포된 제헌헌법 전문은 "유구한 역사와 전통에 빛나는 우리들 대한민국은 기미 삼일운동으로 대한민국을 건립하여 세계에 선포한 위대한 독립정신을 계승하여"로 시작하고, 지금의 헌법 전문은 "유구한 역사와 전통에 빛나는 우리 대한국민은 3·1운동으로 건립된 대한민국 임시정부의 법통과"로 시작한다.(이상, 김정인, 「3·1운동과 임시정부 법통성 인식의 정치성과 학문성」, 『3·1운동 100년 1. 메타역사』, 휴머니스트, 2019, 79·91·95쪽 참조) 물론 3·1운동-상해 임시정부-대한민국 정부 수립의 연결고리는 우파 민족주의자의 관점이며, 좌파 민족주의자들은 '3·1운동으로 건립된 임시정부'의 법통성을 인정하지 않았다.(김정인, 위의 글, 86~87쪽 참조)

32 김정인, 위의 글, 78~79쪽에서 재인용.
33 위의 글, 89쪽에서 재인용.

석에 따르면, "'민족 대표'들은 그 지도층의 투항주의적 성격으로 말미암아 운동의 시작부터 운동을 포기하고 말았으며, 3월 1일 이후의 운동은 각 지방의 지식층, 학생 및 '유력자'에 의하여 독자적으로 추진되면서 '민족 대표'들의 비굴한 행동과 타락된 사상을 극복하는 방향으로 전개되었다."[34] 운동에 실질적으로 참여하는 자들은 신분이 낮고 비천한 자들이고, 자신들은 고고하게 순순히 투항하겠다는 '민족 대표'들의 태도에서 조선 지식인들에게 전습된 '실행력 결핍'을 본다. 이들의 머리와 입은 살아 있었지만 팔과 다리는 죽어 있었다. 투쟁에 같이 참여하지 않는 이들에게 백성들이 어떻게 자신들의 대표성을 부여하겠는가?[35]

이러한 맥락에서 박헌영은 3·1운동을 동학란과 더불어 '민족해방운동'으로 파악하면서도, "3월에 인민운동이 전국적으로 전개되는 것을 보고, 4월에는 벌써 망명가들이 모여서 (…중략…) 주권을 잡는 벼슬로 관료가 되기 위한 임시정부를 조직"했다고 신랄하게 비판한다. 여운형 또한 임시정부의 법통을 인정하지 않는 입장에서 "나도 상해에 있어 보았지만 임시정부에 도대체 인물이 있다고 할 수 있소? 누구누구 하고 지도자를 꼽지만 모두 노인들뿐이오. 밤낮 앉아 파벌 싸움이나 하는 무능무위한 사람들뿐이오."[36] 물론 3·1운동과 연계된 임시정부의 법통을 인정할 수 없다는 이러한 비판이 당시 조선공산당을 위시한 사회주의 진영에서 행해졌다는 점에서 그 정치적 저의를 의심할 수 있지만, 적어도 '3·1운동' 자체를 자신들

---

34 안병직, 「삼일운동에 참가한 사회계층과 그 사상」, 『역사학보』 41집, 1969, 23쪽.
35 "북한 역사학에서는 노동자, 농민, 청년 학생들이 거족적 반일항쟁을 준비한 핵심 세력이라고 규정하고, '민족 대표'들은 윌슨의 기만적인 민족자결주의를 수용해 독립선언서를 준비하고 독립을 청원하는 등 사대 투항주의적이고 매국·매족 행위에 나섰다고 혹독하게 비판했다."(도면희, 앞의 책, 157쪽)
36 위의 책, 86쪽에서 재인용.

의 정치적 목적에 맞게 포장하고 미화하려는 경향은 좌우를 막론하고 공히 두드러졌다. 민족주의도 이렇듯 정치적 목적에 따라 가공되는 것이다.[37]

조선 공산당을 비롯한 좌익 세력은 3·1운동이 계급의식이 아니라 민족의식의 발로라고 이해하면서도, 일제의 무단정치와 경제적 수탈에 대한 저항 그리고 독립운동 세력의 확장이라는 점에서 고무적으로 평가한다. 그들은 3·1운동에서 '밑으로부터의 혁명' 가능성을 본 것이다. 문제는 바로 여기에서 발생한다. 그들은 3·1운동에서 운동지도층의 역할을 극도로 축소하는 대신 '아래로부터~'의 의미에 지나치게 주목하여, 이 '아래'에서 프롤레타리아트무산자 계급에 의한 공산·사회주의 혁명의 가능성을 보고자 하였다. 그리하여 3·1운동에 대한 일반적인 평가에서 이 운동이 민족주의를 축으로 하여 근대적 의미의 민주주의, 자유주의 그리고 사회주의의 요소를 두루 내포하는데도 불구하고, 그들은 이 운동의 주체와 성격과 관련하여 1920년대 이후 역사 진행에서 자유주의적 민주주의에 비해 사회주의적 민족주의를 미래 한국의 지배적인 이데올로기로 파악하고자 하였다.

---

[37] 잘 알려진 대로, 1946년 3·1절을 맞아 좌익과 우익은 각각 '3·1기념 전국준비위원회'와 '기미독립선언기념 전국대회준비위원회'라는 이름으로 남산공원과 서울운동장에서 기념식을 개최하였다. 해방공간에서도 좌·우익은 3·1운동의 역사–사회적 의미를 자신들의 이념에 맞게 해석하여 자신들에게 유리한 정치적 고지를 점령하고자 하였다.(박종린,「해방 직후 사회주의자들의 3·1운동 인식」,『3·1운동 100년 1. 메타역사』, 휴머니스트, 2019, 55쪽 참조)

5. 3 · 1운동의 집단심리적 특성

일제의 조선강점으로 조선인은 역사상 처음으로 '자기와 동일시할 수 있는 국가'를 잃게 되었다. 3 · 1운동 그리고 그 이후 독립운동은 반만년 간 지속되어 온 단일민족(사회)의 연속성이 끊어진 데 따른 아픔, 그리고 그에 따른 분노의 폭발이었다. 다시 말해 조선을 강점한 일제에게 도덕적 책임을 묻기 위해서라기보다는 국권 상실로 인한 심리적 고통의 표출이 우선이었다. 일제의 침탈행위에 도덕적 책임을 전가하는 태도는 국권 상실에 따른 분노와 울분을 정당화하는 것에 지나지 않았다. 저항 민족주의의 씨앗이라 할 수 있는 3 · 1 독립운동은 '분한 감정'이라는 심리학적 사태가 '나쁜 일본 놈!'이라는 도덕적 평가에 선행했다. 일본인은 무구한 역사를 이어온 조선인의 자존심을 치명적으로 짓밟은 것이다. **일본은 그냥 싫고 나쁘다. 왜냐하면 일본은 한반도 역사상 최초로 단일 민족의 반만년 역사에 단절을 맛보게 한 나라이기 때문이다.**

조선인은 일본이 왜 그리고 어떻게 조선을 식민지화했는지 이해하려 하지 않았다. 역사적으로 다른 나라를 침범한 사례가 없을뿐더러 조선조 5백 년간 강력한 유교윤리로 무장된 조선인들에게 일본의 조선침탈은 결코 용납할 수 없는 비인도적 처사가 아닐 수 없었다. 그러나 19세기 후반에서 20세기 초에 이르는 세계사에서 서구의 제국주의 열강들은 너나없이 영토 확장과 판로 개척에 여념이 없었고, 후발 선진국인 일본은 이들의 선례에 따라 아시아의 패권국가로 발돋움하기 위해 국가비상동원체제를 가동했던 것이다. 이러한 현실을 인식하지 못한 채 식민지 조선인들은 '무기력한 윤리의식'에 호소한 감정주의에 매달렸다.[38]

이는 3·1운동의 실패 원인을 "행동의 대부분 의분과 열정에 의한 분산적 행동"에서 찾는 데서도 확인할 수 있다.[39] 물론 이러한 평가의 주체인 좌익 계열이 조선혁명의 정당성을 확보하기 위해 그 실패 요인을 조직력전위조직의 부재, 즉 지도적 중심과 통합된 투쟁계획의 결여에서 찾는다는 점을 감안한다고 해도, 그들이 3·1운동의 실체적 진실을 정확히 파악했다는 점은 부인할 수 없다. 그런 의미에서 공산·사회주의자들은 3·1운동을 '자연발생적 대중운동'으로 파악한다. 운동은 전국적인 규모였지만 분산적으로 발생했다. 거기에는 조직적이고 근대적인 의식이 동반되지 않았다. 민족의식이 아직 계급의식으로까지 발전하지 못했던 것이다.

과거 1919년에 일어난 사건을 지금의 시각으로 이해하면 곤란하다. 그 시대 그들의 삶의 맥락에서 그 사건을 추체험追體驗할 수 있어야 한다. "국가가 무엇인지 모르는 촌민들이 '대한독립만세'를 외치게 만든 진정한 원인은 무엇일까?"[40] 3·1운동 참가자의 대부분을 차지하는 농민5할과 노동자3할는 대체 어떤 생각으로 3·1운동에 가담했을까? 1919년 후반 조선 헌병대사령부에서 편찬한 『조선 소요사건 상황』에 따르면, "조선인의 불평사항 중 가장 많은 것은 무단정치나 경제적 수탈이 아니라 민족적 차별"이었다.[41] 조선에 일본인이 진입하면서 조선인은 부지불식간에 '2등 국

---

38 "조선인들은 일반적으로 10퍼센트의 이성과 90퍼센트의 감성을 가지고 있다."(윤치호, 『윤치호 일기』, 역사비평사, 2005, 68쪽)

39 「조선민족혁명당 창립 대표대회 선언」, 대한민국임시정부자료집 37, 국사편찬위원회, 2005, 28쪽(김정인, 앞의 글, 2019, 80~81쪽에서 재인용)

40 도면회, 앞의 책, 178쪽.

41 위의 글, 170쪽. 도면회에 따르면 이 '상황' 자료는 같은 시기 조선의 도장관들이 조선인 유지들을 모아 간담회를 개최하여 3·1운동의 원인과 조선인들의 요구사항을 조사하여 보고한 자료집『대정 8년 소요사건에 관한 도장관 보고철』의 내용과 거의 유사하여 자료의 신빙성을 인정할 수 있다고 한다. 여기서 도면회는 조선인의 불평사항을 ① 민족적 차별, ② 근대적 제도와 법령, ③ 식민지 재정을 위한 수탈, ④ 무단정치의 넷으로 분류하여 각

민'으로 전락하여 차별대우를 받지 않을 수 없었다. 3·1운동은 민족과 국민의 괴리에서 비롯한 '민족적 차별'에 저항한 민족주의적 거사였다. 한민족 역사에서 한 차례도 타민족에게 일상생활 자체에서 직접적으로 차별을 받아본 적이 없는 조선인은 어느 날 갑자기 타민족에 의해 '2등 민족'으로 전락하는 수모를 겪어야 했다. 또한 일찍이 서구 문물을 수용하여 선진국의 대열에 합류한 일본의 근대적인 법제도와 규정이 식민지 조선사회에 시행되면서 그에 적응하는 데 불편과 고통을 겪었다.

도면회는 3·1독립만세운동에 참여한 조선 민중들의 불만 사항을 파악하기 위한 기준 가운데 하나로 '근대적 제도'를 꼽으면서 이 기준에 해당하는 구체적인 불평 사항을 이렇게 서술한다. "각종 행정시설이 번잡한 일 / 공문서 제출 수속이 번잡하고, 또 출원出願 사항 처분이 지체된다. / 상례를 치를 경우 진단서, 매장원 등 각종 비용과 수속이 번다하다."[42] 여기서 나는 '번잡煩雜'과 '번다煩多'에 주목한다. 조선인들은 지금 근대의 관료제에 적응하는 데 따른 수고를 감내하고 있기 때문이다. '근대적 인간 / 개인'이 되기 위해 거쳐야 할 통과의례를 거치고 있는 것이다. 베버가 지적했듯이 관료제는 근대의 산물로서 행정 업무처리에서 객관성과 효율성을 위해 절차와 수속을 요구한다. 근대의 행정업무는 사람이 아니라 조례와 조직이 움직인다. 각종 사법 행정 업무 처리에서 규정에 명시된 절차와 수속을 밟아야만 결과적으로 업무의 효율을 높이고 객관성과 공정성을

항목을 분석한 결과, 교과서적으로 알려지고 상식적으로 예상되는 '경제적 수탈'이나 '무단정치'에 비해 '민족 차별'이 3·1만세운동에 참여한 주도동기였다고 밝힌다. 이는 조선인 민중들의 저항 원인으로 '정치적·군사적' 측면보다는 '집단 심리적' 측면이 우세했다는 것이고, 이에 따라 3·1운동의 저항 성격을 근대적 민족주의나 사회주의의 틀로만 설명하려는 시도를 크게 보완할 필요가 있게 된다.

42 도면회, 앞의 책, 171쪽.

기할 수 있다. '근대적 태도의 습득'을 위해 불가피하게 겪어야 할 번잡함이 아닐 수 없다. 자연인으로서 개인들이 아니라 법인法人으로서 조례와 내규에 따라 상호 관계하는 태도를 익히는 데서 조선의 민중들은 지금 '귀찮음'이라는 심리적 저항을 겪고 있는 것이다.

이러한 귀찮음 또는 번잡함은 비단 행정 사무를 처리하는 데서만 발생하지 않는다. 도면희가 제시한 조선인 불만 사항의 다른 기준인 '재정적 수탈'에서도 나타난다. "연초세·주세·인지세 등 무엇에나 세를 과하는 고통은 오히려 한국 시대의 폭정보다 심하다. / 세금의 종류가 극히 많고 납세의 방법이 번잡하다."[43] 근대 산업사회의 특징은 분화分化 또는 분업分業에 있다. 수천년간 농업에 기초한 산업에 길들여진 조선사회는 이제 단순하고 획일적인 봉건적 업무처리 태도에서 벗어나 복잡하고 우회적인 근대적 업무처리 태도에 적응해야 한다. 이제 '분화된 다양성'에 적응하여 익숙해져야 한다. 새로운 태도를 단기간에 습득하기란 쉽지 않으며 고통이 따른다. 주변의 일상에서 벌어지는 낯설고 불편한 작업을 불만스런 눈초리로 바라보며, "인민의 권리를 무시하고 갖가지 공사를 강행 / 도로 개수, 시구市區 개정 등을 기획하고 소유자 의사에 반하는 토지 수용" 등이 못마땅해도 식민지 '지배자'들의 지시이기에 따라야 한다.[44] 근대 도시와 촌락의 특성은 선線과 각角에 있다. 구불구불한 길과 농지를 선으로 구획하여 측량과 측정을 수월하게 할 수 있다. 물론 일제가 자신들의 목적을 위해 조선인 소유지를 강압적이고 임의로 점유·취용取用한 사례가 적지 않았지만, 이렇게 불합리한 그들의 처사로 인해 초래된 고통에 저항하면

---

43 위의 책.
44 위의 책.

서, 다른 한편으로 식민지 조선인들은 '근대'가 무엇인지 경험하고, '근대'를 대하는 태도를 점차 습득해 갔던 것이다.

6. '태도'로서의 민족주의

동학농민운동이 외세인 타자他者의 침입에 대하여 자연적인 자기自己를 주장함으로써 한반도 역사에서 처음으로 '민족(의식)'이 집단적으로 표출되었다면, 3·1운동은 한민족의 자존과 독립을 위해 민족의 지성과 백성이 정치적으로 세력화하여 대외적으로 자기의 의지를 표명한 '민족주의'의 시발점이었다. 3·1운동에서 발생한 민족주의는 이후 근대 한국의 사회적 정체성이 구성되는 과정에서 다양하게 변주되었다. '민족'은 자연적 문화적 공통성을 바탕으로— 이 공통성도 경계가 명확하지 않은 개연적이고 확률적인 가상체이지만—어느 정도 실체성 또는 실질성을 띠는 데 반하여, '민족주의'는 '민족'을 바탕으로 하여 대내외에 보이는 민족 성원들의 '태도attitude'이다.[45] 민족주의가 '태도'인 한에서 민족주의는 특정한 방향을 지향하는 유동성을 띨 수밖에 없다. 이용희가 "민주주의나 사회주의, 공산주의는 마치 보편적인 이념인양 선전되고 전파됩니다만 그러나 '내셔널리즘'이라는 프리즘에 걸리면 휘어지게 마련입니다. 모든 보편적인 이념, 모든 추상적인 가치관도 한번 정치의 장을 통과하면 구부

---

45 '태도'는 윌리엄 제임스의 프래그매틱한 시각을 빌린 것이다. 어떤 사태에 대한 실체론적 / 본질적 이해를 거부하는 제임스의 시각에서 볼 때 소위 '주의(ism)'란 하나의 '태도'로서 작동한다.

러지게 마련입니다"라고 말할 때, 그는 '민족주의'가 일종의 '태도'라는 사실을 부지불식간에 인지하고 있었던 셈이다. 그렇기 때문에 내셔널리즘이 내면으로 향하면 국민주의가 되지만 밖으로 향하면 "외세로 작용하고 세력팽창의 도구로 일변하는 결과"를 가져온다고 서술한다.[46] 민족과 달리 민족주의는 특정한 실체가 아니라 타자를 대하는 심정적 태도이다.

자기를 보존하기 위해서는 타자와 구별할 수 있어야 한다. 예를 들어 대원군의 쇄국주의처럼 타자를 배격하거나 또는 일본의 한반도 침략과 같이 타자를 자기 아래 복속시키고자 하는 태도를 통해서만 민족주의는 정체성을 유지할 수 있다. 민족주의는 특정한 내용을 지닌 실체가 아니라 타자를 대하는 '태도'이기 때문에 '민족'을 중심으로 한 민족운동들이 하나로 수렴하지 못하고 다양한 양상으로 전개될 뿐만 아니라 대립과 소멸과 합세 등으로 이합 집산하는 경향을 보인다. 특히 3·1운동의 역사적 의미에 대하여 자유주의적 민족주의와 사회주의적 민족주의는 대립적인 평가를 내린다. 운동의 주체에서 전자는 민족 대표지성에, 후자는 백성민중에 초점을 맞추고, 이에 따라 운동의 성격을 전자는 사회 지도층 중심의 자유주의적 민족운동으로, 후자는 피지배층 중심의 사회주의적 민족운동민족해방운동으로 평가한다. 이 차이는 1920년대 이후 한국 민족주의 운동의 향방을 결정하는 중대한 변수로 작용한다.

하지만 자유주의와 사회주의의 정치적 대립 외에 근대 한국의 사회적 정체성을 규명하는 데서 간과할 수 없는 사실은, 일제의 압제와 차별에도 불구하고 식민지기 조선사회의 구성원은 서서히 '근대'를 경험하고 있었

---

[46] 이상, 이용희, 앞의 책, 401쪽.

다는 점이다. 조선인은 '근대'를 일본을 비롯한 외국 세력이 한반도에 설치한 철도와 전기 등의 물질적 인프라를 통해서 뿐만 아니라 근대적 제도와 체계의 정착 그리고 그에 따른 근대적 태도의 습득으로 경험하였다. 물론 이러한 근대의 물결 속에서도 조선조 이후 이면에서 한국인의 정서를 움직여 온 유교 또한 당시 식민지기 조선사회의 특징을 이해하는 데 고려하지 않을 수 없다. 이렇듯 3·1운동을 전후한 조선사회는 국체國體상으로 일제의 식민주의, 이념적으로는 서구의 자유주의자본주의와 사회주의공산주의, 생활상으로는 서구의 근대적 태도와 유교의 봉건적 태도 등이 중층적으로 작동하는 복합체의 성격을 띠고 있었다.

이들은 상호 친화성을 띠고 끄는가 하면 서로 대립하여 밀어내기도 하였다. 하지만 무엇보다 식민지기 조선사회를 지배한 핵심적인 관건은 '조선'의 현실을 제대로 파악하기 위한 정치적 이념과 그 현실을 타개한 방법을 모색하는 일이었고, 그 선두는 '사회주의적 민족주의'의 변용이라 할 수 있는 '민족주의적 사회주의'가 차지하고 있었다. 민족주의 운동과 관련하여 1920년대 공산·사회주의의 출현은 상해 임정의 활동과 해방 후 미군정기의 혼란 그리고 정부수립에 따른 이념적 갈등 그리고 오늘 날 남북의 이념적 분열과 현대 한국사회의 좌·우파 대립에 이르기까지 한반도를 좌·우 이념 대립의 장으로 이끈 역사적 '현상'이 아닐 수 없다.

제5장

1920년대 민족주의와 사회주의의 친화성과 배타성

1. 승인의 민족주의 vs. 부인의 민족주의

제1차 세계대전이 끝나면서 비非식민지화decolonization가 전후 승전국들의 화두로 등장하자, 일본은 글로벌히게 진행되고 있던 비식민지화의 흐름과 3·1운동이라는 거센 저항운동의 영향을 받아 종래의 무단정치에서 '문화정치'로 정책 방향을 선회하면서 동화同化와 자치自治를 고려하였다. '문화정치'는 일본의 식민지 정책에 비협조적인 세력을 끌어들이겠다는 타산이 숨어 있기는 했으나 외견상으로는 당시 세계사적 조류인 비식민지화의 한국식 발현이었다. 일제는 개화기 이후 대한제국기에 이르기까지 일본의 식민지는 아니었지만 수차례에 걸친 불평등조약을 통하여 이미 상당 부분 '일본 국민화'가 진행되고 있었기 때문에 일본의 조선 통치가 서양의 식민지배와 다르며 따라서 식민지 조선의 비식민지화는 윌슨의 민족자결주의에 따라 진행된 영국과 프랑스 등에 의해 추진된 비식민지화 흐름과 질적으로 다르게 진행되어야 한다고 주장한다. 그리하여 비교적 열린 정치공간에서 일본 본국 정부, 조선총독부, 재조선 일본인 그리고 다양한 조선인 세력들이 비식민지화의 성격과 방향을 두고 담론을 이어갔다. 3·1운동이 일어난 해 10월 총독부 경찰은 당시 조선의 '민심 동향'을 작성했는데, 여기서 조선인 단체의 조직과 활동을 '동화同化파', '자치自治파' 그리고 '독립獨立파' 셋으로 구분하였다.[1]

조선인을 일본인과 동일하게 취급한다는 내지연장주의에 입각한 동화정책은 조선인들의 거센 반발을 야기했다. 일본인과 동일하게 조선인의 참정권을 요구하기 위해 고양군 군수 민원식을 중심으로 1920년 1월 국민협회를 창립했으나 1921년에 그가 일본에서 동화주의에 반대하는 조선인 학생에게 피살되는 사건이 발생하는 등 동화 정책은 일본의 뜻대로 순조롭게 진행되지 않았다. 이에 따라 총독부는 내지연장주의에서 자치주의로 정책방향을 선회했다. 1910년대 『경성일보』 사장을 지낸 아베阿部는 '조선 의회' 설치를 골자로 하는 자치제 도입을 주장했다. 송진우와 최린 등도 여기에 호응하여 민족개량주의의 성격을 띤 연정회硏政會의 결성을 시도했지만 심한 반발에 부딪혀 실패하였다.[2]

일제의 비식민지화 추진과 관련하여 식민지기 조선사회의 지식인들 사이에는 두 가지 극단적인 태도가 나타난다. 먼저, 비식민지화는 일본의 문화정치 시행 이후 강력한 동화, 곧 '친일'의 빌미를 제공한다. 이는 대단히 아이러니컬한 행보로서 비식민지화의 방식이 앞의 경우와는 반대로 '식민지화의 거부'가 아니라 '확실한 식민지화'의 길을 걷는 태도이다. 일제의

---

[1] 홍종욱, 「3·1운동과 비식민지화」, 『3·1운동 100년 3. 권력과 정치』, 휴머니스트, 2019, 309쪽 참조. 여기서 홍종욱은 '식민지화'에서 벗어나기 위한 시도인 'decolonization'을 일반적인 번역어 '脫식민지화' 대신 그 본래의 의미 '非식민지화'를 되살리고자 한다. 또한 그는 1919년 10월 총독부 경찰은 조선의 비식민지화와 관련하여 당시 조선의 '민심 동향'을 '자치파', '동화파', '독립파' 셋을 기준으로 분석한다.(같은 글, 304쪽)

[2] 홍종욱, 위의 글, 304~309쪽 참조.

조선 통치를 인정하고 그에 따른다는 점에서 이들을 '승인承認의 민족주의자'라고 부를 수 있다. 홍종욱이 예로 든 '김명식'의 경우를 보자. 그는 초기에 사회주의자로서 3·1운동 후 일본이 조선에 취한 정책을 세계사적 비식민지화와 일정 정도 맥을 같이 하는 태도로 이해한 뒤 정치적으로 일정한 자치를 허용하면서 경제적 종속을 강요하는 일종의 신新식민주의로 파악한다. 그런데 '식민지 민중해방'이라는 키워드를 붙잡고 1930년대 초반까지 총독부의 '문화정치'를 식민지화 정책이라고 비판하던 김명식은 입장을 전환하여 중일전쟁시기에 '협화協和적 내선일체론內鮮一體論'에 동조한다. 그는 일본과 조선을 하나로 묶는 동아협동론東亞協同論에 중국을 추가함으로써 서구 자본주의에 대항하고자 하였다. 그리하여 사회 전체 구성원들이 효율적인 전쟁 수행에 필요한 사회적 기능의 담지자가 되어야 한다고 주장한다. 이를 바탕으로 그는 "동아협동체 건설이 조선 민중을 위한 참된 비식민지화로 이어질 것"이라고 전망한다.[3] 이렇듯 비非식민지화는 김명식과 같은 승인承認 민족주의자들에게 더 이상 식민지화의 청산이 아니라 오히려 식민지화의 가속화 내지 견고화를 의미하게 된다. 김명식의 이러한 전향은 그 근거 / 이유가 이광수와 최남선을 비롯한 다른 친일 지식인들의 경우와 통할 수 있다는 점에서 시사하는 바가 크다. 비식민지화를 식민지화의 거부가 아니라 오히려 '식민지화에 동화同化' 내지 '식민지화의 가속화'로 이해하려는 경향은 식민지 조선사회의 '현실'을 직시하면서 민족적 현안의 돌파구를 모색해야 한다는 생각에서 비롯한다.

다음으로, 국내외에서 독립운동을 수행하던 '독립파'는 조선이 '식민지

---

3   위의 글, 318·323쪽,

가 되었다'는 사실 자체를 인정하려 하지 않았다. 그래서 일본을 교섭상 대로 여기지 않아 원초적인 저항의식으로 무장되어 있었다. 이들은 실제 벌어진 역사인 '식민지화'라는 현실을 받아들이지 않았다. 이들의 마음에 서 조선은 일본의 식민지가 아니었다. 조선조 선비의 대쪽 같은 절개와 결 기로 이들은 '조선 = 일본 식민지'라는 등식을 거부했다. 그런 의미에서 이들을 '부인否認의 민족주의자'라고 칭할 수 있다. 한민족의 유구한 역사 에 대한 자존심과 조선조 500년의 수준 높은 유교문화에 대한 자부심은 타민족에 의한 '식민지화'를 용납할 수 없었다. 그래서 이들은 일본의 조 선 통치권을 승인할 수 없었다.[4] 국내에서 식민지 현실을 개선하기 위해 시도하는 참정권 쟁취와 자치기구 설치 요구 같은 소극적 저항은 결과적 으로 위의 등식을 인정하는 꼴이어서 거부하였다.

승인承認과 부인否認의 민족주의를 둘러싼 논의는 일제의 고위관료와 조 선의 정치지도자가 벌인 논쟁에서도 발견된다. 일본의 척식拓植局 국장 고가렌조古賀廉造는 여운형呂運亨, 1886~1947에게 이렇게 말한다. "조선은 독립 이나 자치를 생각할 적에 먼저 요소를 구해야 할 것이다. 요소는 곧 부강富 强이다. 부富에는 국부國富와 민부民富가 있고 강强에는 지강智强과 체강體强이 있다. 교육을 개량하고 실업을 증진하는 것이 필요하다. 내 생각에 조선민 족의 부강을 세계에 자랑하는 것이 조선인의 요사要事이다. 종교적·실업實業 적·교육적으로 총독부와 일치 협력해야 할 것이다. 나 개인은 합병을 반 대하였다. 그러나 이미 합병이 된 이상 개인의 의사는 소멸되었다. 조선인 이 충분치 않은 힘으로 일본과 대립하겠다는 것을 나는 알 수 없다. 조선은

---

4   위의 글, 310~311쪽 참조.

부강을 선도하는 것이 옳다. 일한합병은 회사합병과 같다."[5] 이에 대한 여운형의 반박에 대해 고가는 다시 반박한다. "조선의 독립 요구는 나도 당연하다고 생각한다. 그러나 독립한 후 결과가 예상대로 될 줄로 생각하는가? (…중략…) 자방自防의 실력實力이 없는 자가 구미 열강이 동양을 병탄하려는 음모를 어떻게 막겠는가? 평화의 보장은 오직 실력뿐이다. 일본이 단독으로 서양 열강에 대할 수는 없다. 그러므로 일한日韓의 합치가 평화의 근본인 것이다. (…중략…) 자방력自防力이 없는 조선이 독립한다는 것은 동양 평화를 파괴할 염려가 없지 않은가? 그러므로 일한이 일치단결하여 서양 세력을 막는 것이 제일 중대한 문제이다." 고가의 동양평화와 실력문제에 대하여 여운형은 이렇게 맞선다. "오늘날까지도 미몽에 사로잡혀 일한일체주의日韓一體主義와 동화주의同化主義를 부르고 있으니 이는 현실에 합하지 않는 공상이다." 대내로 동양 즉 한중일 간에 평화가 없으면 내외 즉 서양 세력에 대하여 동양의 평화도 보장되지 않는다고 여운형은 반박한다.[6]

고가는 여운형 같은 조선 우국지사의 생각과 행동에 동감하고 그들을 이해하려는 인물이다. 그렇지만 그는 여운형이 '실효實效가 있는 활동'을 하기를 바란다. 이미 엎질러진 물을 다시 주워 담으려 하기보다는 엎질러진 상황을 인정하고 거기에서 새 출발하는 일이 현실적이지 않겠느냐는 것이다. 더구나 조선은 경제적으로 군사적으로 실력이 부족하니 실력 배양이 일치적인 목표가 되어야 한다고 설득한다. 그러나 여운형은 조선이 건국 이래 이민족에게 내정 간섭을 받은 적이 없는 자주적 민족이라는 점을 내세워 고가의 제안을 근본적으로 거절한다.

---

5   이만규, 『呂運亨先生鬪爭史』, 민주문화사, 1946, 39쪽.
6   위의 책, 45~47쪽.

2. 한국 민족독립운동과 볼셰비키 사회주의운동의 상호친화력

동화파나 자치파와 달리, 독립파는 국내외에서 활발히 활동하였다. 상해의 대한민국임시정부, 중국 동북지역의 항일무장투쟁 그리고 미국의 한인독립운동 등은 지역의 차이를 넘어 상호 교류 속에서 대내외에 독립의 의지를 확고하게 표명했다. 국내의 독립파는 사정이 달랐는데, 이는 조선 공산주의자의 출현 때문이었다. 3·1운동으로 촉발된 민족독립운동의 성격이 '민족주의'를 넘어 특정 정치이념과 결부되기 시작한 것이다. 1919년 모스크바에 코민테른국제공산당이 창설되었을 때만 해도 공산주의는 민족주의와 대립관계에 있었다. 무산계급인 노동자·농민의 이익을 도모하면서 이들에 의한 혁명을 목표로 하는 공산주의 이념은 모든 민족과 국가의 인민에게 공통적으로 해당되기 때문에 '민족'이라는 특수성에 얽매이지 않았다. 따라서 공산주의자에게는 국적이 중요하지 않았다. 그런 의미에서 '공산주의자'에 '국제적'이란 수식어가 붙은 것이다. 그런데 공산주의의 탈脫민족주의적 노선은 1920년의 2차 코민테른에서 궤도가 수정된다. 제3 세계의 민족주의운동, 특히 아시아의 민족주의운동을 공산주의운동의 일환으로 간주하기로 결정한 것이다. 2차 코민테른 대회의 상임간부였던 사파로프는 1월 26일 자 연설에서 특히 일본 제국주의 식민지 치하의 한국과 관련하여 다음과 같이 역설한다.

한국의 피압박 대중이 당면하고 있는 문제들은 보다 단순합니다. 중국에서와 마찬가지로 우리는 제국주의와의 어떠한 타협도 거부하면서 민족해방의 목표를 향해 부단히 전진할 준비가 되어 있는 모든 민족혁명운동을 지원할 것입니다. 우리는 이 같은 조직들 가운데 농민단체나 종교적 파벌, 기타 여러 단체들까지 포함되어 있다는 사실 때문에 혼란을 일으키거나 주저하지 않을 것입니다. 우리는 이러한 운동이 부르주아운동이라는 사실을 충분히 알고 있지만 민족해방을 위한 모든 민족운동을 지원해온 것처럼 이 운동 역시 지원할 것입니다. 왜냐하면 이 운동은 제국주의를 반대하고 국제 무산자계급의 이해와 일치하고 있기 때문입니다. (…중략…) 한국에서 민족통일전선을 논하는 것은 지극히 당연합니다. (…중략…) 우리는 한국의 해방을 타협과 평화주의에 의해 이룩하려는 모든 기도를 가차 없이 폭로하지 않으면 안 됩니다.[7]

일본 제국주의에 대한 민족저항운동은 무산자계급의 이익을 대변하기 때문에 민족운동의 지원은 곧 공산주의사회라는 목표를 달성하기 위한 과도기적 성격을 띠는 셈이다. 이렇게 민족주의가 공산주의와 결합하면서 민족주의운동은 이제 단순한 독립투쟁이 아니라 민족해방전쟁으로 승화되기에 이른다. 한국의 독립운동에 대한 러시아 공산주의자의 지원은 중국 공산주의자와의 공조 아래 한국독립군의 활동 무대, 무기 그리고 군자금의 제공 등으로 나타났다. "1910년대의 국외에서의 독립운동은 (…중략…) 서간도, 북간도, 시베리아, 또한 북만北滿으로 넓혀지면서 한편 이들 각 지역 간의 항일세력의 조직화도 이루어져갔다. 1914년까지 국치國恥 후 최초의 망명정부 이름을 남긴 대한광복군정부가 시베리아의 블라디보스토크에 본부를 두고 국외항일세력을 망라하여 세워져 독립전쟁을 준비하는 조직적인 광복군까지 편성되었다."[8]

---

7   스칼라피노·이정식, 『한국 공산주의 운동사』, 돌베개, 2015, 84쪽에서 재인용.

8   윤병석, 「1910年代의 韓國獨立運動」, 『韓國近代史論』 II, 尹炳奭 愼鏞廈 安秉直 편, 知識産業

일제의 식민통치에서 벗어나기 위해 저항하고자 하는 조선인들에게 지리적으로 오직 한반도 북쪽 즉 서 / 북간도를 비롯한 만주만이 열려 있었다. 이들은 다시 지리적으로 인접한 러시아 극동으로 이동하여 블라디보스토크를 독립운동의 근거지로 삼았다. 러시아는 당시 볼셰비키 혁명의 성공으로 중국 공산당과 친교가 긴밀했는데, 한국 독립군은 중국 공산당과 반일전선을 구축하고 봉건적 유산을 청산한다는 공동의 목적 아래 서로 도움을 주고받는 관계에 있었다. 이렇듯 **한국의 민족독립운동은 초기부터 '사회주의적인' 성격을 띠고 출발할 조건과 여지를 지니고 있었다.** 민족주의와 공산주의(사회주의)의 동맹은 엄청난 폭발력과 파급력을 가지고 만주와 시베리아뿐만 아니라 한반도 내부에 깊숙이 침투하였다. 일제의 차별과 일상의 빈곤에 시달리던 조선 민중들에게 공산(사회주의)적 민족주의는 단비와 같은 복음이 아닐 수 없었다. 당시의 그러한 상황으로 인해 이후 한국의 근현대사가 좌우 대립이라는 암울한 질곡에 빠지게 되리라고는 아무도 예견하지 못했다.

그런데 한국의 사회주의적 민족주의는 발생 초기부터 자체적인 모순을 내포하고 있었다. 사회주의운동은 기본적으로 계급갈등이라는 '인간의 보편적 문제 상황'에 착안할 뿐 '민족이라는 특수성'에 주목하지 않는데, 사회주의적 민족주의는 서로 충돌하는 이 두 사태를 동시에 안고 있기 때문이다. 사회주의적 민족주의에서는 민족주의운동의 목표인 '민족독립'이 사회주의와 결탁 / 결합하면서 '민족해방'의 성격을 띠게 되고, 이는 다시 '사회주의 혁명'으로 이어진다. 그래서 한국의 사회주의적 민족주의

社, 1977, 36~37쪽.

자들은 일본 제국주의의 식민지에서 '민족독립'과 소비에트 사회주의의 '계급 해방'을 동시에 달성해야 하는 과제를 안고 있었다.

여기서 양자 가운데 무엇을 우선시하느냐에 따라 노선의 차이가 생겨났다. 대표적인 예로, 이동휘는 계급혁명에 비해 민족독립을 우선시했으며, 박헌영은 민족독립보다 민족해방 및 사회주의 국가건설을 우선시했다. 후자의 입장에서 볼 때, "'민족해방'의 구호는 궁극적으로 사회주의혁명을 지향한다는 전제 아래 식민지 민족의 독립운동을 사회주의운동 선상에서 용인하는 것이었다".[9] 그런 의미에서 민족해방운동은 곧 사회주의운동의 한 방식이고 단계였다. 사회주의 민족해방운동은 민족주의운동을 포함하지만, 그 반대의 경우는 성립하지 않기 때문이다. 이렇게 볼 때, 엄밀한 의미에서 이동휘는 '사회주의적 민족주의자'인 반면, 박헌영은 '민족주의적 사회주의자'인 셈이다. 박헌영은 민족독립운동을 사회주의혁명을 위한 과도기 또는 수단으로 삼음으로써 사회주의적 민족주의가 갖는 모순성과 모호성에서 벗어날 수 있었다. 러시아 혁명의 성공과 코민테른은 이렇듯 1920년대 식민지 조선사회가 직면한 민족 문제를 해결하려는 식민지 지식인들을 '사회주의자'로 이끄는 데 결정적인 기회와 토대를 제공하였다.

---

9   전상숙, 「사회주의 수용 양태를 통해 본 일제시기 사회주의운동의 재고찰」, 『동양정치사상사』 4권 1호, 2005, 158쪽.

3. 자생적 민족주의와 사회주의적 민족주의의 화합과 분열

식민지 조선사회에 유입된 근대 사회주의는 조선의 민족주의운동에 엄청난 지각변동을 가져 왔다. 3·1운동을 주도했던 전통적인 민족주의자들 이외에 사회주의 이념을 배경으로 한 민족주의자들이 조선의 지식인 층에 가세하면서 소위 전자의 우익에 대하여 좌익이 조선사회의 한쪽 날개를 차지하게 되었다. 양자는 3·1운동에 대한 평가에서도 전자는 '민족대표 33인'의 의미를 부각시켜 '민족독립'에 치중한 반면, 후자는 피지배 계급인 민중의 아래로부터의 운동에 주목하면서 '계급투쟁'에 더 큰 비중을 두었다.

국사학계에서 일반적으로 전자의 경향을 '민족주의 세력'보수, 후자의 경향을 '사회주의 세력'진보으로 칭하여 구분하나 이러한 표기가 정당한지는 의문이다. 또한 식민지기 항일 민족운동 세력을 크게 '부르주아 민족주의 우파', '부르주아 민족주의 좌파', '진보적 민족주의', '사회주의 세력'의 넷으로 구분하는 경향도 있으나,[10] 앞의 두 세력에 붙인 '부르주아'라는 수식어가 이미 마르크스주의의 시각을 전제하고 있어 객관적인 표기라 보기 어려우며, 뒤의 두 세력은 공통적으로 진보적 성향과 더불어 다소간에 민족주의적 성향을 지니고 있기 때문에 이런 식의 구분이 불필요하게 자의적이라는 인상을 지울 수 없다. 더욱이 후자의 구분과 관련하여, 부르주아적 좌파에 속한다고 할 수 있는 '민족주의자'와 '사회주의자'의 경계

---

10 박찬승, 「1920년대 중반~1930년대 초 민족주의 좌파의 신간회 운동론」, 『한국사 연구』 80집, 1994, 57쪽 참조. 1920년대 국내의 대표적인 인사를 꼽는다면, 부르주아 민족주의 우파는 송진우와 최남선, 부르주아 민족주의 좌파는 안재홍과 신석우, 진보적 민족주의 세력은 홍명희와 이관용, 사회주의 세력은 백남운과 한위건 등을 들 수 있다.

선을 긋기는 어려운 일이었다.[11] 그래서 "실제로 한국 민족주의자와 공산
주의자를 단일체의 두 집단으로 간주하는 것은 극히 오류이다. 이 기간 동
안의 한국정치는 '순수한 전통주의자와 민족주의자'로부터 '순수한 국제
적 공산주의자'에 이르는, 양극 간에 하나의 「스펙트럼」을 이루고 있었던
것이며 대부분의 인사들은 이 두 양극 간에 어떤 지점을 차지하고 있었던
것이다".[12]

당시 식민지 조선의 저항운동에서 표출된 민족주의와 사회주의는 양자 모
두 '민족(주의)의식'에 토대를 두고 있었는데, 다만 전자는 구한말 이후부터
애국지사들이 견지해 온 '민족독립'이 목적이었다면, 후자는 러시아 코민테
른의 영향 속에서 민족독립을 사회주의혁명과 결부시켜 지향했다는 차이를
보인다. 그런 의미에서 나는 베버의 이념형에 따라 전자를 '자유주의적 민족
주의', 후자를 '사회주의적 민족주의'라 부른다.[13] 초기의 상해 임시정부에
모든 정치세력이 참여했을 때도 "민족주의는 보수주의에서 공산주의에 이

---

11 "금일의 조선에는 민족주의와 사회주의의 대립이 민중의 요구의 반영이 아니요, 다만 사상
    적 경향의 차이에 불과한 것이니, 어느 민족주의자든지 물어보라, 그는 사회주의자의 政綱
    보다 다른 것을 대답하지 못할 것이다. 어느 사회주의자든지 물어보라, 그는 민족주의자의
    말과 크게 다를 것이 없을 것이다."(『현대평론』, 제1권 제1호, 박찬승, 위의 글에서 재인용)
12 스칼라피노·이정식, 『韓國共産主義運動의 起源』, 한국연구도서관, 1961, 43쪽. 그래서 이
    들은 레닌이 아시아에서 당면한 정치문제에서 "혼성(混成)된 민족주의자-공산주의자의
    문제"를 가장 골치 아프게 생각했으며, "초기의 한국 공산주의에서처럼 이 문제가 심각했던
    곳은 없었다"고 진단한다.(위의 책)
13 전자는 왜 '자유주의적'인가? 그 이유는 앞 장에서 서술했듯이 '자유'라는 용어가 이미 대한
    제국기부터 사용되어 개화파 지식인들에게 좋은 반응을 얻었을뿐더러, 일제 식민지에서
    벗어나기 위한 '독립'운동은 곧 '자유'의 문제와 연결되며, 민족주의의 대표자 가운데 하나
    인 김구에게 '자유'는 국가건설의 제1 덕목이었고, 해방 이후 미국의 자유민주주의가 본격
    적으로 한반도에 재도입될 때 '자유'는 인간사회의 핵심가치로 인정되었기 때문이다. 이후
    오늘날까지 '자유'는 정치적 보수진영의 대표 슬로건으로 자리 잡았다. 그리고 '사회주의
    적 민족주의'라는 일반 명칭은 엄밀하게는 박헌영 류의 '민족주의적 사회주의'와 구별해야
    하나 적어도 1920년대에는 그 차이가 확연하지 않아 여기에서는 일단 '사회주의적 민족주
    의'로 통칭하기로 한다.

르는 정치적 신념을 주장하는 모든 자 간의 유일한 공동유대였다."[14]

앞 장에서 기술했듯이 민족주의는 특정 민족이 민족공동체의 보존과 이익을 지향하는 심정적 태도이다. 한국의 다양한 독립운동 단체들은 서로 다른 이데올로기를 표방하고, 서로 다른 전술과 전략을 구사하며, 활동비의 원천이 서로 다른데도 불구하고 그 운동의 중심에는 항상 '민족' 또는 '민족 독립 / 해방'이 자리잡고 있었다. 이러한 사실은 유명한 '자유시自由市 사변'에서도 확인할 수 있다. 자유시 사변은 1921년 러시아령 자유시알렉세예프스크에서 볼셰비키군赤軍에 의해 독립군사할린 의용대이 희생된 참변이었다. 내부적으로 보면, 상해 임정의 국무총리를 맡았던 이동휘가 창건한 상해파 고려공산당과 또 다른 분파인 이르쿠츠크파 고려공산당 간의 대립·투쟁이 불러온 사건이었다. 당시 볼셰비키의 이르쿠츠크 극동서기장의 지원을 받은 이르쿠츠크군은 한국의 독립군을 "민족주의만을 추구하는 반反혁명집단이라고 질책"하면서 자기들 휘하에 두고자 하였다.[15]

4. 상해 임시정부에서 좌·우익의 대립과 갈등

자유주의적 민족주의자와 사회주의적 민족주의자가 첨예하게 대립한 공간은 상해 임시정부였다. 1919년 3·1운동을 기점으로 조선의 민족운

---

14 스칼라피노·이정식, 앞의 책, 1961, 8쪽.
15 위의 책, 32쪽. 여기에 덧붙여, 고려공산당 소속의 이르쿠츠크 군대는 "본래 민족주의자들이었는데 소련군에 가담한 후로는 '완전히 적색(赤色)'이 되었다고 서술한다.(위의 책, 33쪽) 뒤집어 말하면, 고려공산당의 상해파뿐만 아니라 이르쿠츠크파도 볼셰비키 적군파와의 연결고리가 없었다면 사회주의혁명이 아니라 민족/독립해방이 목표였던 것이다.

동세력은 당시 세계사조의 영향을 받아 봉건주의니 사회주의니 하며 사상이 복잡하게 갈라지다가, 급기야는 임시정부 내부에서도 공산주의니 민주주의니 하는 문제로 분파끼리 충돌했다. 당시 임정 국무원의 내무총장이던 김구의 분류에 따르면, 대통령 이승만은 '민주주의'를 주창한 반면 국무총리 이동휘는 '공산주의'를 부르짖었다.[16] 이승만과 충돌하던 이동휘는 김구를 향해 이렇게 청한다. 둘의 대화를 재구성하면 다음과 같다.

> 이동휘 : 적은이(아우님)는 나와 같이 공산혁명을 하는 것이 어떠하오?
> 김　구 : 우리가 공산혁명을 하는데 제3국제당(코민테른)의 지휘와 명령을 받지 않고 독자적으로 공산혁명을 할 수 있습니까?
> 이동휘 : 불가능하오.
> 김　구 : 우리 독립운동이 우리 한민족의 독자성을 떠나서 이느 제3자의 지도와 명령에 지배받는다는 것은 자존성을 상실한 의존성 운동입니다. 선생은 우리 임시정부 헌장에 위배되는 말을 하심이 크게 옳지 못하니, 제弟는 선생의 지도를 따를 수 없으며 선생의 자중을 권합니다.

16　김구, 『백범일지』, 도진순 주해, 돌베개, 2011, 309쪽 참조. 여기서 이승만의 '민주주의'는 그의 전반적인 이념적 성향을 고려할 때 '자유주의적 민족주의'를 뜻하며, 이동휘의 '공산주의'는 그의 실질적인 활동상을 고려할 때 '사회주의적 민족주의'를 의미한다. 그런데 이동휘가 "우리의 독립운동은 민주주의혁명에 불과하다"(같은 책, 310쪽)고 말하는 데서도 드러나듯이 '민주주의'는 그 자체로는 공산주의의 정치적 목표이기도 해서 자유주의의 전유물이 아니며, '공산주의' 또한 이승만이 차후에 "우리 정부에서 경제정책을 세울 적에 공산주의에서 채용할 것이 여러 가지입니다"(이승만, 「건국과 이상」, 이주영 편역, 『원문 사료로 읽는 한국 근대사』, 필맥, 1945, 423쪽)라고 말하듯이 공산주의도 당시에는 사회주의의 전유물이 아니었다.

여기서 김구는 '전형적인 민족주의자'로서 공산주의에 반대하는 이유를 그 '의존성'에서 찾는다. 민족독립 또는 민족혁명을 성사시키기 위해서 러시아/소련에 의존하겠다는 입장에 대한 반발에는 구한말 이후 조선이 외세에 의존함으로써 결과적으로 망국의 길로 들어서게 되었다는 김구의 깊은 회한이 담겨 있다. 더구나 당시에 공산주의 옹호론자 이동휘의 제안대로 볼셰비키군의 힘을 빌려 조선이 일제의 지배에서 해방된다 해도 그 승리의 공적을 한민족이 아니라 러시아/소련이 가져갈 공산이 크다는 점을 김구는 염려했던 것이다. 이는 구한말 조선/대한제국이 청의 종속에서 벗어나기 위해 일본군에 의존함으로써 결과적으로 일본에 나라를 빼앗긴 악몽을 되살리게 한다.

이런 사정을 염두에 둘 때 상해 임정의 활약에서 주목해야 할 대상은 김구를 위시한 정통 민족주의자보다 공산주의자들의 활동이 아닐 수 없다. 임정은 미주의 한인회를 통해 활동자금을 지원받기는 했지만 항상 쪼들렸다. 그러한 상황에서 이동휘는 심복 한형권을 모스크바에 보내 레닌에게서 독립자금을 얻어와 그 일부를 풀어 상해에서 국민대표회의를 소집한다. 물론 중심은 공산당이었지만 각양각색의 명칭을 내세운 여러 단체가 각지에서 모여들었다. 그런 의미에서 국민대표회의는 "잡종회雜種會"라 부를 만한 모임이었다. 공산당은 상해파이동휘, 이르쿠츠크파여운형 그리고 일본 유학생 중심의 ML파김준연 셋으로 나뉘어져 있었는데, 상해파 공산당과 이르쿠츠크파 공산당은 경쟁적으로 민족주의자 대표들을 분열시켜, 전자는 임시정부를 개조하자, 즉 부분적으로 고치자고 주장하고 후자는 임시정부를 창조, 즉 새로 만들자고 주장하였다. 국민대표회의에서 공산당 양 파가 서로 다투어 순진한 독립운동자들까지 양 공산당으로 갈라져 창조 또는 개

조를 주장하여 혼란에 빠지자 김구는 국민대표회의에 해산령을 내린다.[17]

임정에 참여한 공산당의 내부 분열은 통합적인 독립운동을 저해함으로써 결국 임정의 좌우합작 시도는 실패로 돌아갔다. 게다가 이에 그치지 않고 이후 공산주의 운동이 다양한 내용과 양상을 취하여 전개되는 과정에서 조선 공산주의자들이 이합집산하는 양태를 보이고 민족주의자들과 대립하게 되는 원인을 제공했으며 종국에는 해방 후 한반도의 분단을 야기하는 씨앗이 되었다. 그리고 그 중심과 배후에는 항상 '모스크바'가 자리하고 있었다.

국민대표회의가 실패로 끝난 뒤에도 상해에서는 '통일'이라는 미명 아래 공산주의 운동세력이 민족주의 운동가들에게 자기들의 정치노선에 따르라고 끊임없이 종용하였다. 특히 공산당 청년들은 예전처럼 양 계파로 나뉘어 상해의 민족주의 청년들을 포섭하는 네 혈안이 되어 "독립운동을 공산운동화하자!"고 절규했다. 그런데 레닌이 코민테른의 전략, 즉 '식민지운동에서 나라를 찾는 운동復國運動은 사회운동에 앞선다'라는 교시를 내세우자마자 조선의 공산당원들은 독립운동을 공산주의운동으로 전환하려는 시도를 포기하고 '독립운동을 공산당의 당시黨是로 주창'하였다.[18] 이러한 태도 변화에 민족주의자들이 찬동하면서 유일독립촉성회唯一獨立促成會가 결성된다. 하지만 내부에서는 여전히 공산당 양 계파의 다툼이 치열하여 민족주의자와 공산주의자의 통합이 진전을 이루지 못하였다. 이 과정

---

17 김구, 앞의 책, 2011, 312쪽.

18 조선공산당(朝鮮共産黨)은 1925년 4월에 창설되었는데, 그 시초는 코민테른 극동총국 소속의 꼬르뷰로(高麗局) 국내부(1923년 6월)였다. 꼬르뷰로 국내부는 화요회(火曜會, 김찬 중심)와 북성회(北星會, 김약수 중심)를 핵심 축으로 조선 공산당을 결성한다.(이균영, 「新幹會의 創立에 대하여」, 『한국사연구』 37집, 1982, 122~123쪽 참조)

에서 민족주의운동자들이 서서히 공산주의자들의 속임수를 깨닫게 되면서 유일독립촉성회는 해산되고 만다. 공산당의 참여와 분규로 민족세력 통합의 뜻을 이루지 못하게 된 임정은 순수한 민족주의자들을 중심으로 다시 세를 규합하여 한국독립당한독당을 조직한다.[19]

상해 임정이 자체적인 조직을 정비하던 당시 극동 아시아에는 1917년 러시아 혁명의 성공 이후 1920년 중국 공산당 창당, 1922년 소비에트 연방 창립으로 공산주의 세력이 전방위로 확장 일로에 있었다. 그런데 조선을 식민지로 삼은 일본은 대동아공영권을 기치로 내세워 만주로 군사력을 집중시키고 있었다. 남하하고자 하는 러시아/소련군 그리고 일제에 맞서고자 하는 중국 의용군은 일본군과 충돌할 수밖에 없었고, 일제에 맞서 싸우는 한국의 독립군은 일본군에 대항하여 중국의 의용군과 연합전선을 형성하고 러시아 / 소련의 재정적 지원을 받으면서 점차 親공산주의적 성격을 띠게 된다. 앞에서 이동휘와 김구의 대화에서도 나타나듯이, 독립자금 확보가 절실했던 임시정부뿐만 아니라 항일 무력투쟁을 수행하는 만주와 연해주의 한국 독립군에게 러시아 / 소련과 중국의 공산당이 제공하는 군사적 재정적 지원은 반드시 필요했다. 일본을 적대해야 한다는 점에서 러·중·한은 이해관계가 일치했던 것이다.

하지만 이러한 동아시아의 공산주의화 추세와 별개로 순전히 민족주의적 입장에서 독립운동을 수행하려는 임시정부의 핵심요인들은 한민족의 항일투쟁이 공산화되어가는 경향은 민족독립운동의 옳은 방향이 아니라고 여겨 찬동하지 않았다. 그리하여 민족독립운동의 맥을 잇는 임시정부

---

19 김구, 앞의 책, 2011, 313~314쪽.

는 공산당공산진영과 민족당민족진영의 잦은 충돌로 혼란에 빠져 존재의 의미 자체가 희미해졌다. 순수한 민족주의자를 중심으로 상해에서 결성된 한독당도 유명무실해졌으며, 임시정부도 인재와 재정의 궁핍으로 마침내 "무정부상태"에 빠지게 된다.[20] 이렇듯 항일 민족통일 단체 / 전선의 구성이 성공하느냐의 여부는 좌·우익의 합작 문제에 달려 있었는데, 한국 독립운동의 무력투쟁 세력이 당시 동아시아에 불같이 일어나던 신흥 공산주의 운동에 동조하지 않을 수 없는 실존적 조건에 처해 있었다는 사실이 좌·우익 대립의 근본원인으로 작용했다.[21] 그런데 좌·우익의 이러한 대립상은 비단 해외에서뿐만 아니라 피식민국 조선 내부에서도 빚어지고 있었다. 그 대표적인 예가 1927년에 결성된 신간회新幹會이다.

---

20 위의 책, 315~316쪽. 여기서 의문이 든다. 김구와 김규식을 비롯한 민족주의자들은 재정적 궁핍에 시달리면서도 왜 러시아와 중국의 지원을 받아 항일 무장투쟁을 수행하던 공산주의자들처럼 러시아 / 소련과 중국 공산당의 편에 서서 독립운동을 수행하지 않았을까? 그에 대한 답으로 여러 가지 가능성을 생각해 볼 수 있겠다. 그들이 '유산계급'에 속했기 때문일 가능성, 아니면 단순히 '외세'에 의존하기를 거부했기 때문일 가능성, 아니면 기독교와 서구정신을 접하면서 '자유'를 중심 가치로 삼았기 때문일 가능성 또는 제1차 세계대전 이후 국제질서가 재편되는 과정에서 미국과 영국을 비롯한 서구 연합국들의 자유민주주의를 세계사의 지배적인 흐름으로 판단하여 거기에 편승했을 가능성 등이다. 이 가운데 나는 후자의 두 가능성이 높다고 생각한다.

21 한민족의 숱한 애국지사들이 민족의 통합 / 통일된 의지를 모아 하나의 구심점을 마련하기 위해 고난에 찬 노력을 기울였지만 단일의 항일노선이나 민족전선을 구축하는 데 실패해온 경험은 이후의 한국 역사에 여전히 그 흔적을 남기고 있다. 해방 직후 분단과 한국전쟁을 거쳐 오늘날에 이르기까지 한국사회는 남북 관계뿐만 아니라 동서(영호남) 관계에서도 좌파와 우파의 정치적 이념의 대립구도에서 벗어나지 못하고 있다.

5. 신간회에서 민족주의자와 사회주의자의 대립과 파국

신간회는 '민족협동전선'이라는 기치 아래 비타협적 민족주의 세력과 사회주의 세력이 제휴하여 결성한 민족 단일당이다. 이상재초대 회장, 홍명희초대 부회장, 안재홍총무, 신채호, 신석우, 유억겸, 백관수, 이동욱, 장지영, 권동진, 명제세, 최익환, 한위건 등 34인이 발기인으로 참여했다. 신간회가 내세운 '정치 · 경제적 각성', '단결 공고' 그리고 '기회주의 배격'이라는 3대 강령에도 드러나듯이 처음부터 일제의 자치주의를 추종하는 우익 세력과 분명한 거리를 두었다. 창립 초기부터 안재홍 같은 온건주의자도 '민족 좌익전선' 또는 '민족주의 좌익전선'을 표방했다. 당시 '민족 좌익'이란 말은 '비타협적 민족주의 세력'을 가리켰다. 또한 '민족 좌익전선'은 '민족 우익단체'에 대비되는 용어이며, 사회주의 조직과도 구별되었다.[22] 민족 좌익전선은 동학운동에서 3 · 1운동에 이르기까지 민족의 피지배층과 하층민의 인권과 이익을 대변하고자 했다는 점에서 식민지 하 일제의 자치주의에 수긍하는 민족 우익 그리고 마르크스주의에 영향을 받은 사회주의자들과 구별된다. 결국 이들은 일본의 자치주의와 소련의 사회주의 사이에 위치한 세력이라 할 수 있다.[23]

신간회의 창립 발기인 및 간부 51명 가운데 『조선일보』 사장이상재과 부사장신석우을 비롯한 간부 9명이 포함될 만큼 『조선일보』는 신간회 출범을

---

22 한상구, 「1926~28년 민족주의 세력의 운동론과 新幹會」, 『한국사 연구』 86집, 1994, 160쪽.
23 이러한 사정은 '신간회'라는 명칭을 만들고, 좌익 민족주의를 대표한다고 할 수 있는 홍명희가 '신간회의 사명'이라는 제목으로 "대체 신간회의 나갈 길은 민족운동만으로 보면 가장 왼편 길이나 사회주의운동까지 겸(兼)치어 생각하면 중간 길이 될 것이다"라고 천명한 데서도 드러난다. (『현대평론』, 1927년 1월호)

주도했다. 당시 '민족 좌익전선'이라는 제하의『조선일보』사설 일부를
인용하면 다음과 같다.

> 조선에 있어서 해방전선의 분야를 보건대 사회운동자의 좌익에 나선 자들
> 이 사상적으로 전위부前衛部의 제1진을 맡아보는 것이지마는 전선戰線의 평면
> 적 배치에 있어서 그는 차라리 제2선에서 혹은 측면진지에서 주먹을 부비며
> 포화砲火를 준비하여 맹우盟友적 책동을 할 것이요, 그의 정면正面의 주력부에
> 는 민족좌익전선民族左翼戰線으로써 담당하게 하는 것이 도리어 마땅할 것이다.
> 조선의 경제적 사정이 어떠함에 불계하고 그의 현존한 정치적 제사정은 민족
> 좌익전선의 활동이 가장 대표적으로 나서야 하게 된 것은 길다란 이론적 근
> 거를 보이려고 애쓸 것까지 없이 만중萬衆의 직관이 이것을 엄중한 사실로서
> 가르쳐 준다.[24]

이렇듯 신간회는 사회주의자들이 투쟁의 전면에 나서는 것을 제한하고
있다. 그래서 신간회 내에서 민족주의자들은 사회주의자들과의 전격적인
결합을 처음부터 완곡하지만 분명하게 선을 긋고 있다. 이러한 결정은 미
국의 반공주의에 합세한 일본이 1925년 치안유지법을 공포하여 공개적
으로 공산주의자를 탄압하고 공산당 간부 권오설이 체포되는 등 당시 상
황을 감안하면, 사회주의 세력이 공개적으로 정치 투쟁을 하기에는 무리
가 따른다는 현실적이고 전략적인 판단이 작용했다고 보인다.[25]
　신간회의 결성 배경에는 당시 동아시아의 정세가 반영되었다는 점을 고

24　『조선일보』(사설), 민족좌익전선, 1927년 1월 23일 자(위의 글, 161쪽에서 재인용)
25　한상구, 앞의 책, 1994, 161쪽 참조.

려해야 한다. 민족단일당 또는 좌우합작이라는 신간회의 대의명분은 단순히 국내 사정만을 내세워 확보될 수 없었다. 중국 민족주의 계열의 국민당과 중국 사회주의 계열의 공산당이 일제에 대항하여 결성한 1차 국공합작1924~1927은 한반도에서도 민족주의와 사회주의가 입장의 차이를 넘어서 항일투쟁을 위해 단합해야 할 명분을 제공했다. 물론 중국의 이러한 움직임은 국제공산당코민테른의 영향을 받은 결과이다. 코민테른의 공산주의는 기본적으로는 특수한 민족 문제에서 독립한 보편적 인간애를 지향하지만 현실의 국제관계에서는 반反서구제국주의를 기치로 내걸었다. 따라서 중국과 한국도 일제에 대항하기 위해서는 사회주의운동을 민족주의운동과 결부시켜야 하며, 두 운동은 하나가 되어야 한다는 주장이 설득력을 지녔던 것이다.[26]

또 다른 배경으로 신간회의 결성에 적극적으로 가담한 재일 조선유학생들의 사회주의운동을 빠트릴 수 없다. 일본 유학생이었던 안광천安光泉은 1923년 김약수, 김종범, 송봉우, 변희용, 이여성 등이 동경에서 조직한 북성회의 국내 순회강연에서 자극을 받아 사회주의 사상 단체인 제사회第四會에 가입하여 사회주의 사상을 전파하고, 이듬해 일본으로 건너가 북성회에 가담하였다. 안광천은 1926년 4월 「정우회 선언」으로 사회주의 계열의 정우회正友會를 구성한 뒤, 1927년 2월 비타협적 민족주의 계열과 제휴

---

26 당시 소련은 미국과 일본에 맞서 동아시아에서 자신의 입지를 확장하기 위한 방편으로 특히 조선의 지정학적·전략적 의미에 주목하여 일제에 대항하는 조선의 공산주의 활동을 적극 지원하고 나섰다. "조선은 전략적 관점에서 일본 제국주의에 대단히 중요하다. 관동반도와 함께 조선은 아시아 대륙에서 일본 제국주의의 주된 배후지이며, 일본 군국주의는 여기서 소련과 중국 둘 다를 직접 타격할 수 있다. 다가오는 태평양 전쟁이 보다 임박해지면서 그만큼 조선의 경제적, 전략적 중요성이 커지고 있다."(코민테른 집행위(1928), 「12월 테제」, 이주영 편역, 『원문 사료로 읽는 한국 근대사』, 필맥, 2014, 300쪽)

하여 신간회를 결성하였다. 신간회의 사회주의 세력은 정우회화요회, 북풍회, 조선노동당, 무산자동맹회가 결속와 전진회前進會 : 서울 청년회로 구성되어 있었다. 안광천은 일본에서 간행한 『사상운동思想運動』 창간사에서 신간회 설립의 역사적·정치적 의의와 관련하여 이렇게 주창한다.

"동지들이여! 우리는 임은노예제賃銀奴隷制가 현대 모든 죄악의 유일 원천이며 또 민중사회운동은 그 요구가 얼마나 정당한 것과 그 성공이 얼마나 가능한 것을 알았노니, 우리는 다음과 같은 강령으로 최후까지 싸우려고 한다.

一, 대중본위大衆本位의 신사회新社會의 실현을 도圖함.

一, 모든 압박과 착취에 대하여 계급적, 성적性的, 민족적임을 불문하고 민중과 가치, 조직적으로 싸울 것.

一, 엄정한 이론을 천명하여 민중운동에 자공資供할 것.

동지들이여! 우리는 피등彼等 유한자有限者들, 유세자有勢者들이 그 착취의, 또 그 압제의 특권을 스스로 지키어 포기할 리가 만무하다는 것을 간파하였노니, 우리는 모든 타협을 거부하고 민중과 더불어 조직적으로 어디까지든지 돌진하려 한다.

동지들이여! 우리는 민족적 지위 관계로 우리에게 여러 가지 특수사정이 있는 것을 승인한다. 그러나 그 특수사정은 우리의 전책戰策에 조건 될지언정 우리의 주의主義에 조건 되지 못할 것이니 우리는 우리의 목표와 세계 무산계급의 그것 사이에는 하등 불일치가 없을 것을 주장한다.

동지들이여! 우리는 사회운동을 시적詩的 감격感激의 대상과 같이 생각하는 것을 배척하노니, 우리는 과학적 이론에 입각한 엄정한 비판의 파지把持를 주장한다.

동지들이여! 일월회一月會는 스스로 동지들의 전우로 처處코저 하노니, 서로 돕자! 서로 붙잡자! 그리하여 우리는 처처處處에서 사회적, 정치적 모든 부르주아적 현재와 싸우자!"[27]

이렇듯 안광천이 가입했던 북성회와 일월회는 마르크스의 유물사관에 따라 과학적 공산·사회주의 노선을 분명히 천명한다. 이들은 더 이상 '민족'을 투쟁의 중심이자 목표로 삼지 않는다. '민족'이 놓인 상황도 투쟁의 책략에 제한이 될지언정 투쟁의 이론에 제약이 되지는 않는다. 일본의 한인 공산주의자들은 철저한 마르크스주의 신봉자로서 이들이 천명한 공산·사회주의 정치노선은 조선 국내의 공산·사회주의자들과 연계함으로써 신간회가 초기에 표방한 온건적 성격에서 벗어나 '좌익' 민족전선으로 전환하는데 기폭제가 되었다.

소위 '좌우합작'의 성격을 띤 신간회가 거족적인 민족단일당으로 결성된 것은 겉으로 보이는 것처럼 쉬운 일이 아니었다. 신간회가 출현하기 직전 1920년 중반에 조선에는 2천여 개의 '사상운동단체'가 있었다.[28] 이렇게 민족운동의 갈래가 복잡하게 얽혀 있는 만큼 단일의 '민족협동전선'을 구축하기란 여간 어려운 일이 아니었다. 신간회가 결성되기 이전인 1922년 12월 조선청년연합회가 중심이 되어 일으킨 물산장려운동은 '조선 사람은 조선 것과 조선 사람이 만든 것만 먹고 입고 쓰자!'는 모토를 내걸었다. 그런데 이 운동의 주축세력은 운동의 필요 여부를 따지기보다 '누구

---

27 안광천, 「1925年 1月에 滿天下同志들에게」, 思想運動 一二月號 合大號, 朴慶植 編, 朝鮮問題 資料叢書, 第5卷 在日朝鮮人運動關係機關誌(해방전), 39쪽.(강조는 저자)
28 이균영, 「新幹會의 創立에 대하여」, 『한국사연구』 37집, 1982, 109쪽 참조.

를 위한 운동인가?'에 착안하면서, "민중은 민족 문제의 방향을 점차 노동운동이나 농민운동으로 전환"하기 시작하였고, 이러한 시대 조류에 발맞춰 민중운동이 사회주의운동과 합류하였다. 사회주의운동은 당연히 계급투쟁을 표방하였다. 이렇듯 "1920년대 초기의 노동운동은 민중의 궁핍에 대한 생존권 요구와 항일의식이 혼합되어 나타난 운동이었다".[29]

그런데 이렇게 좋은 뜻을 가진 사회주의운동 세력이 신간회 안에서 민족주의 진영에게 배척당하기에 이른다. 그 이유를 파악하기 위해서는 먼저 당시 신간회 내의 사회주의 세력이 지속적으로 코민테른의 영향을 받았다는 점을 고려해야 한다. 1928년 코민테른 집행부의 12월 테제는 구체적으로 '신간회'를 언급하면서 투쟁의 기치를 한껏 높이기를 요구했다. "조선 공산주의자들은 공장노동자와 아직 경작을 포기하지 않은 빈농을 당으로 끌어들이는 데 최선을 다해야 한다. (…중략…) 보나 집중적인 작업이 노동자·농민조직 안에서, 그리고 오래 됐거나 새로운 민족혁명적 대중조직—그 중 일부는 신간회·형평사·천도교 같은 半종교적 결사들이다—안에서 이루어져야 한다. 공산주의자는 이런 조직들에서 고투하는 사람들을 지지하는 투쟁을 벌이면서 민족개량주의나 기타 기회주의적 지도자들의 소극적이거나 우유부단한 태도를 폭로해야 한다."[30]

당시 대부분의 조선인에게 낯설었던 공산주의 또는 사회주의라는 정치이념은 지식인층의 전유물이었지만 그들이 내세우는 노동자·농민해방과

---

29 위의 글, 112~113쪽. 1920년 동경에서 창립된 사회주의 단체인 조선고학생동우회(朝鮮苦學生同友會)는 1922년 2월 『조선일보』에 발표한 '동우회선언(同友會宣言)'에서 동우회(同友會)가 노동대학의 설립과 노동운동의 전개를 통한 '한국 내 최초의 직접적인 계급투쟁 기관'이라고 선언한다.

30 코민테른 집행위(1928), 앞의 글, 305~306쪽.

민족해방독립은 가난 속에서 핍박받던 하층민들에게 초기 조선 기독교의 '가난한 자를 위한 복음'처럼 '희망의 빛'으로 다가왔다. 그러나 민족주의 진영, 특히 좌익非妥協적 민족주의자들은 민족의 주체성을 강조하여 외국에서 들어온 마르크스주의를 쉽사리 수용하려 하지 않았다. 일제의 치안유지법1925으로 공산주의자들이 대거 체포된 후 창립된 조선사정연구회朝鮮事情研究會에는 안재홍, 홍명희, 백남운, 백관수, 최두선, 유억겸, 김기린, 김준연 등이 참여하였는데, 이들은 연구회 창립 성명에서 "극단한 공산주의를 주장하여 외국의 제도·문물·학설과 같은 것을 곧 채택하여 통용·실시하려는 것과 같이 과격한 주장을 하는 사람이 있어도 조선에서는 조선의 역사가 있고 독특한 민족성이 있어, 이런 것은 조선민족을 자멸로 이끄는 것이므로 능히 그 가부可否를 연구하여 장점을 뽑아 민족정신의 보지保持에 노력하지 않으면 안 된다"고 밝힌다.

조선사정연구회는 신채호의 '조선혁명선언'을 바탕으로 노선의 기본방향을 설정하였는데, 좌익 민족주의는 민족의 역사와 문화를 근간으로 그 안에서 조선민족이 독립하고 갱생할 수 있는 근거를 찾는다고 할 때, 그 입장에서 보면 공산주의·사회주의 같은 '외래 것'은 그 장점, 이를테면 '하층민의 이익 대변'을 살릴 수는 있겠지만 이는 어디까지나 '민족정신의 보전'이라는 목표에 그칠 뿐 그 이상은 아니게 된다. 이러한 민족주의적 태도는 구한말에서 일제 초기에 이르는 시기 신채호, 박은식, 장지연 등의 개혁적 민족주의자들이 한민족의 역사와 문화 속에서 민족의 자부심과 자긍심을 확보하려 했을 뿐만 아니라 민족의 독립도 외국서구에서 수입한 정신이 아니라 민족 내부에서 형성된 저항 정신의 저력에서 찾으려 했다는 사실과 관련된다. 조선사정연구회 회원의 대부분이 신간회에 참여했다는 점을 고려할 때, 신간회의 핵심세력은 민족주의를 근간으로 한 비타협주의자들로서 이들은 민족이 처한 차별과 궁핍의 현실을 타개할 방편을 타민족의 이념이 아니라 자민족의 정신에서 찾고자 했다는 점에서 신간회의 사회주의자들과 달랐으며, 이러한 사정은 신간회가 민족협동동맹이나 좌우합작의 시도로 평가받으면서도 결국 해체의 길을 걷게 되는 내부적 원인이 된다.

하지만 신간회를 둘러싼 바깥 사정도 신간회 해체에 크게 한몫했다. 1927년 12월 말 신간회 지회는 전국적으로 100개가 넘을 만큼 겉으로는 외세를 확장했으나, 그럴수록 내부에서는 우려와 경계의 목소리도 적지 않았다. 신간회 결성 이전 치안유지법에 따라 공산주의자들을 체포한 총독부가 이후에도 민족운동을 전면적으로 제압하는 정책을 펼치자 유동적인 동아시아 정세 속에서 탄생한 신간회는 운동의 성격에 변화를 주어야한다는 요구에 직면한다. "미숙련한 민중으로 더불어 급조한 출전出戰을 생각하는 것보다는, 오히려 자중불발自重不發하여서 그 자체의 견실한 생장을 기하는 데 있는 것이다. 형세가 확실히 적敵의 측에 유리함을 보고 오히려 더욱 나아가기 위한 후퇴를 하지 않는 것은 죄악이라고 하지 아니하였는가."[31] 신간회가 활성화되는 것이 민족운동 내부에서는 반길 일이었으나, 거꾸로 해석하면 총독부의 감시의 눈에 노출될 위험성이 더 커진 셈이다. 따라서 신간회가 합법적인 단체로서 민족운동을 지속하기 위해서는 공산 / 사회주의적인 요소를 감소시킬 필요가 있었다. 이러한 전략은 결국 기존의 비타협적 민족주의자 중심의 신간회에 타협적 민족주의자들의

---

31 『조선일보』(시평), 1927년 12월 2일 자, 악법문제(한상구, 앞의 글 (1994), 179쪽에서 재인용)

합류를 권유해야 하는 양상으로 나타난다. 신간회가 처음부터 거부했던 자치론자들과 기회주의적 민족주의자들이 신간회에 들어오면서 신간회는 비타협적 정치투쟁의 명분을 잃게 되기에 이른다.

요컨대, 민족주의와 사회주의는 '민족해방'이라는 명분과 목표 아래에서는 하나일 수 있었으나, 목표를 달성하기 위한 이념과 방법에서 차이를 보였다. 지향하는 이념의 성향에 따라 극좌, 좌, 우, 극우로 나눌 경우, 각각은 공산사회주의자, 비타협적 민족주의자, 타협적 민족주의자자치파, 친일파에 해당한다고 볼 수 있다. 그런데 신간회는 처음에는 앞의 두 세력을 중심으로 출발하였으나 점차 운동의 현실성이 문제가 되자 상대적으로 총독부의 감시를 덜 받고 합법적인 성격을 띤 세 번째 세력이 가세하면서 급격히 혼란에 빠진다. 일제에 대한 비타협적 투쟁을 기치로 삼았지만 현실의 신간회는 장애물을 만나면서 점차 타협적 투쟁으로 성격이 바뀌게 된다.[32]

1927년 말과 1928년 초에 타협적 민족주의자인 조만식과 송진우가 각각 신간회 평양지회장과 경성지회장을 맡으면서 신간회에는 비타협주의자와 타협주의자의 합류가 형성된다. 그리하여 타협과 비타협의 경계가 조금씩 허물어지다가, 일본 본국의 선거에서 자유주의 정당인 정우회政友會가 사회주의 정당인 민정당民政黨에 승리하면서 식민지 조선의 사회주의 세력에 대한 탄압의 강도는 더욱 강화되었다. 그러면서 자연스럽게 신간회 내부의 사회주의 세력은 2선으로 밀려나고 민족주의 세력이 1선에 들어서

---

[32] 이 과정에서 신간회에 대비되는 이광수, 주요한, 조병옥을 중심으로 구성된 수양동우회(修養同友會)의 활동에 주목할 필요가 있다. 그들은 수양동우회를 민족운동을 위한 합법적인 정치단체로 만들려 시도했는데, 당시 인도(印度)가 비타협적 운동 대신에 타협적인 자주를 주장하여 영국에서 자치를 허락받은 사례를 모범으로 삼아, 일제의 탄압에 비타협적으로 항거하기 보다는 현실의 세(勢)를 인정하여 타협을 통한 자치의 길을 모색하고자 하였다.

면서 신간회의 본래 목적인 비타협적 민족운동은 그 빛을 잃게 된다.[33]

　1920년대 후반 국내 최초의 좌우합작 단체로 출발했던 신간회는 일제의 탄압을 피하기 위해 비타협적 민족주의 중심으로 민족해방 투쟁을 전개하려던 애초의 방향을 수정하여 타협적 민족주의와 제휴하면서 오히려 그들에게 주도권을 넘겨주게 되어 결국 뜻을 이루지 못하고 1931년에 해산한다. 크게 보면 좌익 민족주의 세력의 이상주의가 우익 민족주의 세력의 현실주의에 밀리면서 비합법적인 경로로 자구책을 모색했지만 실패하고 만 것이다. 이러한 사정은 당시 동아시아 정세를 감안할 때 궁극적으로 일본의 우파 정권이 미국의 대소對蘇 정책에서 우선으로 내건 '반공'의 기치를 공유한 데서 비롯한 필연적인 결과라 할 수 있다. 이러한 세계정세의 일환으로 식민지 조선에서 공산·사회주의는 그 존립기반을 확보하기 어려웠고, 그로 인해 이들 단체들은 지하에서 활동을 이어갈 수밖에 없게 되었다.

6. 조선 지식인사회의 사회주의화

　그렇지만 신간회의 실패와 무관하게 1920년대 식민지 조선사회는 한국 근대사의 분수령을 이루는 중대한 의미를 갖는다. 그때 이후 한국의 지식인 사회에 공산주의가 본격적으로 소개되고 공산주의자가 프롤레타리아트인 노동자·농민의 삶에 실질적으로 침투하기 시작했기 때문이다. 일제에 점령된 한반도를 떠나 만주와 연해주에서 독립운동을 펼치던 많은 단

---

[33]　한상구, 앞의 글, 166~181쪽 참조.

체의 일원들은 민족운동과 계급운동을 동일선상에서 파악하는 레닌-스탈린 주의의 정치적 입장을 공유하고 또 러시아 / 소련의 재정적 지원을 받아 국내에 들어와 정치 단체를 꾸려 활동하면서 당시 핍박받던 조선 인민의 입장을 대변한다는 명분으로 이들에게 해방투쟁을 종용하였다.[34]

식민지 조선사회의 '근대'를 추진시킨 원동력의 한 축이 '사회주의'라는 점은 의문의 여지가 없을 것이다. 사회주의는 서구에서 출현했지만 러시아 혁명에서 꽃을 피워 한반도로 유입된 근대 정치경제사상으로서, 당시 일제에 저항하던 한국의 민족주의와 결합하든 아니면 독자적으로든 조선의 독립운동가뿐만 아니라 지식인에게 엄청난 파장을 일으켰다. 유산계급의 착취로부터 무산계급을 해방시킨다는 사회주의의 목표와 일본 제국주의의 압제와 수탈에서 민족을 해방시킨다는 민족주의의 목표가 상호 친화력을 가지면서 '모스크바'는 조선의 좌파 민족주의자들이 물리적으로 의지할 뿐만 아니라 정치적 활동의 정당성을 획득하는 근거지로 작용하였다. 더구나 국제공산당코민테른을 결성하면서 제3 세계로 세력을 확장하던 러시아가 동아시아에 진출하는 데 가장 큰 걸림돌은 러시아와 마찬가지로 대륙 진출을 꾀하던 일본이었기 때문에 러시아는 일본을 공동의 적으로 두고 있는 조선의 동지인 셈이었다.

1920년대 초 국내의 공산주의 세력은 크고 작은 형태의 청년단체를 구

---

34 "공산주의는 식민지 민족의 해방을 약속하는 운동으로서 극동에 출현했고, 이것만으로 수많은 애국자를 감동시킬 수 있었다. 게다가 러시아 공산주의자들은 (…중략…) 자금, 무기, 기술적 지원 등 물질적 원조도 제공했다. 그들은 나라를 빼앗긴 채 일본 제국주의에 의해 세계에 내동댕이쳐진 인민들과 동맹을 맺었다. 더구나 공산주의는 식민지 해방을 넘어선 그 무엇, 즉 인간의 해방을 약속했다. 공산주의는 극적인 변화를 바라는 사람들의 열망을 충족시켰고 상당수의 한국인, 특히 소지식인 출신들이 바로 이러한 범주에 속했다."(스칼라피노·이정식, 앞의 책, 2015, 151쪽)

성하여 분열된 양상을 보이다가, 1922년 10월 서울청년회가 경성콤그룹^{김사국, 이영, 김영만 등}을 결성하고, 1924년 11월 19일 청년지식인 전위단체인 신사상연구회를 중심으로 화요회^{火曜會 : 김찬, 김재봉, 조봉암, 김단야, 박헌영, 임원근 등}가 조직되었으며, 재일 한인 사회주의 단체인 북성회^{나중에 一月會로 명칭 변경}의 국내지부로 1924년 11월 25일 북풍회^{北風會 : 김약수, 정운해, 박열 등}가 서울에 조직된다. 이후 1925년 4월 17일에 화요회와 북풍회의 핵심인물들을 중심으로 조선공산당^{김약수, 김재봉, 조봉암, 김찬 등}이 결성되고, 같은 해 4월 18일에 조선공산당 산하 단체인 고려공산청년회^{박헌영, 조봉암, 김단야 등}가 조직된다.

그런데 1925년 11월 소위 신의주사건으로 공산주의 지도자들이 대대적으로 검거되면서 1차 조선공산당은 해체되고, 같은 해12월에 서울에서 2차 조선공산당^{강달영당}이 재조직되었으나 1926년 6·10 만세운동의 주도 계획이 누설되면서 강제 해산된 뒤, 1926년 12월 재일 사회주의 유학생 단체 일월회의 간부 안광천과 하필원 등이 국내에 들어와 정우회 선언을 하면서 3차 조선공산당^{ML당}이 재건된다. 조선의 공산주의자에 대한 일제의 추적이 강화되어 1928년 2월 김철수, 김준연 등의 핵심인물이 검거되면서 3차 조공 역시 해체되고, 1928년 7월 3차 조공사건 때 검거되지 않은 안광천과 한위건 등이 서울에서 4차 조선공산당을 조직했으나 곧 체포된다. 이후 여러 차례 당 재건의 시도가 있었으나 실패하고, 박헌영의 경성콤그룹만이 지하에 숨어 활동하다가 해방을 맞는다.

조선공산당의 수난사라 할 수 있는 일제하 조선 공산주의자들의 활동상을 이해하기 위해서는 당시 조선의 공산주의운동에 대한 일제의 탄압이라는 측면 못지않게 공산주의자들 간의 파벌 싸움과 조선공산당에 대한 코민테른의 승인 문제에 주목해야 한다.[35] 공산주의자들 간의 파벌싸움은 공산주의 운동의 정통성을 둘러싸고 일어났는데, 이 정통성은 실질적으로 조선의 내부가 아니라 모스크바코민테른에 의해 확보된다는 사실이 중요하다. 대표적으로 3차 조공에서 요직을 차지하지 못한 서울파는 3차 조공을 주도한 재일 유학생 중심의 일월회에 대해 "도쿄에서 귀국한 유학생들이 한국사회의 현상에 대해 아무런 구체적 지식도 갖지 못한 채 추상적인 이론만 숭배하는 먹물들"이라 비난하고, 이에 맞서 일월회 측은 서울파를 향해 "이론적인 면에서 마르크스-레닌주의를 전혀 이해하지 못하고 있으며 따라서 공산주의운동을 주도할 자격을 갖추고 있지 못하다"고 비판한다.[36] 여기서 '민족이 처한 구체적인 현실의 파악'과 '공산주의 이론의 이해'는 조선의 공산주의자가 갖춰야 할 덕목이라는 사실을 알게 된다. 이 요소는 차후에 공산당 집권의 정당성을 확보하기 위한 근거로 사용된다.

조선공산당의 정당성 근거는 조선의 공산주의자들 내부가 아니라 코민테른의 중심지인 모스크바에서 주어진다. 이는 마치 조선과 일본이 과거에 왕위 계승과 세자 책봉을 중국의 조정에서 승인받던 것과 다를 바 없다. 예를 들어, 3차 조공에서 배제된 서울파의 이영은 1927년 12월 21일 서울파 지방대표들을 소집하여 조선공산당을 조직하면서 책임비서로 선출된 뒤 "코민테른의 승인을 얻기 위해 즉각 모스크바로 출발"했으나, 코민테른의 승인을 받지 못하고, 결국 1928년 2월에 당원 다수가 검거되면서 서울파의 시도는 실패로 돌아갔다.[37]

---

35 여기서 '파벌싸움'을 스칼라피노·이정식은 "한국인의 생활 속에 있는 파벌성"에서 기인하는 면이 있다고 설명하면서, 이러한 파벌성은 "북한에 공산주의사회가 확립된 뒤에도 마르크스-레닌주의가 직면한 중요한 문제의 하나로 끈질기게 남아 있다"고 평가한다.(스칼라피노·이정식, 앞의 책, 2015, 152쪽)

36 위의 책, 183쪽.

37 위의 책, 184쪽.

그렇다면 1920년대 조선의 지식인들은 왜 공산·사회주의에 기울었을까? 의식있는 민족 지도자들 대다수가 왜 공산·사회주의를 민족 살리기의 기치로 삼았을까? 그 이유는 사회주의가 민족의 '공공성publicity'을 담보한다고 믿었기 때문이다. 민족의 공공성이란 민족의 공적인 이익을 추구하는 성향을 뜻한다. 좌익 민족주의자들은 일제에게 핍박받고 착취당하는 조선 민족을 살린다는 목표가 공산·사회주의의 프롤레타리아 혁명을 통하여 달성될 수 있다고 보았다. 그래서 그들은 민족주의가 곧 공공성을 위한 공동선共同善이라고 생각하였다.[38] 민족의 이익을 도모하는 이념과 행위를 공공의 목표로 설정할 때 민족주의와 사회주의는 상호 친화성을 띠고 동행할 수 있게 된다. 이러한 시각을 대변하는 대표적인 인물로 여운형을 꼽을 수 있다.

여운형은 1920년 5월 상해의 고려공산당에 가입한 이후 러시아와 중국 공산당의 지원을 받아 조선 독립운동에 관여하다 1929년 7월 일본 경찰에 체포된다. 이후 여운형이 신문과정에서 행한 다음의 진술은 그 자신뿐만 아니라 당시 민족주의자들이 왜 사회주의로 기울었는지를 단적으로 보여준다. 계급운동에 관계하게 된 전말을 상세히 진술하라는 신문에 그는 이렇게 답한다. "나는 계급이라든가 당파 등을 위해 독립운동을 한 것이 아니고 오로지 조선민족의 행복을 위하여 한 것이기 때문에 내가 공산운동에 참가한 것도 조선독립의 편의상에서 출발한 것이오." 또한 그가 참여한 고려공산당의 목적이 무엇이냐는 질문에 여운형은 이렇게 말

---

[38] 이러한 주장은 오늘날 한국의 좌파 민족주의자들도 공유하고 있다고 보인다. 전우용은 일제의 근대화 과정에서 "민족이라는 이름이 전면에 등장하면서 공공성을 창출"했다고 설명하면서 "민족이라는 것이 곧 공공의 실체"라고 주장한다.(윤해동 외, 「토론마당─한국 민족주의의 재검토」, 『역사문제연구』 제5호, 2000, 223쪽)

한다. "당시는 공산주의에 대한 연구도 충분히 되어 있지 않았고 유치한 시대였기 때문에 선언서의 발표도 없고 따로 확실한 강령목적도 정해졌을 리가 없었지만, 그 당은 조선에 공산적 사회를 창설하고 제3 인터내셔널에 가입하는 것을 목적으로 했으며, 동시에 조선독립의 운동이 목적이었소."[39] 여운형이 공산주의운동에 처음 관여하게 된 이유는 '조선독립의 편의상'이었다. 빼앗긴 나라의 독립을 위해 공산주의 이념이 더 부합했을 뿐만 아니라 당시 코민테른은 다른 서구 국가들과는 달리 조선의 독립운동에 물질적인 지원을 아끼지 않았기 때문이다. 이렇듯 1920년대 민족 지식인들은 처음에는 민족독립운동을 위해 공산·사회주의 이념을 이용했다고 할 수 있다.

일제 식민지하 공산·사회주의 사상의 전파는 정치 영역에만 한정되지 않았다. 사회주의 사상은 문학과 예술 그리고 철학 분야를 포함한 조선 지성계 전반에 깊숙이 침투하였다. 1925년 조선 프롤레타리아 예술동맹KAPF : Korea Artista Proleta Federatio의 결성은 획기적이었다. 이 조직에는 대표적으로 박영희, 김기진, 최서해, 조명희, 한설야, 안필승 등의 소설가와 임화, 박팔양, 유완희, 이상화 등의 시인이 소속되어, 마르크스-레닌주의의 관점에서 '힘없는 사람들'의 이익을 대변하는 좌익 성향의 작품을 생산하였다.[40] 소위 '프로 문학'으로 불리는 이들의 문예활동은 1927년 이후 더욱 좌경화되었는데, 여기에는 당시 일본 공산당의 이론적 토대를 제공한 일본 마르크스-레닌주의의 교조 후쿠모토 가즈오福本和夫의 영향이 지대했다.

---

[39] 呂運亨訊問調書, 1929년 7월 10일 진술, 370쪽(이정식, 『夢陽 여운형』, 서울대 출판부, 2008, 267~268쪽에서 재인용).
[40] 한설야는 해방 후 『김일성 장군』(1946년, 평양)이란 책을 펴내기도 했다.

후쿠모토의 공산주의는 내셔널리즘과 결합하여 일본의 공산주의자들에게 후쿠모토주의福本主義라 불리며 추앙받았는데, 그의 사상적 권위는 당 지도의 공식적 권위를 획득하였을뿐더러 그의 발언은 단순히 이론의 수준을 넘어 사람들이 따라야 할 운동의 지침이 되었다. 후쿠모토주의의 좌익운동은 1926년 말에서 1927년 봄에 걸쳐 전성기를 맞았는데, 이때 행해진 공산당재건대회에서 그는 '우리는 자신을 전 무산계급의 정치행동 의식으로까지 고양시켜 이를 바탕으로 비로소 가장 광범위한 전 무산계급정치투쟁의 현실적 구체적 필연적 형태를 취할 수 있게 된다'고 선언한다. 여기서 그는 노동조합이 마르크스-레닌 정치투쟁의 전위부대로 나설 것도 천명한다.[41]

일본 내에서의 활발한 좌익운동에 영향을 받은 재일 조선 유학생들이 좌익 이론뿐만 아니라 이론의 현실적 적용까지도 조선 문화 예술계 전반에 전파함으로써 당시 일본 지식인 집단에서 우세하던 공산주의 사상은 식민지 조선에서 KAPF와 같은 좌익문학의 영역을 넘어 연극, 영화 그리고 미술에 이르기까지 폭넓게 세력을 펼쳐나갔다. 그러나 KAPF는 초반의 기세와 달리 일본 경찰의 감시와 탄압을 이기지 못하여 쇠퇴하다가 1930년 봄에 임화, 안필승 등 동경에 있던 과격파의 주장에 따라 공산당 조직을 모델로 삼아 담당기능과 사업분야 별 부서로 나뉘어 재편되었으나, 1931년 안필승이 검거되고 곧 이어 김기진이 검거되면서 쇠락의 길로 들어서게 된다. 당시 일본에게 공산주의자는 자국의 보수 세력에 대해서 뿐만 아니라 소련과 대치하고 있는 우방국 미국의 적대 세력이기도 해서 일

---

41 후지이 다케시, 「후쿠모토주의의 형성-1926년의 좌익 정치운동」, 『역사연구』 17호, 2007, 177~179쪽 참조.

본 경찰은 본국은 물론 식민지 조선의 공산주의 세력 척결에 총력을 기울이고 있었다.

그러나 조선의 좌익 지식인들이 식민지 조선 사회 전반에 광범위하게 영향을 미쳤다고 볼 수는 없다. 위에서 언급한 인물들 가운데 몇몇이 쓴 소설과 시가 중학생과 전문학교 학생 그리고 대학생에게 널리 읽히기는 했지만, 대다수의 보통 사람들에게 미친 영향은 미미했다. 무엇보다도 계급문학이 표방하는 진보성이 사회주의적 근대성을 지시할 뿐 근대성 일반을 포괄하지는 못하여, 당시의 대중들에게 크게 호응을 받지는 못하였다. 이에 대해 임화는 "계급으로서 유약幼弱한 조선의 시민은 신新문학의 진보성을 철저히 추진하지 못하였다."고 진단한다.[42] 하지만 조선 시민이 계급의식으로 무장되어 있지 않았기 때문에 계급문학을 추종하지 않았다는 임화의 진단은 당시의 현실을 지나치게 자신들의 이념 위주로 규정한 데서 비롯된 착오라 할 수 있다.

또한 KAPF를 포함하여 좌익 문화운동에 참여한 지식인들의 사회경제적 배경이 대부분 부르주아와 소부르주아였으며, "농민의 빈곤문제에 대한 관심에서가 아니라 농민운동에 종사하던 중 받은 자극" 때문에 공산주의 운동에 가담하게 되었다는 사실도 대중에 대한 그들의 영향력을 약화시키는 요인으로 작용했다. 좌익 지식인의 대다수가 '문제의식'이 아니라 집단적 교제 과정에서 감정적으로 공산주의에 찬동하여 당에 가입했던 것이다.[43] 이렇게 볼 때 식민지 조선의 공산주의 운동은 결국 부르주아 민족주

---

[42] 위의 글, 34쪽.

[43] 스칼라피노·이정식, 앞의 책, 2015, 233~241쪽 참조. 최서해의 단편 「탈출기」는 일제의 압제를 피해 북간도로 이주한 조선인 '박군'이 어머니와 아내와 함께 빈곤에 시달리다 결국 자신이 "어떤 험악한 제도의 희생자"로 살아 왔다는 사실을 깨달으면서 가출하여 공산주의

의 운동으로 평가할 수 있으며, 이는 곧 식민지 조선의 일반인 대부분이 좌익 지식인들의 영향력이 미치는 범위 밖에서 자신들의 식민지적 일상 또는 일제가 제공한 식민지적 근대의 삶을 살아가고 있었다는 사실을 방증한다.

7. 일제의 친미·반소 정책이 한국 민족주의운동에 끼친 영향

일제 식민지기에 공산당 검거사건이 5차에 걸쳐 진행되었다는 사실은 공산·사회주의적 민족해방운동의 좌절이라는 측면에서만 볼 수 없다. 1922년 소비에트 연방공화국이 건립되면서 세계사적으로 미·소 대립체제가 본격적으로 가동되어 동아시아도 그 영향에서 비껴갈 수 없었는데, 특히 한반도는 일본의 식민지라는 특수한 정치적 여건 속에서 일본의 제국주의적 목표와 한민족의 독립해방이라는 목표가 충돌하였다. 이러한 상황에서 조선의 독립운동을 무산자계급인 식민지 민족의 해방전쟁과 동일시하여 러시아 / 소련이 이를 지원하고 나서자, 당시 일본 국내에서 활성화되고 있던 공산주의 정당을 누르고 집권한 친미적인 자유주의 정권의 영향 아래 조선 총독부의 반反공산주의적 정책이 강화되면서, 결국 한반

단체에 가입하게 되는데 따른 심리적 과정을 그린다.(최서해(1926), 「탈출기」, 『20세기 한국소설』 04, 창작과비평사, 2005, 24쪽) 그러나 이는 당시 KAPF 작가들이 자신들의 공산주의 이론을 소설의 스토리 구성에 적용한 허구일 가능성이 크다. 이 소설에 따르면, 박군은 마르크스가 말하는 '허위의식(false consciousness)'에서 벗어나 '참된 의식(true consciousness)'으로 이행한 셈인데, 이러한 경우가 사실이라 해도 현실에서는 극히 드물었다는 것이 스칼라피노·이정식의 평가이다. 가난이 개인의 성실성 문제가 아니라 사회제도의 모순에서 기인하는 문제라는 의식이 생겨날 만큼 당시 농민들의 의식은 근대적이지 않았기 때문이다. 그런 점에서 「탈출기」는 부르주아적 사회주의자인 최서해가 자신을 소설 속 인물로 투사하여 '당위적인 현실'을 가공해낸 결과라고 볼 수 있다.

도는 공산·사회주의 소련과 자본·자유주의 미국이 대리전을 펼치는 공간으로 화하고 있었다.

이 사실이 중요한 이유는 한국의 현대사에서 표면화된 좌익과 우익의 대립은 해방 후부터가 아니라 이미 일제 식민지기 1920년대에 시작되었으며, 그 배후에는 소련의 공산주의 이념과 미국의 자유주의 이념이 당시 세계사의 대세로 작용하고 있었다는 사실에 주목해야 하기 때문이다. 당시 반공反共의 주체가 겉으로는 일본이었지만 내부적으로 일본의 정책에 타협적이었던 민족주의 세력도 엄밀히 따지면 반공주의자라 할 수 있고, 1920년대 민족운동 세력 간의 이념적 분열과 대립상은 식민지기를 넘어 해방 후 미군정기 그리고 정부수립기에 이르기까지 한국의 '민족 문제' 해결이 파행을 면치 못하게 되는 원천이 된다. 앞에서 언급한 타협적 민족주의 세력과 비타협적 민족주의 세력은 당시 세계사의 흐름에서 볼 때, 결과적으로 각각 친미 경향과 친소 경향으로 분류할 수 있고, 이들의 활동이 이후 한반도 정치의 풍향계 역할을 수행했기 때문이다.

물론 김구와 이승만 등 해외 독립운동가들의 활동을 이러한 국내의 흐름에 끼어 맞추기는 어렵지만 그들의 민족독립운동이 만주와 연해주의 사회주의적 독립운동과 구별된다는 점을 고려하면, 그들이 원칙적으로 일제의 강압적인 조선 지배에 항거했다 해도 그들이 지향한 정책의 노선은 이념의 측면에서 볼 때 식민지 조선에서 특히 미국 선교사들이 파종하기 시작한 정치적 자유민주주의와 경제적 자본주의의 원칙과 어긋나지는 않았다. 이러한 사실은 이승만의 경우 미군정기의 반공 정책에 찬성하고 정부 수립 후 반민특위에 대해 비협조적인 태도를 보인 것과 밀접히 연관된다.

여기서 김구나 이승만과는 정치적 노선을 달리한 조선 좌익의 선봉장 박헌영의 행로에 주목하지 않을 수 없다. 그는 경성 콤그룹의 리더로서 1928년 4차 조선공산당 검거사건 당시 지하로 잠입하여 조선 공산주의운 동의 꺼지지 않는 불씨가 된다. 이 불씨는 차후 1945년 8월 20일 조선공 산당 재건 그리고 1946년 11월 23일 남조선노동당의 설립을 통해 되살 아남으로써 이후 한국의 근대정치가 '좌익'이데올로기와 지난한 싸움에 진입하게 되는 토대를 제공한다.

제6장
식민지기 조선인의 일상과 근대적 태도의 습득

1. '민족'에서 '일상'으로

식민지 조선사회가 '저항독립운동'이나 '근대화실력양성'를 통하여 '민족'이 집단적으로 겪는 위기를 극복하려는 좌파와 우파의 민족주의 활동과는 별개로 식민지 조선의 일상은 일본이 들여온 서구 근대를 묵묵히 '경험'하고 있었다. 이 상황에 대한 이해와 관련하여 1990년대 중반 국사학계에 '식민지 근대화론'과 구별되는 의미로 '식민지 근대성론'의 출현은 근대 한국 연구의 지형 변화를 예고하는 변곡점이라 할 수 있다.[1] 이 시각에 따르면, 식민지기 조선사회는 '식민지'라는 제국주의적 세계사의 보편적 경험을 공유하면서 동시에 '일제에 의한 식민지 근대'라는 특수한 역사적 경험을 고려해야만 그 실상이 제대로 파악될 수 있다는 것이다.

식민지 근대성론은 "기존의 민족주의 서사에 가리어 등장하지 못했던

---

[1] 이 시도의 대표적 인물은 윤해동이다. 그는 '식민지 회색지대'라는 새로운 개념을 제기하여 종래에 '수탈-저항'(저항 민족주의) 또는 '수탈(지배)-개발'(근대화)이라는 "이항대립의 도식 속에서 말소되어버린 식민지하의 일상생활이 작동하는 광범위한 지대"를 발굴한다. (윤해동, 『식민지 근대의 패러독스』, 휴머니스트, 2007, 55쪽)

다양한 민중의 일상적 전술과 삶의 방식"을 새롭게 조명하기 시작하였다.[2] 식민지 근대의 실체적 특성을 파악하기 위해서는 '민족'과 '국가'라는 변수 이외에 '일상'이라는 변수가 추가되어야 한다는 것이다. 식민지 조선에서 '일상'은 '근대성'과 떼어놓고 생각할 수 없다. '민족'을 축으로 한 거대 담론에서 벗어나 '일상'에 초점을 맞춘 미시담론에 주목함으로써 일제의 억압과 수탈에 대한 저항에만 초점을 맞춘 기존의 민족주의적 접근이 놓치고 있는 식민지 조선인들의 일상적인 삶의 모습에 확대경을 댄다.[3] 그리하여 '식민지에서 조선인은 구체적으로 어떤 삶을 살았나?'하는 문제의식 속에서 다양한 분야와 콘텐츠에 대한 연구 성과가 출현하였다.[4]

식민지 근대성론이 발굴한 '일상'으로서의 '식민지 회색지대'는 하버마스가 체계System에 대비하여 제시하는 넓은 의미의 생활세계Lebenswelt 성격을 띤다고 볼 수 있다. 물론 식민지 회색지대에는 '식민지'라는 단서가 붙어 있어 양자를 평면적으로 비교하기에는 다소 무리가 따르지만, 크게

---

2   주윤정, 「일상생활 연구와 식민주의」, 『식민지의 일상 – 지배와 균열』, 문화과학사, 2006, 102쪽.

3   식민지 근대성론이 발굴한 '일상'은 '피식민지 민족' 이전에 '인간'으로서 식민지시기 보통의 조선 사람들이 보인 행태에 주목한다. 이러한 시도의 대표적인 사례는 어느 분야보다 문학작품에서 확인할 수 있다. 예를 들어 박완서의 3부작 소설 가운데 1부인 「엄마의 말뚝 1」은 일본 식민 통치시기를 무대로 삼으면서도 '식민지'나 '민족'과 관련된 이야기가 없다. 그래서 이 소설을 "민족적인 알레고리"로 읽으려 해서는 안 된다. 식민지 조선 가족의 삶에 대한 회상이라 예상되는 도입부에는 "뚜렷한 식민지적 표징들이 결여"되어 있다. 어느 누구도 한국의 식민지적 과거와 연관된 이름들을 사용하지 않는다. 더구나 이 소설에는 "적극적인 민족주의 투쟁이나 그에 대한 일본인의 무자비한 억압을 암시하는 어떠한 내용도 없다."(최경희, 「식민지적이지도 민족적이지도 않은 – 박완서의 「엄마의 말뚝 1」에서 '신여성'의 형성」, 『식민지의 일상 – 지배와 균열』, 문화과학사, 2006, 325쪽)

4   근대성과 일상생활의 조우와 관련하여, 1. 식민지 공간에서 식민성 / 근대성이 일상에서 사람들에게 체화되는 방식 2. 도시인이 근대성을 경험하는 통로 및 방식 3. 전통적 생활세계가 식민성 / 근대성과 만나는 방식 4. 일상세계에서 재편되는 감각 / 지각세계와 신체의 특성 5. 구술의 형식을 통한 정보수집 6. 새로운 미디어의 수용과 전파의 방식 등이 연구의 초점이 되었다.(주윤정, 위의 글, 95~100쪽 참조)

볼 때 '회색지대'와 '생활세계'는 공적으로 구조화된 체계가 구체적으로 작동하는 공간으로서 공적 체계가 수용되기도 하고 비판을 통해 변형되기도 하는 양상을 보인다는 점에서는 본질적으로 차이가 없다고 할 수 있다. 예를 들어, 식민지기 조선 총독부의 법제도와 그 시행을 '규율권력'이라 규정할 때, 식민지의 회색지대는 "규율권력이 작동하는 지점"[5]으로서 규율권력에 대한 "저항과 협력이 교차하는 지점"[6]이다. 하버마스의 경우 사회는 체계와 생활세계로 구성되는데, 체계가 사회의 고정된 구조인데 반하여 생활세계는 사회구성원들이 상호 소통하는 선험적 지평이다. "생활세계는 말하자면 화자와 청자가 만나는 선험적 장소이다. 이 장소에서 양자는 자신들의 견해가 세계, 즉 객관적·사회적·주관적 세계와 합치하도록 서로 요구할 수 있으며, 또한 이러한 타당성 요구들을 비판하고 확증하여 양자의 불일치를 해결하여 협의에 이를 수 있다."[7]

여기서 흥미로운 점은 식민지 근대성론이 제시하는 '식민지 공공성'은 식민지 회색지대에 존재하는 '정치적인 것'이라는 사실이다. 달리 말해 공공성은 "어떤 고정적인 사회적 실체가 아니라 '사회적인 것'이 '정치적인 것'으로 전환할 때 유발되는 정치적인 효과"를 지칭한다.[8] '식민지 공공성' 개념을 통하여 식민지 근대성론자들은 일제의 조선지배에 따른 결과를 '수탈 vs. 근대화'의 이분법적 대립관계로 설명하는 기존의 틀에서 벗어나 '공공성이 다양한 일상 속에서 어떻게 수용, 변형, 거부되는지' 밝

---

5 윤해동, 위의 책, 2007, 55쪽.
6 윤해동, 「식민지 근대와 공공성 ─ 변용하는 공공성의 지평」, 『식민지 공공성 ─ 실체와 은유의 거리』, 책과 함께, 2010, 25쪽.
7 Habermas, J., *Theorie des Kommunikativen Handelns II*, Frankfurt/M., 1988, p.192.
8 윤해동, 앞의 글, 2010, 27쪽.

힘으로써 '식민지 근대'의 구체적인 실상을 파악하고자 한다. 그리하여 "식민지에도 사적私的 이해를 반영함으로써 공통의 이해를 관철시키려는 의도로 만들어낸 공공의 가치 혹은 공공의 영역이 존재하고 있었"다는 사실을 입증하려 한다.[9] 여기서 식민지 공공성은 하버마스의 생활세계처럼 고정적인 구조가 아니라 유동적인 과정으로서 '정치적' 성격을 띤 은유이다. 더구나 식민지 공공성이 특정 사안에 관련된 구성원들 공통의 이해를 반영한다는 점에서 '대중적 공공성'을 띤다고 할 때, 이 공공성은 아렌트 H. Arendt가 말하는 '공론 공간에서의 행위das Handeln im Raum des Öffentlichen' 그리고 하버마스가 말하는 '공론장Öffentlichkeit'과 유사한 성격을 지닌다고 할 수 있다.[10]

그런데 식민지 근대성론은 기본적으로 메타적 시각에서 '식민지기 조선'을 조망하여, '식민지'를 "근대세계 체제의 하위체제"로 규정하면서도, 다른 한편으로는 그 체제의 속성을 "국민국가적 퍼스펙티브"만으로 이해할 수 없다고 주장함으로써 식민지 내부의 일상생활 양태를 다시 '일제 식민지 근대'라는 특수한 상황에서 조명할 것을 제안한다. 식민지 근대성론을 통하여 '식민지적 근대의 분열상' 또는 '식민지적 차이'라는 틀 안에서 '식민지 근대의 회색지대'를 밝혀야 한다는 주장이 설득력을 지니기는 하지만, 이 책의 주제와 관련하여 여기에서는 '식민지 회색지대'를 정치적 성격을 띤 공공성의 영역에 제한하지 않기로 한다. 식별불가능한 '회

---

9 위의 글, 29쪽. 이 책의 2부와 3부는 식민지 공공성이 도시·지역사회(상수도와 학교 등) 그리고 방송과 고아원, 공동묘지 등 다양한 영역에서 다양한 방식과 유형으로 나타나고 있는 양상을 서술한다.

10 Arendt, H., *Vita Activa oder vom tätigen Leben,* München, 1989, §7 u. §24 참조. 그리고 Habermas, J., *Strukturwandel der Öffentlichkeit,* Neuwied und Berlin, 1971, §10 참조.

색지대'는 비단 '공공성'의 영역에만 한정되지 않을뿐더러 일제를 통해 수입된 서구의 근대를 수용하는 '태도'에도 해당되기 때문이다. 그래서 다음의 논의는 식민지 근대성론이 발굴한 '일상의 영역'에 주목하지만, '일상'에서 '비非가시적 측면'인 식민지기 조선인의 '근대적 태도의 습득'에 초점을 맞춰 논의를 진행하기로 한다. 이러한 접근을 통해서만 식민지기 뿐만 아니라 이후 한국사회의 정치·경제적 정체성을 규명할 수 있다고 판단하기 때문이다.

2. 절망과 선망의 양가성 속에서 근대적 태도의 습득

일제 식민지하 조선의 '민족 문제'는 크게 두 방향에서 생각할 수 있다. 첫 번째 자리는 당연히 빼앗긴 국권을 되찾는 민족독립운동이 차지한다. '민족'이 조선인의 자율적 정체성과 사회적 공공성을 확보하기 위한 지상명령으로 설정되었기 때문이다. 그러나 다른 한편으로 조선인은 민족적 정체성을 회복하는 문제와 더불어 '욕망을 가진 인간'으로서 살고 있었다는 점을 간과할 수 없다. 일본이 조선을 어떤 목적으로 식민지화하여 통치했는가 하는 문제, 바꾸어 말해 일본의 조선점령이라는 행위에 대한 도덕적 평가와는 별도로, 일본이 조선을 자신들에게 동화同化시키는 과정에서 조선에 도입한 '그들의 근대'가 조선인에게는 당시 삶의 현실이었고, 이 현실이 조선의 보통 사람들의 일상적 태도에 어떤 영향을 미쳤는지가 그 이후 한국의 사회변동과 관련하여 중대사로 떠오르기 때문이다. 물론 지식인들 가운데 일부는 민족주의와 사회주의의 공동전선을 형성하여 대일

강경투쟁에 나서는가 하면 일부는 단기적인 무력투쟁이 아니라 민족정신 혁신이라는 장기적인 전략을 주장했지만, 그들 사이의 노선 차이로 인한 갈등 상황과는 별개로 조선의 일반인들이 일본의 근대화된 물질문명을 접하면서 새롭게 형성된 욕망 그리고 그로 인해 습득하게 된 근대적 태도는 이후 한국사회 발전의 방향과 성격을 규정하는 데 결정적인 영향을 미쳤다. 조선인은 일제에 의한 인종차별, 경제수탈 그리고 인권유린으로 절망하여 '조선독립'을 외치면서도, 다른 한편으로는 식민지의 효율적인 통치를 위해 일제가 도입한 근대적 문물을 '인간'으로서 선망하기도 하였다.

'인간'은 '민족'에 선행한다. 조선인은 민족의 성원이기 이전에 인간으로서 개인이다. 보통의 인간에게는 민족의 자존심과 자긍심보다 개인의 생존과 생활이 우선이다. 일단 먹고 살아야 한다. 역사가 한민족의 삶을 망쳤어도 다른 한편에서 한반도는 근대의 빛에 노출되어 있었다. 근대주의가 비록 일본 제국주의와 군국주의라는 필터로 인해 굴절되고 왜곡되긴 했지만 식민지기 조선인들은 적어도 '근대의 맛'을 보았으며, 일제에 의해 다양한 영역에서 다양한 방식으로 핍박을 받으면서도, 이면에서는 근대적 문물을 대하는 '태도'를 접하고 익히게 된다. 이러한 근대적 태도의 습득을 '문명화文明化'라 부를 수 있다. 그런 한에서 일본 제국주의가 식민지 조선에 펼친 전제專制정치는 "문명을 일시 보류한 것이 아니라 문명화의 일부였다."[11]

식민지 조선에서 근대의 선명한 모습이 핵심적으로 나타난 곳은 경성이었다. 그리고 그 이미지는 '환상'과 '절망'으로 압축할 수 있다. 꿈같은 현

---

11 이철우, 「일제 하 법치와 권력」, 박지향 외편, 『해방 전후사의 재인식 1』, 책세상, 2006, 169쪽.

실이 눈앞에서 펼쳐졌지만 쉽게 다가갈 수 없었다. "근대를 향한 유혹은 강했지만 그 같은 유혹을 결코 채울 수 없는 식민지의 갈증 사이에서 경성의 풍경은 흔들리고 있었다."[12] 특히 백화점의 쇼윈도는 조선인의 근대를 향한 욕망을 대리만족시킬 수 있는 창구였으며, 박람회는 도시를 벗어나 상품의 소비를 조선 전역으로 확대시키기 위한 근대적 전략이었다. 총독부가 개최하는 박람회가 아직 석 달이나 남았는데도, 서울·시골 불문하고 야단법석이었다. '모던 보이'와 '모던 걸'이 되겠다고 단단히 벼르면서 그들은 "식민지 근대의 노예"가 되어갔다. 그들은 양복洋服과 양화洋靴와 양품洋品 등 "'서구' 문화라면 무조건 새롭고 '모던'한 것"이라고 흠모하였다. 물론 식민지 조선의 생산 기반이 열악하여 조선인들의 소비 욕구가 현실에서 충족되지는 못했지만 일본을 통해 조선에 전해진 '서양 것'을 바라보는 조선인의 눈은 반짝이고 있었다.

식민지 조선의 열악하고 척박한 삶 속에서 조선인들은 일제에 대한 증오와 더불어 일본이 조선에 소개한 근대의 달콤한 유혹에 흔들렸다. 월북 작가 한설야의 단편소설 「과도기」에는 "꿀보다 더 단건 왜놈의 사탕"[13]이란 표현이 나온다. 간도가 살기 어려워 다시 조선의 고향 땅을 찾은 창선은 고향마을이 거의 사라지고 그 자리에 커다란 공장과 높다란 굴뚝이 들어선 황량한 풍경을 목격한다. 오래된 기억의 흔적이 사라진 고향 풍경은 '그리운 고향'이 아니었다. 자연의 고향이 인위의 공장으로 대치된 풍경을 배경으로 창선의 어린 시절 노랫가락이 나온다. '왜놈의 사탕'이 '꿀'

---

12 신명직, 「식민지 근대 도시의 일상과 漫文만화」, 박지향 외편, 『해방 전후사의 재인식 1』, 책세상, 2006, 230쪽.
13 한설야(1929), 「과도기」, 『조선지광』 84호, 『20세기 한국소설 04』, 창작과비평사, 2005, 188쪽.

보다 달다는 노래는 한설야가 자신도 의식하지 못한 사이에 일본에 의한 조선의 근대화에 어떤 의미를 부여하고 있는지 가늠하게 한다. '조선의 꿀'에 비해 '일제의 사탕'이 더 달다는 사실 인식은 건강에 좋은 '조선의 꿀'보다 '일제의 사탕'이 입에 더 달아서, 더 맛있다는 뜻을 함축한다. 일제가 추진한 조선의 근대화 정책은 그것대로 역사의 한 축이 되어 식민지 조선사회에 스며들었다. 정든 고향과 집이 사라져도 조선인의 일상은 이렇게 과거와 단절되어 새롭게 영위되고 있었다. 그러나 이 단절은 조선이 근대적 태도를 습득하는 데 요구되는 과도기적 현상이었다.

일본을 통해 유입된 근대의 유혹은 조선인을 새로운 경험의 세계로 이끌었다. 예컨대, 나무나 돌이 아닌 철로 만든 한강 인도교를 나룻배나 기차를 타지 않고 '걸어서' 다니는 일은 "근대적인 과학기술의 결실을 맛보는 새로운 경험"이었다.[14] 여기서 '철로 된 다리'가 당시 조선인들의 삶을 실질적으로 얼마나 편리하고 윤택하게 만들었는지는 중요하지 않다. 그들이 '철로 된 다리'를 '직접 보고 느끼는 새로운 경험' 세계에 진입했다는 사실, 근대적인 문물과 '직접 만나고' 있다는 사실이 중요하다. 직접적인 지각은 회색빛 지식보다 강렬하다. 앞에서 언급한 퍼스의 '경험' 개념에서 볼 때 조선인은 지금 본격적으로 서양문물의 막강한 힘 앞에서 '충격'을 받으면서, 지금까지 접하지 못했던 낯선 사물을 다루기 위해 종래와는 다른 새로운 '태도'가 요구된다는 점을 무의식중에 깨닫게 되었다.

여기서 '태도'란 맥루한M. Mcluhan이 말하는 '메시지'와 같은 의미이다. 예를 들어, 전기·철도·자동차·영화·사진기·신문·라디오 등 일제 식

---

14 신명직, 위의 글, 242쪽.

민지기에 본격적으로 조선에 도입된 근대문명의 이기利器들은 그것들이 무엇을 위한 도구이든지 그 자체로 조선인들에게 특정한 메시지를 전달하는 미디어로 작동하여 경험의 수용자가 그 미디어를 대하는 특정한 태도를 형성하게 만든다.[15] 더구나 그 경험이 수용자가 감당할 수 있는 수준을 넘어설 만큼 충격적일 경우, 수용자에게는 즉각 충격 흡수 기능이 작동하여 새로운 대상을 자기에게 맞게 동화시킨다. "우리가 사회생활에서 새로운 테크놀로지에 의해 충격을 받거나 사생활에서 어떤 강력한, 소화하기 어려운 경험이 발생할 경우, 검열관이 즉시 활동하여 우리가 그 충격에 대해 둔감해지고 침입자를 동화同化할 수 있는 역량을 갖추게 한다."[16] 서구근대문물을 조선에 전파한 주체는 일본이었고 수용자로서 조선인은 비록 열악한 재정 형편으로 인해 그것을 충분히 누릴 수는 없었지만 최소한 '미디어'로서 접촉하고 관찰하는 기회를 가지면서 일본을 선망의 눈초리로 바라보게 된다.

일본이 조선에 건립한 철도와 도로 등의 사회간접자본은 상대적으로 전쟁의 피해를 덜 받아 해방 후에도 유지되었다. 그런데 이러한 물적 자본보다 확실하게 보존된 요소는 인적 자본이었다. 일본에 의해 전수된 기업의 경영과 관리 능력, 기술의 학습과 숙련 등은 사회의 혼란과 무관하게 연속성을 지닌 채 확산되고 계승되었다. 한일합병 초기에 100개에도 미치지 못했던 조선인 소유 공장 수는 1940년에 4천개가 넘었으며, 공장 노동자 수도 같은 기간에 1만 5천 명에서 30만 명으로 증가했다. 이는 비록 규모

---

15 "모든 미디어는 경험을 새로운 형태로 바꾸는 힘을 지닌 활동적인 은유이다."(Macluhan, M., *Understanding Media*, Routledge and Kegan Paul, 2002, p.63)

16 Ibid, p.74.

가 크진 않더라도 "사업체를 관리 운영해 본 경영자와 근대적 공장 노동의 경험과 숙련을 쌓은 노동자가 다수 형성되었음을 뜻한다."[17] 근대적 경영과 노동 경험의 축적은 '인적 자본'으로서 이후 한국사회의 발전에 밑거름이 된다. 기계를 대하는 태도, 즉 기술의 학습과 습득은 이후 한국사회의 여건과 상관없이 무형의 자산으로서 연속성을 가지고 성장과 발전의 토대로 작용하였다.[18]

이러한 산업의 측면과 더불어 이제 정치의 맥락, 특히 법제도의 수용과 운용 면을 살펴보자. 일제 하 법제도의 운용에 직간접으로 참여한 친일적 조선인들은 말할 나위 없고 법의 집행 대상이 된 보통의 조선인들도 일제가 도입한 근대적인 법제도의 형식적인 특성을 접하면서 익히게 된다. 그런 점에서 이철우가 일제의 법제도 운용을 한반도의 근대와 연관하여 설명하는 대목은 주목할 만하다. 그는 식민지 조선에 이주한 일본인이 전 인구의 3퍼센트가 안 되는 상황에서 조선인 사이에 일제의 지배규칙이 어떻게 활용되었는지를 분석한다. 그에 따르면, 일제의 법적인 지배가 조선인의 일상적 행위에 스며들어 조선인은 일제가 부과한 '새로운' 게임 규칙속에서 서로 경쟁했다. 여기서 그 규칙들이 조선인에게 얼마나 불공정하게 집행되었는지는 지금 논의의 초점이 아니다. 조선인에 대한 일제의 법적용이 편파적이고 억압적이었다고 해서 통치에 사용된 법체계가 '근대

---

17 김낙년, 「식민지 시기의 공업화 재론」, 박지향 외편, 『해방 전후사의 재인식 1』, 책세상, 2006, 225쪽.
18 해방 후, 특히 한국전쟁을 겪으면서도 미국의 원조를 받아 공업 생산능력을 신장할 수 있었던 것도 상당 부분 일제하에서 축적된 '인적 자본'의 덕이라 할 수 있다. "추방된 조선인들 가운데 다수는 다방면에 걸쳐서 종전의 십장들에게서 효율성과 규율을 배워왔습니다. 각 지역의 상황과 조선인 대중의 요구에 대한 그들의 지식과 재능은 조선의 새 정부 지도자들에게 크게 유용할 것입니다."(윤치호, 『윤치호 일기』(1945년 10월 20일 자), 2005, 631쪽)

적인 것'이 아니라고 말할 수 없다.[19] 조선인은 일제에 의해 역사상 처음으로 근대적인 법을 접한 것이다. 그리고 일상에서 자신들이 따라야 할 법과 규칙에 서서히 익숙해지기 시작한다. 자전거를 타거나 만드는 기술을 익히듯이 법의 원리와 성격을 이해하고 그것을 활용하는 방법을 터득한다. 법에 대한 근대적인 태도가 조선사회에 점차 자리 잡게 된다. "일본인이 부과한 질서는 이러한 방식으로 한국인의 삶에 뿌리를 내린 것이다."[20] 식민지기에 시행되었던 법령들은 미군정기에도 당국이 폐기하기 전까지는 그대로 존속했으며, "그중에서 상당히 많은 법령은 정부수립 이후까지도 존속한 것으로 보인다".[21]

이철우는 일제가 조선인에게 집행한 법의 현실이 법치주의의 이상적인 상태인 '법의 지배rule of law'가 아니라 비非민주적인 '법에 의한 지배rule by law'라고 규정한다. 일제가 조선에 시행한 법은 조선인들에게 공정하게 적용되지 않고 자신들의 요구를 강제하는 수단이었기 때문이다. 일제가 '법'을 본래의 공정 원칙에서 벗어나 피식민지인을 억압하는 무서운 '칼'로 사용했다는 사실은 식민지 조선 안팎의 복잡한 변수들을 고려할 때 일제의 식민지 조선 경영이 순조롭지 않았음을 짐작하게 한다. 일제는 조선을 일본에 동화同化시킬 목적으로 내선일체內鮮一體를 지향했다. 물론 이러한 일제의 정책과 의도가 조선인 입장에서는 비非자발적 강제라는 점에서 폭

---

19 "권력이 민주적으로 통제되지 않았디는 이유로 일세 시배를 전근대적이라고 보는 대신, 이전 시대와는 다른 양식의 권력과 지배양식이 나타났다는 점에서 '근대적'이었다고 볼 수 있다."(이철우, 앞의 글, 153쪽)
20 위의 글, 151쪽.
21 김낙년, 앞의 글, 227쪽. 이러한 사실은 해방 후 정부수립기에 이르기까지 미군정과 이승만 정권이 산업체에서뿐만 아니라 법조계에서도 일제시기의 산업 경영과 기술에 익숙한 조선인 그리고 일제가 시행한 법령의 운용에 숙달된 조선인을 다시 등용시킴으로써 차후 반민특위 활동을 무색하게 만드는 빌미를 제공하기도 한다.

력적이었지만, 식민지를 겪고 있던 다른 나라들과 비교할 때 그것은 결과적으로 조선인이 '근대'로 진입하는 데 필요한 정신적·기술적 소양과 태도를 갖추는 데 유리하게 작용하기도 했다. 그러나 동화주의가 완벽하게 실행되면 식민 지배의 본래 목적에 배치되기 때문에 일제는 차별 통치를 병행하였다. 그래서 식민지 조선의 특수성을 고려하여 '조선에 시행할 법령'에서는 조선 총독에게 과도한 입법권을 부여하고 주민들에 의한 대의 정치를 인정하지 않는 등 비인도적이고 비민주적인 식민주의가 적지 않게 감행되었다.

일제가 기획한 동화주의와 식민주의의 병행은 대동아공영권大同亞共榮圈이라는 기치 아래 수행한 아시아 지배에서도 동일하게 나타났다. 아시아는 일본에게 자기自己이면서 동시에 타자他者였다. 아시아는 서양에 대립하는 하나의 이익공동체로서 일본에게는 '확장된 자기'였지만, 동시에 우월한 일본인이 자기화自己化해야 할 열등한 타자였다. 이렇듯 일본은 아시아 국가들에 대하여 동일성과 차이성의 양면 전략을 구사하면서, '하나의 아시아'라는 객체를 응시하는 주체적 시선으로 군림했다. 그리고 이 시선은 조선을 비롯한 타이완 등의 피식민지인들을 야만의 세계에서 문명의 세계로 인도한다는 명분 아래 군국주의적 전제정치를 정당화하는 기능을 수행하였다. 이때 야만에서 문명으로의 이행은 일제의 입장에서 볼 때 미개한 정신에서 개화된 정신으로의 이행을 뜻했다. 그래서 1920년대 초 조선의 통치방식을 '무단武斷'에서 '문화文化'로 전환했을 때, 일제는 식민지의 확고한 지배를 위한 통치의 중점을 '물질'에서 '정신'으로 전환한 것이었다.

정신의 문명화를 위해 당시 조선사회에 만연한 무질서와 무규율의 폐단을 청산하는 데 '법法'만한 것이 없었다. 그래서 이때의 법은 법의 본래적인 의미인 '공정公正'보다는 위에서 아래로 가해지는 처벌로서 '전제專制'의 성격이 강했다. 그리고 이 '전제'는 신체보다 정신에 가해지는 고통을 더 중시했다. 그래서 일제는 예를 들면 종래 조선의 태형령에 따른 신체형刑을 넘어 염치와 수치 그리고 명예를 중시하는 근대적 법의식에 입각한 자유형을 조선에 도입한다. 이러한 일제의 처사는 일본의 국가관을 조선인에게 주입하려는 시도로까지 확장된다. 일본은 조선인을 '황국신민皇國臣民' 이미지에 부합하는 '정상적인 정신'을 소유한 인간으로 변화시키고자 했기 때문이다.[22] 이러한 처사가 조선의 전통적인 문화 또는 관행과 충돌하여 조선인들에게 얼마나 낯설고 불편하게 다가왔을지는 쉽게 예상할 수 있다. 하지만 거기에 민족적 저항만 있었던 것은 아니다. 보통의 조선 사람들은 '인간으로서의 생존'을 위해 타협하고 굴복했다.

그들은 정치적 투쟁의 전선에서 활동하던 엘리트들이 내세우는 이데올로기에 별반 관심이 없었을뿐더러 잘 알지도 못했다. 살아남기 위해서는 장애물을 만났을 때 우회하고 굴절해야 했다. 자신의 내심을 그대로 드러낼 수 없었다. 일제하 피식민 사회의 모든 모순과 계루係累에서 자기를 구원해내야 한다는 자각이 분명하면서도 그것을 실행에 옮길 수 없는 자기의 약한 처지를 뼈저리게 인식한다. 그래서 분하고 억울했지만 달리 택할 길이 없었다. 약하기 때문에 자기를 보호할 의도로 허장虛張하고 성세聲勢했다. 일종의 자기 방어용 키치다. "천대를 받아도 얻어맞는 것보다는 낫다! 속으로는 요놈 하면서도 얼굴에만 웃는 빛을 띠면 당장의 급한 욕은 면할 것이다. 공포, 경계, 비봉彌縫, 가식, 굴복, 도회韜晦, 비굴…… 이러한 모든

22　이철우, 앞의 글, 169~172쪽 참조.

것에 숨어 사는 것이 조선 사람의 가장 유리한 생활방도요, 현명한 처세술이다. 실상 생각하면 우리의 이러한 생활철학은 오늘에 터득한 것이 아니요, 오랫동안 봉건적 성장과 관료 전제 밑에서 디께가 굳어빠진 껍질이지마는, 그 껍질 속으로 점점 더 파고들어가는 것이 우리 생활이다."[23]

염상섭의 말대로 한국인이 '자기'를 내세우지 못하고 살아온 세월은 길다. 막강한 힘을 가진 상대 앞에서 섣불리 자기를 주장하거나 자기 정체를 밝히는 태도는 생존과 생활을 위험에 빠뜨리는 어리석음의 소치이다. 나라 잃은 백성이 힘 있는 지배자 앞에서 보이는 변신과 굴절은 불가피한 '생존전략'이었다. 하지만 이러한 변신과 굴절을 통하여 조선은 일본이 도입한 '근대'를 체험하고 근대적 태도를 익혔다.

3. 친일 민족주의와 조선 근대주의의 관계

식민지 시기 대부분의 조선인에게 '민족'은 '인간'에 비해 반드시 우선순위가 아니었다. 사람은 '민족'이라는 이름으로만 살지 않는다. 인간으로서 사람은 입체적이고, 다면적多面的이다. '인간으로서의 욕망'이 민족의 독립이나 보존과 병행하기도 하고 또 앞서기도 한다. 민족의 보존은 역사적으로 형성되는 의지인 데 반해, 인간의 욕망은 자연적인 본능이기 때문에 더 강력하다. 그래서 후자의 행태를 '잘못'이라고 비난하는 것은 여기에서 아무런 의미가 없다. 사태가 그렇게 흘러간다는 '사실'이 중요하

---

23 염상섭(1948), 「만세전」, 『염상섭 20세기 한국소설 02』, 창작과비평사, 2005, 155쪽.

다.[24] 역사가 도덕적이어야 한다는 당위적 주장이 역사는 현실의 욕구에 따라 진행한다는 사실적 판단에 우선해야 한다는 법은 없다. 오히려 그 반대가 참일 가능성이 더 크다. 더구나 과연 어떤 길이 '민족을 살리는 길'인가, 하는 물음 앞에 하나의 길만 열려 있지는 않다. '민족' 또는 '국가'가 식민지 조선사회를 살았던 '사람'들의 행태를 평가하고 재단하는 유일한 기준일 수 없는 이유가 여기에 있다.

한국 민족주의를 재검토하는 토론마당에서 윤해동은 식민지기 조선사회에서는 "국가 또는 민족이라는 담론"이 "공공성 영역"의 문제를 전유해 버렸다고 주장한다. 이에 호응하여 임지현은 "국가가 민족을 통해 민중을 전유"했다고 주장한다.[25] 지금 이 책의 문제의식과 연관하여 이 주장들을 달리 해석하면, 민중의 삶은 '민족'이라는 가상적 실체로 환원되지 않을 뿐더러 국가가 민족을 매개로 민중의 삶을 재난해서도 안 된다는 것이다. 민중의 삶은 국가주의의 틀에 갇힌 '민족'이라는 카테고리로만 설명되지 않는다는 것이다. 그런 의미에서 임지현은 '공공적'의 의미를 'official'과 'public'으로 나누어 이해하기를 제안한다.[26] 'official로서의 공공성'은 국가권력이 위에서 제공하는 공공성인데 반해, 'public으로서의 공공성'

---

24 윤해동이 '식민지기 근대성론'의 관점에서 "지금까지 저항을 특권화함으로써 지배 담론이 '민족'을 전유하고 다른 주체의 구성을 소멸시키는 과정을 밟아온 것은 아닐까?"라고 문제를 제기하면서, "현실정치를 권위주의적이고 도덕주의적으로 바라"보는 근시안적인 태도에서 벗어나야 할 것을 주문하는 것도 이러한 맥락과 통하는 면이 있다.(윤해동, 위의 책, 2007, 60쪽) 현실은 도덕만이 지배하지 않는다. 식민지 근대성을 옳고·그름이라는 도덕적 잣대로만 판단할 수 없다. 식민지 조선인들의 근대를 향한 욕망을 하나의 '사실'로 인정할 필요가 있다. 그 '사실'이 실제로 현실을 움직이기 때문이다. '일본의 근대'를 선망하고 욕구해서는 안 되었다는 도덕적 단죄가 아니라 '그들이 그렇게 욕구했다'는 '사실'이 지금 논의의 초점이다.
25 윤해동·임지현, 「한국 민족주의의 재검토」, 『역사문제연구』 제5호, 2000, 221~222쪽.
26 위의 글, 225~226쪽 참조.

은 밑에서 만들어지는 공공성이라고 할 때, 후자에 대한 경험이 없는 식민지 조선인에게 'public'이 하루아침에 형성될 수는 없었기 때문에 일제하 공공성은 'official'로서의 성격을 강하게 띠고 있었다.

국가 주도적인 공공성이 '민족'을 통해서 근대화를 추진함으로써 '식민국가' 조선에서는 '시민사회'가 형성될 수 없었다. 국가가 아닌 이익집단이나 개인들의 소통을 통하여 구성되는 시민사회는 자유로운 시민들의 정치·경제적 행위를 통하여 성립하지만, 일제의 식민통치하에서는 이 가능성이 원천적으로 차단되어 있었기 때문이다. 정치적 행위는 민족주의 좌파와 공산·사회주의자들에 의해 비밀리에 진행되었지만 그나마 일제의 반공 정책으로 수월치 않았다. 오직 국가적 공공성이 근대적 공공성이라는 이름으로 민족의 공공성을 주도했다. 그런 의미에서 이 토론에 참여한 전우용에 따르면, 한국사회의 공공성 담론은 근대화과정에서 형성되었다. "민족이 애초부터 공공성을 가졌던 것이 아니라 근대성 자체가 이른바 제국주의 시대에 형성되어 가면서 민족이라는 이름, 민족주의가 공공성을 억지로 창출해내고, 그 공공성이 바로 민족주의다라는 식으로 민족주의와 공공성을 결합시켜버리는 양상이 나타났다."[27]

여기서 전영우는 한 발 더 나아가 민족주의가 단순히 국가적 공공성의 수단으로 전락하는 데 민족주의 우파가 동원되고 가담했다고 비판한다. "민족개량주의자들 또는 민족주의 우파는 국가적 공공성을 근대적 근대성으로 인정하고 거기에 민족적 공공성을 통합시키려 시도했던 사람들"이라고 평가한다.[28] 그리하여 민족적 공공성은 국가적 공공성에 압도되어 제 의미

---

27 위의 글, 223쪽,
28 위의 글.

를 상실하게 되고, 이런 현상은 해방 이전과 이후에도 달라지지 않았다고 주장한다. 국가가 민족주의를 악용했다는 것이다. 이에 대해 윤해동은 1920년대 이광수의 글과 신채호의 글은 공공성과 관련하여 비슷한 입장을 취하고 있다고 지적하면서, 그런 현상은 우파 민족주의자들에게만 해당되지 않는다고 반박한다. '국가적 공공성 = 근대적 공공성 = 민족적 근대성'이라는 기준을 우파 민족주의자에게만 적용해서는 안 된다는 것이다.[29]

일제가 주도한 국가적 공공성을 근대적인 것으로 파악하고 이를 민족의 공공성으로 전환한 대표적인 인물은 이광수라 할 수 있다. 그는 「민족개조론」에서 조선인의 나태와 무능을 질타하면서 '혁구취신革舊就新'의 정신을 주창하였다.[30] 이광수는 근대의 보편주의를 지향하는 민족주의자였다. 보편과 특수를 통일하고자 한 것이다. 그는 조선이 야만의 세계에서 벗어나 문명의 세계로 진입하지 않고서는 일본의 지배에서 벗어날 수 없다고 생각한다. 상대를 물리치기 위해 상대의 힘에 의지해야 하는 아이러니한 전략을 구사하지 않으면 안 된다고 판단한 것이다. 그래서 그는 구한말 개화파가 청淸과 러시아라는 '외세'에서 벗어나기 위해 일본이라는 '외세'에 의지했듯이 일본의 식민지에서 벗어나기 위해 일본이라는 열차에 탑승해야 하는 모순을 감내하고자 했다.

이광수는 첫 번째 일본 유학1905~1910을 마치고 귀국하는 길 경부선 열차 안에서 때 묻은 흰옷의 동포들이 자리싸움을 하고 침을 뱉는 광경을 목격한다. 민족의 '야만'을 확인한 그는 민족 계몽의 선각자가 되기로 결심

---

29 위의 글, 223~225쪽 참조.
30 이광수(1922), 「민족개조론」, 이주영 편역, 『원문 사료로 읽는 한국근대사』, 필맥, 2014, 227쪽.

한다. 그의 눈에 서양인과 일본인은 세계의 어른이고, 그들에 비하면 조선의 신사는 '지식과 인격을 결여한 어린이'로 비쳤다. 그리하여 근대화의 주체가 되기 위해서는 일제의 근대적 지배질서에 더 깊이 구속되는 길을 감수해야 한다고 믿는다. 여기서 이광수는 한 발 더 나아가, "일본과 조선을 하나의 운명공동체로 결부"시켜, "아시아주의를 매개하여 자기를 문명화의 주체로 선언함으로써 식민지 노예 의식에서 벗어나려나려는" 전략을 구상한다.[31] 그의 이러한 구상이 일신의 영달을 꾀한 친일행위를 정당화하려는 구차한 변명이라는 비판은 널리 알려져 있다. 그러나 이와는 무관하게 그의 구상은 당시 식민지 현실에 대한 판단을 바탕으로 그가 선택한 합리적 대응방안이었다.

그에게 '민족을 위한 길'은 일본과 하나가 되는 길이었다. 일본을 물리치기 위해서는 일본의 지시에 따라야 한다고 그는 생각한다. 우리 민족이 일본의 '노예'가 아니라 일본과 동등한 '주인'으로 살 수 있기 위해서는 아시아의 유일한 선진국인 일본과 하나가 되어야 한다. 더구나 일본의 경제력과 군사력과 문명도가 조선의 그것들에 비할 수 없이 막강한 한에서 그들에게 저항하기보다는 차라리 자발적이고 자율적으로 그들의 사업에 협력하는 것이 결과적으로 조선 민족을 살리는 길이라고 믿는다. 그래서 그는 해방 후 반민특위에서 '친일파'로 지목받은 뒤 쓴 『나의 고백』에서 1940년을 전후한 태평양전쟁 당시 일본의 압박에 임하는 조선인의 태도와 관련하여, "전쟁이 끝날 때까지 나는 일본이 요구하는 대로 협력하는 태도를

---

31 조관자, 「'민족의 힘'을 욕망한 '친일 내셔널리스트' 이광수」, 『해방 전후사의 재인식 1』, 박지향 외편, 책세상, 2006, 530쪽. 여기서 조관자는 이광수가 기존의 '민족-반(反)민족'의 대립 논리에서 벗어나 '주체-비(非)주체'의 논리, 즉 조선인이 객체가 아니라 주체로서 일본이 지향하는 '근대 문명'에 참여하고자 했다고 서술한다.

취하리라"고 결심했다고 말하면서 다음과 같이 그 이유를 밝힌다.[32]

① 일본은 자신들이 원하면 우리 편의 협력 여부를 불문하고 제 뜻대로 물자를 징발하고 강제 징용할 것이다. ② 불가피한 일이면 자진하여 협력하는 태도가 장래 일본에 대한 우리의 발언권을 내세우는 데 유리하다. ③ 징용이나 징병으로 가는 당사자들은 억지로 끌려가면 대우도 나쁘고 고통도 더 심할 것이니, 자진해서 나서는 것이 대우도 더 나을 것이고 장래에 보상도 받을 것이다. ④ 징용이나 징병은 불행이지만 이 불행을 우리 편에 이익이 되도록 이용하는 것이 좋다. 더구나 **징용에서는 생산 기술을 배우고 징병에서는 군사훈련을 배울 것이다. 우리 민족의 현재 처지로서 이런 기회를 빼버리면 군사훈련을 받을 길이 없다. 산업훈련과 군사훈련을 받은 동포가 많을수록 우리 민족의 실력은 커질 것이다.** ⑤ 수십만 명이 징용 또는 징병될 경우 일본은 우리 민족을 학대하지 못할 것이어서, 성치·경제·사회적으로 우리 민족을 압박하고 괴롭히던 내선內鮮차별에서 벗어날 수 있을 것이다. ⑥ 일본이 이번 전쟁에 이긴다면 우리는 최소한 일본 국내에서 일본인과의 동등한 권리를 얻을 수 있을 것이다. 그리하여 독립을 향해 한 걸음 더 가까이 갈 것이다. ⑦ 설사 일본이 패배해서 우리에게 독립의 기회가 돌아오더라도 우리가 협력한 사실은 이 일에 장애가 되지는 않을 것이다. 왜냐하면 우리는 일본 국내에서 정치적 발언권이 없기 때문에 전시에 일본의 지시대로 움직일 수밖에 없었다는 사정이 인정될 것이기 때문이다.

이광수의 친일 논리는 교묘하여, 교활하기까지 하다. 그가 제시한 논거가 얼마나 타당성이 있는지는 알 수 없지만, 적어도 여기에 표현된 내용만

---

[32] 이광수, 『나의 告白』, 春秋社, 1948, 173~175쪽 참조.

고려하면 그가 '민족을 사랑하는 방식'의 특이성에 주목하지 않을 수 없다. '일본에 자발적으로 협력하라! 그래야 우리 민족의 미래가 열린다.' 이런 논리이다. 민족을 살리는 길은 일제에 협력하는 길이다. 철저히 일본 편이 되어 일본의 선진 산업기술과 군사기술을 우리 것으로 삼아야 한다. 일본에 협조해야 일본이 전쟁에서 승리하든 패배하든 우리 민족에게 이익이 된다. 민족주의를 죽이고 일본의 요구에 순응하는 것이 결과적으로 민족이 사는 길이다.[33]

이광수는 불가항력인 일본의 힘에 저항하는 태도는 민족의 힘을 소모하는 행위일뿐더러 민족의 미래에 바람직하지 않은 어리석은 행위라고 확신했다. 식민지 조선의 막막한 상황에서 자신의 행로를 찾지 못하던 이광수는 민족을 위해 자신이 '희생'하는 길을 택했다고 주장한다. "이때에는 교육이나 산업이나 합법적인 사업에 종사하는 사람들은 피난이 되었으나 내게는 그러한 피난처가 없었다. 게다가 내 장끼가 말이나 글이라는 것이 시국의 회피에 불리한 조건이 되었다. 이러한 사정이 내가 몸을 시국의 희생으로 던지게 한 한 원인이 되기도 하였다."[34] '피할 곳이 없었다', '문필보국의 길밖에 없었다', '친일은 나의 희생이었다' 등의 술회는 '친일파'라는 비난에 대한 이광수의 자기 정당화일 가능성이 크다. 그러나 다른 한편으로 그가 몸담았던 시대의 현실을 고려할 때 불가피한 선택이었다는 그의

---

33 이광수는 『나의 고백』에서 재일 조선 대학생에게 학도병 참여를 권유하러 동경에 갔을 때의 일화를 소개한다. 하루는 밤늦게 대학생 셋이 찾아와 한 학생이 묻는다. "우리가 나가 죽으면 우리 민족에게 이익이 되겠나?" 이광수가 되묻는다. "그대가 안 나가려 하면 안 나갈 수가 있나?" 그들은 한숨을 지으며 고개를 숙인다. 다른 학생이 다시 묻는다. "우리가 나가서 피를 흘리면 그대는 우리의 핏값을 받아주겠는가?" 망설이다가 이광수는 답한다. "그대들이 피를 흘린 뒤에도 일본이 우리 민족에게 좋은 것을 아니 주거든 내가 내 피를 흘려서 싸우마."(이광수, 위의 책, 181~182쪽)
34 이광수, 위의 책, 178쪽.

변명을 어느 정도는 수긍할 수 있다. 그런 맥락에서 윤치호는 이렇게 적고 있다. "누군가에게 친일파라고 오명을 씌우는 것은 정말이지 터무니없는 일입니다. 일본에 병합되었던 34년 동안 조선의 위상은 어땠습니까? 독립적인 왕국이었나요? 아니요. 조선은 일본의 일부였고, 미국 등 세계열강도 그렇게 알고 있었습니다. 즉, 조선인들은 좋든 싫든 일본이었습니다. 그렇다면 일본의 신민으로서 '조선에서 살아야만 했던' 우리들에게 일본 정권의 명령과 요구에 응하는 것 외에 어떤 대안이 있었겠습니까?"[35]

이광수는 결과적으로 '민족'을 살린다는 명분을 앞세워 '민족주의'를 떠난 인물이다. 그가 지향한 이념이 당시의 시대적 한계 속에서 일본의 천황주의를 향했지만, 그는 기본적으로 '근대 문명국가'를 욕망했으며, 이를 위해 조선 민족은 일본을 모범으로 삼아 과거의 악습과 폐단에서 벗어나기를 바랐던 것이다. 친일 행위에 대한 그의 변명이 과연 용납될 수 있는가 하는 문제와는 별개로 '일제가 제공하는 산업시설과 군대에서 근대적인 기술을 습득할 기회를 갖는다'는 이광수의 설명은 당시 조선의 현실을 고려할 때 일리가 있는 처사였다.

일본에 협력함으로써 비록 식민지라는 한계상황에도 불구하고 한반도에 '근대'가 본격적으로 접목되기 시작한 것은 사실이다. **한반도의 '민족 문제'와 관련하여 그 명칭을 '민족개량주의'라 하든 '우파 민족주의'라 하든 식민지기 한민족의 '독립'을 위한 '저항 민족주의'와는 다른 층위에서 근대에 요구되는 기초적 역량이 차분히 쌓이기 시작한 것이다.** 근자에 들어 안병직, 이영훈, 김낙년 등의 한국경제학자들이 일제 식민지기에 이룩한 경제성장과 산업구

---

35 윤치호(1945), 『윤치호 일기』, 1945년 10월 20일 자, 역사비평사, 2005, 630쪽.

조의 변화를 경제지표로 제시함으로써 좌파 민족주의자들의 내재적 발전론을 비판하고 식민지 근대화론을 주장하면서 이를 차후 한국 경제발전의 씨앗 또는 토대로 규정하여 국내 사학계에 새로운 바람을 일으켰다. 이에 대해 일군의 학자들이 반기를 들면서, 식민지기의 물질적 유산이 1960년대 이후 경제발전에 토대가 되지 못하였으며, 식민지기에 산출된 인적 자원과 축적된 노하우는 1950년대 이후 미국 유학을 통한 재교육으로 보완·수정되어야 했다고 반박한다.[36]

식민지기의 근대화를 둘러싼 학계의 논쟁에도 불구하고, 두 입장에서 공통으로 인정하는 사실은 종래의 '민족주의'가 더 이상 식민지기 조선사회를 설명하기에 불충분하다는 점이다.[37] '식민지 근대화'에 대하여 '식민지 근대성'의 문제가 대두하면서 일제의 조선 수탈론에 근거한 '식민성 ≠ 근대성'이라거나 조선의 일제 동화론에 근거한 '식민성 〈 근대성'이라는 단순 논리를 극복하려는 시도가 다각도에서 진행되었기 때문이다. 그리하여 식민성과 근대성은 단순한 길항관계나 어느 한쪽의 우위 관계가 아니라 복합적이고 중층적인 관계를 맺고 있어서, '식민지 근대성'은 '식민'과 '근대'가 잘못 결합된 '비정상적인' 현상이 아니라 그 자체 독자적인 실체로서 '정상적인' 현상으로 간주되기에 이른다.[38]

---

36 조형근(「한국의 식민지 근대성 연구의 흐름」, 공제욱·정근식 편, 『식민지의 일상-지배와 균열』, 문학과학사, 2006, 55~56쪽 참조. 그러나 후자의 주장은 사태를 지나치게 일면적으로 보는 태도이다. 1950년대 이후 미국 유학생들이 신기술을 한국에 도입하기도 했지만, 한국의 지식사회는 인문계는 물론 이공계의 학습 텍스트 전반이 일본의 모방이거나 번역인 경우가 허다했다.

37 1990년대 후반부터 한국 역사학계에서 일기 시작한 '식민지 근대성론'도 넓은 의미에서 기존의 민족주의 개념이 중층적이고 다(多)중심적인 식민지기 조선사회의 모습을 설명하는 데 한계를 드러낸다는 반성에서 출발하였다.(이기훈 외, 「좌담-식민지 근대성론의 역사와 현재」, 『역사비평』 136, 역사문제연구소, 2021, 10쪽 이하 참조)

식민지기 조선사회는 어느 하나의 변수로만 설명할 수 없을 만큼 복잡하고 다양한 얼굴을 지니고 있다. 일본에 나라를 빼앗긴 데 대한 분노로 국외에서 독립운동을 시도하는가 하면, 국내에서 사회주의에 동조하여 일제에 대항한 민족주의자들이 있었지만, 이들이 한민족 전체를 대표한다고 말할 수는 없다. 오히려 국내에서 일본 경찰의 압박에 시달리고 일상에서 일본인에게 차별을 받으면서 불가항력적인 현실을 수용하고 여기에 적응하여 일제가 제시한 근대를 직접 체험했던 보통의 조선인들이야말로 전체 인구에서 차지하는 비중이 훨씬 더 컸을 뿐만 아니라 이후 한국사회의 진행을 실질적으로 뒷받침한 역군이었다.

4. 식민지 근대의 자기분열 속 일상의 근대화

식민지 근대는 기본적으로 자기 분열적인 양상을 띠고 있다. 식민지에 '근대'를 들여온 것은 '식민'의 주체인 타민족이며 그렇게 유입된 '근대'를 경험하는 주체는 피식민지인이다. 따라서 피식민지인의 저항은 불가피해 보인다. 그러나 압제수탈와 저항의 쌍만으로 피식민지인의 삶을 모두 설명할 수는 없다. 여기서 근자에 제기된 '식민지 근대성' 담론은 식민주의와 근대를 분리하지 않으면서도 식민지 '근대' 자체를 문제 삼는다. 달리 말해 식민지 근대성론은 기존의 식민지 근대화론을 답습하지 않는다. 식민지 근대는 식민주의에 대한 피식민지 일상에서의 저항도 포함하고

---

38 조형근, 앞의 글, 50~51쪽 참조.

있기 때문이다. 그러나 기존의 민족주의 역사 서술이 대부분 일제의 식민 지배가 조선의 근대화를 방해하거나 왜곡했다고 전제하는데 대하여, 나는 식민지 근대성론이 주장하는 다른 측면, 즉 일제의 근대 식민주의가 식민지 조선에 적어도 근대의 초석을 놓았다는 측면에 주목한다. 그리하여 민족주의, 식민주의 그리고 근대성을 서로 분리시키지 않고 공명共鳴하는 변수들로 간주하고자 한다.[39]

이러한 접근은 기존 식민지 근대화론의 입장과 겹치는 부분이 있기는 하지만, 이를 통하여 식민지 근대화론이 간과한 측면, 즉 근대화가 서구의 근대화를 일직선으로 추종하지 않고 영역에 따라 다양한 경로를 거쳐 진행되었다는 사실을 부각시킨다. 특히 '근대성'을 바로 '근대화'로 연결하는 단선적 인식에서 벗어나 근대성이 지닌 양가성에 착안하여 사태를 입체적으로 조망한다. "어떤 사회집단에서 식민지 근대성은 기득권의 손실을 의미했지만, 다른 집단에게는 사회적 이동이라는 기회를 제공했다. 더구나 근대적 기술과 제도는 식민지 국가의 정치·문화적 억압 또는 통치력을 더욱 증대시킬 가능성을 제공하는 한편, 정치적 저항과 문화적 표현을 위한 새로운 공간을 구체적으로 창출하기도 하였다."[40] 근대성 자체는 특정한 도덕적 가치를 함축하지 않기 때문에 작동하는 영역에 따라 그 가치는 달리 평가될 수 있다. 하지만 근대성의 효용과는 별개로, '근대성'을 획득하기 위해서는 특정한 태도가 요구된다. 그것은 바로 주체성, 합리성, 객관성이다. '근대적modern'이라는 수식어가 붙으려면 적어도 주체적이고, 합리적이며, 객관적으로 사고하고 행동할 수 있어야 한다.

---

39 신기욱·마이클 로빈슨, 『한국의 식민지 근대성』, 삼인, 2006, 43~44쪽 참조.
40 위의 책, 51쪽.

그런데 식민지 근대성론에 따르면, 일제치하에서 근대적 태도의 습득은 공공 권력이나 지배층의 전유물이 아니라 민간인에게도 열려 있었다는 사실이 중요하다. 예를 들어, 조선의 전기통신은 경찰의 통신망으로 출발했지만 식민지 정부가 통제권을 회복하면서 민간인도 사용할 수 있도록 개방되었다. 1920년대에는 조선인에게도 공무원 채용기회가 주어졌으며, 1930년대에는 무선 기술자의 수요가 급등하여 다양한 프로그램으로 조선인을 교육시켰다. 요컨대 "식민지 한국에서 전기통신은 억압 도구인 동시에 개발 도구였다."[41] 일본의 근대적인 통신망에 조선도 편입되면서 조선의 민간인도 통신기술을 익히게 되었다. 일제가 가설한 통신시설 가운데 하나인 '펑텐奉天 케이블'은 한반도의 지하를 통과하였는데, 이 케이블은 6·25전쟁 당시 한국의 미군이 수리하여 동경의 맥아더 사령부와 연결하는 생명줄 역할을 하였다.[42]

식민지에도 '민족'에 앞서 '인간'이 살았다. 그들은 '민족'이나 '계급'과 같은 정치적 요소 속에 있으면서도 '민족'과 '계급'이라는 정치적 변수로는 포괄되지 않는 사적私的인 생활세계, 즉 탈脫정치적인 삶을 살고 있었다. 그들의 일상이 식민지 근대의 제도 속에서 진행되었을지라도 식민지 지배의 주체인 국가가 그들의 일상을 속속들이 지배할 수는 없었다. 그 주체가 의도하거나 예상하지 못했던 '회색지대'가 있었기 때문이다. 사적인 영역의 생활이 공적으로 주어진 수단과 목적에 따라 진행될 때, 사적인 행위가 남김없이 공적인 목적으로만 환원되지는 않는다. 이 경우에 해당되는 전

---

41 다칭 양, 「일본의 제국적 전기통신망 속의 식민지 한국」, 『한국의 식민지 근대성』, 삼인, 2006, 250~257쪽 참조.
42 "일본 제국의 전기통신망은 식민 지배에서 벗어난 한국이 새로운 냉전 질서 속으로 이행하는 데 아무도 예상하지 못한 방식으로 기여하였던 것이다."(위의 글, 276쪽)

형적인 예로 일제가 조선인에게 시행한 '근대적 교육'을 꼽을 수 있다. 일제의 교육은 내선일체를 내세워 조선을 일본에 동화시킴으로써 조선인을 강압적으로 일제의 통치체제로 귀속시키겠다는 의도에서 진행되었다. 따라서 그 교육은 '식민지'와 '민족'이라는 키워드를 중심으로 일제의 '식민지 지배'나 '조선인의 민족정신 말살'이라는 측면에서 이해할 수 있다. 그러나 교육의 의도나 목적 그리고 내용과는 별개로 그 수단이 '책' 또는 '교과서'였다는 사실이 중요하다. '책을 읽는 행위' 즉 '독서' 자체가 근대적 특성을 띠는 활동이기 때문이다. 평범한 조선사람이 '책 읽기'라는 근대적 행위를 접함으로써, 말하자면 '근대적 태도'를 익히기 시작한 것이다.

3·1운동 이후 일제의 문화정책에 힘입어 근대적인 학교교육이 대중에게 대대적으로 확장되면서 문맹률이 낮아지기 시작하였다. 그 결과 '책'이라는 미디어에 대중이 쉽게 다가갈 수 있게 되면서 독서 인구가 급증하였고 독서의 필요성과 효용성에 눈을 뜨게 된 조선사회에서는 출판산업이 비약적으로 증대하였으며 신문·잡지의 구독이 일반화된다. 근대의 모든 책은 조선인에게 세상을 알고 세상과 소통하고 세상에 진출할 수 있는 통로를 제공하였다. 책은 자기를 세상과 연결할 수 있는 가장 간편하고도 효율적인 미디어였다. 그래서 "세상의 모든 일은 이제 읽어서 알아야 하고 써서 전습傳習해 주어야 할 대상이 된다".[43] 독서 즉 책 읽기는 이제 근대적인 인간 또는 개인으로 진입하기 위해 필수적인 '태도'가 된다. 독서를 통해 전문지식을 접하여 시험을 치르고 직업을 구하는 일이 일반화되자, 책은 실용적 목적을 달성하기 위한 기능적 수단이 되었다. 또한 비생

---

43 천정환(2006), 「1920~30년대의 책 읽기와 문화의 변환」, 『근대를 다시 읽는다』 2, 윤해동 외편, 역사비평사, 30쪽.

산적으로 자기수양을 위해 독서에 몰두했던 조선의 사대부와는 다른 맥락에서 순전히 재미를 위해 독서를 하는 부류도 생겨나게 되었다.

일제가 책을 제공한 '목적'이나 책의 '내용'이 아니라 식민지 조선사회의 일상에서 '책 읽기'라는 행위가 본격적으로 시작했다는 사실이 지금 중요하다. 1920년대 중반 이후 정규 교육과정에서뿐만 아니라 일상의 책 읽기에서도 일본어 책이 압도적인 비중을 차지할 만큼 일본어 책은 "책을 읽고 문자생활을 하는 조선인들의 삶 자체에 깊이 침투하였다".[44] '읽지' 않고는 사회생활이 불가능해진 세상이 도래한 것이다. 일본 제국주의와 군국주의에 저항하기 위해서도 책을 '읽어야' 한다. "민족해방의 이념을 알기 위해서라도 수입된 일본어 책을 봐야 하는 역설적 상황이 계속되었다."[45] 일제는 조선인을 일본의 모범에 따라 근대적으로 교육시키고, 조선인에게서 한글을 빼앗고 일본어를 주입시키기 위해 일본어 책을 제공함으로써 조선의 정신을 일본화하여 조선인의 정체성과 주체성을 제거하려 했지만, 아이러니컬하게도 조선인은 일제가 제공한 책을 '읽고' 그를 바탕으로 '쓰면서', 주체적인 인간으로 거듭나고 있었다. 읽기는 쓰기와 마찬가지로 "주체의 실천"이다.[46] 텍스트를 읽는 행위는 쓰는 행위와 마찬가지로 맥루한의 용어를 빌리면 '쿨한' 미디어인 '책'에 적극적으로 가담하는 행위이다. 주체적 태도의 습득이 비단 근대적 독서에만 국한되어 일어나지는 않았다. 일제가 조선에 도입한 다양한 형태의 법과 제도 그리고 다양한 영역에서 추진된 정책에 수반되는 규칙과 도구들은 그 의도나 내

---

44 위의 글, 62쪽.
45 위의 글, 64쪽.
46 위의 글, 94쪽.

용과 상관없이 조선인이 '근대적 인간'이 되는데 요구되는 '근대적 태도'를 습득하는 데 결정적으로 기여하였다.

제7장
미국의 반공주의와
국내 우파 민족주의의 선택적 친화력

반일의 민족주의에서 친미의 자유주의로

1. 해방 직후 일상의 표면과 이면

해방 직후 한반도는 혼돈 그 자체였다. 특히 일제 말 지하에서 활동하던 좌익 세력이 부상하여 일사불란하게 '인민!'을 외치는 소리가 두드러졌다. 그리고 '인민'과 '붉은 깃발'을 앞세운 좌익 세력의 화려한 등장에 가려진 그늘에는 그들의 외침과 선동에 무관심하거나 냉담한 보통 조선인들이 있었다. 이태준은 자전적 단편 「해방 전후」에서 해방 직후 8월 18일에 임화와 이원조 등 사회주의 계열 문인들이 조직한 '조선문화건설중앙협의회'의 활동을 지켜보면서 이렇게 뇌까린다. "도시 마음이 놓이지는 않았다. '모든 권력은 인민에게로!' 이런 깃발과 노래만 이들의 회관에서 거리를 향해 나부끼고 울려나왔다. 그것이 진리이긴 하나 아직 민중의 귀에만은 이른 것이었다. 바다 위로 신기루같이 황홀하게 떠들어올 나라나, 대한이나, 정부나, 영웅들을 고대하는 민중들은, 저희 차례에 갈 권리도 거부하면서까지 화려한 환상과 감격에 더 사무쳐 있는 때이기 때문이다.

현玄 자신까지도 '모든 권력은 인민에게로'가 이들이 민주주의자로서가 아니라 그전 공산주의자로서의 **습성**에서 외침으로만 보여질 때가 한 두 번이 아니었고 (…중략…) 이 처지에서 '인민에게'란 말이 (…중략…) 현은 조금 조심스러웠고, 또 현을 진실로 아끼는 친구나 선배의 대부분이, 현이 이들의 진영 속에 섞이는 것을 은근히 염려하는 것이었다."[1]

해방은 일본을 포함한 동맹군에 대한 미국·영국·소련 등 연합군의 승리로 주어진 결과이다. 그런데도 해방 직후 서울의 거리 풍경은 붉은 깃발이 압도적이었다. "좌익 대중단체 주최의 데모가 종로를 지나게 되었다. 연합국기 중에도 맨 붉은 기뿐이요, 행렬에서 부르는 노래도 적기가赤旗歌다. 거리에 섰던 군중들은 모두 이 데모에 **냉정**하다. 그런데 '문협' 회관에서만은 열광적 박수와 환호로 이 데모에 응할 뿐 아니라, 이제 연합군 입성 환영 때 쓸 연합 국기들을 다량으로 준비해두었는데, '문협'의 상당한 책임자 하나가 묶어 놓은 연합국기 중에서 소련 것만을 끄르더니 한 아름 안고 가 사층 위로부터 행렬 위에 뿌리는 것이었다. 거리가 온통 시뻘게진다. 현은 대뜸 뛰어가 그것을 막았다."[2] 지하에서 지상으로 모습을 드러낸 좌익 세력은 새로운 활동무대를 확보하자 자신들의 공산·사회주의 이념을 적극적으로 전파하기 시작했다. 그러나 대부분의 민간인들은 쉽사리 그들의 소리에 귀를 기울이지 않았다. 해방공간 안에서 좌익 운동가들과 일반인 사이에 균열이 확산되고 있었다.[3]

---

1 이태준(1946), 「해방 전후」, 『20세기 한국소설 06 이태준·박태원』, 창작과비평사, 2005, 129~130쪽.
2 위의 글, 131쪽.
3 해방 직후 표면적으로 좌익이 득세하긴 했지만 보통 사람들은 근대적인 시민의식이나 계급의식이 성장하지 못한 채 전통적인 전근대적 성향이 강하여 그들이 내세우는 이념에 크게 동요하지 않았다. 1946년 상반기에 집중된 각종 여론조사 결과를 보면, "토지개혁과 관련

위에 인용한 이태준의 말 가운데 특히 '습성'과 '냉정'이란 용어에 나는 주목한다. '습성'은 공산주의자로서 과거의 자기를 무의식중에 해방공간 안으로 끌어오는 성향이다. '냉정'은 습성에 빠져 붉은 기에 취한 공산주의자들에 대해 해방공간의 대중들이 보이는 무관심이다. 소위 좌익 운동가들의 '붉은 열기'에 대한 대중들의 무관심을 어떻게 이해해야 할까? 일제하에서 독립운동을 행한 공산주의자들이 일본 경찰에게서 당한 고초를 기억하는 대중들은 해방이 되었는데도 무의식중에 그러한 '불순분자'에게서 거리를 두고자 하였다. 하지만 좌익 세력에 대한 표면적 냉담함에는 소극적인 무관심 이상의 회의감이나 적극적인 거부감이 자리잡고 있었다. **'공산주의'가 과연 해방 정국의 한민족을 이끌고 갈 올바른 이념인가에 대해 대중들은 상당히 의구심을 품고 있었던 것이다.** "민심은 집중이 아니라 이산離散이요, 신념이라기보다 회의懷疑의 편이 되고 말았다."[4]

더욱이 시간이 경과하면서 공공연하게 활동하는 공산주의자들을 향해 회의의 눈초리를 보내던 사람들의 감정은 그들에 대한 적대감으로 바뀌기 시작했다. 좌익의 표면화가 우익의 출현을 부추긴 셈이다. "그 적색赤色 데모 이후로 민중은, 학생이거나 시민층이거나 지식층이거나 확실히 좌우 양파로 갈리는 것 같았다."[5] 해방공간에서는 정치적으로 좌·우익의 분열과 대립이 표면화되었으며 이를 바라보는 대중들 대부분은 '환희로 맞아야 할 해방된 조국' 앞에서 정치적 이념의 어디에도 마음을 두지 못

하여 농민들은 상대적으로 보수적인 태도를 드러냈고, 노동 운동에 대한 지지도도 결코 높지 않았다. 대신 사람들은 당장 먹고사는 문제와 관련하여 '소박한 일상성'을 보여주는 경향이 농후했다."(전상인, 「해방공간의 사회사」, 『해방 전후사의 재인식 2』, 박지향 외편, 책세상, 2006, 170쪽)
4 위의 글, 136쪽.
5 이태준(1946), 앞의 책, 133쪽.

하고 서로를 믿지 못한 채 힘겹게 삶을 영위해야만 했다. 특히 해방 직후 좌익 세력이 표면으로 부상하여 준동하면서 인간관계에 적지 않은 어려움이 발생했다. "해방 이전에는 막역한 지기知己여서 일조一朝 물을 것도 없이 동지일 것 같던 사람들이 해방 후, 특히 보수적인 것과 진보적인 것이 뚜렷이 갈리면서부터는, 말 한두 마디에 벌써 딴 사람처럼 서로 경원敬遠이 생기고 그것이 대뜸 우정에까지 거리감을 자아내는 것을 이미 누차 맛보는 것이었다."[6] 혈연이나 지연이나 학연이 아니라 이념의 색깔이 적과 친구의 기준이 된 것이다. 그래서 서로 간에 정치적 성향을 감추거나 무관심한 태도를 보이는 것이 상책이었다.

하지만 정치적 입장의 분열과 대립보다 더 무서운 것은 생존과 생활을 위한 투쟁이었다. 조선은 예나 그때나 가난했다. 나라를 잃던 경술국치 이후가 오히려 그 이전보다 형편이 더 나았다고 생각하는 사람이 있을 만큼 식민지기에도 '먹고 사는 일'이 대부분의 사람들에게 닥친 가장 절박하고 처절한 '문제'였으며,[7] 그러한 사정은 해방 후에도 마찬가지였다. 해방이 되었어도 가난한 살림살이는 나아지지 않았다. 시장에서 물건 값을 흥정하다 다투기 일쑤다. 팍팍한 삶에서 벌어지는 아귀다툼을 계용묵은 단편 「별은 헨다」에서 이렇게 묘사한다. "무서운 판이었다. 총소리 없는 전쟁 마당이다. (…중략…) 여기 모여 웅성이는 이 많은 사람들은 다 그러한 소리 없는 총들을 마음속에 깊이들 지니고 있는 것일까."[8]

---

6 위의 책, 139쪽.
7 "일본의 속국 백성으로 사는 것이 경술년 이전 나라가 있어 가지고 조선 백성으로 살 적보다 별양 못할 것이 한생원에는 없었다."(채만식(1946), 「논 이야기」, 『20세기 한국소설』, 창작과비평사, 2005, 149쪽) "나라가 있으면 백성에게 무얼 좀 고마운 노릇을 해주어야 백성도 나라를 믿고 나라에다 마음을 붙이구 살지."(같은 책, 170쪽)
8 계용묵(1946), 「별을 헨다」, 『20세기 한국소설』, 창작과비평사, 2005, 39쪽.

삶생활은 이념에 선행한다. 사람답게 먹고 살 수 있는 곳이면 남과 북 어디든 상관이 없다. 그러나 그 어디에서도 '살기'는 녹록치 않다. 그래서 「별을 헨다」의 주인공 모자는 만주에서 살다가 독립이 되자 고국남한으로 돌아온 후, 살 집을 구하려다 낭패를 보고는 이렇게 뇌까린다. "제 나라에 돌아와서도 이런 가난을 대로 물려 누려야 하는 것이 자기에게 짊어지워진 용납 못할 운명일까. 만주에서의 생활이 차라리 행복이었다."[9] 이남에서 집 구하기에 실패한 이들은 하는 수 없이 이북의 고향으로 돌아가려고 서울역에 도착하지만 거기에서 우연히 만난 고향 사람이 이북도 사정이 안 좋아 이남으로 넘어왔다는 말을 듣고 귀향을 포기한다. 염상섭은 남과 북 어디에도 거처를 정하지 못하고 안절부절 하는 상황을 연작단편 「이합離合」1948과 「재회再會」1948에서 주인공 장한이의 처남 진호의 입을 통해 "결국 우리 같은 사람은 삼팔선 위에나 발을 붙이고 살지?"라고 한탄한다. '삼팔선 위'란 '38선 북쪽'이 아니라 '38도 분계선 자체의 위'를 뜻한다. 북이나 남이 아니라 그 '경계'에서 살아야 할 판이다. '민족'과 '이념' 이전에 '인간'으로서의 생존과 생활이 위태로운 상황이었다.

2. 한국 지식인들의 친소·친공적 경향의 배경

제2차 세계대전 말 일본을 완전히 패망으로 몰고 가기 위해 미국이 소련에게 참전을 요청한 뒤 단 1주일여 만에 한반도 북쪽에 진주한 '소련'은

---

9 위의 책, 35쪽.

어떻게 그토록 쉽사리 북한을 차지할 수 있었을까? 소련이 점령군으로 북한에 들어오기 훨씬 전부터 북한에는 친소親蘇적인 여건이 이미 형성되어 있었다는 사실을 고려해야만 답할 수 있는 물음이다. 이 여건은 크게 두 가지로 나눌 수 있다. 하나는 북한의 정치지도자뿐만 아니라 주민들도 조선의 독립운동을 지원한 소련에 대해 막연히 심정적으로 동조하여 공산주의에 대해 거부감이 거의 없었다는 점이며, 다른 하나는 박헌영을 비롯한 개혁적 좌익 세력이 '민족 문제' 해결의 목표와 방법을 소련과 공산·사회주의에서 찾아왔다는 점이다.

당시의 한반도 상황을 현재의 시각에서 평가할 수는 없다. **당시 한국인들은 미소 간 정치 이데올로기 대립에 의한 냉전시대가 이미 출발하고 있었다는 사실을 알지 못했다.** 그리고 정치적 이념의 차이가 국가체제의 성격과 일상생활의 방식에 어떤 차이를 초래하게 될지 거의 의식하지 못하고 있었다. 그래서 소련의 공산주의 이념에 경계심을 품기는커녕 소련이 연합국의 일원이기 때문에 자신들을 돕는 우방처럼 생각했다. 심지어 해방 직후 부상한 좌익 세력이 민족해방운동이란 이름으로 소련의 입장을 지지하자 다수의 민중들이 그들의 선전선동에 동요하고 동조하였다. "당시 모든 한국인이 소련을 연합국의 일원으로 보았다는 점을 명심해야 한다. 소련과 미국의 불화 가능성에 대해 진지하게 생각해 본 사람이 있다고 해도 극히 드물었다. 그 무렵 한국에 조성된 국제정치적 조건들은 이데올로기적 차이처럼 실로 모호했다. (…중략…) 일본 세력이 축출되고 소련군이 대규모로 진주함으로써 정치적 성향을 가진 한국인들, 특히 좌익 성향의 사람들이 논리상 소비에트의 정치 형태가 당연히 영향력을 행사하게 되리라고 기대했을 것"이다.[10]

항일투쟁에서 가시적인 성과를 냈던 좌익 민족주의자와 공산·사회주의자야말로 진정으로 나라와 백성을 위한 주축 세력이라고 인정하는 분위기에서 좌익을 편드는 태도는 당시의 풍속이고 유행이었다. "일정 하 36년 친일함으로써 약간의 부를 축적하느냐, 빈곤을 감수함으로써 민족정신을 견지하느냐의 기로에 서서 혼연히 후자를 택한 이 민족에 있어서 부는 일종의 죄악시가 되었다. 이러한 독점적인 자본과 부의 편재를 부정하고, 그리고 일인이 고스란히 놓고 간 주인 없는 이 나라의 모든 부의 국유화 또는 균등한 재분배를 주장하는 것은 응당 문화인의 양심이고 해야할 일이라고 생각했다. 그리고 이것은 좌익 노선만이 성취할 수 있고, 따라서 그 노선을 좇는 자만이 양심적인 문화인의 자격을 향수한다고 생각했다. 따라서 사회주의적 세계관과 정책만이 이지러진 조국을 재건하는 유일한 지표인 듯싶었다."[11]

조선조 이래 만연한 부조리로서 가진 자의 부도덕한 부의 축적이 백성들의 분노를 사는 바람에 급기야 동학농민운동까지 겪었던 한국인에게 공산·사회주의는 거부보다 오히려 환영의 대상이었다. 민족의 독립을 앞세우는 동시에 민족의식을 고취시키는 혁명적 투쟁을 전개하는 그들이야말로 한민족에게 구원의 손길을 뻗친 애국지사로 비쳤을 가능성이 농후하다. 그런 의미에서 당시 다수의 한국인들에게 민족운동은 사회주의운동과 동치로 간주되었다. 해방 당시 남한 지식인의 70퍼센트가 좌익이었던 데에는 그럴 만한 이유가 있었던 것이다.

좌익 지식인들의 대부는 '박헌영'이었다. 영민한 그는 1919년 경성고

---

10   스칼라피노·이정식, 『한국 공산주의 운동사』, 돌베개, 2015, 394쪽.
11   오영진(1952), 『하나의 證言』, 스칼라피노·이정식, 위의 책, 393쪽에서 재인용.

보를 졸업한 뒤 상해로 건너가 이르쿠츠크파 고려공산당에 입당한 다음, 국내로 침투하다 체포되어 1년 6개월간 수감생활을 마친 이후, 동아·조선일보의 기자생활을 하고, 1925년 4월 조선공산당과 고려공산당청년회를 창당한다. 특기할 사항은 그가 1929년부터 1932년까지 모스크바의 각국 공산당 간부훈련기관인 국제 레닌학교에서 수학했다는 사실이다. 그는 정통 공산주의이론인 마르크스-레닌주의를 학습했을 뿐만 아니라 스탈린의 일국사회주의를 신봉하였다. '일국사회주의', 즉 국제적 공조를 통한 공산주의 혁명이 없이도 한 국가만으로 사회주의를 건설할 수 있다는 신념에 입각하여 박헌영은 해방된 한반도가 독자적으로 사회주의국가를 건설할 수 있다고 믿었다. 그는 한민족이 자체적인 혁명 역량을 갖추었음을 증명하기 위해 한반도의 근대 역사를 소환한다. "우리는 자유와 진보를 위하여 19세기 말에 동학란이란 농민의 반란이 일어났고, 1919년에는 민족해방을 위한 전국적 항일투쟁3·1운동이 있었습니다. 그 이래로 전국을 휩쓸어 넣고 일어나는 반제적 민족해방 투쟁을 부절不絶히 발전시켜 매년 근 만 명에 가까운 대중적 검거가 기록에 남아 있다는 사실로 보아, 우리 조선민족이 얼마나 자기해방을 위하여 투쟁하여 왔던가를 가히 증명할 수 있을 것입니다."[12]

박헌영이 대중을 향해 공산주의 지지를 호소할 수 있었던 가장 강력하고 구체적인 근거는 다름 아닌 일제 하 조선공산주의자들의 항일투쟁이었다. "우리 공산당은 과거에 누구보다도 용감하게 일본 제국주의와 싸웠다. 조선에 소위 반일 지도자라고 자처하는 사람들이 운동을 포기하고 민

---

12 박헌영(1945), 「파시즘과 테러리즘의 배격」, 『조선 인민에게 드림』, 범우, 2008, 193쪽.

족해방 전선에서 떠나 독립운동을 포기 혹은 일본 통치자와 타협하여 민족을 반역하였음에도 불구하고, 우리 공산당만은 그 무서운 일본의 전시 테러에서도 조금도 굴치 않고 꾸준히 싸워왔다. 일본 제국주의가 공산당에 대하여 말할 수 없는 데마와 욕설을 한 것은, 조선공산당이 조선 민족의 해방을 위하여 그들과 싸우는 가장 무서운 존재였기 때문이다."[13]

당시 박헌영이 이렇게 일제하 공산당의 활동을 치켜세우는 이유는 모스크바 3상회의에서 결정한 한반도 신탁통치와 관련하여 우익 인사들이 반탁反託을 내세우면서, 그 이유로 '공산당이 조선을 소련의 속국으로 팔아먹으려 한다'는 주장에 대해 반박하기 위해서였다. "우리 공산당이 과거 수십 년 동안 일본 제국주의와 피를 흘리며 싸워온 것은 외국의 속방屬邦으로 되기 위한 것이었던가. 절대로 아니다. 우리 조선의 완전한 자주독립을 위하여 싸워온 것이다. 그리고 소련도 조신을 속방으로 하려는 의사가 절대로 없다. 우리가 가장 신임할 만한 나라는 오직 소연방蘇聯邦이다."[14] 소련에 대한 박헌영의 신뢰는 이렇듯 절대적이었다.

박헌영의 친소親蘇, 親共적 신념과 정서는 당연히 반미反美적 태도로 나타났다. 그는 남한의 미군정이 소련과 달리 "한국을 미국의 상품 시장, 투자 시장, 원료 공급지로 만들려고 할 뿐만 아니라 군사 기지화를 만들려 하고 있다"고 비난한다.[15] 1946년 발표된 「민주독립을 위한 투쟁의 남조선의 현 단계와 우리의 임무」라는 문건에서 박헌영은 미군정이 친일파 중심으로 일제의 연장선에서 식민지화 정책을 강화하고 좌익 민족주의 진영에

---

13 박헌영(1946), 「오늘의 정세와 우리 민족의 살 길」, 『조선 인민에게 드림』, 범우, 2008, 36쪽.
14 위의 글, 37쪽.
15 위의 글, 217쪽.

대한 공세를 강화하여 '반인민적 반동'의 방향으로 나아가고 있다고 평가한다. 또한 경찰을 우익에 넘겨주고 좌익에게는 언론의 자유를 비롯한 모든 기본권 행사를 억압하여 좌익을 분열시키고 공산당을 고립시키려 한다고 날을 세운다. 그는 북한에서 이미 공산·사회주의적 민주주의가 성공적으로 정착하고 있기 때문에 남한에서도 동일한 정치체계를 충분히 구축할 수 있다고 판단한다. 그래서 박헌영은 미군정과 여운형의 타협 아래 실행된 좌우합작에 대해 좌익을 이승만의 반동 노선에 몰아넣으려는 술수라고 거부하고, 급기야는 하지 중장에게 보낸 공식 서한에서 '정권을 인민(위원회)에 이양하라'고 주장하기에 이른다.[16]

하지만 이러한 그의 요구는 당시 미국의 위력과 세계사의 흐름을 완전히 오독誤讀한 데에서 비롯한다. 그는 무엇보다 제2차 세계대전 이후 미·소 간에 냉전시대가 본격화되고 있고, 미국은 자유민주주의 국가들의 맹주로서 막강한 '반공' 전력을 구사하고 있다는 사실을 간과하거나 경시하고 있었다. 박헌영을 비롯한 남한의 공산·사회주의 세력은 그 조직과 활동 면에서 남한에 친미적인 자유민주주의 국가를 건설하려는 미군정에 가장 강력한 방해요소가 된다. 이러한 정황은 한국이 식민주의의 근대에서 자유민주주의의 현대로 이행하는 데에서 극복해야 할 난관이 무엇인지를 암시한다.

---

16 윤해동, 「교차와 대립 - 박헌영 사상의 위상」, 『식민지 근대의 패러독스』, 휴머니스트, 2007, 216~218쪽 참조.

3. 민족 문제의 사회주의적 진단과 처방의 특성

해방 후 좌파 세력은 민족주의 좌파와 공산·사회주의자의 경계가 모호한 상태에서 민족주의 우파와 적대적인 전선을 구축한다. 이들 좌파 세력은 한편으로 사상과 이론의 현실성과 실천성을 강조하면서, 다른 한편으로 고급의 지식과 정보가 소수의 지식분자에게만 집중되어서는 안 된다는 데 견해를 같이 했다. 좌파 인문학 가운데 '해방의 당위성'을 근본적으로 제기한 분야는 '철학'이었다.

일제하 경성제대 철학과 출신 중 대표적인 사회주의자인 박치우와 신남철은 철학사상으로서 마르크스주의의 핵심인 '실천' 개념을 전면에 부각시켰다. 마르크스와 레닌의 교시를 따르는 그들에게 철학은 추상적인 관념이 아니라 불평등한 현실을 개혁해야 하는 구체적인 실천이었다. 이 확신을 바탕으로 그들은 철학이 이론적이거나 중립적이어서는 안 되고 프롤레타리아트를 부르주아지에서 해방시키기 위한, 다시 말해 특정한 계급의 이익을 옹호하는 편파적 성격을 띠어야 한다고 주장한다. 그리하여 박치우는 「철학의 당파성」이라는 제하의 글에서 노골적으로 철학의 이데올로기성을 옹호한다. "'테오리아'의 내용은 '학설' '이론'임에 반하여 '이즘'의 내용은 '주의' '사상'이다. '테오리아'의 주체는 학자·이론가임에 반하여 '이즘'의 주체는 '이스트주의자'또는 '사상가'다. '이스트'에 있어서는 정열이 요구되나 학자에 있어서는 냉정이 요구된다. '테오리아'에 있어서는 '엄밀성' '정확성'이 요구되나 '이즘'에 있어서는 오히려 '엄숙성' '성실성'이 없지 못할 계기로서 요청된다. '테오리아'의 진리는 객관성임에 반하여 '이즘'의 진리는 주체성주관성이 아님이다. 이리하야 '테오리아'에 있어서는 인식이 결정적인 사명임에 반하야 '이즘'에 있어서는 일반적으로 '행동성'이 가장 본래적인 사명으로 요청되는 것이다. (…중략…) '테오리아'에 있어서는 그것이 참인가 거짓인가가 먼저 문제임에 반하야 '이즘'에 있어서는 오히려 그것이 **민족계급을 위하여** 좋은 사상이냐 나쁜 사상이냐가 먼저 문제 되는 것이다."[17] 박치우의 저작『사상과 현실』은 해방 정국의 좌익 지식인 사이에 베스트셀러였다. 당시의 지식인들에게 '주의자'는 곧 '사회주의자'를 뜻할 만큼 사회주의의 계급적 사유는 유혹이고 유행이었다.

　박치우의 학우였던 신남철은 헤겔주의에 기반을 둔 사회주의 사상가였다. 헤겔은 객관적 관념론자여서 겉으로는 마르크스의 사적 유물론과 대척점에 있는 것 같지만 마르크스와 레닌이 헤겔의『논리학』을 유물론적 사유의 방법론으로 원용할 만큼 헤겔은 공산 / 사회주의에 사상적 토대를 제공한 철학자 가운데 한 명으로 일컬어진다. 신남철은 특히 헤겔의『역사철학강의』에 매료되어 그의 자유 개념을 중심으로 역사발전에서 개인의 역할에 대하여 장황하게 논술하였다. 신남철은 그의 저술『역사철학』에서 '역사 · 사회적인 인간이 그때그때의 '지금 여기'에서 누구를 위하여 무엇을 어떻게 할 것인가?'에 대해 서술한다. 여기서 그는 헤겔의 역사철학적 입장을 일제 식민지 이후 한국사회가 당면한 민족 문제를 해결하기 위한 개인의 실천철학적 지침으로 삼는다. 그 가운데 압권은 위 저술의 '제 5절 死에 의한 生의 전환'이다. "인간은 미래의 세력에 참가하는 비판하는 개인의 집단으로서 역사의 담당자인 영광을 가지는 동시에 미구未

17　박치우,『思想과 現實』, 백양당, 1946, 13쪽.

적에 희생에 동원되어 사를 각오하지 않으면 안 되는 비애의 소유자로서 본질을 가지고 있는 것이다. 이와 같이 개인은 필연적 자유의 실현을 위하여 희생되고 포기되는 유한자로서 사를 각오하지 않으면 안 된다."[18] 세계사의 진행에서 유한자로서 개인의 활동은 무한자로서 신의 섭리를 실현하는 도구로 사용된다는 헤겔의 이해에 따라 신남철은 개인의 사死가 전체의 목적에 기여함으로써만 개인의 생生으로 거듭날 수 있다는 주장을 펼친다. 이러한 발상은 결국 피압박 민족의 구성원으로서 개인들은 민족 전체의 활로를 개척하기 위해 죽음을 불사하고 투쟁해야 한다는 강령으로 이어지기에 이른다.

한편 철학에 비해 대중적 성격이 강한 문학에서는 그 역할을 둘러싸고 무척 열띤 공방이 벌어졌다. 당시 문학은 '민주주의 신국가 건설'이라는 목표를 달성하기 위해 국민 모두가 문학을 공유하는 길을 모색하는 차원에서 1920년대 KAPF의 계보를 이어 '귀족 문학'에서 '평민 문학'으로 전환을 시도한다. 1920~30년대 KAPF에서 활동하던 문인들을 주축으로 하여 1946년 2월 8일에 개최한 조선문학자대회 축사에서 여운형은 이렇게 적고 있다. "언문일치言文一致는 되었다고 해도 그것이 노동자나 농민이 읽을 수 있는 문학 — 다시 말하면 평민문학平民文學으로서 발전시켜야 할 것입니다."[19] 또한 이와 같은 맥락에서 당시 조선학술원 대표였던 사회경제학자 백남운도 전국문학자대회에 보내는 메시지에서 문학의 대중회를 사회 / 민족해방의 수단으로 삼고자 한다. "새로이 수립될 민족문학은 삼국시대

---

18 신남철, 『역사철학』, 서울출판사, 1948, 53쪽.
19 여운형, 「祝辭」, 조선문학가동맹 중앙집행위원회 서기국 편, 『건설기의 한국문학』, 백양당, 1946, 5쪽.

의 귀족문학처럼 자기도취의 속곱질이 아니고 평민적인 국민문학國民文學일 것이며 고려시대의 불교문학처럼 난삽할 것도 아니고 평이명랑平易明朗한 사실문학일 것이며 이조시대의 유교문학처럼 고전에 구애될 것이 아니고 구체적 현실적인 사회문학社會文學일 것이며 편향적 배타적인 국수문학이 아니고 진정한 민주적인 해방문학解放文學일 것이며 (…중략…) '새로운 민족문학'은 사회해방문학社會解放文學의 토토로지로 발전될 것을 기대"한다.[20]

조선인민공화국 중앙인민위원회의 메시지는 한층 더 구체적이고 흥미롭다. "밖으로는 3상회의의 진보적 결정으로 소미蘇美공동위원회의 예비회의가 진행되며 안으로는 민주주의민족전선결성대회를 앞두고 오늘의 전국문학자대회를 맞이하게 됨은 민주주의조선건설 도상에서 실로 획기적 사업이 아닐 수 없다. 현실의 조선문학계에 부여된 사명은 국제민주주의 노선에 따라 세계문화건설의 일원으로 새로운 민족문화건설 과정에서 먼저 문학·예술 등 각 분야에 도량跳梁하는 반동문화를 말살하는 동시에 거대한 혁명적 과업을 실천해 나가는 광범한 노농勞農대중의 전위부대 속에 그 자리를 잡고 국내의 모든 봉건적 잔재와 일본제국주의 잔재세력 소탕을 위한 투쟁에 몸소 참가하여야 할 것이며 이 투쟁에서 불가피적으로 당도되는 친일파·민족반역자·국수주의자·전제주의자들의 정체를 세상에 폭로하고 그 죄악을 대중 앞에 공개하여 인민대중의 정당한 비판과 엄정한 처단을 요구할 것이다. 그리하여 민주주의민족전선 결성과 민주주의 임시정부 수립을 위하여 나아가고 가장 억세게 싸우는 인민문학의 사명을 완수하여 주기를 기대해 마지않는 바이다."[21] 여기서 '민주주의'

---

20 조선문학가동맹 중앙집행위원회 서기국 편, 『건설기의 한국문학』, 백양당, 1946, 8쪽.
21 조선인민공화국 중앙인민위원회, 「전국문학자대회에 보내는 멧세-지」, 『건설기의 한국문

는 당연히 인민이 주인이 되는 공산주의 정치이념을 말한다. 그런 의미에서 '민주民主'는 친일親日·반민족反民族·국수國粹·전제專制에 대한 투쟁을 표방하며, 문학의 민주주의는 결국 정치적으로 민족주의, 세계주의, 공화주의를 지향한다고 볼 수 있다.

물론 이러한 흐름이 해방 직후 한국 문학계 전체를 지배한 것은 아니었다. 문학계에는 1920년대 KAPF 출현 이후의 '민족문학과 계급문학의 대립'이 재현되었다. 전통적인 민족문학을 토대로 일본에서 수입한 근대문학을 소개한 민족주의 우파와 일제에 대한 저항 의식을 소련에서 수입한 사회주의와 결부시킨 민족주의 좌파 간에 대립 국면이 나타났다. KAPF 중심의 계급문학은 민족운동이 계급투쟁으로 전환되는 시점에 민족문학 수립운동을 계급문학운동으로 파악하였는데, 이는 "문학적 진보와 민족해방의 정신이 계급문학으로밖에 표현될 수 없었기 때문"이었다.[22] 문학은 민족해방이라는 목적을 지향해야 하고, 그러므로 문학은 곧 계급문학일 수밖에 없으며, 이는 문학의 문학으로서의 진정성을 담보한다고 그들은 믿었다. 이후 이들의 이러한 '경향성'이 문학의 순수성을 깨뜨린다고 믿어 문인들이 계급문학계에서 탈퇴하는 경우가 발생하기는 하지만,[23] 적

학』, 백양당, 1946, 11쪽.

22 임화, 「조선 민족문학 건설의 기본과제에 관한 일반보고」, 『건설기의 한국문학』, 백양당, 36쪽.

23 KAPF 회장을 역임(1927년)했던 박영희(1901~?)는 1920년대 초 개벽과 백조의 동인으로 활동하며 민족문학 수립과 민족 전통문화유산 보존에 힘쓰던 중, 피식민지 조선의 현실 개혁에 뜻을 두고 KAPF에 가입·활동하다가 사회주의 이데올로기 문학에 환멸을 느껴 출구를 모색하던 중 결국 일제 말기의 문화정책에 협조하여 국민총력조선연맹 문화위원(1940년)과 조선문인보국회 총무국장(1943년)을 역임한다. 그는 반일에서 친일로 돌아서면서, 마르크스-엥겔스의 「공산당 선언」 한 구절을 패러디하여 "얻은 것은 이데올로기이며 잃은 것은 예술 자신이었다"라고 변신의 변을 토로한다.(박영희, 『동아일보』 1934년 신년호, 1934)

어도 1920년대부터 해방 후에 이르기까지 민족의식에 사로잡힌 문인들이 보인 이념적 경향성은 그 현실화 가능성과는 별개로 한민족이 처한 민족적 현실에 대한 치열한 고민의 소산이 아닐 수 없었다.

4. 좌·우익 대립 속 우익과 미군정의 상호친화력

해방공간에서 민족 문제에 대한 공산·사회주의적 해법에 대한 평가는 좌익과 우익의 입장 차이에 따라 분명하게 구별되었다. 여기서 중요한 것은 정국이 좌익 민족주의자나 공산·사회주의자의 의도와 기대에 맞게 흘러가지는 않았다는 사실이다. 해방공간의 보통 사람들에게는 '민족'이라는 집단이나 '이데올로기'로 구분된 집단보다는 당장 '먹고 사는 일'이 실존적인 문제로 부각되고 있었다. 또한 그들은 과연 자신들의 먹고 사는 문제를 당시의 좌익 지식인들이 추종하던 공산주의가 해결할 수 있을지 확신하지 못했다. 더구나 모스크바 3상회의에서 한반도의 '신탁'이 결정되어 38도선 남과 북에 각각 미국군과 소련군이 진주하면서 '찬탁'과 '반탁' 문제가 해방 정국의 남북한 정치지도자들에게 최대의 현안으로 떠오르자, 정치적 이념의 선택은 단순히 국내 정치지도자들의 권한을 넘어 미국과 소련의 대외정책에 의해 좌우되는 사안이 되었다.

해방을 맞으며 여운형은 치안유지를 비롯한 사회문제를 총괄할 수 있는 행정권을 조선총독부 정무총감 엔도遠藤柳作에게서 인수하였다. 여운형은 송진우와 합작을 시도했지만 대한민국 임시정부를 봉대奉戴하려는 송진우와 뜻이 맞지 않아 협상은 결렬된다. 그리하여 8월 16일에 여운형, 안재홍, 정백이 주축이 되어 조선건국준비위원회건준를 조직한다. 그러나 국내 우익의 거두 송진우가 빠진 건준은 민족의 의지를 반쪽만 대표하게 된 조직이 되었다. 좌익 성향이 강한 건준은 미 점령군 도착 이틀 전인 9월 6일 전국인민대표자회의에서 송진우와 김성수를 배제한 채 조선인민공화국의 설립을 선포하고 우익의 참여를 유도하는 차원에서 이승만을 주석으로, 여운형을 부주석으로 선출한다. 하지만 전체 구성원 51인 가운데 민족주의 계열은 9인에 불과하고 중도 좌파가 10인 그리고 나머지 3분의 2 가량이 공산주의자여서 조선인민공화국은 출발부터 좌익의 성격을 강하게 띠었다.[24]

이들이 건국 사업을 이렇게 서두른 것은, 한편으로 소련이 아니라 미군이 진주할 경우 정치적 연합체로서 정당성을 인정받기 위해서였고, 다른 한편으로는 대한민국 임시정부에게 건국사업의 주도권을 빼앗기지 않기 위해서였다. 하지만 그들의 소망이나 예상과 달리 남한에 진주하여 남한의 정무를 주도한 미군정은 처음부터 국내와 해외에서 활동하던 정치세력 가운데 누구에게도 정국 주도권을 부여하지 않았다. 남한 점령군 사령관 "하지J.R. Hodge는 그 시점에 한국의 정부로서 어떤 한 곳의 당이나 단체를 승인할 의사가 전혀 없다는 사실을 분명히 했다."[25] 이에 따라 조선인민공화국은 허울뿐인 나라에 지나지 않게 되어 제 기능을 발휘하지 못하다가 1946년 2월에 발족한 '민주주의민족전선'으로 탈바꿈하기에 이른다.

---

24 건준은 조선인민공화국의 탄생을 선언하면서, '정치·경제적으로 완전한 자주독립국가의 건설, 일본 제국주의와 봉건적 잔재 세력의 일소, 전 민족의 정치적·경제적·사회적 기본 요구를 실현할 수 있는 진정한 민주주의, 세계 민주주의 제국의 일원으로서 상호제휴' 등을 표명하였다.(김수자·하상복,『한국 정치의 이념과 사상』, 후마니타스, 2009, 214쪽 참조)
25 스칼라피노·이정식, 앞의 책, 2015, 400쪽.

해방 직후 좌파 결집의 정당성은 그들이 일제 치하에서 누구보다 항일 투쟁에 앞장섰다는 데에서 찾을 수 있다. 일제하 항일抗日은 미군정기 반 일反日로 이어지면서 민족주의 좌파와 공산·사회주의가 활동할 수 있는 정치적 공간을 마련한다. 하지만 남한에서 미군정의 실시는 단순히 연합 국의 일원으로서 미국이 같은 연합국의 일원인 소련과 마찬가지로 한반 도의 남쪽에 새로운 독립국가를 건설하는 사업에 그치지 않고, 이미 시작 된 미·소 간의 냉전 상황에서 미국이 소련에 대하여 정치 이념적으로 우 위에 서고자 하는 열망과 전략에 시동을 걸었다는 사실을 뜻한다. 남한의 보통사람들은 대개 이데올로기의 대립에 큰 관심을 보이지 않았지만, 세 계 자유민주주의의 파수꾼을 자처하는 미군의 남한 진주는 곧 남한의 공 산·사회주의 세력과 미군정 사이의 갈등과 반목을 필연적으로 야기했다. 남한의 좌익 세력은 항일투쟁과 민족해방운동을 주도했다는 업적을 내세 워 해방 정국에서 주도권을 행사하고자 했으나 그 야심찬 기획은 미군정 당국의 거부의사 표시로 인해 처음부터 파행을 면치 못했다.

더구나 11월 23일 개인 자격으로 귀국한 임정의 상징적 인물 김구는 상 해 시절 좌우공동전선 구축을 시도할 때부터 이르쿠츠크파와 연안파 등 친 소親蘇·친중공親中共 세력과 대립각을 세워온 임정 내 대표적인 반공 민족주 의자였다. "소위 좌익의 무리는 혈통의 조국을 부인하고 소위 사상의 조국 을 운운하며, 혈족의 동포를 무시하고 소위 사상의 동무와 프롤레타리아트 의 국제적 계급을 주장하여, 민족주의라면 마치 이미 진리권 외에 떨어진 생각인 것 같이 말하고 있다. (…중략…) 민족은 필경 바람 잔 뒤의 초목 모 양으로 뿌리와 가지를 서로 걸고 한 수풀을 이루어 살고 있다. 오늘날 소위 좌우익이란 것도 결국 영원한 혈통의 바다에 일어나는 일시적인 풍파에 불과하다는 것을 잊어서는 안 된다."[26] 김구보다 한 달 정도 먼저 10월 16일 맥아더의 주선으로 미군용기 편으로 귀국한 이승만은 미국에서 자유민주주의의 강점을 실제로 경험한 철저한 반공주의자였다. 우파 민족주의자 김구와 자유민주주의자 이승만에 대한 미군정의 평가는 호의적이고 기대도 컸다. 좌익 세력이 정국을 좌지우지하려는 당시 상황에서 이승만과 김구의 귀국으로 인해 미군정으로서는 강력한 우군을 얻은 셈이었다.

이들의 귀국과 관련하여 하지는 1945년 11월 5일 자 전문에서 다음과 같이 적고 있다. "김구의 한국행이 결정된 것으로 생각된다. 그는 도착하는 대로 보다 큰 화합을 위해 이승만 박사와 협조하리라 예상된다. 본관은 이승만과 김구의 도움을 활용하여 추가적으로 한국에 환국해야 할 한국인들을 심사케 할 것이고, 이들은 현 군정의 경제부흥계획하에 충분하게 지원받게 될 것이며 보다 대의적으로 확충된 통합고문위원회를 설치하여 정부기구를 쇄신하고, 중앙정부의 수반 아래 책임 있는 정부직위에 실무자로서 또는 명예의장으로서 적절하고도 대표적인 한국인들을 임명하는 일에 조력케 할 계획이다. 만일 이러한 일이 효과적으로 이루어질 수 있다면 대다수 한국인들이 만족할 수 있을 만한, 속칭 과도적 한국임시정부를 시험적으로 우리의 감독하에 설치하고 적당한 시간이 흐른 뒤에 총선을 통해 국민정부를 선출케 할 수 있을 것으로 여겨진다. 이와 같은 일련의 조치는 현재 미군의 점령하에 있지 아니한 영토에 대해서도 그 지역이 해방된다면 이를 포함시키기 위한 어떠한 단계에서건 그러한 지역까지 확대될 수 있다."[27]

---

26 김구, 도진순 주해, 『백범일지』, 돌베개, 2011, 424~425쪽.
27 이승억, 「임시정부 귀국과 대미군정 관계」, 『역사와 현실』 24호, 1997, 101~102쪽에서

하지만 하지가 이승만과 김구를 통해 실현하고자 한 '과도정부 → 총선 → 국민정부 수립'의 계획을 현실화하는 데에는 숱한 복병이 숨어 있었다. 무엇보다 1945년 12월 모스크바 3국 외상회의는 해방된 한국에 임시 민주정부를 수립하고 미·영·중·소에 의해 최소 5년간의 신탁통치를 결정하였다. 이 결정을 실행에 옮기기 위해 미소공동위원회가 수차례 개최되었으나 소련의 신탁을 수용한 북한과 달리 남한은 반탁운동으로 정국이 급랭하였다. 반공주의자 김구와 이승만의 '반탁' 입장은 분명하고 주효했다. "압도적으로 강력한 한국의 반공 인사들이 모스크바 협정의 신탁통치 조항에 강경히 반대의사를 표명했기 때문에, 만일 미국이 소련의 주장을 수락했다면 한국에 공산주의자가 우세한 연립정부가 수립되는 결과가 초래되었을 것이다."[28]

모스크바 3상회의에서 해방 한국의 신탁통치가 결정되기 전 10월 23일 이승만은 송진우와 김성수의 한민당한국민주당을 비롯한 각 정당 대표 200명이 참석한 가운데 독립촉성중앙협의회독촉 의장으로 추대되었다. 이승만은 개인 자격으로 귀국하는 임정 요인들을 포함하여 좌·우익을 망라한 남한 내 유일한 단일 정치체를 만들어 자신이 민족통일전선의 최고 지도자가 되기를 꿈꾸었다. 그러나 독촉의 중앙집행위원회를 구성하는 과정에서 좌익 세력과 임정 요인의 반발로 인해 그가 목표로 삼았던 민족통일전선의 구축은 수포로 돌아간다. 독촉의 우익·친일적 경향 때문에 여운형의 조선인민당과 박헌영의 조선공산당 그리고 임정김구의 한독당이 등을 돌린 것이다. 좌·우익의 연합이 실패하자 독촉은 반탁反託운동을 반소

재인용.
28 윔스, 홍정식 역, 『동학 백년사』, 서문문고, 1975, 172~173쪽.

反蘇·반공反共운동으로 연결시켜 임정 요인을 설득하려 했으나 그나마 뜻을 이루지 못한다. 하지만 **독촉을 통하여 이승만은 적어도 우파 자유주의자들에게는 최고의 민족 지도자로 부상하게 된다.**

5. 해방 전후 미국의 대한對韓정책

한반도에 대한 미국의 정책은 해방 직후가 아니라 그 이전 제2차 세계대전이 발발했을 때 이미 구체화되기 시작하였다. 당시 미국무부를 중심으로 구성된 대외관계협의회Council on Foreign Relations의 자료에 따르면, 미국에게 "한국의 지정학적 위치는 전략적으로 중요하고, 주변국 간의 이해관계가 복잡하게 얽혀 있다. 따라서 어느 일 강국의 독주를 막고 미국 주도하의 지역안보체제의 마련이 필요하다".[29] 또한 태평양전쟁이 발발하자 미국무부 내에 '전후 대외정책에 관한 자문위원회the Advisory Commitee on Postwar Foreign Policy'가 구성되었는데, 이 위원회의 정치소위에서는 1942년에 한국에 대하여 '일정 기간이 지난 뒤 독립을 시키되 기간중 연합국 공동관리국제기구에 의한 신탁통치를 통해 자치능력을 배양시킨다.'고 결정한다. 또한 이 위원회의 영토소위에서는 종전 무렵 '한국인의 자유·독립에 대한 권리를 인정하되, 국제적 감독과 신탁통치하에 제한된 범위의 자치정부 시기를 거치는 이행기 이후 실제로 독립시켜야 한다'고 결론을 내린다. 1943년 국무부 내에 설치된 국간局間위원회Inter-Divisional Commitee on

---

29 정용욱, 「해방 이전 미국의 對韓構想과 對韓政策」, 『한국사연구』 83집, 1993, 94쪽.

the Far East는 신탁안에 입각하여 신탁의 실현경로와 방법에 대한 구체적 안들을 검토하고, 군정과 군사적 문제에 대한 기획을 본격화하고 있다.[30] 이처럼 한국의 정치적 미래는 해방 전에 미국무부의 세계전략과 동아시아전략 구상에 의해 이미 어느 정도 결정된 상태였으며, 이 구상에 의거하여 미국은 대중對中·대소對蘇 외교전략도 구사하게 된다.

미국 입장에서 '한국'은 동정과 자선의 대상에 지나지 않았다. 구한말 이후 식민지기까지 일본이 그러했듯이 미국도 한국을 그저 '가난하고 더러운 약소국'으로 간주했다. 한국인이 겪어온 역사적 고난은 한국인이 짊어져야 할 짐이었을 뿐 그들이 공감하고 책임질 문제는 아니었다. 중국에서 활동한 '대한민국 임시정부'를 공식적으로 인정하지 않아 김구와 김규식을 비롯한 임정 요인들이 개인 자격으로 귀국한 사실이나, 박헌영을 비롯한 남로당 요원들이 일제의 불법적인 한국지배에 대항하며 치러야 했던 대가를 인정하지 않은 사실로 미루어 볼 때 미국은 한국인의 '민족감정'에 별 관심이 없었다는 것을 충분히 짐작할 수 있다.

미국의 입장에서는 '민족'보다 '반공'이 우선이었다. 모스크바의 지령과 지원에 따라 한국에서 공산주의자의 활동이 탄력을 받아 점차 확산되어 가는 추세에 어떻게 맞설지를 두고 워싱턴의 브레인들은 머리를 모으고 있었다. 그들은 공산·사회주의 소련의 남하를 저지하지 않으면 동유럽과 마찬가지로 동아시아가 소련의 위성국가로 전락하게 될 것이라는 위기의식을 느꼈다. 미국의 입장에서 한반도는 지정학적으로 냉전시대 소련의 남하를 저지하기 위한 교두보로서 양보할 수 없는 위치에 있었다. 한반도

---

30 위의 글, 95~97쪽 참조.

는 당시 두 개의 세계정신인 미국의 자유민주주의와 소련의 사회민주주의가 참예하게 대립하기 시작한 현장이었기 때문이다. '한국'이 아니라 '한반도'가 미국의 전략적 이해관계에 절대적인 비중을 차지했던 것이다.

한반도의 남·북 분단은 바로 그러한 상황이 배경으로 작용하였다. 미국의 요청으로 제2차 세계대전에 뒤늦게 참여한 소련이 승전국으로서의 지분을 요구하자 미국은 불가피하게 한반도의 38도선 이북을 소련에 넘겨준다. 지정학적 가치를 고려할 때 한반도 전체를 포기할 수는 없었다. 그 결과 제2차 세계대전에서 패전의 대가로 독일과 함께 분단의 멍에를 짊어지게 된 나라는 같은 패전국인 일본이 아니라 일본의 식민지였던 한국이 되었다. '일본은 일본대로, 한국은 한국대로!' 미국은 자국의 이익에 부합하게 양국의 운명을 결정한 것이다.

해방 직전부터 주도면밀하게 기획된 '해방 한국'에 대한 청사진은 얄타회담과 모스크바 3상회의를 거쳐 미소의 신탁통치가 결정되고 38선이 그어진 뒤 해방을 맞으면서 바로 구체화되었다. 38선 남쪽에는 오키나와에 주둔하고 있던 미 24군단의 하지 장군이 점령군 사령관으로 부임하였다. 부임 직후 그는 남한의 '혁명적 열기'에 놀랐다. 남한의 정치적 분위기는 우익 세력에 비해 좌익 세력의 활동이 훨씬 우세했고, 더구나 그들은 조직적으로 활동하고 있었다. 하지에게는 위협이 아닐 수 없었다. 미군이 한국에 진입할 당시 미국무부의 방침, 즉 '한국의 어느 정치세력에게도 대표성을 부여하지 않는다.'는 방침은 정국을 주도하고 있는 좌익 세력의 조직과 활동 그리고 '조속한 독립요구'라는 장벽에 부딪친다. 그래서 미군정은 미국무부의 방침과 한국인의 요구를 동시에 만족시키기 위해서는 임정을 표면에 내세우거나 임정의 요인들을 이용하는 방법이 적절하다고

판단한다. 한국의 국내정치를 활용하지 않고서는 미군정의 대한對韓정책
이 성공할 수 없다고 판단한 것이다.

그래서 하지는 김구, 이승만, 김규식, 여운형 등과 접촉하기 시작한다.
미군정은 자신들의 목적을 달성하기 위해 한국의 자생적인 정치세력들을
자신들에게 유리하게 규합해야만 했다. 미군정의 자문기관으로 처음에 설
립된 '대한국민대표민주의원大韓國民代表民主議院, 약칭 : 민주의원(民主議院)'은 '한국
을 공산주의의 영향권으로 들어가게 해서는 안 된다'는 미 국무성의 확고
한 의지를 관철하기 위해 이승만과 김구 등 주로 우익 민족주의자들 위주
로 구되었다. 그런데 민주의원에 불참한 좌익 민족주의자들이 민주의원에
대립하는 민주주의민족전선民主主義民族戰線, 약칭 : 民戰을 조직하자 미군정은 양
측을 포괄하는 단체의 필요성을 절감하여 결국 '좌우합작위원회左右合作委員
會'를 결성한다. 미국의 입장에서는 당시 수차례 결렬된 미소공동위원회를
다시 성사시키려면 김구와 이승만 등의 우익 인사들보다 좌익에 우호적인
인물들, 즉 김규식과 여운형을 전면에 내세우지 않을 수 없었다. 게다가
그들이 비록 우익 민족주의자들에 비해 덜 '반공反共적'이기는 했지만 미군
정은 그들을 좌우합작위원회에 끌어들임으로써 그들이 가입해 있던 좌익
단체인 민전에서 그들을 분리시키는 효과도 거둘 수 있었다. 그러나 미군
정의 이러한 처사가 결과적으로 좌익 운동세력과 민족주의 세력 간의 통
일전선 구축을 가로막게 되자, 결국 이승만 중심의 우익연합인 민주의원
과 조선공산당 중심의 좌익 연합인 민전 사이에 대립구도가 형성되었다.[31]

미군정은 좌익 세력이 조직과 활동 면에서 우익 세력에 비해 표면적으

---

31 박태균, 「1945~1946년 미군정의 정치세력 개편계획과 남한의 정치구도의 변화」, 『한국사
    연구』 74집, 1991, 138~142쪽 참조.

로 훨씬 우세한 가운데 좌·우의 스펙트럼 중간에 속한 다양한 단체들이
난립하자 미군이 한반도에 진입한 목적을 기준으로 혼란한 정국을 수습
하고자 하였다. '그 활동이 군사점령의 목표 및 요구와 일치하는 단체는
장려'되어야 하며, '그 활동이 군사점령의 목표 및 요구와 일치하지 않는
것들은 폐지'되어야 한다는 것이다.[32] 이러한 취지에 맞는 인물들을 결집
시키기 위해 미군정은 군정청의 자문기관으로 앞서 언급한 민주의원을
발족하였다. 이 기관은 과도정부의 성격도 띠고 있었다. 여기서 민주의원
은 내부의 주도권을 미국이 지향하는 정치이념에 우호적인 인사, 즉 이승
만에게 넘겨주려 하였다. 그리하여 민주의원은 당시 신한新韓민족당과 국
민당 등을 규합하여 우익연합을 결성하면서 일제잔재 척결을 제일 목표
로 삼고 있던 좌익의 민족통일전선을 배제하였다.

당시 미 군정청이 한국의 보수 또는 우익을 자기편으로 끌어들인 이유는 '식민
지 잔재를 청산하지 않겠다'거나 '친일파를 우군으로 삼겠다'는 정략적 타산 때문
이 아니었다. 우익 민족주의자들이 기본적으로 미국이 지향하는 '자유민주주의'
라는 정치적 가치에 동조했기 때문이었다. 공산주의의 본산인 소련에 대한 군

---

32 박태균, 위의 글, 113쪽. 박태균은 여기서 미군정의 한반도 정책이 당시 인민들의 요구와
  무관하게 자신들의 국익의 유(有)·불리(不利)에 따라 시행된 점을 문제로 삼고 있으나,
  당시 미군정이 이렇게 엄격한 기준에 따라 혼란한 정국을 수습하지 않았더라면 이후 독자
  적인 대한민국 정부수립과 자유민주주의체제의 확립은 기대할 수 없었을 것이다. 현대에
  와서도 박태균 류의 민족주의 좌파는 미군정의 한국정치 개입이 다수의 인민이 요구한
  한국정치의 자율적인 성장을 저해했다고 비난하나, 이러한 발상은 식민지기 좌파 독립운
  동 또는 민족해방운동의 흐름이 해방 직후 좌파 민족주의와 공산·사회주의 활동으로 이어
  지고 있어서 그 연속성을 살렸어야만 했다는 비적시적(非適時的)인 의식의 소산이다. 그보
  다는 오히려 구한말에 미국 유학파를 중심으로 잠시 일었던 자유민주주의 교육이 일제
  식민지기에 단절되었다가 해방 후 미군정이 들어서면서 다시 그 불씨가 살아났다고 평가하
  는 관점이야말로 이후 남한과 북한에서 판이하게 다른 성격의 정치체계가 수립되고 그에
  따라 상이한 정책이 시행되면서 현저하게 국력의 차이가 생긴 배경을 설명하는 데 설득력
  이 있을 것이다.

사적 우위를 확보하기 위해 일본을 자기편으로 끌어들인 미국으로서는 한국 국내의 여론에도 불구하고 친일파 청산에 소극적일 수밖에 없었으며, 한국에 자유민주주의 국가가 건립될 경우 적어도 정치이념적으로 한국은 일본과 더불어 미국의 동맹국이 되는 셈이었다. 미군정하 정치적 개편과정에는 결국 "민족적 과제보다 정치적 이념의 공통성이 우선"하였던 것이다.[33] 따라서 미군정기에 조성된 친일적 태도는 미국이 패전국 일본을 자기편으로 끌어들이고 일본에서처럼 한국에서도 미국의 자유민주주의 정책에 따라 새로운 국가를 수립하려는 방침에서 비롯한 결과라고 볼 수 있다. 한국 내 좌우익 계파 간 갈등 양상은 이렇게 종전 직후 동아시아에서 발생한 미·소 중심의 세계사적 재편 과정에서 양 강대국의 이념적 노선에 따라 비자발적으로 정리되는 국면을 맞게 된다.

6. 구한말 자유민주주의 담론의 부활

식민지기 조선사회에는 '자유민주주의'를 경험할 기회가 원천적으로 차단되어 있었다. 그 이유는 무엇보다 일제하 조선이 '식민국가'로서 조선총독부에 종속되어 있었기 때문이다. 다음으로 지적할 수 있는 이유는 당시 '민족해방'이라는 정치적 목적을 내세움과 동시에 노동자와 농민 등 소위 무산계급의 이익을 대변한다는 공산·사회주의가 조선의 지식인사회 전반에 퍼지면서 대중들의 호응을 얻었다는 사실이다. "일제하에서 한

---

33 박태균, 위의 글, 136쪽.

국 사회주의는 소비에트 민주주의를 표방하기도 했지만, 이때의 소비에트는 민주주의의 원래적 가치보다 민족을 위한 집단적 가치로 변질되었다. 이는 자유주의 수입 이전에 또는 자유주의가 수용되고 토착하기 이전에 볼셰비즘을 중심으로 맑시즘을 수용한 것에 기인한 것으로, 개인주의의 현저한 결핍"을 보여준다.[34]

피식민지 조선에서 자유민주주의와 개인주의가 싹틀 여지가 없었다는 사실은 비단 공산·사회주자들에게서만 확인되는 사안이 아니었다. 신채호 같은 민족주의 좌파나 이광수 같은 민족주의 우파에게도 '전체'로서의 '민족'이 문제 될 뿐이어서 개인과 자유가 들어설 자리는 없었다. 결국 구한말 개화파의 박영효와 유길준 등이 주장한 문명개화운동 그리고 서재필과 윤치호 등이 『독립신문』을 통하여 벌인 애국계몽운동에서 피력한 '자유민주주의'는 일제 식민지기에 전혀 발아하지 못했던 것이다. 여기서 '자유민주주의'가 유길준과 서재필 그리고 윤치호 등 주로 미국 유학파를 통해 조선에 수입되었다는 사실은 특기할 만하다. 그들이 미국 유학 시절에 접했던 자유민주주의 이념을 한국에 이식하고자 한 노력은 식민지기에 거의 단절되었다가 해방 후 미군정 당국이 미국의 독립운동가 이승만을 지원하면서 미국의 자유민주주의를 신생 독립국가 건설에 제도적으로 정착시키려는 정책으로 이어졌다.

---

34 윤해동, 「토론마당-한국민족주의의 재검토」, 『역사문제연구』 제5호, 2000, 210쪽. 좌익 세력은 대의제를 실시하는 자유민주주의를 부르주아 민주주의로 치부하여 직접 민주주의를 지향하는 소비에트 사회주의와 프롤레타리아 독재를 인민 민주주의로 규정해 왔다. 그러나 러시아의 볼셰비키, 소련과 중국의 공산당에서 드러나듯이 프롤레타리아 독재가 유일 당의 독재와 개인숭배에 기울어져 전체주의로 변하면서 '민주주의'의 본래적 의미는 퇴색하고 만다. 따라서 프롤레타리아 독재를 지향하는 국가들에서는 국가이론으로서의 '자유주의'와 정부이론으로서의 '민주주의'가 꽃필 수 없었다.

구한말 '아래로부터의 운동'이었던 동학농민운동과 의병활동이 일제 하 독립운동으로 이어지고 이러한 항일운동이 러시아 코민테른의 영향 아래 계급투쟁으로 전환되면서 공산·사회주의가 민족 문제 해결의 유일한 이념적 토대로 인식되었던 데 반하여, 구한말 '위로부터의 운동'이었던 갑신정변의 문명개화운동과 독립협회의 애국계몽운동은 일제 하 소극적 저항인 물산장려운동 등으로 나타났다가 해방 후 미군정기에 들어 미국의 자유민주주의가 본격적으로 도입되면서 우익 민족주의자인 김구와 이승만의 정치적 입지를 강화시키기에 이른다. 이렇듯 한국의 좌익 세력은 구한말부터 미군정기에 이르기까지 민족과 계급의 이익을 공산·사회주의적으로 대변하고자 하는 태도를 일관성 있게 유지해온 반면, 한국의 우익 세력은 구한말 관료와 지식인을 중심으로 문명개화운동과 자유주의적 계몽운동을 전개하였으나 식민지기에 활동을 멈추었다가 해방 후 미국의 반공정책에 힘입어 자유민주주의 담론을 부활시킨다. 송진우와 김성수 등의 민족주의 우파 계열 지식인과 언론인이 중심이 되어 설립한 한민당은 임정 봉대론을 지지하고 김구, 이승만 등의 임정 지도자와 이시영, 서재필 등 독립운동가를 영수領袖로 추대하여 자유민주주의를 기초로 하는 민족국민국가 건립을 추진한다.[35]

---

[35] 윤덕영은 미군정 초기 송진우와 김성수가 주도한 한민당이 임정의 법통성을 앞세워 우파 민족주의의 입장에서 미군정의 대한(對韓)정책결정에 변화와 압박을 가했다는 사실을 근거로, 미군정기 한국의 정치적 대립과 갈등구조를 "미국과 소련의 지원을 등에 업은 좌·우 정치세력간의 대립, 또는 외세 및 그와 결탁한 보수세력 대 혁명적 민중주의세력의 대립이라는 단선적인 구도만으로" 파악해서는 안 된다고 주장한다.(윤덕영, 「미군정 초기 정치 대립과 갈등 구조의 중층성─1945년 말 한국민주당 주도세력의 정계 개편 운동을 중심으로」,『한국사연구』165집, 2014, 293쪽) 그러나 당시에 한민당이 임정의 지지로 인한 이승만과의 불화 그리고 조공(조선공산당)을 배제하고 미군정과 타협하면서 보인 민족주의 우파로서의 태도는 결국 남한의 정치이념적 미래가 미국의 자유주의적 의회민주주의를

여기서 주목할 점은 미군정기에 한국인을 위한 자유민주주의 교육이 공식적으로 시행되었다는 사실이다. 1945년 11월 25일 미군정은 법령 제32호를 공고하고, 조선총독부의 관방정보과를 접수하여 관방공보과로 변경한 뒤, 1946년 1월 26일 이를 공보국으로 승격시킨다. 이어 동년 3월 조직 개편에서 공보국을 미군정 9개의 부 가운데 하나인 공보부로 전환하고 그 안에 정치교육과를 설치하여 한국인에게 자유민주주의의 본질을 가르치는 기구로 삼는다.[36] 정치교육과의 핵심 구성원은 2인의 미국인 고문과 3인의 한국인으로, 피셔J.E. Fisher와 클리랜드G. Cleland 그리고 한치진韓稚振, 최봉윤崔鳳潤, 박인덕朴仁德이었다. 이들은 언론매체와 정책홍보를 통하여 한국의 대중에게 미국식 민주주의의 특징 또는 강점을 교육하였다.

이들 가운데 가장 중요한 인물인 피셔는 일제하 연희전문 교수로서 민주교육론을 강의했는데, 저서 『민주주의적 생활』1947의 발간 목적을 ① 민주주의 원리의 이해를 돕고, 전체주의와 민주주의를 구별할 수 있도록 하는 것 ② 민주주의가 가정·공공기관·정부에서 어떻게 발현되는지 알려주는 것 ③ 민주주의는 인류가 지금까지 경험해 본 정치이념 가운데 가장 만족을 주는 인생철학이라는 사실을 알리는 것이라고 제시한다. 피셔는 특히 일제가 주입한 서구 민주주의에 대한 오해, 즉 인종차별적이고 소수자의

추종하는 쪽으로 기울고 있음을 방증한다. 이러한 사실은 윤덕영 자신도, "송진우를 중심으로 한 한민당 주도세력은 서구 자본주의국가의 의회제 형태의 정치체제를 구상하면서 조공도 이런 의회제 정치체제에 들어와 진보와 보수로 경쟁할 것을 주문하였다."고 서술한 데서 알 수 있다.(위의 글, 286쪽) 달리 말해 한민당의 주도세력은 국내에서 난립하고 대립하던 정당들의 입장을 조율하는 과정에서 결국 이승만이 지향하는 미국의 반공적인 자유민주주의에 동조한 셈이고, 이러한 태도는 당시 동아시아를 지배하고 있던 미·소 대립관계 속에서 한국은 미국이 주도하는 자유민주주의 대열에 합류하도록 권유받은 결과로 볼 수 있다.

36 김동선, 「미군정 公報部 정치교육과의 활동과 구성원의 성격」, 『한국근현대사연구』 97집 여름호, 2021, 102쪽 참조.

인권 유린을 정당화한다는 오해를 불식시키고 한국인이 민주주의를 수용하도록 독려하기 위해 공보국에 다음과 같은 민주주의의 4가지 기본 원칙을 홍보하도록 건의한다. 1. 다수의 의지에 대한 국가의 복종 2. 그 의지가 효과적으로 행사되는 데 필요한 정치 기구의 존재 3. 그 의지가 효과적으로 행사되는 것을 방해하는 폭력, 위협 등에 대한 규제 4. 개인과 소수자의 인권과 자유에 대한 이해와 보장. 이를 통하여 피셔는 미국인이 한국에 원하는 것은 한국이 '자유롭고 민주적이며 계몽된 국가'가 되는 것이라고 피력한 뒤, 미국은 한국 땅에 국민의 의지를 대표하는 형태의 정부 수립에 미국이 필요한 시점까지 머무는 것이 목표라고 밝힌다.[37]

'군정의 한국인화' 방침에 따라 영입된 인물 가운데 가장 눈에 띄는 인물은 한치진이다. 민주주의에 대한 그의 생각은 미군정이나 피셔와 비슷하다. 다만 그는 민주주의의 원리에 민족주의의 위력을 덧붙인다. 그는 『민주주의 원론』1947이란 저술을 통하여 민주주의에서 강조하는 '개인'과 '개성'의 의미를 민족주의에 원용하여 민족주의는 곧 민족자결주의라고 설명하면서도, 혈통 중심의 민족주의에는 반대하여 자민족우월주의를 거부하고 개성을 존중하며 인종차별이 없는 세계적 민족주의로 나아가야 한다고 주장한다. 한치진은 특히 조선의 열악한 경제형편을 고려하여 빈곤과 불평등의 해소를 위해 경제적 민주주의를 내세우면서도, 공산·사회주의에는 반대하여 노동의 가치가 필요에 따라 결정되어야 하므로 공정

---

37 위의 글, 107~108쪽 참조. 여기서 흥미로운 점은 피셔에게 민주주의는 특정한 정치체계나 경제제도를 규정하지 않기 때문에 공산주의나 사회주의와 양립할 수 있다는 사실이다. 그렇지만 그는 '소련과 미국 중 어느 나라에서 더 많이 노동계급의 소리가 정부에 들렸다고 생각합니까?', '프롤레타리아 독재라는 것이 민주주의 정부의 한 형태입니까?' 그리고 '실제에서 나타난 프롤레타리아 독재는 어떤 것입니까?'라고 질문함으로써 공산주의 국가 소련에 대한 미국의 우위를 우회적으로 주장한다.(위의 글, 108·110쪽 참조)

한 경쟁을 통해 노동의 가치가 정당하게 평가받는 조직과 기업의 문화가 활성화되어야 한다고 주장한다. 또한 육체노동 못지않게 정신노동의 가치도 인류사회 발전의 원동력이기 때문에 개인의 독창력을 인정함으로써 그 결과가 사회 전체의 복리를 증진하는 방향으로 민주주의 제도가 운영되어야 한다고 서술한다.

한치진 외에 최봉윤과 박인덕의 민주주의론도 주목할 만하다. 최봉윤은 한치진과 비슷하게 중도좌파의 민족주의를 옹호하여 민권사상을 강조하고 경제적 민주사회 건설의 필요성을 역설하였으며, 박인덕은 해방 후 애국부인회 정치교육위원회 회장으로 활동하면서 특히 '투표'에 대한 교육에 열중하였고 친미적 시각에서 한국이 미국처럼 '자유와 풍요를 누리는 나라'가 되기를 희망한다.[38] 이렇듯 미군정기에 한국의 대중을 대상으로 한 자유민주주의 정치교육은 언론과 홍보를 통해 한국인들이 미국에 대해 우호적인 감정을 품도록 유도하려는 목적에서 시행되었다.

7. 반공과 자유민주주의에 적합한 정치 지도자

해방 직후 우익에 비해 세력이 강했던 좌익 성향의 대중들은 자기들만의 정치적 연합체를 구축하려는 경향이 강했다. 박태균은 해방 직후에 좌익과 우익으로 구분할 수 있는 정치세력이 있기는 했지만 이들이 정치 연합을 추구할 때 중심축은 '정치적 이념'이 아니라 '민족 문제'였다고 서술

---

38 위의 글, 111~117쪽 참조. 최봉윤과 박인덕의 민주주의 교육사상은 각각 『떠도는 영혼의 노래, 民族統一의 꿈을 안고』와 『호랑이 시』에 잘 나타나 있다.

한다.[39] 그러나 이 설명은 옳지 않다. 좌익은 해방 이전부터 이미 소련 공산당의 지침에 따라 한반도에 세포조직을 만들어 활동하면서 공산·사회주의의 '정치적 이념'에 입각하여 '민족 문제'를 해결하고자 하는 분명한 의도와 방향을 가지고 있었다. 이에 반해 우익은 단지 좌익에 대한 상대 용어일 뿐 그 자체로 독자적인 세력을 형성하고 있지 않았으며, 따라서 상대적으로 결속력이 약했다. 그런데 미군정이 들어서자 상황이 달라진다. 미국이 우익 세력에게 힘을 실어주면서 흩어져 있던 우익이 결집하여 민주의원民主議院이 결성되고 우익 세력은 좌익 세력에 필적할 만한 정치적 입지를 확보하게 된다. 그리고 민주의원에 맞서 기존의 민족주의 좌파와 공산·사회주의자 중심으로 구성된 민전民戰이 대두하면서 이후 한반도의 근현대사는 좌·우익의 대립으로 치닫게 된다.

미군정의 이러한 처사가 '민족 통일전선' 형성에 걸림돌로 작용한 것은 사실이다. 그러나 박태균의 주장처럼 그것이 통일전선이 추구하던 '자주적 통일국가 수립'이라는 민족 문제를 저버린 처사라고 폄하할 수는 없다. 왜냐하면 당시 우익연합은 반탁反託을, 좌익연합은 소련의 뜻에 따라 찬탁贊託을 들고 나왔는데 외세에 한반도의 운명을 맡길 수 없다는 우익의 반탁 운동이야말로 '자주적'이어야 한다는 목표의식에 투철한 태도이기 때문이다. 소련의 공산주의 이념에 매료되어 민족 문제보다 정치이념을 우선시한 좌익 세력이 오히려 민족의 자주성을 포기한 셈이다. 더구나 민주의원의 수장격인 이승만은 좌익 민족주의자들이 추종하는 공산·사회주의 체제로는 '민족 문제'를 해결할 수 없다고 생각한다. 그래서 그는 미·소

---

39 박태균, 앞의 글, 143쪽 참조.

냉전체제에서 '자유민주주의 vs. 공산·사회주의'의 대립이 첨예화되는 시기에 전자의 관점을 지지하여 거기에서 민족의 살 길을 찾고자 한다. 민족을 살리기 위해서는 공산·사회주의를 추종하는 세력이 아니라 미국의 자유민주주의를 따르는 세력에 속해야 한다고 믿었던 것이다. 이러한 이승만의 판단은 냉전의 기류를 탄 미국의 지원을 받아 차후에 남한만의 단독정부 수립으로 이어지게 된다. "이승만의 단정單政에의 길은 당시 이미 미·소 간에 냉전이 시작되어 이 물결에 편승한 탓에 순풍에 돛을 단 듯 추진되어 나갔으나 이미 냉전의 물결에 거역 구실을 한 김구·김규식 등 민족자주연맹의 길은 좌절의 길이 될 수밖에 없었다."[40]

당시 한반도는 미·소의 냉전체제에서 힘의 우위를 현실적으로 입증할 수 있는 대결의 장이었다. 미국 입장에서는 한반도의 남쪽을 자신의 세력권으로 확보하여 공산세력의 남하를 억제할 수 있는 교두보로 삼아야만 했다. 이러한 국제 정세를 감안할 때 민족애를 바탕으로 남북한 통일정부 수립을 위해 북으로 올라가 김일성을 설득하려 한 김구와 김규식의 노력은 애초부터 수포로 돌아갈 운명이었다.[41] 역사에는 '거역할 수 없는 흐름/대세'라는 게 있다. 당시 세계사를 지배하고 있던 세계정신은 미국의 자본·자유주의와 소련의 공산·사회주의가 주도했고, 이 두 세계사적 정신들 앞에 여타의 민족정신과 개인들은 속수무책으로 휩쓸릴 수밖에 없었다.[42]

한반도의 분단이 기본적으로 미국의 자유주의와 소련의 공산주의 사이

---

40 송건호, 「解放의 民族史的 認識」, 『解放 前後史의 認識』, 한길사, 1979, 31쪽.
41 "김구가 (…중략…) 그러한 냉전 상황을 배제하고 민족 자결에 의한 통일을 달성하려 한 것은 당시의 국제 정세를 정확히 판단한 투쟁노선이 못됐다."(송건호, 앞의 글, 32쪽)
42 민족정신과 개인들이 어떻게 세계정신의 자기전개에 수단으로 동원되는지에 대해서는 헤겔의 역사철학적 서술을 참고하기 바람.(Hegel, *Vorlesungen über die Philosophie der Weltgeschichte*, Hamburg : Felix Meiner, 1980, p.50ff)

의 대립에서 파생된 결과였지만 한반도의 현실 정치는 정치적 이데올로기보다는 친親자유주의 정치지도자들과 친공산주의 정치지도자들을 중심으로 진행되었다. 이념이 아니라 인물이 정치의 핵심요인으로 작용하면서 현실정치의 과정은 이념의 대립보다는 인물의 대결 구도로 진행되었다.[43] 이승만과 김구 그리고 박헌영과 여운형 등이 해방 정국에서 중심인물로 부상하자 정치에 뜻을 둔 이들의 정계 진출 여부는 결국 그 인물들과 어떤 관계를 맺느냐에 따라 결정되었다. 대부분의 정치 입문자들에게는 자신의 정치적 소신보다 자신이 지지하여 추종하는 인물의 정치적 신념이 중요했다. 그들은 어떤 인맥을 따르는 것이 자신에게 유리할지를 따져 정치적 행보를 결정했다. 그의 출세가 곧 나의 출세를 담보했기 때문이다.[44]

정치 지도자도 그 시대의 특성과 요구에 부응해야 한다. 그래서 시대의 한계는 곧 인물의 한계이다. 그런 의미에서 각 시대는 그 시대의 특성에 적합한 인물을 요구한다. 해방 직후 한국사회는 그 사회에 걸맞은 인물을 필요로 했다. 냉전시대 공산주의에 맞서기 위해 반공을 기치로 자유민주주의를 새로운 국가건설의 정치이념으로 삼아야 하지만 이 이념을 수용하기에 한국사회는 경험이 미숙하고 교육이 미흡했다. 이 상황을 헤쳐가기

---

43 "한국이 공산세계와 자유세계로 분단되자, 처음부터 한국민에게 정치적 사상 및 행동에 새로운 극단적 경향을 야기하였다. 공산주의자가 그 전에는 그렇게 심각한 문제를 일으킬 만큼 강한 적이 없던 한국에서 본래 정치적으로 신경을 쓴 것은 **이데올로기보다는 개개의 정치 지도자들에게 충성하는 데 기본을 두어 왔던 것이다.**"(윔스, 앞의 책, 174~175쪽)

44 예를 들어 현실정치에서 이승만이나 박헌영이 어떤 인물인가 하는 문제는 어떤 이데올로기가 국민의 삶을 윤택하게 할 것인가 하는 문제보다 더 본질적이었다. 이러한 사실은 북한에 '김일성'이라는 인물이 등장하면서 더욱 분명해진다. 그의 인간관계와 교육배경은 이후 그의 정치적 성향과 활동에 절대적인 영향을 미쳐, 이러한 그의 성향과 활동에 부합하지 않는 인물들은 그들이 설사 진정성을 가지고 공산·사회주의 이념에 충실했다 해도 가차 없이 제거되었기 때문이다. 대표적인 민족주의자 조만식과 대표적인 공산·사회주의자 박헌영의 처단이 여기에 해당한다.

에 합당한 정치지도자가 한국에 필요했다. 그래서 예를 들어 윤치호는 미 군정과 이승만에게 보낸 서한1945년 10월 15일 자에서 이렇게 적고 있다. "한 국인들은 아직 민주주의를 운영할 능력이 없다는 점과 한국이 공산화되어 서는 안 된다는 점을 강조하고, 한국인들을 지도할 유력자가 필요하다."[45] 이 '유력자'는 "민주주의의 형식과 구호만을 내세우며 국민들을 선동하는 무리와 공산주의의 잔학하고 불합리한 이념으로부터, 교육도 받지 못했고 훈련도 안 되어 있는 조선인을 지켜"줘야 한다는 것이다. "우리 조선인들 은 전형적인 민주주의나 급진적인 공산주의를 받아들일 정치적 준비가 되 어 있지 않"기 때문이다. 그리하여 "방종을 자유로, 강탈을 공산주의로 오 해"하지 않도록 지도해야 한다는 것이다.[46] 반공을 앞세워 자유민주주의 를 신봉한 이승만이 미국의 반소 / 반공주의와 결탁할 수밖에 없었던 근거 가 여기에 있었다. 당시 남한의 미래는 반일보다 반공을 시급한 문제로 파 악하고 있던 미국의 대외전략에 동조할 때에만 보장될 수 있었다.

8. 맺으며

공산·사회주의자들은 민족 문제의 근원을 공산·사회주의의 시각에서 지배층과 피지배층 또는 무산계급과 유산계급의 갈등으로 파악하였다. 그들이 문제의 소재를 밝히는 데에는 나름 성공했다고 할 수 있다. 그러나 그들의 해법이 옳았는지는 의문이다. 그 이유는 크게 두 가지로 볼 수 있

---

45   윤치호, 앞의 책, 2005, 628쪽 각주 1.
46   위의 책, 629쪽.

다. 우선 그들은 '인간의 욕구'에 대해 그릇된 판단을 내렸다. 인간의 욕구는 본질적으로 평등보다 자유를 지향한다. 자유는 인간에게 본래적으로 주어진 자연적인 것이지만 평등은 인산이 만든 인위적인 것이기 때문에, 자유는 평등보다 원초적이고 강력하다. 그런 의미에서 헤겔Hegel에 따르면, "자유는 인간의 두 번째 자연본성:Natur이다".[47] 다음으로, 공산·사회주의자들은 '사회발전'의 원동력에 대하여 오판했다. 사회발전은 물적 토대의 변화뿐만 아니라 의사意思와 정보의 소통에 의해 이루어진다.[48] 특히 의사와 정보의 소통이 자유롭고 원활한 정체政體를 수립하고 정책政策을 시행하는 일은 국가와 사회의 발전을 견인하여 국민의 삶의 질을 향상시키는 결과를 가져온다. 이 점에서 미국의 자유민주주의 체제는 소련의 사회민주주의 체제에 비해 우월하다. '자유민주주의'는 미군정이 한국의 미래를 위하며 권유한 정치체제이다. 북한이 소련의 사회민주주의를 수용한 반면, 남한은 미국이 제시한 '자유민주주의'를 수용했다. 두 진영의 이후 역사가 보여주듯이 그 결과는 판이했다. **국가의 정치 지도자가 어떤 체제를 택하여 국민들에게 어떤 정책을 펼치느냐 하는 문제는 국민 개개인의 성향이나 능력과 무관하게 사회발전의 성격을 결정한다.** 민족이 국가의 정체政體를 선택하기도 하지만, 국가의 정체가 민족의 미래를 결정하기도 하기 때문이다.

해방 후 일제가 남기고 간 혼돈 속에서 새로운 국가의 건설이라는 중차대한 현안 앞에서 안타깝게도 한민족은 자신들의 미래를 스스로 결정할

---

47 G.W.F. Hegel, *Grundlinien der Philosophie des Rechts*, Suhrkamp판, 1970, §4. 신체가 첫 번째 자연이라면, 자유는 두 번째 자연이다. 자유는 신체와 마찬가지로 인간에게서 분리시킬 수 없는 본래적 속성이다.

48 하버마스는 의사소통행위이론을 통하여 사회발전을 설명하는 데서 마르크스가 의사소통의 문제에 착안하지 못하여 '존재가 사유를 결정한다'는 유물론적 사고에 빠졌다고 비판한다.

수 있는 여건에 있지 못하였다. 대외적으로는 미·소의 대립이 세계사적으로 파급되어 전후 국제관계가 재편되면서 새로운 정치 지형도가 형성되기 시작했으며, 대내적으로는 일제 하 국내와 해외에서 활동하던 항일운동가들이 좌익과 우익으로 나뉘어 각자 정당성을 내세우면서 자기 세력 확장의 길을 모색하였다. 그러나 해방이 되었는데도 당시 동아시아 정세의 특수성에 따라 전범국戰犯國인 일본이 아니라 그의 식민지였던 한국이 남북으로 분단되고 미·영·소·중에 의한 신탁이 결정되어, 한민족의 의지와는 상관없이 남한과 북한에 각각 미군과 소련군이 진주하는 사태가 발생하였다. 한민족은 결국 한국의 장래를 결정할 국가의 정치적 정체성을 내부가 아니라 외부, 즉 미국과 소련의 정치적 정체성에 의존하여 확립할 수밖에 없는 상황이 벌어진 것이다.

미국의 자유민주주의와 소련의 사회민주주의는 모두 근대적 정치이념이었지만 양자 가운데 무엇을 선택할 것인지는 한민족의 독자적인 결정이 아니라 순전히 외부의 정치적 여건에 의해 좌우되었다. 근대 한국사회의 진행과정을 전체적으로 살필 때, 한민족은 미국과 일본의 자유주의적 근대성과 러시아소련의 사회주의적 근대성 사이에서 갈팡질팡하면서 그들이 제시한 문항 가운데에서 민족 문제의 해법을 모색해 온 셈이다. 그리하여 근대 한국사회는 외세와의 밀접한 연관 속에서 구한말에는 '민족 지키기'를, 그리고 일제 식민지기에는 '민족 찾기'를 당면과제로 삼다가 미군정기를 맞아 다시 외세미국의 절대적인 영향하에 근대적 국가를 건설해야하는 상황에 놓이자 '민족 세우기'라는 중대과제를 떠안게 되었다.

제8장
자유민주주의 체제 정착의 어려움

1. 시대적 문제 상황

해방 직후 한반도의 미래는 한민족의 선택에 의해서만 결정될 수 없었다. '자주독립국가'를 구상하던 한국 민족주의자들의 꿈은 쉽사리 이루어질 수 없었다. '해방'이 제2차 세계대전에서 연합군의 승리와 일본의 패배로 인해 '주어진' 결과여서, 한국의 미래문제와 관련하여 연합국, 특히 미국과 소련이 자기들의 국익을 수호하기 위해 한반도에 대한 영향력에서 우위를 점하려고 다투었기 때문이다. 그 결과 미국의 제안과 소련의 동의에 따라 북위 38도선을 경계로 남과 북이 갈라지고 두 지역에 미국과 소련의 점령군이 진주하였으며, 1945년 12월 모스크바 3상회의에서 5년간 한국의 신탁통치가 결정되었다. 이후 한국문제를 의제로 1946년 3월과 1947년 5월 두 차례에 걸쳐 미소공동위원회가 개최되었으나 국민 여론이 반탁反託과 찬탁贊託으로 분열되어 합의점을 찾지 못하다가 결렬되었다. 그에 따라 미군정이 1947년 9월 한국문제를 국제연합유엔에 이관하기로 결정하면서 모스크바 3상회의의 결정을 무효화하자, 유엔은 소총회를 열어 한반도의 총선 문제를 유엔한국임시위원단에 위임하기로 결의한다.

유엔한국임시위원단은 1948년 1월 9일 서울에 도착하여 12일에 첫 회의를 갖고 총선거를 위한 준비에 착수하여 미·소 양국에 협력을 요청하였으나 소련 측의 거부로 입북이 거절되어 뜻을 이루지 못하자 유엔총회 정치위원회의 자문을 구하여 남한만의 단독선거를 제안하기에 이른다. 그러나 이 제안은 소련뿐만 아니라 미국의 우방 국가들로부터도 반대에 부딪혔다. 찬반 논란 끝에 2월 26일 열린 유엔소총회는 미국이 제출한 남한만의 '단독 총선거안'을 찬성 31, 반대 2, 기권 11로 채택하였다. 이에 따라 한국임시위원단 위원들은 유엔총회 결의를 실행하기로 결정하고, 위원단이 접근할 수 있는 지역에서 선거감시를 공약하였다. 그 감시하에 '1948년 3월 말까지 자유선거를 실시하고 국회구성 및 정부수립 후 미·소 양군이 철수한다'는 결의안을 제출한다.

미국과 소련 그리고 유엔 측 대리인들에게 '한국'은 그저 패전국 일본의 식민지였던 약소弱小국에 지나지 않았다. 따라서 한국 그 자체의 가치를 따지면 그들에게 '한국'과 우호적인 관계를 맺는 일은 중요하지 않았다. 하지만 '한반도'는 지정학적 측면에서 볼 때 미·소 양국이 자기 세력을 확장하는 데 요충지여서 피차 양보할 수 없었다. 여기에 덧붙여 구한말부터 해방까지 미·소 양국이 한반도와 맺어온 역사적 관계가 그 배경으로 작용했다는 사실을 고려해야 한다. 소련러시아과의 관계는 구한말 고종의 아관파천을 계기로 맺은 인연을 필두로 하여 일제시기 민족주의 좌파 또는 공산주의자들이 소련의 지원을 받아 지하에서 활동하다가 해방 직후 공개적으로 투쟁을 펼치기까지 지속적으로 긴밀하게 유지되었다. 반면에 미국과의 관계는 그만큼 긴밀하지는 않았으나 구한말 개화파를 중심으로 서구 근대문명을 소개한 세력과 구한말 이후 일제시기에 걸쳐 미국 선교사들을 통하여 접한 서구 자유주의사상에 매료되었던 민족주의 우파 또는 자유주의 세력이 그들 나름대로 미국과의 유대관계를 강화하기 위해 애썼다. 이 과정에서 남한의 경우 식민지기에 '민족의 독립'이라는 공동 목표 덕분에 소극적으로만 드러났던 좌·우익의 대립은 해방 후 적극적으로 표면화되었으며, 미·소간의 냉전상태가 외부요인으로 가세하면서 한국사회의 정치 지형도는 더욱 복잡하게 얽히게 되었다. 해방 직후 민족통일전선을 구축하려는 건준과 독촉의 시도는 지향하는 정치이념의 차이로 인해 무위로 끝나고, 모스크바 3상회의에서 '신탁통치'가 결정된 뒤 북한에서는 처음의 반탁 움직임이 소련의 압력에 따라 친탁으로 바뀐 반면, 남한의 경우 시종일관 반탁운동이 거세게 일어나자 미군정 당국은 한국의 정치지도자들과 우호적인 관계를 맺기 어려웠다.

　해방 후 신탁통치 못지않게 남한을 분열시킨 또다른 문제는 일본(인)에 대한 태도, 즉 일제 식민지 잔재의 청산이었다. 친일親日문제는 일제시기 굴곡된 삶을 산 한국인들에게 예민한 문제가 아닐 수 없었다. 이 문제는 한국의 민족 지도자들에게, **누가 어떤 자격으로 한국의 미래를 책임질 것인가 하는 문제와 결부되어 '신생新生 대한민국'의 정치적 정통성과 정체성을 담보**하는 중대사안이었다. 하지만 미국에게는 이 문제가 심각하지 않았을 뿐만 아니라 제2차 세계대전 후 미국의 지원으로 재건되고 있던 일본이 미국과 반공 이데올로기를 공유하고 있었기 때문에 일제의 식민지 잔재는 미군정 당국에게 청산의 대상이라기보다는 관용의 대상이었다. 따라서 민족주의 우파의 친일적 태도는 미군정 입장에서 긍정적으로 수용되었다. 하지만 반일을 견지하는 민족주의 좌파에게 일본에 대한 미국의 우호적인 태도는 거부감이 들지 않을 수 없었다.

미국 입장에서는 반탁反託을 내거는 우파 민족주의 세력과 반일反日을 외치는 좌파 민족주의 세력 모두가 부담스러운 존재가 아닐 수 없었다. 누구에게 어떤 자격으로 한국의 미래를 맡기는 것이 좋을까? 그것은 매우 골치 아픈 문제였다. 미군정 당국은 새로이 수립될 국가의 정권을 둘러싼 싸움이 공정하게 진행되도록 일단 백지 상태의 여건을 조성하기 위해 임정 요원을 비롯한 민족 지도자들의 기득권을 인정하지 않기로 했다. 하지만 이미 작동하고 있던 한반도의 정치적 세력 판도는 미군정 당국이 쉽사리 좌지우지할 수 있는 상황이 아니었다. 소련이 북한의 정치지도자와 긴밀히 협조하여 공산·사회주의가 주도하는 남북한 통일정부를 수립할 계획을 비밀리에 추진하는 동안, 미국은 미국의 정책에 우호적인 남한 내의 정치세력을 규합하여 새로운 국가건설의 책임을 맡기려고 시도했으나 그마저도 남한 내 복잡한 정치적 이해관계로 인해 순조롭게 진행되지 않았다. 결국 미군정은 한국문제 해결의 열쇠를 유엔으로 넘겼지만 소련과 북한은 미국의 입김이 강하게 작용하는 유엔을 신뢰하지 않음에 따라 남북통일정부 수립은 현실적으로 불가능하게 되었다. 한국이 '신생 독립국'으로 탄생하는 과정에서 미국과 소련이 벌인 주도권 쟁탈전, 양국의 결정에 추종하려는 한국 내 정치세력과 미·소의 개입을 거부하며 자주적인 통일정부를 수립하고자 하는 민족주의 세력 사이에 일어났던 치열한 다툼은 결과적으로 미국식 자유민주주의 정부가 들어서기까지 남한이 얼마나 큰 노고와 희생을 치러야 했는지를 가늠하게 한다.

한반도 역사상 자유민주주의를 한 번도 경험해 보지 않은 민족이 급작스레 자유민주주의 국가를 건설하는 데는 많은 난관이 도사리고 있었다. 무엇보다 정부수립을 전후한 시기 한반도에 도입된 '자유민주주의'는 완전히 낯선 근대적 정치제도였다. 이렇게 질적으로 새로운 제도를 수용하는 일은 구한말에 겪은 문화적 충격이나 일제의 식민지화로 인하여 맛본 단절 못지않은 역사적 불연속의 경험이었다. 과거 왕권국가 치하에서의 봉건적 사고와 식민국가 아래에서의 민족주의적 사고에 갇힌 자기自己에서 벗어나 '자유민주주의' 정치이념에 적응하여 '새로운 자기'를 만들어야 하는 과제가 한민족에게 주어진 것이다. 하지만 '새로운 자기'로 탈바꿈하는 데에는 진통이 따를 수밖에 없었다. 과거의 습관이 '관성'으로 작용하여 새로운 현재 또는 새로운 출발을 방해했기 때문이다.

정치이념적으로는 무엇보다 전통적인 왕권주의와 사회주의가 자유민주주의의 발목을 잡았다. 대한민국 단독정부 수립 문제와 관련하여 한국의 대중들에게 '자유민주주의'는 생소했다. 그들은 자유민주주의가 무엇인지 그리고 자유민주주의 체제가 어떻게 운영되는지 알지 못했다. 미국의 자유민주주의를 경험해 본 몇몇 친미적 인사들이 자유민주주의의 가치를 알고 이를 한반도에 실현하고자 했으나 이를 뒷받침 하는 정치·문화적 기반이 약하여 조직적이고 체계적으로 활용할 수 없었다. 미군정과 유엔의 지원을 받은 이승만의 한민당이 중심이 되어 우익으로서 자유민주주의의 법제도를 근간으로 새로운 국가를 건설하려는 시도가 일단 성공하긴 했으나 법제도를 운영하는 데는 현실적으로 많은 어려움이 따랐다.

새로운 자유민주주의 국가 '대한민국'의 건설을 위해 치러야 할 대가는 엄청난 것이었다. **자유민주주의 국가로 진입하는 일은 기존의 왕권중심적인 권위주의에서 탈피하는 일뿐만 아니라 민족의 독립과 해방을 기치로 내걸고 활동하**

면서 한민족의 미래를 자기들 손으로 결정하고자 했던 좌파 사회주의 세력의 방해공작에 맞서는 일이기도 했다. 전통적 민족주의자와 근대적 사회주의자는 일제의 압제와 통제에 대한 기억을 바탕으로 반일反日을 앞세워 반일에 소극적인 자유민주주의 정권의 정치적 행보를 가로막았다. '대한민국'이라는 새로운 국가는 출발 지점에서부터 반反자유주의적인 세력에 덜미를 잡혀 전진에 큰 저항을 받고 있었다. '자유민주주의'라는 새로운 정치체계의 구축은 그 자체로 '정치적 불연속'을 경험하는 일이었는데, 바로 그 때문에 자유민주주의 국가건설을 위해 대한민국은 수많은 난관을 헤쳐나가야만 했다.

2. 통일정부 수립의 어려움

미·소 군정기 한반도에서 좌·우 대립에 따른 남한만의 단독정부수립 그리고 정부수립 후 남한 내의 정치적 갈등과 관련하여 당시 남·북한의 정치지도자들과 정치단체들의 활동을 중심으로 긴박했던 순간들을 간추리면 다음과 같다.

1946년

1월 2일 : 북한의 정당 및 사회단체 모스크바 결정 지지 공동 성명서 발표

1월 4일 : 박헌영 및 좌익계열, 신탁통치 찬성 발표

1월 15일 : 남조선 국방경비대 창설

2월 8일 : 남한, 대한독립촉성국민회 결성 / 북한, 북조선인민위원회 발족

2월 20일 : 미 군정청, 정당 등록제 공포

3월 7일 : 미 군정청, 조선 정판사 사건 관련자 체포

5월 6일 : 1차 미소공동위원회 결렬

6월 3일 : 이승만 정읍 발언남한만의 단독정부수립 가능성 시사

7월 17일 : 38선 월선 및 통행금지 조치

7월 28일 : 북조선 노동당, 김일성을 위원장으로 추대

8월 29일 : 북한, 북조선 노동당 창설

10월 13일 : 조선민족청년단족청 발족단장 이범석

12월 12일 : 남조선과도입법의원90명 개원

1947년

1월 1일 : 김구를 중심으로 '반탁독립투쟁위원회' 결성

6월 1일 : 김구·이승만 반탁 성명 발표

6월 3일 : 미군정청을 '남조선 과도정부'로 개칭

9월 17일~21일 : 2차 미소공동위원회의 결렬에 따라 한국문제를 UN에
　　　　　　　　　이관 결정

9월 21일 : 지청천을 중심으로 반공청년단체 '대동 청년단' 결성

9월 26일 : 소련, 한반도에서 미·소 양국 군 동시 철수 제의

1948년

3월 31일 : UN, 남한 단독 총선거안 결의

3월 25일 : 북한, 김구가 제의한 남북협상 수락

4월 3일 : 제주 4·3사건

4월 19일~5월 5일 : 김구 · 김규식 방북과 귀환

5월 10일 : 제헌 국회의원 선거

5월 14일 : 북한, 남한에 송전 중단 결행

5월 20일 : 남조선과도입법의원 폐원

5월 31일 : 제헌국회 개원의장 이승만, 부의장 신익희 · 김동원

7월 1일 : 제헌국회에서 국호를 '대한민국'으로 결정

7월 17일 : 대한민국 헌법 및 정부조직법 공포

7월 20일 : 초대 대통령 이승만, 부통령 이시영 당선국회 간접선거

8월 15일 : 남조선 과도정부미군정청 폐지, 대한민국 정부수립 선포, 국군창설

9월 7일 : 국회 반민법반민족행위처벌법 가결

9월 9일 : 북한, 조선민주주의인민공화국 수립

9월 22일 : 반민법 공포

9월 28일 : 정부, 남북교역 중지 선언

10월 1일 : 반민특위반민족행위특별조사위원회 구성

10월 19~27일 : 여순반란사건

10월 23일 : 반민특위 발족위원장 김상덕

11월 21일 : 국회, '미군 주둔 요청 결의안' 가결

12월 1일 : 국가 보안법 제정

12월 12일 : UN, 한국을 유일한 합법 정부로 승인. 대구 6연대 반란사건

1949년

1월 1일 : 미국, 대한민국을 정식으로 승인

1월 6일 : 반민특위 설치

5월~1950년 3월 : 국회 프락치 사건

6월 5일 보도연맹保導聯盟 조직 : 남로당 전향자 52182명

6월 6일 : 경찰, 반민특위 사무국 강제 해산조치

6월 26일 : 김구 피살

6월 29일 : 미군 완전 철수

7월 7일 : 반민특위 위원 총사퇴

9월 19일 : 소련, 북한 주둔 소련군 철수 계획 발표

9월 21일 : 국회, 반민특위 폐지 가결

10월 19일 : 정부, 남로당 등 정당·사회단체 등록 취소

12월 19일 : 대한청년단 결성

　1946년부터 1949년까지 발생한 일련의 사건들을 일별하면 거기에서 일정한 흐름을 읽을 수 있다. 미국과 소련의 대립적 이해관계로 인해 남북한 단체와 정치지도자 사이에 대립이 생겨났으며 남한 내 반공주의자와 민족주의자가 서로 갈등을 일으켰다는 사실이다. 이 과정에서 충분히 짐작할 수 있듯이 소련과 그 추종자인 북한의 공산주의 세력은 애초부터 '남북한 정치지도자들의 합의'에 의한 통일정부 수립의 의지가 전혀 없었다. 반탁주의자들을 미소공위의 협상 대상에서 제외시키자는 소련의 제안은 민족주의자들을 탄압하려는 의두에서 비롯된 것이며 북한의 통일전선정책과 연합정부 구상이 완전한 사기극이라는 사실을 역력히 보여준다.[1] 1946년 8월 29일 북조선 노동당 창립대회에서 '스탈린 대원수'를 명

1　스칼라피노·이정식,『한국 공산주의 운동사』, 돌베개, 2015, 527~531쪽 참조. 김일성은
　　3상회의 결정이 발표된 후 1946년 1월 5일 북조선여성동맹이 주최한 강연회에서 "3상회의

예의장으로 추대한 데서 보이듯이 '김일성'은 소련이 그들의 지시를 성실히 수행할 인물로 선정한 지도자일 뿐 그 자신이 대중적인 지지를 받아 등장한 것은 아니었다.[2] 그런데 미국의 서구식 자유민주주의가 전통적 유교의식이 여전히 가동되고 있는 남한사회에 뿌리내리기 어려웠던 반면, 소련의 권위적이고 위계적인 정치체계는 여전히 조선시대의 봉건적 유습이 남아 있던 북한사회에 수용되는 데 별 무리가 없었다. 소련식 공산·사회주의는 당시 한국사회의 보수성과 후진성에 더 잘 맞았던 것이다. 당시 베이징中國 공산당과 평양北朝鮮 공산당의 관계가 형제兄弟지간이라면, 모스크바소련 공산당와 평양의 관계는 부자父子지간이라 할 수 있을 만큼 북한의 김일성파는 맹목적이고 전폭적으로 소련을 추종하였다.[3]

다음으로 주목할 점은 남한 내 민족주의적 반탁주의자들의 저항이다. 이들은 유엔의 결정에 따라 남한만의 단독정부수립이 불가항력적인 기정사실이 되자 거기에 참여하기는 했으나 잠재적으로 이승만 정부의 반대세력을 형성하고 있다가 총선을 통하여 현실적인 정치세력으로 부상하였다. 5·10 총선에서 한민당의 후신인 민주국민당과 이승만을 지지한 대한독립촉성국민회대한국민당는 전체 200석 가운데 각각 29석과 55석을 얻은

결정을 반대하는 사람은 친일파와 민족반역자로서 이들은 소련과의 우의적 관계를 파괴하는 사람"이라고 단언한다. 또한 신탁통치 지지 선언문에도 소련(붉은 군대)의 도움으로 해방되었으며 또 정부가 수립된 데 대하여 감사의 말을 삽입했으며, 곧 9개 단체가 공동으로 발표한 성명에서는 소련의 도움으로 장차 임시정부가 조직되고, 소련의 후견으로 신탁통치 기간이 10년에서 5년으로 단축되었다고 소련에 대해 지극히 우호적인 태도를 보인다. 또한 1947년 6월 4일 정당 사회단체 모임에서 민주주의 개혁의 거대한 성과를 거둔 북조선의 민주기지를 앞으로 한반도에 수립될 임시정부의 모델로 규정한다.(심지연, 『미－소공동위원회 연구』, 청계연구소, 1989, 70~73쪽 참조)

2 스칼라피노·이정식, 위의 책, 543쪽 참조.
3 위의 책, 659쪽 참조.

반면, 이승만에게 비판적이었던 중도 민족주의자들이 무소속으로 다수 당선되었다.[4] 남북한 통일정부수립을 주장하던 김구·김규식 등 민족주의 우파 세력이 총선에 참여하지 않는 대신 안재홍·조소앙·조봉암·원세훈 등 중도좌·우파 정치인들이 대거 제헌국회에 입성하면서 신생 대한민국의 정치적 미래는 예측을 불허할 만큼 불안정했다. 더구나 절대 다수의 무소속 의원들의 경우 정치적 색깔이 불투명하여, 이들이 헌법에 명시된 반민특위反民特委, 반민족행위특별조사위원회 활동과 관련하여 이승만 정권에 어떤 태도를 취하는지가 제1 공화국의 정치적 정당성과 생명력을 좌우하는 관건이 되었다.

3. 미군정과 이승만의 밀고-당기기

1945년 9월에 설립된 재在조선미육군사령부군정청은 남한의 유일한 정부였고 임시 국가였다.[5] 미군정은 국가준비기구로서 '국가다원주의'를 모토로 남한 내 모든 정당이 신생독립국가 건설에 참여할 수 있는 기회를 제공했다. 그런데 이는 절차상으로는 다양한 정당의 이해관계를 공평하게

---

[4] 민주화운동기념사업회 연구소, 『한국민주화운동사 1』, 돌베개, 2008, 33~34쪽 참조. 그런데 『한국민주화운동사 1』이 필자는 이 선거결과를 '국민들이 친일·단정 세력보다는 독립운동을 한 애국자들을 존경'하고 있으며, 정치지도자들에게 '극우반공정치만이 아닌 다원주의정치의 실현'을 기대하는 징표라고 해석하고 있으나 이는 차후에 벌어진 이승만 정권의 독재를 근거로 한 사후적인 설명이 아닐 수 없다.(34쪽 참조) 정부수립시 반공을 국시로 내건 이승만 정부 입장에서 볼 때 남북의 이념적 통일은 비현실적인 공상에 지나지 않았으며, 민주적인 다원주의 또한 당시 남한 정치인들의 민주주의적 역량을 고려하지 않은 비현실적 구상에 그칠 가능성이 컸다.

[5] 최장집, 『韓國 現代政治의 構造와 變化』, 까치글방, 1989, 127쪽 참조.

정책 결정에 반영하려는 의도로 보였지만, 실제로는 남한 내에서 활동하고 있는 적대세력의 존재를 확인하려는 처사였다. 다시 말해, 미군정은 각 정당이 자유롭게 자기의 정치적 색깔을 노출하게 함으로써 어느 정당이 미국과 미군정이 지향하는 국가목표에 부합하는지를 판별하려 하였다. 미국 국무부의 대한對韓정책에 따라 주한 미군정은 '반공'을 기준으로 한국 내 정당을 심사하여, 건준-인공 세력을 걸러내는 대신 독촉-한민당 세력을 추려내어 자기편으로 끌어들였다. 결국 미군정의 정책은 좌파 민족주의 또는 사회주의 세력에게는 불리한 반면, 우파 민족주의 세력에게는 유리했다.

하지만 이승만과 한민당이 미군정의 지지를 받았다고 해서 건국사업이 순조롭게 진행되지는 않았다. 새로운 국가에 대한 구상에서 이승만은 미국과 태도를 달리 했기 때문이다. 얄타회담에서 싹트고 모스크바 3상회의에서 열매를 맺은 연합국의 결정, 즉 한국의 신탁통치 결정에 민족주의자 이승만은 승복할 수 없었다. 한국에 자주독립국가를 수립하려는 이승만의 의지는 명백하고 강력했다. 1948년 2월 2일 하지 장군은 미국의 한 상원의원에게 보낸 서신에서 이렇게 적고 있다. "리박사는 지난 1년 이상 그리고 현재에도 독립한국을 탄생시키기 위해 미국과 협력하여 일해오지 않았으며, 사실상 우리의 과업을 매우 곤란하게 하고 있습니다. 지난 해 그는 점령군과 미국정책에 대해 한국사람들의 불신을 일으키도록 많은 작용을 해왔습니다."[6]

그러나 이승만이 남한에서 **미국의 입장에 반대하는 모든 선전선동은 비록 표**

---

6 올리버, R.T., 『大韓民國 建國의 秘話―李承晩과 韓美 關係』, 啓明社, 1990, 121쪽.

면적인 것이라 할지라도 소련을 이롭게 한다는 사실을 깨닫는 데는 오래 걸리지 않았다. 미국의 관리들이 모스크바 3상회의의 결과를 번복하고 미래 한국이 나아가기 위한 기본정책의 방향을 자유민주주의 공화국 수립으로 가닥을 잡자, 이승만이 이를 거부하기는 어려웠다. 당시 남한의 군정장관을 마치고 이임하는 러치 장군이 이승만에게 보낼 전문의 초안에 이런 내용이 나온다. "(리)박사님의 개인적인 희망과 상관없이 미국의 정책이 유일한 자유의 길인 것 같으니, 이제는 미국의 정책을 전적으로 지지한다는 공식 성명을 박사님이 발표하신다면 위대한 정치가로서 박사님의 능력이 돋보일뿐더러 한국문제 해결에게도 실질적으로 도움이 될 것입니다."[7] 이 제안을 이승만은 뿌리칠 수 없었다.

그렇다고 해서 이승만이 미국에 순종적인 태도를 취한 것은 아니었다. 북한의 김일성이 소련에 지극히 굴종적인 태도를 보인 것과 달리 이승만은 미국에 당당했다. 그는 한반도가 지정학적으로 미국에 '대소對蘇 전초기지 국가forward defense state'로서 엄청난 정치·군사적 가치를 지녀서 한국 자신보다 미국이 더 욕심을 내야 하고 또 내고 있다는 사실을 꿰뚫고 있었기 때문이다. 이러한 통찰을 바탕으로 이승만은 가난한 나라 한국이 "자국의 **지정학적 위치를 담보로** 초강대국으로부터 최대한 '지대rent'를 우려내는" 지극히 영리한 전략을 구사했다.[8] 1947년 3월의 트루먼 독트린, 즉 공산세력으로부터 직접적인 위협을 받는 탈脫식민 국가들을 대상으로 경제적·군사적 원조를 제공한다는 원칙을 실행에 옮기면서 국무장관 애

7 　위의 책, 129쪽.
8 　우정은, 「비합리적 이면의 합리성을 찾아서─이승만 시대 수입대체산업화의 정치경제학」, 『해방 전후사의 재인식 2』, 책세상, 2006, 484~485쪽.

치슨이 특히 한국에서 '소련과 우리 사이에 확실한 선이 그어졌다'고 미의회에서 증언한 뒤 미국은 작은 반도인 한국에 상대적으로 막대한 자원을 투입할 것을 약속함으로써 이승만 정부가 미국에 '작은 동맹국이지만 큰 영향력을 행사'할 수 있는 기회를 제공한다. 미국 정부와 국무부는 미국이 한국에서 성공적으로 직무를 수행해야만 대외적으로 신뢰를 얻을 수 있다고 판단하여, 냉전시대 한국의 개발 노력에 힘power과 부plenty를 지원하였다. 결국 미국은 정치·군사적으로 한국에 단단히 발목이 잡혀 있었던 셈이다.[9] 한국이 강력해야 미국도 강력할 수 있었으며, 강력한 한국을 위해 미국은 경제·군사적 지원을 아끼지 않았다. 미국의 입장에서 한국의 공산화는 곧 대소對蘇 전초기지의 상실인 동시에 미국 방공防共전략의 실패를 의미하기 때문에, 미국은 한국에서의 군정시기 '한국을 좌익의 위협으로부터 보호'하는 데 전력을 기울였으며, 이러한 정책 기조는 정부 수립 이후에도 계속 유지되었다.[10]

여기서 남한에 대한 미국의 정치·군사·경제적 지원의 배후에 미국과 일본의 상호공조체계가 작동하고 있었다는 사실을 고려해야 한다. 미국은 이미 조선의 식민지기부터 일제의 한반도 식민지정책에 어느 정도 지지를 보내고 있었다. 주한미군정 사령관의 정치고문이었던 랭던William R. Langdon은 1933년~1936년에 서울주재 미국총영사를 지낸 경험이 있다. 그는 이 기간에 조선총독부와 긴밀히 소통하면서 당시 한국의 실정을 비교적 소상히 인식하고 있었다. 그는 조선인에게 제한적인 자치정부만을

---

9 위의 글, 493~494쪽 참조.
10 휴전협정 체결 직후인 1953년 10월 1일 한미 간에 서명한 '한미상호방위조약'이 대표적이다. 이 조약으로 인해 미국은 국제연합의 의결을 거치지 않고 곧바로 한국의 군사적 위기상황에 개입할 수 있게 되었다.

허용하는 등 총독부가 실시하는 식민지정책에 공감하였다. 이러한 공감의 원천은 "동북아시아의 불안정한 정치적 상황과 시베리아, 만주를 거쳐 침투하는 공산주의의 '흉계', 중국인들의 자치의식 증가와 일본 내의 불안정"이었다. 특히 일제에 비타협적인 조선인들이 중국으로 망명하여 점차 '사회주의적으로' 물들어가고, 국내에서는 농촌의 빈곤을 계급문제로 파악하는 사회주의자들이 증가하자, "미국인들은 일제의 사회주의 경계의식에 공감"하고 있었다.[11] 이렇듯 미국은 식민지기 중반부터 일본과 반공의식을 공유하여, 사회주의 활동을 '절대 악惡'으로 규정하고 그 대중적 침투를 막기 위해 미리 선제적 조치를 취해야 한다는 입장을 고수해 왔으며 이는 해방 후 미군정이 일제 청산에 미온적인 태도를 취한 것으로도 이어진다. 동아시아 권력질서의 재편과정에서 미국은 일본과 보조를 맞춰야 할 정치·군사·경제적 이유가 명확했기 때문이다.

해방 직후 일본군은 미군이 점령군으로 조선에 진주할 때 도움을 주는데 그치지 않고 미군이 조선의 치안책임을 인수할 때까지 조선의 치안을 유지하고 일본의 행정기관을 존치시키는 임무를 맡는다. 남한 점령군 사령관 하지는 태평양 방면 연합군 총사령관 맥아더의 지시에 따라 일본군과 우호적인 관계를 맺었을 뿐만 아니라 일본군을 지극히 신뢰하였다. 해방이 되어 세상이 바뀌었는데도 "일본인은 자신들의 이익 보전을 위한 공작을 성공시켜 계속 미군의 비호를 받게 되었으며, 한국인을 정권 이양 과정에서 배제하는 데도 성공하였다".[12] 하지만 이러한 상황은 일본의 공작

---

11 김지민, 「해방 전후 랭던의 한국문제인식과 미국의 정부수립정책」, 『한국사연구』 119집, 2002, 156·159쪽.
12 이완범, 「해방 직후 국내 정치 세력과 미국의 관계, 1945~1948」, 『해방 전후사의 재인식 2』, 책세상, 2007, 70쪽. 여기서 이완범은 한국인이 해방 후에도 "주권을 쟁취하지 못했고

과 계략에 의한 성공이라기보다 미국의 전략적 선택, 즉 일본을 자신의 정치·군사적 이익에 맞게 이용하려는 미국의 의도에서 비롯한 결과라 할 수 있다. 미국의 대소對蘇 동아시아 방위전략에서 일본과의 공조는 불가결했기 때문이다. 더구나 해방 후 혼란에 빠진 남한사회에서 일제가 남긴 요소를 순식간에 제거할 경우 남한사회가 더 큰 무질서에 빠질 위험을 고려할 때, 미군정은 행정업무를 순조롭게 이양하고 이행하기 위해 각 분야에서 상위의 핵심직책을 맡고 있던 일본인들의 도움이 필요했던 것이다. 이렇듯 '일본'은 미국에게 대외적으로는 공동의 반공反共전선을 구축하는 데서, 대내적으로는 순조로운 정권 이양을 위하여 도움을 청해야 할 존재였다.

미군정기부터 시작된 미국과 일본의 우호관계는 일본이 철수한 뒤 민족주의자들이 제기한 '친일파 청산' 문제를 다루는 이승만 정부의 태도에도 큰 영향을 미쳤다. 이승만은 눈앞에서 사라진 '일본'보다 당장 눈앞에 닥친 '공산주의'를 더 두려워하여 반공국가 미국의 뜻에 따라 남한만의 총선거와 정부수립에 이르렀지만, 그렇다고 해서 그 이후에도 미국의 친일정책에 동의한 것은 아니었다.[13] 일본에 대한 이승만의 감정과 평가는 정부수립 전후를 막론하고 양가적ambivalent이어서, 그는 일본과 관련된 사안의 경중에 따라 유연하게 대응했지만, 정무政務의 성격과 비중에 상관없이 '반공'을 최우선시해온 것만은 확실하다. 무엇보다 이승만이 용납할

일장기가 휘날리는 총독부에서 일군이 미군에게 정권을 이양하는 모순을 지켜봐야만 했다"고 아쉬워한다.(같은 쪽) 그러나 국제법적으로 보면 이러한 처사는 '모순'이 아니다. 정치·군사적 거래의 당사자는 미국과 일본이었기 때문에 한국이 그 거래에 끼어들 법적 근거가 없었다.

13 1954년 12월 말 이승만은 아이젠하워 대통령에게 보낸 서신에서 "미국의 친일정책이 궁극적으로 아시아에 미칠 심각한 결과에 대해 경고했다".(차상철, 「이승만과 1950년대의 한미동맹」, 『해방 전후사의 재인식 2』, 책세상, 2006, 276쪽)

수 없는 세력은 용공분자들이었고, 그런 한에서 박헌영이 남긴 남로당 세력은 그에게 우선적인 타도대상이었다. 그 세력은 남한에서 일제의 잔재를 청산해야 한다는 주장을 앞세워 남한을 북한에 편입시킬 기회를 호시탐탐 엿보고 있었기 때문이다.

4. 남로당의 암약暗躍에 대한 미군정의 적대정책

미군이 한국에 도착한 직후인 1945년 9월 초 조선공산당은 38선 이남의 공산당원 수를 대략 3천 명으로 추정했으며, 1946년 1월에는 2만~3만 명, 그리고 1946년 늦봄 무렵에는 20만 명에 달한다고 주장했다.[14] 조공의 지도자들은 북한과 마찬가지로 남한도 노동자와 농민이 주인인 세상을 만들어야 한다는 정의감에 불탔다. 1945년 11월 5일 조선노동조합전국평의회全評 결성대회가 서울에서 열렸다. 50만 노조원을 대표한다는 전국 13개도의 대의원 505명이 모여 채택한 결의문에서 그들은 '조선 무산계급의 영수 박헌영 동무'에게 감사의 메시지를 전하고 '조선민족통일전선의 수립'에 대한 박헌영의 노선을 절대적으로 지지한다. 또한 1945년 12월 8일 전국농민조합총연맹全農 결성대회가 서울에서 개최되었는데, 남북의 330만여 조합원을 대표한다는 545명의 대의원이 상설 선국조직을 구성한다. 이들 330만 명 가운데 200만 명 정도는 남한에 살고 있었

---

14 스칼라피노·이정식, 앞의 책, 2015, 415쪽. 그러나 미군정 당국이 파악한 수치는 이보다 훨씬 적어 4만~6만으로 추정했으며, 1947년 9월경 당원은 3만~4만으로 추장했다.(같은 쪽 참조)

다.[15] 전평과 마찬가지로 전농도 출발 당시부터 공산당의 통제 아래 있었다. 1946년 6월 22일 김일성의 평양당국은 남한의 좌익과 보조를 맞추기 위해 북조선민주주의민족통일전선民戰의 결성을 발표한다. 그리고 좌익이 공산당 주도의 단일정당으로 뭉쳐야 한다는 주장에 따라 7월 23일 신민당과 북조선공산당이 합당하여 8월 말에 북조선노동당北로당이 출범한다.

그런데 남한에서는 1946년 5월 조선정판사 위조지폐사건을 계기로 미군정이 조선공산당을 불법으로 규정한다. 이어 1946년 10월 조선공산당의 개입으로 대구폭동이 발발하자 미군정은 남한 내 좌익 활동을 탄압하기 시작하였다. 조선공산당에게 불리한 상황을 타개하기 위해 좌익 정치세력은 1946년 11월 23일 서울에서 조선공산당박헌영, 남조선신민당백남운 그리고 조선인민당여운형의 합당을 추진하였다. 남조선노동당 즉 남로당이 출현한 것이다. 남로당은 처음에 대중 정당을 지향했으나 결국 공산주의 정당이 되었다. '공산주의 정당'이라고 하지만 박헌영 중심의 조선공산당 계보를 잇는 정당이었다. 남로당은 이후 한국 근현대 정치사 전반에 엄청난 파장을 몰고 왔다. 그러나 박헌영에게 3당 합당의 결과인 '남로당'은 정판사사건으로 인해 불법화된 공산당이 합법적으로 활동할 수 있는 조건을 만들기 위한 임기응변적 방편이었을 뿐 그의 실제 목적은 남한의 공산화 공작을 속행하는 데 있었다.[16] '공산주의자' 박헌영이 3당 합당을 처음 제안한 여운형의 '좌우합작' 취지에 마지막까지 반대하자, 여운형은 남로당을 탈퇴한다. 그렇지만 1947년 5월 2차 미소공동위원회가 개최되

---

15 위의 책, 416~419쪽 참조.
16 박헌영이 조선'공산당'이란 명칭을 버리고 남조선'노동당'에 합류한 것은 '노동당'이 적어도 '공산당'은 아니라는 인상을 주어 미군정 당국의 탄압을 피할 수 있을 것으로 믿었기 때문이다.

자 여운형은 다시 좌우합작 활동을 펼쳐 남로당 탈당세력백남운, 김성숙, 조봉암 등을 규합하여 근로인민당을 창당함으로써 기존의 남로당과 대립한다.

남로당은 미군정과 우익단체의 공세를 피하려고 대부분 지하에서 다양한 활동을 전개했지만 경우에 따라서는 자신들의 목적을 달성하기 위해 우익단체에 잠입해 들어가는 방법을 택하기도 했다. 1946년 10월 미군정은 남한 안정화 프로그램의 일환으로 미래 한국의 지도세력을 양성하기 위해 광복군 출신 이범석 장군을 단장으로 하여 우익청년단인 조선민족청년단族靑을 조직한다. 족청은 백만 명에 이르는 단원 규모로 말미암아 미군정기 핵심 청년단체로 자리 잡았다. 족청은 내용상 우익 반공청년조직이기는 하지만 적어도 1947년 9월까지는 공개적으로 반소·반공 활동을 전개하지는 않았고, 좌익을 받아들여 그들의 좌익적 사고를 교정한다는 취지 아래 문호를 개방하였다. 남로당은 족청의 이러한 개방적인 태도를 이용하였다. 남로당은 신원이 노출되지 않은 당원과 맹원을 족청에 가입시킴으로써 족청을 자신들의 "은신처"로 삼고 나아가서는 "제2의 민청民靑"으로 만들고자 하였다. 그들의 "족청 활용" 전략은 족청의 "우익 포섭" 전략이었다. 하지만 1947년 7, 8월 경 미국과 이승만이 남한만의 단독선거를 결정하면서 족청은 내부의 좌익 세력을 배제하여 조직을 정비하였다. 이렇듯 남로당은 꾸준히 미군정과 우익 세력의 자유민주주의 국가 수립을 방해하는 잠재적인 요인으로 작용하였다.[17]

---

17 임종명, 「조선민족청년단(1946.10~1949.1)과 미군정의 '장래 한국의 지도세력' 양성정책」, 『한국사연구』 95호, 1996, 200~203쪽.

5. 중도파에 대한 미군정과 유엔한국임시위원단의 태도

해방 직후 남한 내 정치지도자들은 역사상 처음으로 '근대적인 국가'를 수립하는 중차대한 과제 앞에서 해방 이전 자신들의 활동을 근간으로 한 민족의 희망찬 미래를 밝히기 위해 최선의 길을 찾고 있었다. 이 과정에서 가장 화려하게 모습을 드러낸 좌파 세력의 활동과 국내에 상대적으로 지지 기반이 약한 우파 세력 그리고 민족주의의 입장에서 중도의 길을 걷고자 하는 세력이 정치적 권력을 획득하기 위해 경합을 벌이는 양상이 펼쳐졌다. 좌파 세력은 북으로 올라간 박헌영의 휘하 세력인 남로당이 여전히 기세를 펼치고 있었고, 민족주의 좌파인 여운형이 해방 직후 건준을 결성하여 잠시 세력을 펼치다가 미군정의 반공주의에 막혀 그 뜻을 이루지 못했지만 여전히 강력한 잠재 세력을 유지하고 있었다. 다양한 정치세력과 인물들이 해방정국의 주도권을 둘러싸고 대립하는 상황에서 미국의 기본방침과 가장 부합하는 인물은 이승만이었다.[18] 탈脫식민지화된 동아시아의 민족들에게 소련의 국제 공산주의 세력에 맞서 서구식 자유민주주의 정부를 구현하기 위해 반공을 기치로 내건 미국으로서는 누구보다 자유민주주의를 신봉하는 이승만에게 우호적일 수밖에 없었던 것이다.

그렇다고 해서 미군정이 처음부터 좌파 세력을 무조건 배제하고 우파 세력만을 신생독립국가의 과도정부에 끌어들이려 한 것은 아니었다. 미군정의 입장에서는 당시 좌·우익의 대립으로 야기된 정치적 혼란 속에

---

[18] 이승만에 대한 미국의 신뢰는 1952년 2월 부산정치파동으로 잠시 흔들리기도 했지만 "한국과 같은 나라에서는 이승만과 같은 확고한 반공의 지도자가 필요하다."고 여겨 그를 계속 지지하기로 한다.(김일영, 「전시 정치의 재조명 – 부산정치파동의 다차원성에 대한 복합적 이해」, 『해방 전후사의 재인식 2』, 책세상, 2006, 238쪽)

서 우익만을 참여시키는 것은 남한 내 다중多衆의 뜻을 충분히 반영하지 못한다고 판단했기 때문에 가능한 한 다양한 정치 세력을 과도정부에 참여시키려 했다. 그중에서도 좌익과 우익, 그 어느 편에도 심하게 기울지 않는다고 보이는 임정의 김구와 김규식에게 미군정 당국은 주목했다. 이들 '중도파'에 대한 남한 대중의 인기는 많고 기대는 컸다. 그래서 김구와 김규식이 구상하는 새로운 한국 그리고 이들이 난국을 헤쳐가기 위해 제시하는 방법을 누구도 쉽게 외면할 수 없었다. 남한만의 단독정부 수립으로 인해 빚어질 '한반도의 분단'은 어떻게든 막아야 한다는 위기감과 책임감이 이들 중도파 민족주의 지도자들의 의식을 사로잡았다.[19] '남북 단일의 통일정부 수립'에 대한 김구와 김규식의 의지는 그 실현가능성과는 별개로 결코 과소평가할 수 없다. 그들은 오직 '통일된 조국'을 세우기 위해 환국했다. 그러나 돌아온 조국의 현실은 그들의 예상과 너무 달랐다. 막 냉전시대에 접어든 미·소 양 강대국 간의 이권다툼이 한반도를 중심으로 치열하게 전개되고 있다는 사실을 알았지만, 이러한 인식이 통일조국에 대한 그들의 자주적이고 애국적인 열망을 가로막지는 못했다.

김구와 임정계 인사들이 주축이 되어 구성한 한독당은 매우 곤란한 딜레마에 봉착했다. 이들은 1차 미소공위1946.3.20가 결렬된 뒤 미군정 당국에

---

19 1차 미소공위가 결렬되어 휴회가 되자, 김규식은 이렇게 말한다. "우리가 남의 힘으로 해방을 얻기는 하였으나 남의 손으로 정부수립을 기다릴 것 없이 이제는 우리 손으로 자율적인 정부수립에 일로매진해야 할 것이다."(심지연, 앞의 책, 215쪽) 중도파의 이러한 충정을 이해 못 하는 바 아니나, "한반도 분단의 극복을 가장 중요한 과제로 생각하는 이들은 당시 한국사회의 주류를 이루었던 우익을 간과하고, 중도파를 지나치게 강조하였다".(박명수, 「1948년 유엔 소총회의 남한 총선거 결의와 그 의의」, 『한국정치외교사논총』 43집 1호, 2021, 7쪽)

의해 추진되는 미소공위 재개를 위한 좌우합작 시도와 이승만의 단정 노선 사이에서 분명한 입장을 취하기 어려웠다. 좌우합작을 지지할 경우, 좌익과 타협해야 하는데 이는 곧 좌익이 주장하는 신탁통치안을 수락한다는 뜻이 되므로 그들이 서있는 반탁의 입장을 포기해야 한다는 모순에 직면한다. 그렇다고 이승만이 내세우는 남한만의 단정을 지지할 경우 한반도 분단을 지지하게 되어 자신들이 지금까지 주장해온 남북한 단일정부 수립을 포기해야 한다는 역설에 빠지게 된다.[20] 여기에 민족주의자이며 통일주의자인 김구의 현실적인 고뇌가 있었다. 그의 애국심만으로는 당시 급변하는 동아시아의 복합적 국면을 돌파하기에 역부족이었던 것이다.

그들은 국내와 국외의 정세를 냉정히 판단할 만큼 충분히 밝은 눈을 지니지 못했다. 북한에서 소련과 김일성 일파 사이에 어떤 협업이 이루어지고 있었는지 그리고 남한은 그 사이 얼마나 많은 자유민주주의 세력이 성장하고 있었는지에 둔감했다. 특히 김구의 '통일' 지상주의는 '이상주의'로 흐르고 있었다. 그는 주위의 만류를 무릅쓰고 김규식과 함께 1948년 4월 평양에서 개최된 남북연석회의에 참석했으나 참석자 대부분은 좌익 계열의 김일성 추종 세력이어서, 그들의 평양행은 아무런 결실을 맺지 못하였다. 결국 남한에서 올라간 정당 및 사회단체 대표 365명은 소련의 지시를 따르는 김일성 일파의 주장에 밀려, 4월 30일 공동성명서에서 미·소 양군 철수, 총선에 의한 통일국가 수립 그리고 남한의 단선單選·단정單政 반대 등 4개항을 발표한다. 이 무렵 북한의 지도자들은 이미 소련을 배경으로 친소 정권 수립을 계획하였고, 남한은 이러한 자신들의 청사진에

---

20 최장집, 앞의 책, 149쪽 참조. 진퇴양난의 상황에서 보인 김구의 태도를 최장집은 "더디고 효과적이지 못한 지도자" 그리고 "지극히 애매하고 이중적"이라고 지적한다. (같은 책, 148쪽)

따라오기를 바랄 뿐이었다. 이러한 상황에서 남한 단독 총선거 소식을 접한 소련은 북한의 인민공화국 수립을 기정사실화하면서, 남한의 단독 총선거를 방해할 목적으로 남한의 중도파와 손을 잡고 1948년 2·7 대구 폭동을 배후 조종한다.[21]

한편, 세 차례의 미소공동위원회가 양국의 이해관계를 좁히지 못하고 결렬되자 미군정은 결국 '한국문제' 해결의 열쇠를 국제연합유엔으로 넘긴다. 유엔 소총회는 한국의 총선을 위해 1948년 초 유엔한국임시위원단을 한국에 파견한다. 하지만 임시위원단은 '한국 사정'을 잘 모르고 있었다. 총선을 통한 남한 내 정세 안정에만 관심이 있었던 그들은 해방 이후 남한 대중들의 변화된 민심을 파악하는 데 소홀했다. 그 때문에 이승만은 유엔 임시위원단이 보통의 한국 사람들이 주장하는 '남한만의 단독선거'와 김구와 김규식이 주장하는 '남북 지도사회남 우선' 가운데 어느 쪽을 선호하는지에는 관심이 없고, 한국의 정치 지도자 세 사람이 어떻게 의견 일치를 볼 것인가에만 관심을 보인다고 불평한다.[22] 실제로 당시의 한국은 점차 서구적인 근대 의식이 깨어나 자유민주주의의 성향이 공산·사회주의의 성향에 비해 우세해지는 국면에 있었다.[23] 과반수 이상의 남한 대중들

---

21 박명수, 앞의 글, 8·9쪽 참조. 2·7폭동은 1945년 5월로 예정된 대한민국 제헌국회 총선을 앞두고 미군정 지역에서 단독 선거가 실시되어 남한만의 단독 정부가 수립되는 것에 반대한다는 명목 아래 남로당이 주도하여 전국 규모의 파업을 일으켜 공권력과 충돌한 사건이다. 당시 남로당과 민전은 좌익 조직으로서 미군정이 불법화했지만 소련의 지령에 따라 남한의 단독정부 수립을 방해할 목적으로 서울의 철도노동자와 부산의 부두노동자 등을 동원하여 정국 혼란을 야기하였다.

22 박명수, 위의 글, 20쪽 참조.

23 해방과 함께 '근대적 개인'이 출현할 수 있는 조건이 마련되면서 한민족 역사상 가장 많은 '정치적 자유'가 허용되었다. 당시 가장 유행한 단어는 '자유(自由)'였으며, 남한 사람들은 더 이상 왕조국가의 '백성'이나 식민국가의 '신민(臣民)'이 아니었다. 그들에게는 계급적 이해관계보다 먹고 사는 생활이 우선이었다.(전상인, 「해방공간의 사회사」, 『해방 전후사

은 남한의 정치적 혼란상에서 벗어나기 위해 남한만의 단독정부 수립을 원했고, 남한의 치안유지를 위해 미군정이 당분간 불가피하다고 보아 남한에서의 미군철수에 부정적이었다.[24]

이러한 국내 여론에 비추어 볼 때 김구와 김규식 등 임정 중도파민족주의 우파의 입장은 차후에 진행될 대한민국의 건국사업에 오히려 걸림돌이 될 가능성이 커졌다. 그들이 내세우는 남북 지도자 회담, 남한 단독정부 수립 반대 그리고 미군과 소군의 한반도 철수 등은 소련과 김일성의 주장과 다를 바 없었고, 이러한 사정은 결국 북한의 조선인민공화국 수립을 정당화하는 데 악용될 소지를 안고 있었기 때문이다. 민족주의 우파와 자유주의자 이승만계의 분열은 '우익의 분열'을 야기하였으며 유엔한국임시위원단이 남한의 단독선거 문제를 유엔 소총회에 이관하였을 때, 소총회에서는 김구와 김규식의 남북요인회담 가능성이 배제되고 오직 미군정과 이승만의 남한 단독정부 수립안만이 논의의 초점이 되었다.[25] 하지만 유엔한국임시위원회가 내린 남한만의 단독정부수립 결정은 새로운 국가의 정체政體가 국제법적인 정당성을 획득하는 근거가 되기는 했으나, 그것이 곧 새로운 국가가 지향할 정치적 방향에 대한 남한 내부 위정자들의 합의를

의 재인식 2』, 박지향 외편, 책세상, 2006, 169~170쪽 참조)

24 1946년 3월 1차 미소공위가 실패로 끝난 뒤 실시한 미군정의 여론조사에 따르면 남한의 당면과제로 '남한에 단독정부를 세우는 일 54.0%, 군정을 지속해야 한다는 것 43.8%, 모든 군대들이 남한에서 즉각 철수해야 한다는 것 10.0%'였다.(한림대 아시아문화연구소 1995, 432~433쪽 ; 박명수, 위의 글, 20쪽에서 재인용) FRUS(미국외교기밀문서)에 따르면, 1947년 남한에서 좌·우 세력의 비율은 7 : 3 정도였으나 북한에서 월남한 피란민들이 전하는 북한 공산주의체제에 대한 부정적 평가로 인해 1948년 남한의 좌익은 전체의 1/3 수준으로 급락하였다. 미군정에 의하면 反美 진영은 남한에서 자신들의 입지에 대해 크게 오판하고 있었다.(위의 글, 28쪽 참조)

25 박명수, 앞의 글, 32~33쪽 참조.

의미하는 것은 아니었다는 사실이 이후 한국 정치의 파행성에 드리운 뇌관으로 작용한다.[26]

6. 정치제도로서 자유민주주의 도입에 따른 문제

1946년 2월 14일에 주한 미군사령관 하지 중장의 자문기구로 개원한 대한민국대표민주의원민주의원은 과도정부 수립을 촉진하고 1차 미소공위에 제출할 안건을 준비할 목적으로 구성되었다. 그러나 막상 미소공위가 개최되자 그동안 신탁통치반대운동을 전개하던 우익 진영이 이승만 중심의 남한단독정부수립 추진세력과 김규식중도파 중심의 좌우합작운동을 통한 통일정부수립 추진세력으로 분열되었을 뿐만 아니라 민주의원에 대립하는 민주주의민족전선민전이 결성되자 자문기구로서 민주의원의 역할이 모호해졌다. 여기서 1차 미소공위가 결렬된 뒤 6월 3일 이승만의 정읍발언, 즉 남측만이라도 임시정부 혹은 위원회 같은 것을 조직하자는 제안은 남한의 정치 지형도를 크게 흔들어 놓았다. 이승만의 이 제안이 계기가 되어, 미군정의 하지는 미군정 법령에 따라 **1946년 12월 12일 온건한 좌·우파를 중심으로 과도입법의원을 발족시킨다**(의장 : 김규식, 부의장 : 최동오·윤기섭). 이에 따라 미군정의 자문기관이었던 민주의원은 그 기능을 상실하고 과도입법의원이 입법자문기관으로 부상하여 이후 수립되는 정부의 정치

---

26 "유엔은 극우파에 의해 장악될 것이 사실상 결정된 남한 단정 수립과정에 외적 정통성을 부여해주는 수단으로서 역할을 했다."(박찬표, 『한국의 국가형성과 민주주의』, 후마니타스, 2007, 319쪽)

적 정체성을 기초 짓는 데 기여한다.

  과도입법의원을 통하여 미국은 한반도에 반공反共블록을 구축하고 자유민주주의를 이식하고자 하였다. 과도입법의원은 남한의 정치사회에 처음으로 의회 / 대의代議 민주주의를 이식하는 기구였다. 미군정은 여기서 기존의 선거법을 대폭 수정하여 '민주적 보통선거제'를 도입하였다. 민주적 보통선거제의 도입을 통하여 미국은 "우파 민선의원 측이 자신들의 안정 다수 의석 확보를 위해 마련했던 제반 장치들을 모두 수정·폐기함으로써 '공정한 게임의 규칙'을 한국의 정치집단에 부과했다."[27] 그런데 한국에도 미국처럼 민주적인 복수정당제를 추진할 목적으로 남한 내 모든 정당의 참여를 독려하고 보통평등선거를 의회민주주의의 출발점으로 삼으려는 미군정의 계획은 순조롭게 실행되지 않았다. 서구의 경우 집권세력이 기층민중을 감당할 수 있는 능력이 성장하면서 그에 비례하여 선거권이 점차 확대된 데 반하여, 민주주의의 정체政體와 절차를 처음 접한 한국은 예상치 못한 혼란을 겪게 된다. 25세 이상이면 누구나 공평하게 1표를 행사하여 다수결의 원칙에 의해 국민의 대표를 선출하는 '보통평등선거제'의 도입은 당시 남한의 정치적 난맥상을 고려할 때 시기상조였던 것이다.[28]

  트루먼 대통령의 특사이며 미 국무장관의 특별보좌관이었던 폴리Edwin W. Pauley는 1946년 6월 22일 트루먼에게 보낸 보고서에서 이렇게 적고

---

27 박찬표, 앞의 책, 346쪽.
28 박찬표는 미국이 한국에 도입 / 이식하려던 자유민주주의가 절차적·형식적 민주주의에 그쳐 실질적 민주주의, 즉 열린 민주주의로 나아가지 못하고 "폐쇄된 '닫힌 체제'"에 그치고 말았다고 평가한다.(박찬표, 위의 책, 375쪽) 그러나 이러한 평가는 당시 남한의 정치적 상황을 고려하지 않은 '관념적 이상(理想)'이라 할 수 있다. 그렇지 않아도 미군정의 보통선거제 실시로 혼란을 겪고 있던 정국에서 자유민주주의를 '실질적으로' 구현하려고 했다면, 남한은 극도의 좌·우 대립으로 걷잡을 수 없는 정치적 혼란으로 파국에 이를 수도 있었을 것이다.

있다. "한국은 (…중략…) 이데올로기의 전쟁터입니다. (…중략…) 우리에게 민주주의란 다른 무엇보다도 언론, 출판 및 집회의 자유를 의미합니다. '민주주의'의 소비에트적 의미는 대중의 복지란 용어로 표현됩니다. (…중략…) 미국은 민주주의 및 4대 기본 자유권을 보급하기 위하여 한국 내에서 선전 및 계몽 운동을 수행해야 할 것입니다. (…중략…) 이 운동을 수행하지 않을 경우, 한국인들은 소련이 민주주의의 최고 형태라고 찬양하고 있는바 공산주의에 대해서만 광범위하게 귀를 기울이게 될 것입니다."[29] 이 보고서에서 폴리는 당시 한국사회에 만연된 정치의식의 특성을 정확히 꿰뚫고 있다. 그는 당시 한반도가 좌우 이데올로기의 각축장으로서 극심한 이데올로기적 혼란에 빠져 있다는 사실을 깨닫고, 한국에 '미국식' 민주주의를 이식하기 위해서는 '소련식' 민주주의의 맹점 또는 허구성을 지적함으로써 미국식 민주주의의 우월성을 입증해야 한다고 제안한다. 트루먼은 폴리의 의견에 전적으로 동의하여 한국인에게 미국식 민주주의를 알리는 홍보와 교육 캠페인을 강화하라고 지시한다.

소련과의 이데올로기 대결에서 우위를 점하기 위해 미국이 한반도에 이식하고자 한 자유민주주의는 서구에서 출현한 자유민주주의와 달랐다. 서구의 경우 자유민주주의에서 '자유'는 '국가권력으로부터의 자유'를 뜻했으나, 한국의 경우 오히려 '국가권력을 통한 자유'를 뜻했다. 앞 장에서 살펴보았듯이 한반도에서 자유주의는 구한말과 식민지기를 거치면서 주로 자주독립과 부국강병의 의미로 사용되고 인식되었다. 그래서 **서구에서처럼 시민사회가 성장하지 않은 한국의 경우, '자유'는 국가가 민중에게 부여하는**

---

29 "Ambassador Edwin W. Pauley to President Truman"(46.6.22), FRUS, 1946, VIII, pp.706~709(박찬표, 앞의 책, 370쪽에서 재인용).

선물처럼 인식되었다. 더구나 소련과 북한을 이데올로기적인 적敵으로 규정하는 남한의 입장에서는 '반공反共'이 국시國是가 되고 반공은 '방공防共'을 통해서만 확보할 수 있기 때문에 국가는 방공의 최후보루로서 강력하게 유지되어야 했다. 그런 의미에서 남한에 도입된 보통선거제는 '자유민주주의' 가운데 정치제도로서의 '민주주의' 측면이 강조되어, 개인과 시민사회의 '자유주의' 측면은 상대적으로 등한시되었다고 할 수 있다.[30] 그리고 이 민주주의를 처음 경험하는 한국사회에 그것을 정치제도로서 정착시키는 일은 수월치 않았다.

7. 제헌국회 내 좌파 민족주의 vs. 이승만 정부의 반공주의

미군정 치하 유엔한국임시원회의 감시에서 '보통선거제'로 치러진 5·10 총선거의 결과는 대한민국 제1 공화국의 이승만 정부가 헤쳐가야 할 험난한 미래를 예감하게 했다. 보통선거제로 인해 정치적 성향을 불문하고 다양한 인물들이 피선거권을 지니고 국민의 대표로 선출될 수 있는 폭이 넓어졌기 때문이다. 좌파는 물론 일부 중도파도 조직적으로 총선 거부 운동을 펼쳤지만, 일단 총선이 기정사실로 드러나자 다수의 좌익 성향 개

---

30 박찬표는 미군정이 "점령지의 시민사회에 비해 과대 성장한 강력한 국가기구를 수립"함으로써 국가기구가 "그 정통성에 대한 최소한의 동의를 시민사회로부터 확보하지 못할 때 정권은 물론 체제 자체에 대한 저항을 낳는 원인이 되기도 한다"(박찬표, 앞의 책, 352쪽)고 서술한다. 하지만 여기서 '시민사회'가 서구적 의미의 자율적 공동체가 아니라 중도좌파 세력을 포함한다면, '시민사회로부터의 동의'란 곧 정국의 혼란을 뜻할 따름이다. 그의 견해는 우파 세력 이외의 정치적 결사체의 의지가 미군정에 수용되지 않은 사실에 대한 안타까움에서 비롯된 것이다.

혁주의자들은 자신들의 뜻을 국회 내에서 실현하겠다는 의지를 가지고 대거 의회에 진출하였다. 그리하여 그들은 반공을 앞세운 보수주의자 이승만의 한민당을 비롯한 우파 세력에게 위협적인 존재로 등장하였다. 그들은 친일파 척결, 미군 철수 및 남북 통일추진 등을 주장하여 '반공 분단국가'의 정치적 위상과 정당성을 문제 삼았다.

특히 정부 수립 초기 정부와 국회는 반민법反民法, 반민족행위처벌법을 둘러싸고 의원들 간에 갈등이 첨예화되었다. 국회에서 민족주의적 사회주의 성향의 의원들은 친일파 척결에 소극적인 정부의 처사에 대해 강력히 반발하였다. 이들 민족주의자들은 이승만류의 반공주의를 친일주의와 등치로 보아 거기에 반기를 들었다. "민족의 정기를 바로 세우고 올바른 가치관을 형성하기 위해서 친일파 처단은 반드시 요구되었다. 민족 반역자를 처단하는 것은 근대민족국가의 기본적인 사항으로 애국심은 그것에서 나올 수 있었다."[31] 원칙적으로는 옳은 말이다. 그러나 그 이면을 살피면, 그러한 주장에는 '민족'이 일종의 존재론적 블랙홀처럼 작동한다는 사실을 알 수 있다. 민족감정에 호소하여 '민족'을 앞세우는 논리가 여타의 모든 논리를 덮어씌웠으며, 현안에 대한 객관적이고 냉정한 판단을 흐리게 함으로써 문제해결을 더욱 어렵게 만들었기 때문이다. 그들이 내세우는 '민족 우선주의'는 초창기 대한민국 정부가 풀어야 할 착종된 문제들을 오직 '민족의 적 = 일본'이라는 변수 하나로 환원하려 했던 것이다.

친일파 척결을 둘러싸고 벌어진 좌·우익의 충돌은 엄밀히 따지면, 이념의 갈등이라기보다는 새로운 대한민국 건립을 위한 우선과제가 무엇인

---

31 서중석, 「정부수립후 반공체제 확립과정에 대한 연구」, 『한국사연구』 90집, 1994, 443쪽.

지를 두고, 민족애에 기반을 둔 당위의 논리와 실리적 판단에 기반을 둔 현실의 논리가 대립한 것으로 이해할 수 있다. 좌익 세력에게는 식민지 잔재의 청산 혹은 반일이 절대적인 과제인 반면, 우익 세력의 입장에서는 민생의 안정과 정국의 질서가 우선적인 과제였다. 그들에게는 친일이나 반일이 상대적으로 부차적인 문제였다. 더구나 당시의 국제정서에서 미일美日관계를 고려할 때 친일파를 척결하지 않음으로써 치러야 할 불이익에 비해 친미정책을 통해 얻게 될 이익이 비교할 수 없이 컸기 때문에 친일파 청산에 지나치게 힘을 소모하지 않는 것이 현실적으로 국익에 보탬이 된다고 믿었던 것이다.

그렇지만 이러한 내적 이해관계의 메커니즘과는 별개로 친일파 척결을 내세우는 국회 내 민족주의 세력의 강력한 요청으로 1948년 10월 제헌헌법 101조에 의거하여 국회 내에 반민특위反民特委, 반민족행위특별조사위원회가 설치되었다. 반민특위는 '민족의 이익에 반하는 악질적인 행위를 한 자'를 처벌하기 위해 처음에 688명을 골라 조사하였으나 기소된 반민족 행위자 중 79명이 판결을 받았고 그 가운데 10명만 실형을 선고받았는데 그마저 곧 모두 풀려났다. 반민특위 활동이 제대로 이루어지지 않은 것은 충분히 예상할 수 있는 결과였다. 당시에 친일파가 득세했기 때문이라기보다는 반민족행위자 처벌보다 더 시급한 국가적 과제가 있었기 때문이다. 이승만에게는 반민족행위자 처벌보다 남한 내 공산주의자 색출과 척결이 국가적으로 더 중대한 사안이었다. 정부수립 직전 1948년 4월 3일 남로당 제주도당이 남한만의 단독정부 수립에 반대하여 일으킨 무장봉기 그리고 정부수립 직후 1948년 10월 19일 여수 14연대 소속 남로당원 지창수를 중심으로 한 반란군이 제주 4·3사건 진압명령을 거부하면서 발생한 여순반란사건은 이승만 정부가 같은 해 12월에 국가보안법을 제정하는 빌미를 제공하였다.

두 사건의 진압과정에서 민간인뿐만 아니라 경찰도 다수 희생됨으로써 발생한 치안의 공백상태는 이제 막 출범한 이승만 정부로서 국가 안위를 흔드는 중대사안이었다. "신생 대한민국이 공산 세력의 준동으로 전복 위기에 몰렸는데, 반공투쟁의 최전선에 있는 경찰 핵심 요원들을 반민족행위자로 처벌할 수는 없었습니다. 반민족행위자보다는 공산세력과의 싸움이 더 화급했기에 이승만 대통령은 반민족행위자 처벌을 막았습니다."[32] 이승만 정부는 친일파 척결보다 남로당 소탕이 더 시급하다고 판단한 것이다. 이승만 정부에게 이제 막 출범한 '자유민주주의 국가 대한민국' 호의 순조로운 항해를 위협하는 최대의 적은 공산주의를 지지하고 찬양하는 자들이었다.

대한민국 건국 당시만 해도 이승만은 '민주공화국'의 기치 아래 다양한 정치이념적 입장이 공존하여 소통하고 경쟁하는 자유민주주의 국가를 구상하였다. 1948년 7월 22일의 대통령 취임사에서 그는 공산주의 자체를 부인하는 것은 아니라고 밝히고 있으며,[33] 제헌국회에 '좌익 색채로 지목받는 대의원'이 여럿 있었지만 이들도 공정한 자유의견의 표시와 다수결의 원칙에 순종하는 모습을 보였다고 긍정적으로 평가한다. 그러나 남로

---

32 주익종, 「친일청산이란 사기극」, 이영훈 외, 『반일 종족주의』, 미래사, 2019, 216쪽.
33 취임사 일부를 인용하면 다음과 같다. '이북 동포 중 공산주의자들에게 권고하노니, 우리 조국을 남의 나라에 부속하자는 불충한 사상을 가지고 공산당을 빙자하야 국권을 파괴하려는 자들은 우리 전 민족이 원수로 대우하지 않을 수 없나니, (…중략…) 기왕에도 누누이 말한 바와 같이 우리는 공산당을 반대하는 것이 아니라 공산당의 매국주의를 반대하는 것이므로, 이북의 공산주의자들은 이것을 절실히 깨닫고 일제히 회심개과(悔心改過)해서 우리와 같이 보조를 취하여 하루바삐 평화적으로 남북을 통일하여 정치와 경제상 모든 복리를 다 같이 누리게 하기를 부탁합니다.'

당 수장 박헌영의 월북에도 불구하고 그의 추종세력이 남한에 뿌리 깊게 남아 있을 뿐만 아니라 제주 4·3사건과 여순반란사건을 일으키는 등 정권과 사회를 뒤흔드는 정치적 불안요소로 작용하자 이승만 정권은 이를 적극적으로 제거할 필요성을 느낀다. 이에 따라 남한에서 암약하는 남로당 당원에 대한 철저한 색출작업이 진행되었으며 남로당과 연관성이 있다고 판단되는 모든 정치·사회적 활동은 엄정한 조사의 대상이 되었다. 그 대표적인 경우가 국회 프락치 사건이었다.

1949년 5월 18일 국회 '소장파'의 리더 격인 이문원 의원을 필두로 하여 정부에 비판적인 '소장파' 국회의원 10여명이 남로당의 프락치 활동을 했다는 혐의로 검거된다. 이문원은 5·10 총선거 때 남로당과 내통하여 파괴, 살인, 방화를 위한 자금 60만 원을 줄 것을 약속하고 선거비용 중 9만 8천 원을 제공한 점, 최태규는 한미협정을 을사보호조약의 재판이라고 비판한 점 그리고 이구수는 남북통일을 위해 남북의 정치대표들이 협상하여 헌법을 작성하고 중앙정부를 수립할 것을 주장한 점 등이 기소 이유였다.[34] 무엇보다 이들은 유엔한국(임시)위원단에 제출한 진언서에서 미군사고문단 설치에 반대하고 미·소 양군의 무조건 철수를 주장하였는데, 이러한 주장을 검찰은 "남로당과 결탁하여 (…중략…) 남한에 공산국을 세우려는 의도"에서 비롯한 것으로 판단했다.[35] 이후 재판부는 검찰 측 주장을 전면적으로 받아들여 피고인들의 자백내용과 암호문서를 근거로 그들에게 유죄를 선고한다. 하지만 자신들의 자백이 고문으로 인한 허위진술이었다는 피고인들의 주장 그리고 증거로 제출된 암호문서의 신빙성이

---

34 이강수, 『반민특위 연구』, 나남출판, 2003, 206쪽 참조.
35 위의 책, 215쪽.

검증되지 않았다는 이유로 정치적 조작가능성에 대한 논란이 제기된다.

　여기서 나는 국회 프락치 사건이 과연 일부 민족주의 좌파 국사학자들의 주장대로,[36] 조작된 사건이었는지를 따지기보다, 조작 여부와 상관없이 그 사건에서 극명하게 드러난 이승만 정권의 '반공의지'에 주목한다. '소장파' 의원들은 남한의 단일정부 수립에 불만이 많고 외국군대 철수를 요구한다는 점에서 김구와 비슷한 노선의 민족주의적 입장에 서 있었지만, 그들의 입장은 김구 노선과 달리 남로당과 일맥상통하는 것이어서 이승만 정부로서는 그들이 남로당의 동조세력일 가능성을 배제할 수 없었다.[37] 또한 그들이 적극적으로 지원한 반민특위 활동은 친일 경력을 가진 이들이 많은 경찰계의 인원을 축소시켜 결과적으로는 남로당 소탕에 전력을 기울여야 할 경찰력을 약화시켰다. 이에 반민특위 활동이 곧 남로당 또는 공산당의 활동을 이롭게 하는 아이러니한 상황을 초래하고 급기야는 1949년 6월 6일 반민특위 습격사건이 발생한다.[38]

36　민족주의 좌파 국사학자 서중석의 입장을 따르는 김정기는 그의 『국회 프락치 사건의 증언』에서 '국회 남로당 프락치 사건'은 이승만 정권이 정적을 제거하기 위해 조작한 사건으로 규정한다. 그는 종북주의자 정경모가 쓴 가상 시나리오 『찢겨진 산하』(1984)에서 김구의 입을 빌려 국회 프락치 사건의 입증인물로 거론된 정재한이란 여인이 남로당 특수공작 대원이라는 사실을 '증거부족'으로 부인하고, 사건 담당 검사 오제도를 극악무도한 '검은 변호사'로 지칭하면서, 정재한이 비밀문서를 은닉한 방식을 밝혀낸 김지웅은 '악마적 각본'을 꾸며낸 김준연과 한민당 그리고 이승만의 하수인이었다고 서술한다.(김정기, 『국회 프락치 사건의 증언』, 한울, 2021, 38~39쪽 참조)

37　그래서 당시 우익정당인 민주국민당 국회의원 김준연도 국회 프락치 사건으로 구속된 의원들을 석방하라는 일부 의원들의 요구에 대해 "피를 흘리며 투쟁하여 (…중략…) 중간파, 남북협상파를 타도하여 만들어놓은 대한민국에서 체포된 의원을 석방한다는 것은 언어도단"이며 "대한민국 국회와 정부를 부인하는 행동"이라고 반대한다.(제헌국회 속기록 제3회 2호, 1949년 5월 24일(김정기(2021), 42쪽에서 재인용))

38　우익 단체인 국민계몽협회 간부들은 남대문로에 있는 반민특위 본부에 쳐들어가 "반민특위는 빨갱이의 앞잡이다!", "공산당과 싸운 애국지사를 잡아간 조사위원들은 공산당이다!"라는 구호를 외치며 항의시위를 벌였다. 이들은 6월 2일 국회의사당 앞에 모여 "국회는 반민특위를 해산하라!"고 데모를 벌였다. 그런데 반민특위에 대항하는 세력을 비호한 인물

이승만 정부의 강력한 반공정책은 정권의 기반을 취약하게 만드는 세력을 제거함으로써 국정운영의 동력을 확보하기 위한 방책이었지만, 다른 한편으로는 '자유민주주의 공화국'을 '신생 대한민국'의 정치적 국체國體 또는 국기國基로 정립하려는 단호한 의지의 소산이었다. 이를 위해 이승만은 '대한민국'에서 북한 '인민공화국'의 공산·사회주의적 요소를 척결하여 그것과 확연히 구별되는 정치적 정체성을 구현하고자 하였다. 이러한 정책 기조로 인해, 1920년대 시작된 좌·우 대립은 정부수립 직후 구체적인 현안을 두고 한층 격화되고, 남한의 정국은 확실한 '반공 정국'으로 급랭하였다. 이승만 정부의 이렇게 강력한 반공 정책은 당시 냉전시대 동북아의 정세와 떼어놓고 생각할 수 없다.

8. 미·일의 반공주의에 동조한 이승만 정부

해방 정국의 한반도에는 이미 식민지기에 도입된 일본 법제도가 정착해가고 있었다. 일본의 법제도는 서양의 선진적인 법제도를 근간으로 정비된 것이어서 미군정 입장에서는 한반도의 법제도가 친숙했기 때문에 단지 운영 주체가 '친일파'라는 이유만으로 굳이 교체할 필요가 없었다. 그들

로 서울시경 사찰과장 최운하와 종로서 사찰주임 조응선을 지목하여 특위위원들은 6월 4일 그를 참고인 자격으로 소환한 뒤 불법 구속했다. 그러자 시경 산하 사찰경찰들은, 현직 경찰간부가 뚜렷한 증거도 없이 구속되었다고 주장하면서 석방을 요구하다, 6월 6일 반민특위 사무실로 난입하여 직원들을 강제 연행하고 서류들을 불법 압수해갔다. 이 소식을 듣고 달려온 반민특위 위원들은 국립경찰이 헌법기관인 특위를 대상으로 한 구인(拘引)행위에 항의했다.(오익환, 「反民特委의 활동과 와해」, 『해방 전후사의 인식』, 한길사, 1979, 127~129쪽)

은 기존의 법제도를 그대로 활용하는 것이 시간과 경비 면에서 더 효율적일 뿐만 아니라 식민지 이전과 이후의 불연속을 피함으로써 가뜩이나 혼란스러운 사회가 하루빨리 안정을 되찾는 데 유리하다고 판단했다. 더구나 당시 소련의 확장을 경계하여 소련과 대립각을 세우던 미국은 '반공'을 기치로 내세워 미소 냉전체제에서 우위를 점하고자 하였는데 자신들과 같은 '반공'을 표방하는 일본과 공동전선을 펼치는 것이 유리하다고 판단했다. 여기서 결국 미국과 일본은 '반공'이라는 공동의 정치적 목표 속에서 한국 내 반공주의자들과 손을 잡고 한국의 미래를 미국과 일본에 우호적인 방향으로 설계하고 구체화하는 데 주안점을 두게 된다. 당시의 세계사는 소련을 위시한 동구의 사회주의와 미국을 위시한 서구의 자유주의가 대립하면서 서로 간에 군사력과 외교력의 우위를 확보하기 위해 한 치의 양보도 허용하지 않을 만큼 긴박하게 진행되고 있었다.

반민특위의 해체도 당시의 동북아 정세와 연관하여 이해해야 한다. 친일 척결문제는 단순히 인륜적 또는 인권적인 측면에서만 바라볼 수 없다. 물론 한민족을 핍박한 일제에 대한 민족적 분노와 친일파에 대한 적개심 그리고 무엇보다 식민지 시대 일제의 지배로 인한 한민족의 고난과 희생은 어떤 식으로든 보상받아야 한다는 심리를 이해할 수 있다. 그러나 이러한 윤리적 공분은 엄밀히 말하면 한민족의 특수한 역사적 경험 때문에 민족주의 좌파 세력이 '저항'만을 민족 담론의 축으로 삼아온 데서 비롯한 집단 심리적 사태이다.[39] 그 당시 동북아 정세를 냉정하게 돌아보면, 코민테른

---

[39] 그런 의미에서 윤해동은 식민지기 지배 담론이 "저항을 특권화"하여 "'민족'을 전유"하려 해서는 안 되는데, 이러한 태도는 "현실정치를 권위주의적이고 도덕주의적으로 바라볼 때만 가능한 일"이라고 비판한다.(윤해동, 『식민지 근대의 패러독스』, 2007, 60쪽)

을 앞세워 제3 세계의 공산화를 목표로 하는 소련의 남하를 저지하는 문제는 미국의 입장에서는 단순히 한반도의 평화를 유지한다는 문제를 넘어 자유민주주의 세계의 보루를 지키는 세계사적 의무와 관련된 사항이다. 이러한 중차대한 임무를 수행하는 미국으로서는 일본이 한국을 가장 근거리에서 지원할 수 있는 우방이었다. 미국과 일본이 반공을 기치로 소련에 대해 공동전선을 구축하는 일이 급선무인 마당에 '친일파 척결'은 상대적으로 부차적일 뿐만 아니라 오히려 공동전선을 약화시킬 가능성이 컸다.

비록 민족주의자들이 열망했던 통일정부 수립은 달성하지 못했지만 남한은 미군정과 일본의 재정적인 지원 덕분에 선진문물을 급속히 흡수할 수 있는 유리한 조건을 갖추게 되었다. 헤겔의 역사철학이 말하듯이, 세계사를 주도하는 세계사적 민족들에 편승하지 않는 개별 민족은 세계사에서 주변으로 밀려나거나 도태된다. 이들이 지향하는 '자유의식의 진보'에 동참하는 길은 곧 세계사의 보편적 가치를 공유하는 일이고 나아가 개별 민족이 세계의 보편적 진행에 기여하는 일이다.[40] 개별 민족의 자주와 주체만을 앞세우는 태도는 오늘날 북한 정권이 보이듯이 국제사회에서 소외되어 쇠락의 길을 걷지 않을 수 없다.

한국의 정부수립 당시 미·소 간 냉전으로 인한 경쟁이 군사 분야뿐만 아니라 정치·경제 분야 전반에 파급되어 동아시아는 자본·자유주의와 공산·사회주의 체제 사이의 본격적인 경쟁구도 아래 놓이게 되었다. 이러한 국제사회의 역학관계를 고려하여 이승만 정권은 당시 세계사적 민족으로 급부상하고 있는 미국에 의존하는 것이 '신생국가 대한민국'호의

---

40 유헌식, 「헤겔의 역사철학에 나타난 '세계사적 민족'의 출현구조」, 졸저, 『역사이성과 자기혁신』, 철학과 현실사, 2009, 165쪽 이하 참조.

순조로운 항해를 위해 가장 현실적인 대안이라고 판단한다. 그는 미국의 '자유민주주의'가 가장 바람직한 정치이념이라고 믿었으며 미국의 우방에 속해 자유민주주의의 보편적 가치를 공유함으로써 자유민주주의 최대의 적인 공산주의에 대항하는 일이 국가지도자로서 자신에게 주어진 가장 중요한 책무라고 생각한다. 따라서 미국과 우호적인 관계를 맺고 있는 일본에 대해 과거의 아픈 기억을 이유로 등을 돌릴 수만은 없었다. 이승만은 일제 식민지기에 항일독립운동으로 옥고를 치른 경험이 있는 반일민족주의자였지만 그의 반일 전력에도 불구하고 미국 그리고 나아가 일본과 공동의 반공전선을 구축한다. 일제에 항거하던 시절 투쟁의 대상이었던 일본과 해방 후 국내외 정세를 고려할 때의 일본은 그 정치적 위상과 의미가 다르다고 판단할 만큼 그는 현실을 냉정하게 인식한 것이다. 이러한 이유에서 이승만은 반민족행위자의 처벌이 능사가 아니라, 이들에게 관대한 처분을 내려 새로운 국가건설의 자원으로 활용하는 것이 대한민국의 미래를 위해 바람직하다고 판단한다.[41]

반민법에 따라 구속되었다 풀려난 반민족행위자들도 이승만과 같은 생각을 보인다. 식민지기 조선인의 사랑과 갈채를 받았지만 일제 말기 친일 행보를 보였던 이광수는 민족주의 우파 지도자들과 마찬가지로 반공주의

---

[41] 반민특위가 무력화되고 반민법이 개정되자 위원장 김상덕 이하 전위원이 사퇴한 후, 새롭게 꾸려진 반민특위의 위원장을 맡은 법무장관 이인(李仁)이 반민자들의 공소시효가 만료되는 8월 31일 발표한 담화에는 다음과 같은 내용이 들어있다. "가장 심했던 자만 처단하고 나머지는 관대히 할 것이 인정을 펴고 인심을 수습하는 도리가 되는 것이다. 사람을 벌하려는 것이 아니오 반민족 정신인 죄를 징계하는 것이 목적이니 이 정도의 처단으로 족히 이일징백(以一懲百)의 효과를 거두어서 민족정기를 바로 잡을 수 있으리라고 생각한다. 더욱 38선이 그대로 있고 시국이 혼란하고 인재가 부족한 이때에 반민족행위 처단을 지나치게 하는 것은 도저히 민족과 국가를 위해서가 되지 못한다는 것을 생각하지 않을 수 없다."(오익환, 앞의 글, 136~137쪽) 이인은 이승만의 의중을 정확히 파악하여 발표한 셈이다.

자였다. "친일파 숙청이란 말은 좌익에서 시작한 것이거니와 (…중략…) 좌익에서 친일파 숙청을 주장하는 것은 그것이 유산유직계급有産有職階級 숙청이기 때문에 당연한 일이겠지마는 우익을 주체로 하는 대한민국의 국회나 정부로서 소위 친일파를 숙청한다는 것은 결국 자가진영自家陣營의 전투력을 제 손으로 깎는 결과가 될 것이니 설사 그 숙청이 절대 불가피한 성질이라 하더라도 좌우, 남북 대립 중에 이 일을 하는 것은 심히 부득책不得策이라 아니 할 수 없다."⁴² 이광수의 말대로 친일파숙청 주장이 처음에 좌익에서 흘러나왔다고 해도 반민특위 출범 당시 1대 위원장을 지낸 김상덕이 임시정부 문화부장 출신인 점을 감안하면 반민특위에 의한 친일파 척결 작업이 좌익에 의해서만 주도되었다고 볼 수는 없다. 다만 이광수의 현실인식에서 주목할 점은 친일파 숙청이 우익의 '제 살 깎아 먹기'이며, 이러한 처사는 좌·우익으로 남북이 분열되어 대립하는 상황에서 결국 북쪽만 이롭게 하는 결과를 초래하리라는 그의 우려이다.

9. 자유민주주의 '국민국가' 세우기의 어려움

남한에 단독정부를 수립한 일은 한민족에게 엄청난 비극이었다. 하나의 민족인 상태에서 나라를 빼앗겼으면, 나라를 되찾은 상태에서는 원래의 '하나'로 복귀되는 것이 이치상 맞지 않는가? 광복이 자기의 힘으로 쟁취

---

42 이광수, 『나의 告白』, 春秋社, 1948, 210~211쪽. "이광수는 '민족적 인재'를 숙청하자고 하는 '민족분열주의'에 대항하여 '민족대화합'을 역설한다." 그는 "반공 민족주의를 사수" 하고자 한다.(조관자, 「'민족의 힘'을 욕망한 '친일 내셔널리스트' 이광수」, 『해방 전후사의 재인식 1』, 박지향 외편, 책세상, 2006, 552쪽)

한 것이 아니라 타자他者에 의해 주어졌다는 냉엄한 현실이 이러한 비극의 시초였다. 더구나 분단된 한반도의 남과 북에 진입한 미국과 소련이 정치이념적으로 적대 관계에 들어서고 있었다는 사실이 한민족에게는 또한 불운이었다. 한반도는 이들 최강대국이 직접적으로 대치하는 전선으로 탈바꿈하면서 숱한 우여곡절 끝에 결국 남한에는 대한민국이, 북한에는 조선인민공화국이 들어서게 되었다.

정부수립을 전후한 시기에 한반도의 역사가 소용돌이 속에서 파행을 거듭한 현상은 역사의 관성에 지배받는 자와 그 관성에서 벗어나고자 하는 자 사이의 갈등과 대립으로 이해할 수 있다. 좌파 민족주의 세력의 사고와 행위는 역사의 물리적 관성에 지배되었다. 그들은 자신들이 일제 치하에서 활동할 때 신봉했던 '독립운동 = 민족해방'이라는 등식의 연장선상에서 해방 정국의 과제를 설정했다. '민족'은 결코 포기해서는 안 되는 대상이며, '항일'은 결코 중단할 수 없는 민족적 행위였다. 따라서 '민족'을 살리기 위해 '통일'은 꼭 필요했고, 과거와의 연속성을 고려할 때 식민지 잔재 청산 또는 '반일'은 정당하고 불가피했다. 반면에 이승만과 한민당을 포함한 우익 세력은 '자유민주주의'라는 완전히 새로운 정치이념을 토대로 한 국가를 구상했다. 그들이 꿈꾸는 국가는 과거와의 '불연속'을 통해 실현되는 미래였다. 그들은 과거 왕권 중심의 봉건적 권위주의와 결별하는 한편, 일제하 독립운동의 핵심 분파를 이루었던 공산 · 사회주의와도 단절을 꾀하고자 하였다.

미군정기의 혼란한 정국을 수습하는 과정에서 미군정 당국이 반공주의자 이승만을 새로운 국가의 지도자로 낙점하여 신생 독립국가 구성은 급물살을 타게 된다. 그런데 미국이 남한에 이식하고자 한 '자유민주주의'

는 당시 한국의 정치적 현실을 고려할 때 이미 숱한 난관을 예고하고 있었다. 역사 진행에서 정치적 패러다임의 전환이 순탄치 않은 것은 당연하지만 한반도의 특수한 사정이 맞물려 서구와 마찬가지의 근대 국민국가인 '자유민주주의 공화국 대한민국'을 수립하는 데는 엄청난 진통이 따랐다. '국민'이 주인이 되어 정치를 행하는 '민주주의'는 한국인에게 최초의 경험이었으며, '자유민주주의'의 '자유'는 국민들뿐만 아니라 위정자들에게도 낯선 개념이었다. 이 책의 '제3장. 문명개화 – 서학의 수용과 세계관의 불연속 문제'에서 살폈듯이, 조선의 지식인에게조차 '자유'는 생소한 용어였을뿐더러 일제 식민국가에서는 말할 나위 없이 금기시되었고, 미군정기에 비로소 교육과 홍보를 통하여 선거제도의 시행방식 측면에서 운용되었을 뿐이다.

남한에 자유주의 정부가 수립된다는 사실은 그 자체로 큰 모험이었다. 자유는 대가 없이 주어지지 않는다. 더구나 북한의 공산주의와 남한의 남로당에 대적해야 하는 남한의 자유주의자들에게 '자유'는 곧바로 혼란과 파괴로 이어질 위험성이 컸다. 그래서 북한의 대표적인 민족주의자 조만식은 모스크바 3상회의의 결정이 난 직후, 미국의 자유주의 정책은 공산주의 활동에 유리할 수 있기 때문에 남한의 위정자는 주의해야 한다고 충고하면서, "미군의 이러한 정책 아래에서 보수진영은 법과 질서를 지키는 반면에, 급진 진영은 그렇지 않을 것이며 이들의 행동을 훈련받지 못한 경찰이나 소수의 점령군만으로는 막을 수 없는 것이다"라고 경고한다.[43] 조만식의 우려는 현실로 나타났다. 자유민주주의의 보통·평등선거를 통하여

---

43 심지연, 앞의 책, 68쪽.

선출된 국회의원들의 정치적 성향은 다양했다. 또한 업무의 연속성과 전문성을 꾀한다는 명분 아래 친일 경력자가 정부의 각계각층에 여전히 남아있는가 하면, 미군정청이 내세운 '불편부당不偏不黨, 정치적 중립'의 인사 원칙이 국방경비대에 남로당 계열 인물이 다수 진출할 수 있는 빌미를 제공했다. 이로 인하여 남한사회는 큰 혼란을 겪어야만 했다. 남한사회에서 자유민주주의의 원칙이 통용되기에는 현실적으로 시기상조였던 것이다.

'민주주의'라는 언어가 도입되었다고 해서 그 나라가 민주주의를 행할 역량을 갖추게 되는 것은 아니며, '자유민주주의'를 체제이념으로 취한다고 해서 바로 자유민주주의 국가가 성립하는 것도 아니다.[44] 어떤 정치이념을 법제도로 채택한다 해도 그것이 현실 안에서 제대로 구현되기까지는 수많은 시행착오를 거쳐야 하기 때문이다. 더구나 한반도의 38도선을 경계로 미·소의 냉전체제가 직접적으로 맞닿아 있고, 그들의 대리자 격으로 남한의 자본·자유주의 체제와 북한의 공산·사회주의 체제가 서로에 대한 적대감정이 극에 달한 채 대치하고 있는 위기 상황에서 남한의 자유민주주의 체제는 미국이 구상한 것과 그 성격이 같을 수 없었다.

일부 학자는 남한에 도입된 자유민주주의에 대해 이렇게 평가한다. 자유민주주의가 구한말과 식민지기를 거치면서 독립·부강·자주를 가져다주는 체제이념으로 수용되었는데, 미군정에 의해 새로운 국가 이념으로

---

[44] 그런 의미에서 최장집은 '민주주의'가 구한말 독립협회에서 시작하여 상해 임시정부, 해방 후 정국에 이르기까지 근대적 독립국가의 지향점으로서 민족주의와 더불어 식민통치기와 분단국가 건설에 이르는 전 과정에서 가장 강력한 정치이념이자 가치로 수용되었고, 해방 이후 제도 건설자로서 미군정 당국의 개혁 프로그램에 따르는 보통교육 제도를 통하여 이식되었지만, 4·19에 이르러서야 비로소 하나의 컨센서스를 이루어 전 사회에 폭발적으로 분출했다고 말한다.(최장집, 「우리에게 민주주의란 무엇인가?」, 최장집 외, 『논쟁으로서의 민주주의』, 후마니타스, 2014, 69쪽 참조)

도입되었지만, "미·소의 격렬한 체제 대결 속에서 이루어진 자유민주주의 체제와 이념의 이식 과정은 그 내용에서 뚜렷한 한국적 특징을 남기게 되었다. (…중략…) 자유주의란 갈등하는 사회 세력 사이의 힘의 경쟁 관계에서 양자 사이의 끊임없는 타협의 산물로 형성되었다고 할 수 있다. 하지만, 자유민주주의는 정치적 갈등이 폭력적 과정을 통하여 제거된 뒤에 그 결과로 형성된 남한 체제를 정당화하는 수단으로 도입되었다. 따라서 그것은 갈등적 이해나 이념을 둘러싼 실질적 경쟁이 배제되고 기존 체제의 수용이 전제된 보수적 성격의 것이었다."[45]

대한민국 정부수립을 전후하여 이승만을 위시한 우익 세력이 정국 안정을 도모하기 위해 행사한 다양한 형태의 물리적 폭력에 대하여 박찬표는 '反자유민주주의적'이라고 비판한다. 여기서 그 비판의 옳고 그름을 논의할 뜻은 없다. 다만 그렇게 비판하기 이전에 먼저, 역사상 처음으로 미군정에 의해 이식된 자유민주주의를 한국의 위정자와 국민은 박찬표의 표현대로 '경쟁'과 '타협'을 통하여 운용할 능력이 있었지를 묻고 검토해야 한다. 다음으로, 정부수립 당시 한국의 정치적 현실을 고려할 때 자유민주주의가 서구적 의미 그대로 실현될 경우 야기될 혼란을 감안해야 한다. 신탁통치에 대한 견해 차이, 일제 청산에 대한 입장 차이 그리고 민족주의 우파와 좌파의 갈등뿐만 아니라 공산·사회주의자남로당 잔존세력와 자본·자유주의자한민당 지지세력의 대립으로 긴장과 혼란에 휩싸인 정국 속에서 '자유민주주의'를 본래의 의미로 시행한다는 것은 엄청난 혼란과 위험을 무릅써야 하는 일이었다.[46]

---

45 박찬표, 앞의 책, 412쪽.
46 이러한 사정은 자유주의의 발생지인 서구에서 '자유'가 국가뿐만 아니라 시민사회에 속한

무엇보다 북한의 김일성이 조선 '민주주의' 인민공화국을 공식 국명으로 내걸 당시 현실에서 민족의 자주독립을 위해 이러한 북한 정권과 통일을 이루어야 한다는 민족주의자들의 주장이 끊임없이 제기되는 상황에 '자유민주주의'를 본연의 의미대로 실행할 경우 북한의 김일성 정권만 이롭게 할 가능성이 컸다. 그렇지 않아도 모스크바 3상회의 이후 신탁통치에 찬성하고 소련의 후원에 힘입어 북한의 인민공화국 체제를 남한에까지 확대하려는 의지를 분명히 표명했던 김일성에게 적화통일의 기회를 제공할 위험성이 컸기 때문이다. 자유주의는 다양성을 존중한다는 이념상 원칙적으로 공산주의까지도 포용할 수 있어야 하지만 일촉즉발의 남북관계 속에서 이승만 정부에게 공산주의는 자유주의가 용납해야 할 일부가 아니라 파괴해야 할 적이었다.

한국인은 투쟁을 통하여 자유민주주의를 성취하지 않았다. 뿐만 아니라 몇몇 식자층이 지식과 이론으로만 습득하고 있었을 뿐 일반 다중多衆은 자유민주주의를 경험한 적도 없었고 그에 대해 제대로 교육받은 적도 없었다. '자유민주주의'를 그 뜻에 맞게 감당하기에는 그들이 겪은 과거 그리고 그들을 짓누르는 현재가 너무 무거웠다. 특히 좌익과 우익의 대립은 단순히 국가의 정치적 특성만이 아니라 민족적 정체성 확립과 관련하여 정국을 뒤흔드는 중차대한 문제였다. 친일 청산을 위해 헌법에 명시된 반민특위 설치와 이후의 활동, 이와 관련한 국회 프락치 사건 그리고 정부수립을 전후하여 발생한 제주 4·3사건과 여순반란사건 등은 일제시기 1920

'개인'의 법적 권리인데 반하여, 정부수립시기까지만 해도 한국에는 '국가'만 존재했을 뿐 근대국가의 의미에서 '시민사회'가 구축되지 않았다는 데서 기인한다고 볼 수 있다. 그래서 자유가 서구에서처럼 아직 시민사회 구성원으로서의 개인이 '국가권력으로부터 자유'라는 의미로 통용되지 않았다.

년대 이후 한반도 전체에 드리워진 '오래된 이념적 대립'이 표면화된 결과라고 할 수 있다.

엄밀히 따지면, 1948년 정부수립과 더불어 선포된 '대한민국'은 명실상부하게 '국민국가'라고 할 수 없다. 정부수립 이후에도 한국은 '국민국가'로 만들어지는 과정에 있었다. 국민국가가 민족주의를 필요로 하기는 하지만 민족주의만으로 성립하지는 않는다. 국민국가는 서구 근대의 국민국가처럼 "자립적 개인, 자유로운 토론, 소수 의견에 대한 관용, 공적 권위에 대한 존중 등"을 필수요소로 수반해야 한다".[47] 자율적인 개인, 자유롭고 합리적인 의사소통, 타자의 인정, 법제도의 권위에 대한 존중은 근대 민주주의의 보편적 가치들인데, 정부수립 직후의 한국은 아직 이 요소들을 구비하지 못하고 있었다. 더구나 구한말부터 일제 식민지기 그리고 해방 직후 미·소 양군의 한반도 진입에 이르기까지 끊임없이 외세의 침입과 개입을 겪어야만 했던 영향으로 여전히 '민족주의' 의식이 팽배해 있는 상황에서 '국민국가로서 대한민국'의 출현은 미래를 기약할 수밖에 없었다.

---

47 이영훈, 「대담」, 『해방 전후사의 재인식 2』, 책세상, 2007, 672쪽.

제9장
결론을 대신하여
한국 민족주의의 분절론적 이해

들어가며 – 생존전략으로서 분절성

이 글은 한국 민족주의를 둘러싼 담론의 일환으로 한국 민족주의에 내재된 구조적 특성을 해명하는 데 목적이 있다. 민족주의가 기본적으로 타민족과의 관계 또는 타민족의 지배에서 파생된 특정 민족의 태도라고 할 때 그러한 태도의 특성을 설명하기 위해서는 한민족이 겪은 역사적 경험 일반이 고려되어야 한다. 한국 민족주의는 한반도에 침투한 외세他勢에 대한 한민족의 반응방식과 떼어놓고 생각할 수 없으며, 이 반응방식은 특정 시기, 이를테면 일본의 한반도 지배기에 급작스럽게 형성되는 게 아니라 소위 '문화적 DNA'처럼 한민족의 역사적 경험에서 축적되어 반복적으로 나타난다고 보기 때문이다.

민족주의는 정치이념이 아니다. 민족주의는 한 민족의 맹목적인 생生의 충동 / 의지를 바탕으로 형성된 민족감정이 대외적으로 표출되는 자연적인 태도이다. 그런 한에서 민족주의는 눈目을 가지고 있지 않다. 그래서 민족주의는 그 자체로 특정 정치체계에 무관심하다. 그런데 바로 이 '무관심성'이 민족주의의 힘이다. 민족주의는 무관심성으로 인해 어떤 정치이념과도 결합 / 결탁할 수 있는 유연한 가능성을 지니고 있기 때문이다. 마그마와 같은 자연적 생명력으로서의 민족주의는 특정 정치이념과 조우하여 눈, 즉 방향성을 갖추면서 민족국민국가의 성격을 띠게 된다.[1]

민족은 민족의식을 전제해야 하며, 민족의식이 공동성과 공공성으로 집결되어 민족주의라는 이념적 지향을 산출한다. 민족'으로' 의식되어 민족주의로 표방되지 않는 한 민족은 자연적인 종족에 지나지 않기 때문이다.[2] 민족'의식'은 기본적으로 자국 내의 정치경제적 모순이든 타국과의 대립 갈등이든 타자他者적인 힘과의 관계에서 발현한다. 따라서 민족에 대한 의식이 깨어남으로써 출현하는 민족주의는 타자관계를 떠나서 논의할 수 없다. 문제는 이 타자관계의 성격이다. 한국 민족주의의 시초에 대해 일반적으로 일제에 대한 '저항 민족주의'라는 꼬리표를 붙일 때 '저항'은 한국 민족주의가 타자를 대하는 태도에 속한다.[3] 여기서 나는 민족주의를 '자기 종족에 대한 심정적 애정과 상상적 판단에 준거하여 다른 민족에게 자기를 표현하고 주장하는 자연적 의지 / 태도 및 문화적 활동'으로 정의한다.[4]

---

1   "민족주의란 자기완결적 논리구조를 갖추지 못한 채 다른 이데올로기와 결합함으로써 자신의 목표를 구체화시켜가는 이차적 이데올로기"라는 특징을 지닌다.(윤해동, 「內破하는 민족주의」, 『역사문제연구』 5호, 2000, 183쪽)

2   그런 의미에서 민족주의 연구의 거장 겔너는 이렇게 말한다. "민족들의 노력이 민족주의를 만든 것이 아니라, 민족주의가 민족을 만들어냈다."(Ernest Gellner, *Nations and Nationalism*, Oxford, 1983, 25쪽) 민족주의 연구의 고전에 속하는 앤더슨(Benedict Anderson)의 *Imagined Communities : Reflections on the Origin and Spread of Nationalism*(1983)도 겔너와 같은 입장에 서있다. 이들과 견해를 같이 하는 벨러에게도 "민족이란 우선 종족에 기반한 통치체제의 전통에 근거하여 발전하고, 서서히 민족주의와 그 추종자들에 의해 독립된 행위주체로 만들어진 '고안된 질서'다".(벨러, H.-U., 이용일 역, 『허구의 민족주의』, 푸른역사, 2007, 38쪽)

3   여기서 한국 민족주의의 대표적인 특성으로 일컬어지는 '저항 민족주의'는 외세의 침략에 대항하는 성질을 띤다는 점에서 지금 논의의 초점인 '외부 정치이념과의 결합'에 해당하지 않기 때문에 이 글에서는 논외로 한다. 물론 일제시기 사회주의와 결합하여 일제에 저항한 민족주의는 논의에 포함된다.

한국 민족주의는 한민족이 타민족에게서 자기를 보호하고 보존하기 위해 구사 / 표현하는 한민족 고유의 전략적 태도라 할 수 있으며 그 태도의 특징을 나는 '1분절성分節性'이라는 키워드로 포착하여 이 글에서 살피고자 한다.[5] 분절성은 단일성이나 통합성 그리고 경직성에 대비되는 용어이다. 뒤집어 말하면, 분절성은 다양성, 분열성 그리고 유연성 또는 변신성을 특징으로 한다. 그런 점에서 분절성은 부정적인 의미에서 기생寄生 / 의타依他주의나 기회주의와도 통한다.

국토의 위치와 규모 면에서 한반도의 정치 지도자들은 주변 열강들의 눈치를 보지 않을 수 없었다. 그들은 한반도 주변국들의 힘의 역학관계를 고려하여 처신의 향방을 정해야 했다. 외부의 압력이 힘에 부칠 정도로 강력하면 한민족은 대나무처럼 새로운 마디를 만들어 유연하게 대처함으로써 '자기'를 보존했다. 자기 안에 여러 개의 마디를 지니고 상황에 따라 서로 다른 마디가 출현하여 상대에 대응하는 유연한 태도를 나는 '분절성'이라 칭한다. 한민족은 겉으로는 중국, 러시아, 일본 등 강력한 외세의 등살에 못이겨 자신의 본래적인 면모를 잃은 채 방황한 것처럼 보이지만 그 속내에는 한민족 나름의 생존전략이 숨겨져 있었다. 그 전략이 다름 아닌 '분절성'이었다. 하지만 엄밀히 말하면 분절성은 민족이 아니라 민족주의

---

4   이러한 이해에서 주목할 점은 민족주의가 공산주의나 자유주의와 달리 '정치적' 이념이 아니라는 사실이다. 그렇기 때문에 민족주의는 '자연적 태도'로서 어떠한 정치이념과도 결합/결탁할 수 있는 소지를 이미 항상 지니고 있다.

5   '분절'은 박동환의 철학에서 빌려온 용어이다. 그는 '생명의 논리'를 위해 소위 '3표 철학'을 제안하면서 '마디지음'과 '마디풀이'라는 '분절론'으로 제시하여 '한국적 생활세계의 논리'가 세계 인식의 보편적 틀일 수 있는 길을 모색한다. 그에 따르면 '분절'은 'segmentation'과 'articulation'의 두 의미를 지닌다.(박동환, 『안티 호모에렉투스』, 길, 2001, 114쪽) 이 글의 본론에서는 분절의 두 의미 가운데 '마디로 나눔(segmentation)'의 의미만을 취하고, '마디의 연결(節合 : articulation)'의 의미는 이 글의 결론부에서 언급하기로 한다.

의 특성이다. 민족주의는 민족을 동원하여 자기와 타민족에게 자기를 주장하는 의지와 태도이기 때문이다. 특히 한국의 민족주의에는 한민족의 어두운 과거가 동행하고 있어서 공유했던 즐거움보다는 함께 겪은 아픔을 극복하고자 하는 의지가 타자에 대한 분절적 태도에 배어 있었다.[6]

한국 민족주의는 『민족주의*Nationalismus*』의 저자 벨러H.-U. Wehler의 표현을 빌리면 "전이轉移민족주의Transformationalismus"에 속한다. 전이민족주의란 "유럽과 미국의 민족주의 모델이 세계 다른 민족들, 특히 과거 식민지였던 국가들로 이식"된 민족주의이기 때문이다.[7] 이 저서에서 벨러는 이 글의 주제와 관련하여 의미 있는 메시지를 던진다. "민족주의는 이념적인 경직성과 민족민주주의의 경향에도 불구하고 현실 정치에서 매우 유동적인 것으로 증명되었다. 왜냐하면 민족주의는 판이하게 다른 여러 통치 체제들 및 사회 체제들과 연합할 수 있었기 때문이다. 거기에서 민족주의는 종종 거의 원칙 없는 타협을 해야만 했다. (…중략…) 민족주의는 이제 모든 정치체제의 경계를 넘어, 만인의 종이 될 수도, 만인의 주인이 될 수도 있다는 것을 보여 주었다."[8] 민족주의가 지닌 이러한 유동성 또는 유연성은 민

---

6   르낭(E. Renan)이 『민족이란 무엇인가』에서 "민족은 이미 치른 희생과 여전히 치를 준비가 되어 있는 희생의 욕구에 의해 구성된 거대한 결속"이라고 할 때(르낭, 2002, 81쪽), 그가 민족과 민족주의를 혼동하고 있기는 하지만 희생의 문제를 민족 문제로 연결시킨 점은 한국 민족주의의 특성을 규명하는 데 시사점을 제공한다.

7   이상, 벨러, 앞의 책, 92쪽. 이 책의 한글 번역본은 『허구의 민족주의』이나 원제는 *Nationalismus : Geschichte-Formen-Folgen*(민족주의 : 역사-형성-결과)이다.

8   앞의 책, 88f. 중간의 생략부분에서 벨러는 독일과 프랑스를 예로 드는데, 독일에서 민족주의는 계몽군주들, 제국, 공화국, 독재체제와 연합했고, 프랑스에서는 공화국, 나폴레옹의 전제적 관료주의, 전제군주, 다시 공화국, 드골의 권위주의적인 대통령제와 연합했다고 서술한다. 이 대목에 별도로 주목하는 이유는 이 글에서 키워드로 삼는 민족주의의 '분절성'이 서구에서도 나타나지만, 벨러가 든 예에서 보듯이 서구의 민족주의에서 나타나는 '원칙 없는 타협'은 대내(對內)적인 성격을 지닌다는 점에서 대외(對外)적인 성격을 띠고 전개된 한국 민족주의의 분절성과 내용상 차이를 보이기 때문이다.

족주의의 환경-적응가능성 또는 주체-변신가능성으로 해석할 수 있다.

그런 의미에서 민족주의는 외부의 정치이념을 만나면 "카멜레온"처럼 변신한다.[9] 카멜레온은 자기를 보호하기 위해 주위의 형편에 맞게 자기 몸의 색깔을 바꾼다. 초점은 '자기의 생존과 보호'에 있다. 외부의 정치이념이 사회주의이든 자유주의이든 상관없이 그편의 색깔로 자신을 바꾸지만 신체의 색이 바뀐다고 카멜레온의 몸이 바뀌는 건 아니다. 그렇지만 카멜레온의 변하는 색이 카멜레온의 일부가 아닌 것은 아니다. 바로 이 점이 주목을 요한다. 이렇듯 한국 민족주의는 상황과 여건에 맞게 분절적으로 변신하면서도 끝내 자기를 포기하지 않고 끈질긴 생명력으로 오늘날까지 한국사회를 지탱해오고 있다고 보인다.

민족주의가 어떤 정치이념과 어떤 방식으로 결합하느냐에 따라 민족국민국가의 성격이 달라진다. 그래서 근대적 민족국민국가로서 한국의 건립과 관련하여 한국 민족주의가 서구 근대의 정치이념, 즉 사회주의와 자유주의를 어떤 방식으로 수용했는가를 살피는 일이 중요하다. 이 글에서 나는 한국 민족주의의 분절성을 근간으로 한국 민족주의가 외부의 정치이념을 수용하는 과정에서 수행하는 기능을 반성적으로 검토하여, 한국 민족주의의 실질적인 위상을 탐색해보기로 한다.

---

9 이 표현의 출처는 스미스(A. Smith)이다.(신기욱, 이진준 역, 『한국 민족주의의 계보와 정치』, 창작과비평사, 2009, 37쪽에서 재인용)

1. 의타依他적 분절성

　한국 민족주의는 서구의 민족주의 그리고 여타 제3 세계의 민족주의와
달랐다. 그 원인은 일차적으로 지정학적 측면에서 찾을 수 있을 것이다.
한반도가 지리적으로 중국과 러시아와 일본을 이웃에 두고 있다는 사실
은 한국 민족주의의 특성을 설명하는 데 발견적으로 고려해야 할 사항이
다. 한국 민족주의가 구체적으로 모습을 드러내기 시작한 19세기 중엽~
20세기 초엽의 한반도는 주변 열강들의 세력다툼의 장이었다. 전통적으
로 한민족과 정치 · 군사 · 문화적 유대를 맺어온 중국, 1917년 2월 혁명
을 기점으로 코민테른국제 공산당의 이념을 전파하고 강화하기 위해 남하를
시도하던 러시아 그리고 19세기 중엽 탈아입구脫亞入歐를 앞세워 명치유신
이후 서구화된 군사력을 바탕으로 시시각각 대륙 진출을 노리는 일본의
세력 확장 정책과 전략으로 인해 약소국 조선은 내적인 분열과 혼란의 소
용돌이 속에서 강대국들의 각축장이 되었다.[10]

　이러한 소용돌이 속에서 구한말 지배 세력인 민비의 외척 및 봉건적 보
수집권 세력은 한반도를 노리는 외세의 침입에 다양한 마디분절로 대응하

10　여기서 지리적으로는 멀리 있지만 구한말 이후 한국 민족주의의 향방을 결정하는 데 핵심
　　역할을 했던 나라는 단연 미국이었다. 미국은 1866년 상선 제너럴셔먼호 사건과 그 이후
　　신미양요를 통해 조선과 접촉만 했을 뿐 조선의 정세에 관여할 별다른 명분을 갖고 있지는
　　않았다. 그러나 당시 조선 진출을 꾀하는 중 · 일 · 러의 세력균형을 위해 미국의 조선 진출이
　　공공연하게 언급되었다. 청국 조일공사관 참찬관 황준헌(黃遵憲)은 『조선책략(朝鮮策
　　略)』에서 "조선반도를 통한 러시아의 남하정책을 저지하게 위해 조선이 미국과 연관을 맺
　　어야 한다는 취지"로 주장했고, 이홍장은 이이제이(以夷制夷)의 논리로 "조선에 대한 일본
　　의 세력확장을 견제하기 위해 미국을 조선에 끌어들여야 한다는 취지"를 내비쳤다.(김학
　　준, 『구한말의 서양 정치학 수용연구 – 유길준, 안국선, 이승만을 중심으로』, 서울대 출판문
　　화원, 2011, 265f) 결국 이때부터 미국은 자의(自意)만이 아니라 타의(他意)에서도 한반도의 정세
　　를 좌우할 변수로 부상하고 있었다.

였다. 이들은 자파의 안전을 확보하고 구교舊交의 회복이라는 명분 아래 일본과 통상을 서둘렀으며, 임오군란과 갑신정변 그리고 동학농민운동에 청淸·일日의 군대를 끌어들였고, 을미사변과 아관파천을 전후하여 러시아 세력을 유인하였다.[11] 이렇듯 조선의 조정과 관료는 자신들에게 닥친 위기의 특성에 따라 그때그때 청과 일본 그리고 러시아露를 등에 업고 자신들의 안위를 도모하였다.

여기서 이러한 조선 왕조의 굴절 / 분절 현상을 과연 한국 민족주의 특성으로 인정할 것인가 하는 의문이 제기될 수 있다. 한국의 국사학계에서는 일반적으로 한국 민족주의의 특성을 '저항 민족주의'에서 찾으며, 그런 의미에서 왕조의 역사가 아니라 민중의 역사를 한국의 민족사로 규정해야 한다는 주장이 설득력을 지녀왔다.[12] 그러나 저항의 민족주의뿐만 아니라 지배의 민족주의도 한국 민족주의의 일환으로 간주해야 하며, 실제에서 전자보다 후자가 한국의 역사에서 지니는 비중은 더 크다고 할 수 있다. 신기욱이 지적하듯이 19세기 말 조선의 위정자와 지식인들은 "근대적인 민족 만들기"에 몰두하였으며, 20세기 중후반에 "민족주의는 한반도의 남북한에서 정전正典이 되었으며 남북한 사이의 논쟁적인 '민족 대표성 정치'를 낳았다".[13] 실제 한국에서 민족주의는 지배계층이 국가정책을 결정하는 데 결정적인 변수로 작동했다.

11　한홍수,『도전과 응전의 한국 민족주의』, 옥당, 2015, 391쪽 참조.
12　이용희는 한국 민족주의를 '지배의 민족주의'와 '저항의 민족주의'로 구분하고, 왕조사에 해당하는 전자와 달리 후자만이 민중의 역사로서 민족사에 해당한다고 주장한다.(이용희,『정치사상과 한국 민족주의』, 동주 이용희 전집 2, 연암서가, 2017, 236쪽 이하 참조) 한국 민족주의에 대한 이러한 인식은 국사학계와 한국정치사학계에서 진보적 시각을 지닌 학자들의 공통된 견해라고 할 수 있다.
13　신기욱, 이진준 역,『한국 민족주의의 계보와 정치(Ethnic Nationalism in Korea)』, 창작과비평사, 2009, 27쪽.

구한말 조선의 지배계층은 다양한 외세에 의지하여 민족의 보존과 자강을 꾀하려 했다. 한국 민족주의의 이러한 의타적 분절성은 일제 식민지 치하에서도 재현되었다. 1919년 3·1운동 이후 한국 민족주의는 기본적으로 민족자결주의와 민족평등주의에 토대를 두었다.[14] 국내에서 전개된 민족주의 운동은 민족문화의 보존과 창달을 기도하는 우파 세력과 민족사를 세계사와 결합하려는 좌파 세력으로 나뉘었다.[15] 이 시기에 무엇보다 주목해야 할 세력은 국내의 **자생적 사회주의자들** 그리고 일본과 러시아에서 공산·사회주의를 학습하고 귀국하여 일제하 독립운동과 민족운동을 주도했던 소위 **사회주의적 민족주의자들**이다. 그런데 1920년대까지만 해도 민족주의자와 공산주의자 간에 소통이 원활하여 1927년에는 민족주의 진영과 사회주의 진영이 합세하여 신간회를 창립하기도 했으며, 1945년 9월에는 좌우의 이념을 넘어서는 전국인민대표자회의에서 조선인민공화국이 건립되기도 하였다. 그러나 이 결사체들의 핵심인물들은 서로가 **상대를 자신들이 준거하고 있는 외세의 정치이념 쪽으로 끌어오려함**에 따라 민족적 화합 의지를 무색하게 하여 결국 해체의 길로 들어서게 된다.

조선의 공산주의자들이 독자적인 역량으로 활동하지 못한 데는 중국 공산당과 러시아 볼셰비키들의 전략적인 의지가 주원인으로 작용했다. 당

---

14 박찬승, 『민족, 민족주의』, 소화, 2010, 248쪽 참조. 민족자결주의와 민족평등주의는 홉스봄(E.J. Hobsbawm)이 말하는 "**윌슨 카드**"와 "**볼셰비키 카드**"에 해당한다. 홉스봄에 따르면, 제1차 세계대전이 끝날 무렵 국경과 민족과 언어를 일치시키려던 윌슨의 원칙은 민족의 평등에 입각한 볼셰비즘에 비해 현실성이 떨어져, 결국 19세기의 소위 '민족의 원칙(principle of nationality)'은 윌슨 카드에 대한 볼셰비키 카드의 승리로 귀결되었다.(홉스봄, E.J., 강명세 역, 『1780년 이후 민족과 민족주의』, 창작과비평사, 1994. 172쪽 이하)

15 우파는 『동아일보』의 김성수와 송진우를 중심으로 한 민족문화운동으로, 좌파는 『조선일보』의 안재홍을 중심으로 한 민족적 국제주의와 국제적 민족주의로 대표된다.(박찬승, 앞의 책, 249쪽 이하 참조)

시 중국 공산당의 지도부는 다음과 같이 생각했다. "한중 관계는 중국의 국가이익에 매우 중요하다. 중국 공산주의자의 지도하에 한국군을 창설하고 그 소속원들이 은혜를 받아 공산주의자들과 공통의 이념을 갖도록 하는 것이 보다 논리적이다. 현재 국민당 휘하에 있는 모든 한국인 부대는 중국 공산당 휘하로 옮겨야 한다."[16] 중국 공산당에 의타적인 조선의 공산주의 활동은 해방 후에도 이어져, 1941년 중국 공산당 팔로군의 지원 아래 항일전에 참가하던 각 전선 대표들을 모아 발족한 화북조선청년연합회는 무정을 주역으로 하는 조선독립동맹으로 발전적 개편되어 해방 후 북한으로 환국하는데 이때 조선독립동맹은 중국 공산당의 신민주주의 노선을 도입한 자산계급성 민주주의 혁명노선을 주장한다. 이렇듯 중국은 군사적 재정적 이념적으로 한국 민족주의의 반일투쟁을 도우면서 한국에 대한 자신들의 지배적 영향력을 꾸준히 행사해왔다.

한국 민족주의의 의타적 분절성은 한반도의 북쪽에서만 나타나지 않았다. 남쪽에서도 1928년 소련 코민테른의 12월 테제에 근거하여 '계급투쟁 / 해방 = 민족투쟁 / 해방'이라는 인식이 조선 공산주의자들에게 팽배하였다. 그래서 당시 고려공산청년단의 책임비서였고 사회주의 단체인 화요회 회원으로 활동했던 김단야는 '**공산주의자들이 민족운동의 전위로 활동해야 한다**'고 주장하여 공산주의를 민족주의와 결합하려 했다. 그러나 사회주의적 민족주의에서 실질적인 이념적 지향점은 민족주의보다 사회주의가 우세하여, 조선공산당의 남한 내 세력인 화요회, 서울파, 북풍파일월회 등은 **자신들 활동의 정통성과 정당성을 모스크바의 코민테른에게 인정 / 승**

---

16 이정식, 『한국민족주의 정치학』, 한밭출판사, 1982, 275쪽.

인 받기 위해 부단히 노력하였다.[17] 한반도 북쪽의 조선공산당이 중국 공산당에 의지하여 자신들의 정치군사적 세력을 펼치듯이 남쪽의 조선공산당은 겉으로는 민족주의 운동을 표방하면서도 속으로는 소련 코민테른의 일환에 속하기를 바랐다.

외세에 의지하는 분절적 태도는 좌파사회주의적 민족주의 세력과 대립하는 우파자유주의적 민족주의 세력의 경우에도 별반 다르지 않았다. 우파 민족주의 세력도 처음에는 자주적 역량을 과시하였으나─시기를 거슬러 올라가 독립협회가 대내외적으로 표방한 자주와 자립과 자강의 의지와 활동은─기본적으로 서구의 근대적 자유주의를 지향한 한에서 그 민족주의 성격과 지속은 한계를 가질 수밖에 없었다. 구한말 전통적 민족주의에 대항하여 한민족의 근대화에 박차를 가하던 개화파의 개화사상은 그 자체가 일본과 미국의 발전된 문물을 수용해야만 유의미하게 진전될 수 있었다. 일제하 한국 민족주의는 다른 제3 세계의 민족주의와 달리 **서구를 적이 아니라 친구로 삼아야 했으며, 더구나 일본은 거부해야 할 대상이면서 동시에 따라야 할 모델이라는 양가성**으로 인해 부국강병을 주장하던 개화파 민족주의자들은 딜레마에 빠져 있다가 결국 일제의 희생양으로 전락한다.

해방 후 한국 민족주의의 의타적 분절성은 본격적으로 심화된다.[18] 해방 후 6개월은 이후 한국 정치의 향방을 구체적으로 결정지은 중대한 시기였다. 사실 해방이 한민족이나 독립 / 민족 운동가들의 자력으로 이루

---

17 위의 책, 170~184쪽 참조.

18 미군 수송기로 환국한 김구와 김규식, 미군기(맥아더 전용기)를 타고 38선 이남에 들어온 이승만(커밍스, 『브루스 커밍스의 한국전쟁』, 현실문화, 2017, 165쪽 참조) 그리고 소련군과 함께 38선 이북에 들어온 김일성은 남과 북의 위정자들이 어떻게 외세에 편승하여 한반도에 들어와 민족의 미래를 논했는지 상징적으로 보여준다.

어지지 않았다는 사실 자체가 이미 이후 한국 민족주의의 암울한 미래를 암시한다. 해방과 더불어 바로1945.8.17 조선건국준비위원회建準가 발족하여 위원장에 여운형, 부위원장에 안재홍과 허헌을 위촉했으나 건준 구성원이 지나치게 좌경화되었다는 이유로 민족주의 계열의 안재홍 등이 탈퇴하면서 건준은 해체되었다. 그 뒤를 이어 9월 6일에 조선인민공화국인공 수립이 발표되어 주석에 이승만, 부주석에 여운형을 위시하여 각 부처에 허헌, 김구, 김규식, 신익희, 김성수, 안재홍, 조만식 등 한국 민족주의 운동의 핵심 인물들이 고루 배치되었다. 그러나 9월 9일에 도착한 **미 점령군의 하지 중장이 '어떤 특정 당이나 단체를 한국의 정부로 승인할 의사가 전혀 없다'**고 못 박으면서 미군정과 인공의 반목이 시작되었다.[19] 인공은 구성 인사 51명 가운데 3분의 2가량이 공산주의자여서 민족주의 세력의 활동이 미미한데다 미군정이 그들의 실체를 인정하지 않음으로써 제 기능을 발휘하지 못하였다. 일제에 맞서 싸운 민족의 투사들이 연합군의 한반도 진입 이전에 한민족의 의지를 담아 건국의 대업을 준비하려 했지만, 그 시도는 강력한 미국 점령군의 의지와 공식적인 조치 앞에서 한풀 꺾이지 않을 수 없었다.

더구나 1945년 2월 얄타회담에서 루스벨트와 스탈린 간에 한국 신탁통치가 합의된 뒤, 1945년 12월 모스크바 3상회의에서 한반도의 38선 남과 북에 각각 미군과 소련군의 사령부가 들어서 공동위원회를 구성할 것이 결정되는 순간, **한국 민족주의가 운신할 수 있는 폭은 극도로 제한되었다.** 모스크바 3상회의의 신탁 결정에 대해 남북한의 정치 지도자들은 처음에는 하

---

19 스칼라피노·이정식, 『한국 공산주의 운동사』, 돌베개, 2015, 399쪽 참조.

나같이 반탁反託의 대열에 합류했다. 그런데 신탁이 민족자결주의 원칙에 위배된다고 믿은 임정과 한민당의 요인들은 반탁의 입장을 고수한 반면, 당시 코민테른과 스탈린의 영향권 안에 있던 조선 공산주의자들은 소련의 신탁통치에 찬성으로 선회했다.[20] 신탁통치를 둘러싼 논란 속에서 조선공산당의 책임비서였고 남조선노동당의 부위원장이었던 박헌영은 신탁을 지지하고 조선이 소비에트연방에 귀속되어야 한다는 입장을 취했다.[21]

하지만 한반도의 정치적 흐름에 결정적 영향을 미친 것은 1945년 3월 루스벨트의 갑작스러운 사망으로 대통령직을 이어받은 트루먼의 반소反蘇 반공反共주의였다. 트루먼에게 소련은 '국제 깡패'였으며, 공산주의는 '인류의 악'이었다. 제2차 세계대전이 끝나고 본격적으로 미소 냉전시대가 열리는 시점에서 그는 미국이 세계질서를 주도해야 한다는 신념으로 1947년에는 트루먼 독트린을 발표하여 그리스와 터키의 반공정부를 지원하기도 했다. 대통령을 직을 맡기 이전부터 이미 투철한 반공의식으로 무장되어 있던 트루먼의 지시를 받는 남한의 미군정에게 건준과 인공의 좌경화된 정치적 성향은 위험해 보였다. 당시 한국에 머물던 미국 특사 포레는 트루먼에게 보낸 서신에서 **"한국은 세계에서 공산주의가 싹트기 쉬운 최적의 조건을 지니고 있는 지역"**이라고 적는다.[22] 실제로 1948년까지 상당수

---

20 여기서 주목해야 할 점은, "처음에 대부분의 한국인은(일본인은 물론이고) 소련이 북한뿐만 아니라 남한도 점령할 거라고 예상했다". 대개의 한국인들은 소련을 연합국의 일원으로 보아 같은 연합국인 미국과 소련의 불화와 반목을 거의 예상하지 않았으며, 당시 한국에서는 '다 같이 잘 살아 보자!'는 모토에 호응하여 사회주의 지지율이 70%에 육박하던 터라 좌익 성향의 사람들은 소련의 정치 형태가 한반도에 도입되는 것에 별로 저항감을 가지지 않았다.(스칼라피노·이정식, 앞의 책, 2015, 394쪽 그리고 강준만, 『한국현대사산책 1940년대 편 1권』, 인물과 사상사, 2011, 163쪽 참조)
21 강준만, 앞의 책, 2011, 194쪽 참조.
22 조순경·이숙진, 『냉전체제와 생산의 정치』, 이화여대 출판부, 1995(강준만, 앞의 책,

남한의 지식인은 좌익이었으며, 군과 시 단위의 지방행정기관에는 공산주의자들이 대거 포진하고 있었다. 특히 박헌영은 이승만과 김구로 대표되는 민족주의 세력의 한국민주당한민당을 반동적 국수주의라고 비판하고, 남한의 주요 세포조직에 좌익 세력을 파종하는 데 전력을 기울였다. 이런 상황에서 미군정은 당연히 조공과 인공 세력이 남한에 확장되는 것에 반대하고, 임정과 미국 한인회의 민족주의 세력에 우호적이었다. 여기에 호응하여 이승만은 조공과 결별한 뒤 「공산당에 대한 나의 입장」에서 "**한국은 지금 우리 형편으로는 공산당을 원치 않는다는 것을 세계 각국에 대하여 선언**"한다.[23] 미군정과 이승만의 반공주의는 상호친화성을 띠어 결국 남한에 이승만을 대통령으로 하는 단독정부가 수립되는 데 결정적으로 기여하였다. 이렇듯 한국 민족주의는 해방 후에도 소련과 미국이라는 외세와 결탁해서만 자신의 존재를 유지할 수 있었을 만큼 의타적 분절성을 띠고 있었다.

2. 세계정신의 도구로서 분절적 민족주의

한국 민족주의가 새로운 정치이념을 수용하여 한반도 북쪽과 남쪽이 각기 다른 정치적 정체성을 구성하게 된 것은 이미 언급했듯이 한민족 자체의 주체적인 선택보다는 당시 한반도를 둘러싸고 있던 국제정세의 흐름에서 초래되었다. 한민족은 자신의 현재와 미래를 스스로 결정할 수 있는 처지가 아니었다. 1917년 러시아에서 볼셰비키혁명이 성공한 뒤 1919년 레

2011, 117쪽에서 재인용)

23 강준만, 앞의 책, 2011, 112쪽.

닌의 지도하에 창설된 코민테른의 위세가 날로 강해져 제3세계 국가들에게 공산당 지부의 설치를 종용하고 지원하면서, 미·소 간에 본격적인 냉전시대가 도래하고 있던 세계사의 판도에서 한반도 남과 북의 위정자들이 주체적으로 결정할 수 있는 사안은 거의 없었다. 미국의 윌슨 독트린과 매카시즘의 강력한 반공 노선 그리고 스탈린의 대對중국정책의 변화는 한반도가 상호 적대적인 정치이념을 수용할 수밖에 없는 원인을 제공하였다.[24]

한반도는 지정학적 특성으로 인해 다른 나라에 비해 유독 냉전 초기 강대국들의 이해관계가 첨예하게 얽히고 부딪치는 현장이어서 미국과 소련은 물론 중국과 일본의 영향력에서 벗어나기 어려웠다. **역사는 흐름이다. 역사는 역학力學의 지배를 받아 흐름을 만드는 자, 흐름을 주도하는 자, 흐름을 타는 자 그리고 흐름에 밀리는 자로 구성된다.** 큰 흐름은 작은 흐름을 주도하기도 하고 밀어내기도 한다. 한민족의 역사라는 작은 흐름은 세계사적 민족들의 역사라는 큰 흐름에 편승하지 않을 수 없었기에 한국 민족주의는 의타依他적 분절성을 띨 수밖에 없었다. 이러한 사정은 헤겔의 역사철학적 시각에서 민족정신과 세계정신의 관계로 설명할 수 있다. 특수한 정신으

---

[24] 이정식은 그의 스승이자 동료인 스칼라피노 교수의 타계 직후 행한 대담에서 한국현대사를 잘 이해하기 위해서는 당시 **"강대국들 사이에서 일어난 일들의 영향"에 충분히 주목해야 한다**고 후학들에게 당부한다. 이 자리에서 그는 한반도 분단을 야기한 해방정국을 이해하는 데 당시 소련의 세계정책 변화, 특히 대對)중국정책의 변화에 주목해야 하는데, 1945~48년의 중국내전 시기, 소련의 스탈린은 1945년 8월 9일 일본에 선전포고를 한 후 처음에는 전력이 강할 것으로 판단한 장제스의 국민당군을 지원하다가 1945년 10월 런던의 외무장관회담에서 미국과의 협력관계가 대결관계로 바뀌면서 중국 팔로군을 지원하는 방향으로 선회하였다. 그러나 결국 중공군이 국민당군에게 밀려 북한까지 후퇴하면서 북한을 국민당군에 반격을 위한 후방기지로 삼은 때부터 분단은 돌이킬 수 없는 사실이 되었다고 설명한다.(『중앙일보』, 2011년 11월 9일 자, 배영대 기자) 이러한 설명은 커밍스가 한국전쟁을 한민족 안에서 벌어진 내전(內戰)으로 규정하고 외세의 개입이 없었더라면 한국의 피식민주의와 민족분단은 없었을 것이라고 진단한 것과 충돌한다.(커밍스, 앞의 책, 130쪽 참조)

로서의 민족정신은 보편적 정신으로서의 세계정신에 봉사한다. 민족정신을 담보하는 정치지도자는 세계정신을 주도하는 국가에 편승해야 하며 민족국가는 세계정신의 이념에 따라야지 그렇지 않을 경우 세계사에서 배제되어 몰락의 길을 걷게 된다.[25]

그런데 문제는 민족정신이나 민족구성원들이 세계정신의 영향권에서 움직이면서도 정작 당사자들은 이러한 사실을 의식하지 못하고 있다는 점이다. "민족(또는 개인)이 깊은 관심을 갖고 있는 행위들, 그리고 그들이 보기에 자신들의 국가적(또는 개인적) 운명에 중차대한 변고變故 : Widerfahrnisse 들은 그들이 의식하는 의미 이외에도 여전히 다른 의미를, 그리고 그들 자신의 운명이 아닌 다른 운명에 대한 의미를 지닌다는 것이다. 그리고 민족(또는 개인)은 그러한 행위들과 변고들을 (또는 그들에게 두드러지지 않았던 그 밖의 것들을) 겪고 나서 보면 이 다른 것들을 위한 '몰沒의식적 도구들이자 지절枝節들이었다는 것이다. 민족(또는 개인)은 말하자면 세계정신의 '내적 업무'를 위한 몰沒의식적 도구들이자 지절들인 것이다. 우리는 세계정신이 개별자들과 민족들과 국가들의 활동성에 불가항력적으로 개입할 수 있다는 것을 통찰할 수 있다. 왜냐하면 세계정신의 이러한 개입을 보여주는 묘사들은 이에 휘말린 자들의 제한된 의식 지평에 놓이지 않기 때문이다."[26]

민족사는 세계사에 따라 굴절된다. 한국 민족주의도 당시 세계사의 흐름에

---

25 이와 비슷한 의미에서 미국의 중국통 정치학자 래티모어는 '한국 ≒ 작은 중국', '이승만 ≒ 장제스'로 칭했으며, 스칼라피노는 북한을 동양의 스탈린주의라고 불렀다.(커밍스, 위의 책, 143·154쪽)

26 풀다, H.F., 남기호 역, 『헤겔』, 용의 숲, 2010, 304쪽. 이렇게 민족정신이 불가피하게 세계정신의 지절(마디)로 편입되어 행위하면서도 스스로는 이 사실을 알지 못하는 사정을 헤겔은 '이성의 간지(奸智)'라고 부른다. 세계사의 진행에서 이성의 간지가 차지하는 의미에 대해서는 유헌식, 「헤겔의 역사철학에 나타난 '세계사적 민족'의 출현구조」, 『역사이성과 자기혁신』, 철학과 현실사, 2009, 143쪽 이하 참조.

따라 굴절되지 않을 수 없었다. 헤겔 역사철학의 시각을 빌리면, 한반도의 현대사를 특징짓는 분단이나 한국전쟁과 관련하여 세계정신으로 활동한 세계사적 개인들은 한 편으로 미국의 윌슨, 루스벨트, 트루먼이었고, 다른 한 편으로 소련의 레닌과 스탈린 그리고 중국의 모택동이었다.[27] 이들은 남한이 자본·자유주의를, 북한이 공산·사회주의를 수용하도록 조장하고 강요했다. 이 이념들이 한국의 민족주의에 접합하여 뿌리내리는 데는 적지 않은 고통과 희생이 요구되었다. **외세의 이념을 남과 북의 민족주의자들은 각각 자신들이 처한 현실적 모순을 이해하고 타파하기 위한 출구로 활용하였다.** 북한의 경우 일제하 지배층과 지주계급의 횡포와 착취에 대한 분노에 노동자와 농민의 경제적 권익을 옹호하는 마르크스-레닌주의를 동학농민운동이나 의병활동과 연결시켜 이해하였으며, 남한의 경우 조선사회의 전반적인 후진성에서 벗어나기 위해 서구의 선진 문물을 수용하기 위해 개화사상과 독립협회의 정신을 근대적 자유민주주의와 접목시킴으로써 외부에서의 충격을 나름대로 완화하려 했으나 이러한 노력은 오히려 양자 간 불화의 골을 더 깊게 만드는 결과를 초래했다.

여기서 남한의 경우는 일제시기 대한민국 임정 주도세력의 사상적 입지와 해방 후 남한의 정국을 주도한 친미親美·반공反共 세력의 정치적 성향에서 구체적으로 나타난다. 임정은 초기부터 공산주의와 거리를 두었다. 상해 임정에서 민족주의자와 공산주의자의 연합이 시도되었을 때도 김구는

---

27 물론 헤겔의 역사철학에서 세계사적 개인들은 세계사 전체를 이성적인 방향으로 유도하는 세계정신의 대변자라는 점에서 지금 열거한 인물들이 여기에 속하는가 하는 의문이 들 수 있다. 하지만 헤겔의 세계사적 개인들을 현대의 실정에 맞춰 넓게 이해하면 위의 인물들은 적어도 당시 세계사의 방향을 주도했다는 점에서 '세계사적 개인들'이라 불러도 손색이 없다고 본다. 헤겔에서 세계사적 개인들의 의미에 대해서는 유헌식, 위의 글, 168쪽 이하 참조.

반공反共의 의지를 분명히 밝혔다. 해방 후 미군정 당국은 중국에서 개인 자격으로 환국한 김구와 김규식이 공산주의에 적대적이라는 점을 우호적으로 평가했다. 독립촉성중앙협의회獨促에서 이승만이 초대 위원장을 맡을 당시 이승만은 공산당과도 함께 할 수 있다고 말했으나, 그것은 갈라선 민족이 하나로 합치기 위한 전략이었을 뿐 공산당의 이념을 수용한다는 뜻이 아니었다. 더구나 트루먼 독트린에 따라 미국의 국무부가 '반공'을 국제정치의 전략적 가치로 내세우는 상황에서 현실적으로 미군정의 지지를 얻지 못할 경우 독립과 통일의 뜻을 이루지 못할 것으로 판단하자, 임정의 우파 지도자들은 미군정의 반공주의에 호응하여 자신들의 반공 의지를 강력하게 내세울 수밖에 없었다. 이를 두고 미국의 부당한 강요로 인해 한민족은 자체적인 의지에 반하여 분열되어 통일의 기회가 박탈되었다고 울분을 토해도, 이는 현실 역사에서 수용될 수 없는 공허한 외침에 지나지 않는다. 헤겔의 역사철학에 따르면, 특수한 민족정신들은 보편적인 세계정신에 부합하게 행위 할 때만 세계사의 무대에 등장할 수 있다.

미국의 반공 정책은 한국과 일본을 자유민주주의의 공동전선으로 묶어 놓았다. 미국은 '반공'을 기치로 내세워 한국과 일본이 친하게 지내기를 원했다. 그래서 새롭게 출발하는 한국의 법체계, 이를테면 경찰업무를 포함한 행정체계와 국가안보를 책임지는 군대체계가 종래의 일본적인 요소와 단절을 꾀하기보다는 어느 정도 연속선에서 지속되기를 바랐다.[28] 이러한 맥락에서 좌파 민족주의자들이 요구한 친일파와 민족반역자 척결이

---

[28] 해방 직후 미군의 책임하에서 우익이 정치구조를 장악함에 따라 경무부(일본이 설치한 경찰)를 이용하여 일본의 구조를 따른 정부의 관료제를 정비하고 내무부가 국민의 생활 전분야를 통제하게 하였다. 미국은 극동아시아에서 자국의 군사적 제도적 헤게모니를 장악하기 위해 남한이 일본의 연장선 안에 있기를 바랐다.(커밍스, 앞의 책, 167쪽 참조)

라는 일제 잔재의 청산문제는 현실에서 '부차적인 문제'로 치부되었다. 반反식민, 반제反帝는 명목상 훌륭했으나 소련의 세계 공산화전략에 맞서고자 하는 미국의 반공주의 논리 앞에서는 뒷전에 밀려 무력해질 수밖에 없었다. 그래서 '민족'의 권익을 앞세운다 해도, 반공反共주의와 친화적인 우파 민족주의는 미군정에 수용된 데 반하여, 친공親共적인 좌파 민족주의는 거부되기에 이른다. 사실 이때부터 반공주의자 '이승만'의 길이 열리게 되었다. 미국의 입장에서는 한민족이 일제 치하에서 겪었던 참혹한 실상에 대한 인도주의적인 연민과 동감보다는 미소 간의 냉전체제가 시작하는 즈음에 소련과의 대결에서 군사적 지리적으로 우위를 확보하는 일이 훨씬 시급했고 그 의지도 훨씬 강력했다. 한반도 38선 남쪽의 운명은 이렇듯 미·소 간의 세력 다툼에서 앞서기 위한 미국의 전략에 따라 결정되었던 것이다.

한국전쟁 당시 맥아더가 진두지휘한 미군은 한국에 진출할 때부터 일본에 친화적인 반면 한국에 부정적인 태도를 견지했다. 앞에서도 언급했듯이 일제 말부터 한국지식인들의 절대 다수는 반일反日에 바탕을 둔 사회주의적 민족주의의 성향이 강했기 때문에, 미국으로서는 이들이 공산주의자가 되어 자기들의 적인 북한을 이롭게 만드는 정치적 결사체로 둔갑하는 것을 극도로 경계하였다. 미국에게 일차적인 관심대상은 일본이나 조선이 아니라 공산국가 소련의 극동진출과 남하정책이었고 이를 막기 위해 미국은 '반공'이라는 울타리 안에 일본과 한국을 한데 묶으려 했던 것이다. 그래서 "미국의 대對소련 정책의 일환으로 한국이 분단되는 기막힌 일"이 발생했던 것이다.[29] 결국 한반도를 소련에 내주지 않기 위하여 일본이 아니라 한국이 북위 38도선을 기준으로 나뉘게 되었다.[30] 이때부터 미국의 동북아 정책에서 일본과 한국은 공동전선을 구축하여 소련북한에 대항했다.[31] 구한말에서 일제 식민지기 중반까지만 해도 미국에게 한국은 동아시아의 작고 가난한 나라에 지나지 않았으나, 냉전 시대가 펼쳐지면서 미국은 한반도가 동북아 정세에서 차지하는 지정학적 중요성에 착안하여 한반도를 일본과 더불어 '반공反共'의 최전선으로 주목하게 된다. 이러한 냉전체제의 세계사적 흐름에 한국이 편입되면서, 한국의 민족주의는 그 흐름에 맞게 스스로 굴절해야만 했다.

3. 새로운 분절 형성의 문제

구한말 개항 이후 미 군정기에 이르기까지 세계사적 흐름 안에서 서구의 새로운 정치이념을 수용하는 일은 곧 기존의 연속적인 전통적 이념에 새로운 마디분절를 추가하는 일이다. 역사 전환기에서의 변화, 더구나 새로운 패러다임의 요구와 출현에 따른 혁명적 변화는— 역학力學의 원리에 지

---

29 강준만, 앞의 책, 2011, 48쪽.

30 1945년 8월 14일 미국이 한반도 분할안을 소련 측에 제시하면서 소련이 과연 이 안을 수락할지 우려했지만 소련은 바로 그 다음 날 미국의 제안을 수락하였다. 38도선은 미국과 소련 모두에게 만족스러웠다. 미국은 소련이 한반도 전체를 요구하지 않아서 다행이었고, 소련은 미국이 일본의 점령지였던 한반도 동북부 지역뿐만 아니라 한반도의 절반까지 자신들에게 내어주니 불만이 없었던 것이다.(신복룡, 「미국은 당초 4대국 분할을 획책했다」, 『한국사 새로 보기』, 풀빛, 2001, 226~227쪽 참조)

31 "미국은 냉전체제하 한국을 자유진영의 보루라는 의미에서 전선(前線)국가(frontier state)라 지칭했다."(허은, 『미국의 헤게모니와 한국 민족주의』, 고려대 민족문제연구소, 2008, 18쪽) 이에 덧붙여 허은은 말한다. "1950년대 후반 미국의 대(對)한 정책 목표는 장기적으로 '친미적인 통일국가'를 수립하고, 단기적으로는 미국 주도로 동북아 동맹체제 강화를 위해 한국을 일본의 영향권 안에 재배치하는 것이었다."(같은 책, 330쪽)

배되어 — 복고復古적인 저항으로 인해 급격하게 꺾여 진행하지 않고 항상 완만한 곡선을 그리며 진행한다. 지금까지 없던 새로운 마디가 형성되는 데는 옛것과 새것의 대립뿐만 아니라 화합도 이루어지면서 다양한 형태의 조합이 생겨난다.[32] 근대로 이행하는 시기에 새로운 마디를 형성하는 과정에서 한국은 대내외적인 모순으로 진통을 겪지 않을 수 없었다. "선진사회와의 빈번한 접촉에서 자극된 대내외적 갈등의 심화는 국제적 개방체제와 근대사회 지향이라는 긍정적 측면의 세계사적 질서로의 한국사의 전환 과정에서 나타난 진통과 부작용의 결과"라고 할 수 있다.[33] 개화당과 독립협회를 중심으로 촉발된 한국의 근대화 작업은 한 편으로 전통적인 수구세력의 이념과 단절을 꾀하고 새로운 외래 이념의 수용과 토착화의 시도라고 할 수 있으나, 다른 한 편으로는 대외관계, 특히 '중국에 종속된 관계'에서 벗어나는 일이기도 했다.

중국은 한민족이 4천 년간 애증으로 유대를 맺어온 이웃 나라다. 오래

---

[32] 한국 민족주의가 서구 근대주의와 처음 만나 전근대에서 근대로 이행하던 과도기에 출현한 민족주의의 원류를 다음 네 가지 유형으로 정리한다. ① 자주적 배타와 전통적 보수의 위정척사(衛正斥邪) ② 자주적 배타와 근대적 진보의 동학(動學) ③ 주체적 개방과 전통적 보수의 동도서기(東道西器) ④ 주체적 개방과 근대적 진보의 개화사상(開化思想).(한홍수, 앞의 책, 2015, 400쪽 참조) 여기서 그는 "부분적으로나마 위정척사는 동도서기로 기울거나 동학과 제휴했고, 또한 동도서기는 개화사상에 흡수되었으며, 동학의 자주적 배타는 주체적 개방으로 옮겨 갔으며, 독립협회로 이어진 개화사상은 동학의 진보 지향적 동기와 의병의 자주 지향적 동기를 긍정하는 입장에 있었던 것"이라고 서술한다.(위의 책, 497쪽) 그러나 이러한 설명은 독립협회의 정당성을 전통적인 민족정신에서 찾기 위한 고육책으로 보인다. 개화사상과 독립협회 정치이념 간에는 분명히 내적 친화성을 발견할 수 있으나, 동학과 의병의 민족의식을 개화사상-독립협회와 연결시키는 것은 무리로 보인다. 동학운동과 의병활동이 자주적 진보의 성격을 띠었다고 해서 그들의 정치적 신념이 독립협회가 지향한 서구 민주주의의 정치이념과 통한다고 할 수 없다. 동학과 의병의 활동은 오히려 차후에 전개된 일제하 민족주의 운동에서 계급타파와 토지균등분배를 주장하는 사회주의적 민족주의자와 이념적으로 결을 같이 하기 때문이다.
[33] 위의 책, 390쪽.

맺어온 유대관계는 관성의 법칙에 지배받는다. 구한말 민씨 일가가 청나라 군대를 끌어들여 일본군과 대항했던 사실은 차치하고라도, 프랑스의 해군 중령 푸르니에가 포砲함 링스호를 이끌고 조선에 개항을 요구할 때 "조선의 항구를 열게 하는 데 성공하려면 그것은 오직 청국 정부의 도움에 의해서만 가능할 것", "우리의 노력을 집중해야 할 곳은 북경", "조선의 개항작업이 청국의 안전과 불가분의 관계를 지니고 있음을 인정한 것이 청국 정치인들의 분명한 의사표시"라고 상부에 보고한 데서 당시 중국이 한국에게 갖는 정치·군사적 의미와 비중을 실감할 수 있다.[34]

19세기 후반 중국清은 한반도의 이권을 둘러싼 일본과의 경쟁에서 우위를 점하기 위해 조선을 전통적인 조공관계인 속방屬邦의 위치에서 자신들의 지배권을 더욱 강화하는 차원에서 새롭게 종속관계인 속국屬國으로 규정하였다.[35] 이렇게 종속적인 조중朝中관계는 갑신정변과 독립협회 등 자주적 민족운동을 통하여 쇄신이 시도되기도 했지만, 신해혁명을 통해 청清이 멸망하고 중화민국이 건립된 뒤에도 일본을 공동의 적으로 삼아 전통적인 형제兄弟관계가 지속되었다. 그리하여 중국은 일제 하 조선의 독립운동과 대한민국 임시정부 활동에 경제·군사적 지원과 후원을 아끼지 않으

---

34 한흥수, 앞의 책, 253쪽. 이 보고서는 푸르니에가 '조선에서의 임무'라는 주제로 프랑스 함대사령관에게 보낸 것이다. 중국에 대한 한국의 신뢰와 의존 관계는 개화파 유길준이 대한제국의 중립론(中立論)을 제창할 때도 중국을 맹주로서 이해당사국들의 중심에 위치시키자고 주장한 데에도 드러난다. "중국은 조선과 4000년의 오랜 관계를 맺고 있는 나라이며, 그 동안 적은 규모의 내란이 일어나도 서로 도와왔으므로 흥망과 관계되는 외우를 당하게 되면 가만히 보고만 있지는 않을 것이다."(유길준 전서, 제 4권, 323쪽(김학준, 앞의 책, 266쪽에서 재인용))

35 임오군란을 제압한 清의 북양대신 이홍장이 대원군을 청으로 끌고 가고 조선과 조청상민수륙무역장정(朝淸商民水陸貿易章程 : 1882년)을 체결하는데, 이 조약에서 이홍장은 청(淸)에 대한 조선의 관계를 조공관계인 속방이 아니라, 만국공법(국제법)에 따라 속국(보호국)으로 규정한다.

면서 한국 민족주의 세력에게 정치적 정당성을 부여하는 데 직간접으로 참여하였다. 한국과 마찬가지로 일본의 대륙침략에 맞서야 하는 중국의 입장에서 볼 때 일본에 강제로 국권을 빼앗긴 한국은 도와야 할 친구였는데, 중국의 국공내전에서 공산당이 승리하면서 중국공산당은 만주의 한국독립군과 반일反日공동전선을 구축하면서 동시에 한국에 좌익 성향의 민족주의자 육성에 기여한다. 그리하여 한국의 좌익 민족주의자들에게 '독립운동 = 민족해방운동 = 계급투쟁'이라는 공식이 자연스럽게 뿌리내리면서, 중국은 일제시기에서 해방을 거쳐 6·25전쟁에 이르기까지 정치이념적으로 분열된 한국 민족주의의 한 축을 형성하는 데 결정적인 역할을 수행한다. 중국은 소련 코민테른의 기획에 따라 한국의 독립운동 세력과 호흡을 맞추면서 한국이 서구 근대의 공산·사회주의를 수용하게 하는데 필수적인 고리로 끼어들었던 것이다.

구한말과 일제시기에 한반도가 처한 특수한 지정학적 여건에서 한국 민족주의의 정치적 향방에 중국이 끼친 영향이 지대했으나, 개화파와 독립협회가 지향하던 근대적 민족주의의 발아發芽에 현실적으로 결정적인 영향을 미친 것은 일본과 미국의 근대적 문물과 정신의 도입이었다. 결과적으로 중국 / 소련의 공산·사회주의와 일본 / 미국의 자본·자유주의는 한반도에서 구한말 이후 새롭게 형성된 두 개의 마디가 분열되어 상호 배타적 관계로 발전하는 근간이 되었다. 특히 일제하 항일 독립군과 중공군의 긴밀한 유대관계는 차후 북한이 사회주의 국가를 천명함으로써 자유주의 국가 남한과 적대적인 분열1민족 2국가 체제을 초래하는 근간이 된다. 그래서 커밍스에 따르면 두 개의 한국은 김일성이 만주에서 중공군과 합세하여 항일투쟁을 시작했던 1930년대 초에 이미 예견되었기 때문에 한국전쟁은 그 기원을 1930년대까지 거슬러 올라간다.[36] 공산·사회주의적 민족주의와 자본·자유주의적 민족주의라는 두 개의 새로운 마디는 서로 화해하지 못하고 평행선을 긋고 치달았다.

남한과 북한은 각각 자본·자유주의와 공산·사회주의라는 외부의 이념을 민족주의와 결합하였다. 그런데 양자는 '민족주의'를 통해 달성하고자 하는 목표가 달랐다. 북한의 민족주의는 소련 공산주의의 영향 아래 '계급문제' 해소에 주목한 데 반해, 남한의 민족주의는 일본과 미국의 자본주의 영향 아래 '민생문제' 해결에 우선순위를 두었다. 북한은 대외적으로 중국과 소련의 지원으로 건립되었으면서도 반反외세의 자주 노선을 지향하여 공산·사회주의를 민족주의로 포섭하려 했다. 북한의 이러한 사정에 대해 커밍스는 이렇게 말한다. "서구 좌파는(자유민주의자는 말할 나위 없고) 민족주의가 지닌 거대한 유토피아적 호소력을 이해하지 못한다. 탈식민주의 시대의 민족주의에 수백 년간 이어진 한국의 왕조와 신유교 철학을 더하면, 북한을 군주제와 민족주의와 한국 정치문화의 특이하지만 예측 가능한 결합으로 이해할 수 있을 것이다."[37] 커밍스의 이러한 판단은 현대 북한의 정치적 정체성을 바탕으로 한 사후적 평가로 보인다. 하지만 적어도 북한 정권이 창출되기 전에 사회주의적 민족주의자들이 항일투쟁을 민족해방투쟁과 동일시하여 자신들만이 반외세에 철저한 참된 저항 민족주의의 주체로 상정한 점은 일면 이해할 수 있다.

그런데 저항 민족주의가 민족의 자존심을 살릴 수는 있으나 민족의 부국강병까지 견인할 수는 없었다. 당시 세계사의 흐름에서 볼 때 계몽주

---

36 커밍스, 앞의 책, 83~85쪽과 304쪽 참조.
37 커밍스, 위의 책, 156쪽.

와 산업혁명을 발판으로 구축한 서구의 발달된 과학기술의 문물 앞에서 일군一群의 한국 민족운동가들은 한민족이 전통적인 민족의식에서 벗어나 서구적 근대화를 추진해야 한다는 데 뜻을 같이 했다. 전통적 민족주의의 구태에서 벗어나 지금까지 경험하지 못했던 새로운 마디본절를 구비하는데 따른 고통과 희생을 한민족은 감수해야 한다는 요구가 설득력을 지녔다. 특히 구한말 개화파에 의해 도입된 '자유自由' 개념은 서구 근대 정치체제의 기본 가치로서 근대적 제도를 구비하려는 조선에 필수불가결한 요소이지만, '자유'는 전통적 왕권사회인 조선의 조정과 관료들에게 낯설고 충격적이었다.[38] 자유를 기반으로 정치와 경제 제도를 혁신하고 정비하는 작업이 '근대화'이며 이는 곧 한민족이 '빈곤'에서 벗어날 수 있는 유일한 길로 보였다. 차후 남한에 근대적 자유민주주의가 성립되는 과정에서 남한의 파워 엘리트들은 반反외세라는 이념과 구호보다는 민족의 부국강병에 초점을 맞춘 서구적 근대화를 지향하여 친親외세의 경향을 보였다.[39]

---

[38] 유길준은 『서유견문록』에서 근대적인 정부의 통치제도가 지녀야 할 첫 번째 항목으로 '자유(自由)', 즉 "자유임의(自由任意)"를 꼽는다. 그에 따르면 자유란 "결코 국법을 두려워하지 않고 방탕 등을 자행한다는 뜻이 아니다. 어느 나라에 살면서 무슨 일을 하든지 국법에 어긋나지 않을 때에는 자기가 좋아하는 바에 따라 임의로 행동할 수 있다는 뜻"이다. 여기서 유길준은 '자유'를 자유민주주의의 의미로 사용하고 있다.(유길준, 『서유견문록』, 대양서적, 1978, 126쪽) '자유임의(自由任意)'란 용어는 유길준이 후쿠자와 유키치(福澤諭吉)의 『서양사정(西洋事情)』에서 그대로 따온 표현이다. 후쿠자와는 이 책에서 서양 문명 정치의 요결 6가지 가운데 'freedom' 또는 'liberty'를 첫 항목으로 꼽는데, 이 영어에 해당하는 적당한 번역어(한자어)가 아직 없어 임시로 '자유임의(自由任意)'라고 옮긴다고 설명한다.(후쿠자와 유키치, 『서양사정(西洋事情)』, 송정호 외역, 여문책, 2021, 29쪽 참조)

[39] 이러한 사정과 관련하여 일제시기 한국 지식인 세계의 풍경을 이정식은 이렇게 설명한다. "(일본의) 전문학교와 대학을 통하여 일본의 지식인 세계는 한국을 근대화하는 과정과 한국 민족주의를 자극하는 과정에 크게 기여했다. 1919년 이후 언론에 대한 제한이 완화되자, 젊은 한국 지도자들은 일본 지식인을 모방하여 사회 비평가의 역할을 맡는 데 주저하지 않았다." 하지만 일본에서 귀국한 한국의 젊은 지식인과 궤를 달리하여 이미 국내에서 활동하고 있던 서양의 선교사들을 통하여 기독교 사상과 더불어 서구의 자유주의 사상을 접한 한국 지식인들의 활동을 간과할 수 없다. "한국 민족주의 이념의 상당 부분은 이 서구 자유

서구미국 포함는 한민족이 일본의 식민지배에서 벗어나기 위해 의지하고 지향해야 할 대상이었다. 이러한 특징은 비非서구인 일본의 식민지배를 받은 동아시아 민족들에게서 주로 나타나는 현상이었다. 그런데 서구에 대한 한민족의 애정 어린 시선에 서구는 선뜻 맞장구를 치지 않았다. 이게 문제였다. "한국 지식인들은 서구를 진보적 자유주의와 반식민주의의 원천으로 생각하였다. 한국의 비서구 열강의 식민지가 되었다는 특수한 사실 때문에 세계 대부분의 식민지 민족운동가들이 서구 열강 혹은 백인종 전체를 잘 해야 의심스런 눈초리로, 최악의 경우에는 증오의 눈초리로 바라보았음에 반하여 한국 민족운동가들은 서구 세계를 자유주의와 새로운 문화의 선구자로 바라보았다. 그럼에도 서구열강은 한국인의 열망에 무관심하였다. 자유주의적 전통에도 불구하고 국제정치 영역에서 서구의 외교와 정치 활동은 과거 권위주의적 제정帝政 시기의 권력 정치에 의해 지도되는 것 같았다. 따라서 **한국의 많은 청년 지식인과 기타 민족운동가들은 서구에 환멸을 느꼈기 때문에 다른 세계를 동경하게 되었다. 이들의 다수에게 처음에는 마르크시즘이 진보적인 것처럼 보였다.**"[40] 여기서 한국 민족주의의 한 축은 마르크스-레닌주의 쪽으로 기울어, 한국 민족주의의 마디는 정치이념적으로 확실하게 둘로 갈라지게 되었고, 이 사실은 한반도 근현대사에 지속적인 분열상을 담보하게 된다.

여기서 북한이 접목을 시도한 사회주의와 민족주의의 기리에 비해 남한이 결합하고자 한 자유주의와 민족주의의 거리가 더 멀었다는 사실에 주목할 필요가

주의에서 배양되었다. 교회는 비단 영적인 지도자뿐만 아니라 개혁가와 교육자도 배출하였던 것이다."(이정식, 앞의 책, 1982, 341쪽)
[40] 앞의 책, p.341f.

있다. 한국의 전통적 민족주의와 서구의 사회주의는 전체주의적 위계질서를 중시한다는 점에서 상호 유사성을 보인데 반하여, 서구의 근대적 자유주의는 한국의 전통적 민족주의와 접점을 찾기 어려웠기 때문이다.[41] 달리 말해, 근대 한국에서 민족주의와 사회주의 연계성은 강했던 반해, 민족주의와 자유주의의 연계성은 상대적으로 약했다. 이렇게 결합하는 이념 간의 거리에 따른 차이는 남북한 정치체계의 특성을 이해하는 데서 뿐만 아니라 한민족 역사의 불연속성을 이해하는 데 중요한 단서가 된다. 그래서 한반도 38선의 남쪽에서 미군정이 시작된 사실은 특별한 의미를 갖는다. 조선의 개항기에 선교사와 의료진 그리고 일상용품 등 비교적 가볍고 소프트한 문화가 들어왔던데 반해, 미군정과 더불어 본격적으로 정치·경제·군사라는 무겁고 하드한 분야가 제도적으로 도입되면서 남한사회는 질적으로 다른 새로운 세계에 발을 들여놓게 된다. 조선의 왕조국가가 일제의 식민국가를 거쳐 처음으로 서구 자유민주주의를 기반으로 한 국민국가가 출현할 수 있는 토대가 마련되는 순간이었다.

미국은 미국식 민주주의를 남한에 들여왔다. 미군정의 공보부 내에 정치교육과를 설치하여 한국인에게 자유민주주의의 본질을 홍보하고 교육하였다.[42] 하지만 미국식 민주주의의 유입은 한국사회에 엄청난 정치·사

---

41 윤해동에 따르면 일제 식민지기 사회주의는 개인주의와 자유주의에 대립하는 반면, 민족주의와 강한 친연성(親緣性)을 보인다.(윤해동, 앞의 글, 2000, 185쪽 참조)

42 미국인 고문 피셔(J.E. Fischer)는 그의 저서『민주주의적 생활』(1947) 발간의 목적을 1. 민주주의 원리의 이해를 돕고, 전체주의와 민주주의를 구별할 수 있도록 하는 것 2. 민주주의가 가정공공기관정부에서 어떻게 발현되는지 알려주는 것 3. 민주주의는 인류가 지금까지 경험해 본 정치이념 가운데 가장 만족을 주는 인생철학이라는 사실을 알리는 것으로 제시하면서, 이를 통해 한국인이 민주주의를 수용하도록 독려한다.(김동선, 「미군정 公報部 정치교육과의 활동과 구성원의 성격」,『한국근현대사연구』제 97집 여름호, 2021, 102쪽 이하 참조)

회적 파장을 몰고 왔다. 미국식 민주주의는 한민족이 역사에서 한 번도 경험해 보지 못했던 '다양성'과 '개방성'이 자랄 수 있는 장場 또는 조건을 마련해주었지만, 처음 접하는 분위기를 한국사회 성원들은 무한 자유공간으로 인식하여 의견의 수렴과 표현을 위한 질서 잡힌 방식을 갖지 못하여 혼란 속에 빠지게 된다.[43] 하지만 미국식 '자유'가 혼란만 야기하지는 않고, 국가를 부강하게 만들고 생활을 풍요롭게 해줄 소지가 있다는 사실을 깨닫는 데는 오랜 시간이 걸리지 않았다.

미국식 자유민주주의가 공산주의에 대한 반발과 대응책으로 한국사회에 본격적으로 소개되고 도입될 때, 남한 사람들에게 공산주의는 만민 평등주의라는 기존의 장점에 비하여 – 특히 38선 이북에서 일시적으로나마 공산사회를 겪고 남한으로 이주한 월남인들의 입을 통하여 – 공산주의의 전체주의적인 특성이 더욱 크게 단점으로 부각되었다. 그들에게 자유민주주의의 최대 적은 사적史的 유물론에 기반한 평등주의보다는 상명하달식의 전체주의와 권위주의였다. 서구의 자유주의를 일상에서 처음 접한 남한의 대중들에게 공산주의는 당의 지시에 일사불란하게 움직일 것을 강요하여 개인과 개성을 존중하지 않을뿐더러 자유민주주의처럼 선거를 통해 개인의 의사가 정치체계 구성에 반영되지도 않았다. 남한의 대중들에게 이제 미국의 물건뿐만 아니라 제도도 선망의 대상이 되었다.[44]

---

43 "남한에서는 단기간에 각양각색의 정당이 쏟아져 나왔다. 가장 많았던 때는 그 수가 113개에 달했다." 맥아더의 표현에 따르면 "일대 재난"이었다.(왕수쩡(王樹增), 나진희 · 황선영 역, 『한국전쟁』, 글항아리, 2013, 53쪽)

44 북한의 전체주의적인 조직 / 명령체계와 달리, "미국이 한국에 이식한 서구식 의회모델은 교육받은 엘리트들의 대폭적인 정치일선 참여를 가져왔다. 선거를 통해 선출된 민선의원과 군정당국이 임명한 관선의원으로 구성된 입법의원은 미군 지휘관들의 마음속에 자리 잡은 미국식 민주주의의 철학에 따라, 사회경제적 구성을 반영한 것은 아닐지라도 북한의 대의기구에 비해 적어도 정치세력에 관한 한 훨씬 다양한 집단을 적절히 포섭하고 있었

한민족은 역사에서 한 번도 경험해 보지 못한 타민족의 '자유민주주의liberal democracy'라는 정치이념을 '반공이데올로기를 매개로' 접하게 되었다. 이에 따라 공산·사회주의가 토대로 삼았던 '민족주의'는 그 이전의 역사, 이를테면 동학농민운동이나 항일운동과 연계하여 정체성을 주장할 수 있었던 토대를 점점 잃기 시작하였다. 미국식 자유민주주의의 유입에 따라 이제 과거 억눌린 역사에서 벗어나야 한다는 저항 민족주의와 연계된 연속적 의식이 아니라, 오히려 과거 어두운 역사의 틀 / 흐름과 단절하고 새로운 역사를 만들어야 한다는 불연속적 의식이 대두하게 되었다. 정부수립을 전후하여 결국 반일反日보다는 자유自由를 근간으로 한 '근대화近代化'에 초점을 맞추어야 한다는 의식이 한국사회 전반에 퍼지면서, '일제 청산'이나 '친일파 척결'이라는 구호는 점차 힘을 잃게 되고, 남한은 자연스럽게 서구 자유민주주의의 흐름에 편승하게 되었다. 이에 따라 친일파, 민족반역자, 토지몰수, 무상분배 등의 구호는 미국식 자유민주주의와 시장경제 앞에서 더 이상 정책의 방향으로 고려될 수 없었다.

그러나 미국식 자유민주주의가 남한에 순조롭게 정착될 수는 없었다. 미군정기 미군의 남한 주둔은 특히 반反외세를 외치는 남한의 사회주의적 민족주의자들에게 민족통일을 방해하고 프롤레타리아 혁명을 저해하는 최대의 적이 되었다. 한국은 일본과 달리 패전국이 아니기 때문에 한반도 전체를 온전하게 한민족이 돌려받아야 마땅한데도 불구하고, 남과 북이 분열되었을 뿐만 아니라 남한의 경우 사회주의자들이 거부하는 자본주의 국가 미국의 군정은 투쟁의 대상이었기 때문이었다. 그래서 1946년 초부

다".(스칼라피노·이정식, 앞의 책, 2015, 572쪽)

터 전국적으로 대규모 항의 시위와 파업 그리고 수업거부가 끊이지 않자 미군이 기병과 전차를 동원하여 진압에 나섰지만 갈등을 더욱 부추기는 꼴이 되고 말았다. 1946년 10월의 대구 무장 항쟁도 이러한 사회적 흐름의 한 양상이었다. 또한 한국의 '맥아더'는 일본의 '맥아더'와 달랐다. 일본의 경우 '맥아더'는 "사회 법제 통치의 상징"이었지만, 한국의 경우 '맥아더'는 굴종이 아니라 오히려 거부의 대상이었다.[45] 한국사회는 '역사의 단절'을 견디기 어려웠던 것이다. 역사의 새로운 마디를 형성하기 위해서 치러야 할 대가는 의외로 컸다. 갈등은 한국민과 미군정 사이에서뿐만 아니라 다양한 정치집단 간에도 부단히 흘러나왔다. 정치집단들은 좌익과 우익으로 나뉘어 서로 숙적이 되어 화해와 협력이 쉽지 않았다. 한반도의 남과 북에는 새로운 두 개의 마디가 형성되었으나 민족애民族愛를 구현하는 방식이 서로 달라 실림을 따로 차리는 비극적 형제로 남게 되었다.

4. 민족주의의 도구화

한국 민족주의는 의타적이었다. 이제 그 의타성의 내용, 즉 실질적인 특성을 살펴보자. 민족주의는 본래 외부의 정치이념을 만나 스스로 굴절 / 변신하는 성질을 지닌다. 그런데 민족주의의 굴절 / 변신은 민족주의 지도자들이 외부 이념을 수용하는 자세와 방식에 따라 민족주의의 위상이 달라진다. 그렇다면 한국의 민족운동을 주도했던 인물 또는 세력에서 '민족

---

45 왕수쩡, 앞의 책, 54쪽.

주의'는 무엇이었나? 한민족의 뜻을 살리고 이익을 대변한다고 자처하는 민족 지도자들은 실제에서 '민족주의'에 어떤 태도를 취했나? 그들은 민족주의에서 무엇을 기대했을까? **그들에게 민족은 목적이었나, 수단이었나?**

이 물음에 답하기 위해 한국 민족주의가 서구의 근대 정치이념을 수용하는 방식의 차이에 따른 네 가지 정치적 입장을 살펴볼 필요가 있다. 우선 민족주의가 정치이념을 업는지 아니면 정치이념이 민족주의를 감싸는지에 따라 크게 둘로 나뉘게 되고, 이는 한국 민족주의의 특수성에 따라 민족주의가 사회주의와 만나는지 아니면 와 만나는지에 따라 다시 둘로 나눌 수 있다.[46]

	민족주의를 주체로	민족주의를 수단으로
사회주의와 결합 (좌파)	1. 사회주의적 민족주의 (여운형 계열)	2. 민족주의적 사회주의 (박헌영 계열)
자유주의와 결합 (우파)	3. 자유주의적 민족주의 (김구 계열)	4. 민족주의적 자유주의 (이승만 계열)

1. 민족주의가 사회주의를 업으면, 민족주의가 토대가 되고 사회주의가 수단이 되어 **사회주의적**좌파 **민족주의**가 출현한다.여운형 계열 2. 사회주의가 민족주의를 감싸면, 사회주의가 주체가 되고 민족주의는 수단이 되어 **민족주의적 사회주의**가 출현한다.박헌영 계열 3. 민족주의가 자유주의를 업으면, 민족주의가 토대가 되고 자유주의가 수단이 되어 **자유주의적**우파 **민족주의**가 생겨난다.김구 계열 4. 자유주의가 민족주의를 감싸면, 자유주의가 주체

---

46 여기서 구분의 기준으로 용어를 '업다'나 '감싸다'로 통일하지 않고 서로 구별한 이유는, '업다'의 경우 민족주의가 주체로 작용하여 외부 정치이념을 표면으로 드러내는 데 반해, '감싸다'의 경우 외부 정치이념이 주체가 되어 민족주의를 포섭함으로써 민족주의는 보이지 않고 수용된 외부 이념이 강하게 겉으로 드러난다는 차이를 보이기 위해서이다.

가 되고 민족주의는 수단이 되어 **민족주의적 자유주의**가 된다.^{이승만 계열} 여기서 1과 2는 사회주의의 색채를 띤 '좌파', 그리고 3과 4는 자유주의의 색채를 띤 '우파'라고 통상 부를 수 있다.[47] 결과적으로 볼 때 2가 극단화되어 — 절대적으로 소련 공산주의의 영향을 받아 — 38선 이북에 '조선민주주의인민공화국'이 출현하게 되었고, 4가 극단화되어 — 절대적으로 미국자유주의의 영향 속에서 — 38선 이남에 '대한민국'이 건립되었다.

이렇듯 한국 민족주의는 외부 정치이념과 맺는 관계의 위상에 따라 주도력이 강하기도 하고 약하기도 했다. 하지만 근대 한국의 역사 전반을 결과적으로 평가할 때, 외부 정치이념을 업었던 민족주의 세력, 즉 1과 3은 단지 과도기적 의미만 지닌 채 현실역사의 무대에서 사라진 반면, 외부의 정치이념으로 민족주의를 감싼 세력, 즉 2와 4의 세력은 이후 한반도의 현실 역사를 주도하게 된다. 소련의 사회주의에 따라 민족의 미래를 개척하려 한 북한과 미국의 자유주의에 따라 민족의 미래를 개척하려 한 남한은 민족주의가 지닌 분절성이 질적으로 전혀 다르게 표출된 결과라고 할 수 있다. 그래서 '같은 민족'이지만 서로 다른 정치체계를 지니면서, 오늘날까지도 대립을 계속하고 있다. 한국 민족주의는 결국 한민족의 주체적 의지보다 주변 강대국의 정치이념에 따라 그 잠재력이 다르게 발휘된 셈이다. 다시 말해서 민족주의가 주체가 되어 새로운 정치이념을 수용한 것이 아니라 외부에서 수용한 정치이념을 정당화하고 강화하기 위해 동원된 수단의 성격이 강했다고 보인다.

'민족'은 명분뿐이어서 민족이라는 탈을 쓰고 자신들의 정파적 이익 추

---

47 이 분류는 이념형적인 구분이기 때문에 중도파에 해당하는 김규식 같은 인물은 1과 3 사이 어딘가에 자리매김할 수 있다.

구에만 몰두함으로써 결국 파국에 이르게 되는 경우를 한국의 근현대사는 수차례 보여 왔다. 자유주의든 공산주의든 서구의 근대적 정치이념에 일찍 눈을 뜬 지적 엘리트들은 민족주의를 등에 업고—민족의 이익을 대변하여 민족을 살린다는 명목하에—자신들의 정파적 이권에 민감하여 자신들이 수용한 정치이념을 정당화하고 그에 필요한 세력을 규합하기에 여념이 없었다. 그래서 구한말을 필두로 하여 특히 일제하 3·1운동 이후 그리고 해방 직후에는, 정파적 이해관계에 따라 숱한 단체들이 한국 민족주의를 중심으로 이합집산하는 혼란스런 양상이 빚어졌다.

대표적인 예로 1927년 설립된 신간회를 들 수 있다. 신간회는 민족의 이익과 자존과 자립을 대변한다는 명목으로 좌익과 우익은 정치이념적 이해관계를 넘어 '민족 단일당', '민족협동전선'이라는 표어를 내걸고 출발하였다. 하지만 초기의 진취적이고 고무적인 이념에도 불구하고 결국 내부의 이권 다툼으로 인해 신간회는 1931년에 해체되고 만다. 당시 신간회에 참여했던 명제세는 다음과 같은 이유에서 신간회 해체에 찬성했다고 술회한다. "조선민족의 최대이익을 위하여 결성한 단체라면 적으나 크나 조선민족을 위하여 어떤 활동이 있어야 그 사명을 다한다고 볼 수 있겠는데 이것은 염두에 두지 않고 자파의 세력을 부식扶植하는 일에만 몰두하여 추태를 연출하며 동민족 간에 투쟁하는 것이 유일한 사업이라면 차라리 해소하는 것이 무방하다."[48] 각 계파는 겉으로는 민족을 앞세웠지만 민족은 이름일 뿐이었고 실제에서 남과 북의 위정자들은 자신들의 파벌적 이해관계에 따라 민족을 수단으로 삼았다.

---

[48] 송건호, 윤병석 외편, 「신간회 운동」, 『한국 근대사론 II』, 지식산업사, 1977.

내부의 이권 다툼으로 인한 파국적 결말은 비단 신간회의 경우에만 해당되지 않는다. 앞서 언급했듯이 해방 직후 구성된 건국준비위원회는 좌우익의 대립으로 해체되고 조선공산당 재건파박현영를 주축으로 조선인민공화국을 선포한다. 또한 곧이어 10월 23일에 이승만과 여운형을 중심으로 남한 내의 좌·우익을 망라한 단일 정치체로서 독립촉성중앙협의회가 발족했으나 우익의 '선 좌우익 통합 후 친일파 제거론'과 좌익의 '선 친일파 제거 후 좌우익 통합론'이 맞서면서 이승만이 임정과의 타협을 내세워 좌익의 제안을 거부하자 결국 조선공산당은 '독촉'과 결별하였다.[49] 민족은 허울 좋은 구실일 뿐이었고 실제로는 권력 다툼에서 우위를 점하기 위한 방편으로 이용되었다.

정치 세력 간 분열의 표면적인 원인은 정국의 주도권을 둘러싼 다툼이지만 그 심층의 원인은 '아래로부터의 의지'를 반영하지 않은 채 서로가 '민족의 대표'이기를 노림으로써 공公을 표방하면서도 사私에 집착한 데 있다. 그리하여 민족 성원 또는 인민대중의 인간적 권리를 실현하기보다는 지배층 또는 개혁 주도 세력의 사적인 이익 추구 행위가 선행함으로써 민족이 실질적으로 하나로 설 수 있는 토대를 마련하지 못하였다. 그 결과 민족을 '인간의 권리를 지닌 존재'라는 규범적인 차원으로 승화시키지 못하고 단순히 '이름으로서의 민족'에만 연연하여 정치적 이해관계의 차이에 따라 자중지란을 일으키면서 급기야는 하나의 민족民-族국가와 민주民-主국가를 수립하는 데도 실패하였다.

민족주의의 도구화는 북한의 정부수립 과정에서 진행된 김일성 우상화

---

49 강만길, 『20세기 우리 역사』, 창작과비평사, 1999, 205쪽 이하 참조.

작업에서 단적으로 확인할 수 있다. "1930년 중반 만주의 모든 한인 공산주의 조직은 자진 해산했고, 운동의 주도권은 중국 공산당으로 넘어갔다. 따라서 젊은 김일성은 중국 공산당에 입당해 중국 공산주의자들의 지시를 받아야 했을 것이다. 공식 전기에서 김일성이 1931년 공산당에 입당한 사실을 빼버린 것은 김일성과 중국공산당의 초기 관계를 완전히 삭제해버리기 위한 것으로밖에 설명할 수가 없다. 이 목적은 말한 것도 없이 김일성을 외국 공산당에서 처음 성장한 인물이 아니라 순수한 한국인의 영웅으로 만들기 위한 것이다."[50] 당시의 조선 공산주의자들은 '민족의 자존심'을 앞세워 김일성이 외세중국과 소련의 공산당의 영향 아래 그들의 지시에 따라 활동한 것이 아니라 '민족'에 기반을 둔 '자생적인 공산주의자'라는 점을 부각시킨다. 물론 이러한 정치적 술수와 수사는 역사적 사실과 부합하지 않는다. 그러나 한 국가의 수반이라는 정치적 입지의 정통성을 확보하기 위하여 그리고 조선 공산주의자들의 자존심을 유지하기 위하여 '민족주의'는 기꺼이 그들의 이념적 제단에 바쳐져도 괜찮았던 것이다.

5. 정치이념 수용의 무의식적 토대로서 민족주의

앞에서 언급했듯이 민족주의는—외세의 침입에 대한 단순한 거부반응으로서 '저항 민족주의'를 제외하고는—홀로 서지 못하고 다른 정치이념과 결합함으로써만 정치적 효력을 발생한다. 그런데 한국의 민족주의는

---

50 스칼라피노·이정식, 앞의 책, 2015, 344쪽.

외부의 정치이념을 수용할 때, 양자 간에 변증법적 종합을 이루는 방식으로 출현하지 않는다. 한국에 수용된 외부의 정치이념들은 민족주의라는 필터를 거쳐서만, 바꾸어 말해 민족주의적으로 굴절되어 정치적 의미를 획득한다. 이와 관련하여 신기욱은 한국에서 근대의 여명기에 출현한 사회주의와 자유주의에 대해 이렇게 말한다. "**얄궂게도 좌익과 우익은 둘 다 종족민족주의와 결합할 때만이 이데올로기적인 힘을 행사할 수 있었다.**"[51] 한국의 근현대사에서 민족주의는 공산·사회주의 그리고 자본·자유주의와 결합하여 자기의 위력을 유지해 왔다. 한국 민족주의가 외부 정치이념과 결합하는 데 따른 특징과 관련하여 신기욱은 '한국에서 종족민족주의는 정치이념에 선행한다'는 논제를 제시한다. 그에 따르면 한국의 민족주의는 종족민족주의의 성격을 띤다. 종족민족주의의 우세로 인해 한국에는 제대로 된 자유주의와 사회주의가 뿌리내리기 어려웠다고 주장한다.

외부의 어떤 정치이념이든 민족주의라는 프리즘을 통과하는 순간 왜곡되고 변형된다. 민족주의는 모든 정치이념과 결합하여 카멜레온처럼 변신한다. "종족민족주의는 근대 한국에서 좌익공산주의과 우익자본주의, 근대산업화와 반反근대농촌주의, 권위주의적인 정치와 민주적인 정치, 지역 세력과 초민족 세력지구화 같은 서로 다른 이데올로기들과 결합했다." 하지만 그 결합의 결과는 파국적이었다. 무엇보다 종족에 토대를 둔 집단주의적 민족주의 때문에 보수적 자유주의와 진보적 사회주의는 민중의 지지를 얻기 위해 민족주의에 의지하지 않을 수 없었기 때문이다.

북한에서는 사회주의가 민족주의에 포섭당했다. "북한에서 발전한 사

---

51   신기욱, 앞의 책, 205쪽.

회주의는 카를 맑스가 상상한 것과 같은 국제사회주의의 순수한 초민족적 비전보다는 열렬한 민족주의와 더욱 일치한다. 비록 김일성은 진정한 국제사회주의의 가능성에 대한 믿음에서 (의식적으로) 출발했을지 모르지만 그는 (무의식적으로) 공산주의적 수사를 북한의 특수한 사례에 맞게 재단하기 시작했다. 초민족적인 사회주의 이데올로기는 북한의 민족주의 대의를 위해 전유할 도구로 받아들여졌다." 남한의 보수적 자유주의도 마찬가지였다. "사회주의와 공산주의에 대항한 공동방어에서 자유주의에 기대는 대신 한국의 보수주의자들은 권위주의 정치의 산물인 반공, 개발주의, 민족주의에 기댔다. 바로 이런 까닭으로 한국의 보수주의는 수구주의와 결합했다."[52] 해방 이후 세계사적 흐름에서 미국의 자유주의와 소련의 공산주의가 남과 북에 각각 도입되었으면서도 이 두 진영의 정치이념이 한반도에 정착하는 과정에는 한국의 민족주의 요소가 강하게 작용했다는 것이다. 남한의 개발독재와 북한의 수령우상화는 한민족이 떨쳐버리지 못한 집단적 민족주의의 꼬리라고 할 수 있다. 그리하여 외적으로는 한국 민족주의가 외래 정치이념 수용의 수단이었으나 내적으로는 그 이념의 토대로 작동했다.

그런데 토대로 작동한 민족주의를 한국의 정치 엘리트들은 의식하지 못하였다. 그들은 새로운 이념을 도입하는 데 민족을 도구로 이용하려 했으나 실제에서는 오히려 민족주의를 토대로 외래 이념이 이식되었던 것이다. 이 이식이 상대적으로 수월했던 곳은 북한이었고, 어려웠던 곳은 남한이었다. 공산·사회주의는 한민족 유사이래의 계급적 불평등을 해소하는 일과 상호친화성을 가졌지만,

---

52 이상, 신기욱, 앞의 책, 37·49·205쪽.

자본·자유주의는 한민족의 역사적 경험과 쉽게 섞이지 못하는 서구적 근대화라는 추상적 목표를 지향했기 때문이다. 자본·자유주의는 구한말에 이르러서야 구미의 근대 문명을 끌어들인 개화파나 독립협회의 정치이념과 친화성을 지녔지만, 일제에 의한 국권피탈로 파행성을 면치 못하다가, 해방 후 미군정기에 들어서야 교육분야에서 다시 본격적인 파종이 시작되었다. 그런 한에서, 신기욱의 용어를 빌리면 '민족세력'과 '초超민족세력'간의 논쟁은 북한보다 남한에서 더 뜨거울 수밖에 없었다. 외래 이념의 수용과정이 연속적이었나 불연속적이었나 하는 차이는 있지만, 남과 북 모두 수용자의 의지와 상관없이 민족주의가 토대를 이루었다는 사실은 이후의 한국현대사가 보여준다.

결국 한국 민족주의는 한국 정치지도자들의 의식계와 무의식계에서 서로 다르게 작동했다. 그들은 외래의 성치이념으로 자신들의 의식을 뒤덮으면서, 다른 한편으로는 무의식중에 민족주의적 감정과 태도를 견지했던 것이다. 이들의 무의식은 현재까지 이어질 만큼 강력하고 끈질기게 한민족의 역사를 뒤쫓아 오고 있다.[53]

그렇다면 무의식적인 민족주의의 출처는 무엇일까? 반만년을 하나의 민족으로 살아온 데 따른 물리적 관성에서 나는 그 원인을 찾는다. 3·1운동을 저항 민족주의의 기점으로 규정할 때, 그 민족주의는 일제의 한반도

---

[53] 이러한 문제의 실상을 이영록도 정확히 보고 있다. 그는 대한민국헌법 제1호인 제헌헌법이 민주주의와 공화주의를 기본으로 삼으면서도 거기에는 전통적인 민족주의가 "무의식적인 지향"으로 숨겨져 있다고 서술한다.(이영록, 「제헌헌법의 동화주의(同化主義) 이념과 역사적 의의」, 『한국사연구』 144집, 2009, 43쪽) 그는 '동화주의(同化主義)'라는 조어를 통하여 제헌헌법 내의 "동일(同一)주의적 경향과 공화주의(共和主義)적 경향의 불편한 병존"을 설명하면서 제헌헌법이 공화주의의 '공동선(共同善)'과 더불어 "민족 내부의 획일적 동일성을 확보"하고자 하는 "민족선(民族善)"을 지향한다고 주장한다.(같은 글, 42~53쪽)

강점으로 인해 무의식적인 민족감정이 의식으로 부상한 것일 뿐 서구의 민족주의에서처럼 근대국가의 성립과 더불어 새롭게 형성된 민족의식이 아니다. 그래서 한국의 민족주의는 의식적인 각성의 문제라기보다는 물리적인 관성의 문제라고 나는 생각한다. '저항 민족주의'에서 '저항'은 사실 무의식중에 관성적으로 진행하던 힘이 외부 힘의 개입에 의해 — 한민족의 경우는 당연히 일본의 한반도 강점에 의해 — 제동이 걸리면서 역逆방향으로 힘이 거스르는 데 따른 충격을 완화하고자 하는 데서 기인한다.[54]

한국 민족주의의 무의식적인 뿌리는 깊다. 그 뿌리가 깊은 것에 비하면 외래에서 도입된 사회주의와 자유주의에 따른 좌익과 우익의 이념은 초기에는 사실 표면적인 명패에 지나지 않았다. 한민족이 언제부터 사회주의에 열광하고 자유주의에 목숨을 걸었나? 겉은 '이념주의자'이지만 속은 유구한 역사를 지닌 한 '민족'의 일원이었다.

개인이 스스로 이념을 선택하기보다는 우발적인 사건이나 피치못할 사정으로 이념주의자가 되는 경우가 허다했다. 윤흥길의 소설 『장마』에는 6·25 당시 평범한 동네 청년이 얼마나 사소한 사연으로 빨치산에 가입하게 되는지 묘사되어 있다. 시골 마을에 들어온 인민군에게 약점을 잡힌 그 마을의 밀주 단속원은 자신의 의지에 거슬러 인민군의 지시에 순종하는 강력한 부역자로 변신한다. 또한 세 인물의 행적을 중심으로 일제시기부터 한국전쟁기에 이르는 격동의 현대사를 풀어낸 김성종의 대하소설 『여명의 눈동자』에서 여옥은 대치에게 묻는다. "왜 공산주의자가 됐어요?"

---

[54] 퍼스(C.S. Peirce)의 프래그머티즘에 따르면 여기서 '충격'은 관성적 기대와 실재 현상간의 차이를 상쇄하고자 저항하는 심리기제에서 발생한다.(Peirce, C.S., *Collected Papers* Vol.I, Harvard Uni. Press, 1960, 169f. 참조)

대치는 답한다. "택한 게 아니라 그냥 그걸로 시작한 거요!" 이렇듯 보통 사람들의 생활세계를 지배하는 변수는 정치적 이념이 아니라 당시의 시대적 상황에 자기를 맞추는 생존이었다.

외래의 이념을 등에 업고 자신의 입지를 다지던 정치 엘리트들이 구성한 조직에 가담한 보통 사람들에게 정치이념은 자기를 드러내기 위한 이름표에 지나지 않았다. 그래서 일제 강점기에 언론인으로 활약한 오기영은 이렇게 울부짖는다. "좌左라 해서 모두 극렬분자일 리가 없고 우右라 해서 모두가 반동분자일 리가 없는데 좌우左右 양 노선이 달랐기로 그렇게 불공대천不共戴天의 구수仇讐가 되어야 할 까닭이 어째서 항상 상대편만의 책임이라고 하는지 한심하며 조선민족이 이렇게 도량이 좁은 민족인가를 슬퍼하지 않을 수 없습니다." 김동리도 「좌우간의 좌우」 『백민』, 1946년 11월호에서 '조선의 소연방화를 거부하는 것이 우익이라면 우리는 모두 우익이며, 조선의 미식민지화 배격이 좌익이라면 우리 모두는 좌익이다'라고 하여 좌우갈등의 무실無實을 토로한다. 또한 미군정의 관리였던 로빈슨은 『주한미군사』에서 "한국의 좌우左右 구분은 지도자의 개인적인 차이에 불과했고, 식민 시기에는 민족주의자조차 우익의 위장stomach과 좌익의 입을 가지고 있었다"고 술회한다.[55]

한국인에게 민족은 정치이념에 선행한다. '민족 = 국민'이라는 서구의 민족국가주의 원칙을 한국은 따르지 않았던 데서 초래된 결과가 아닐 수 없다. 특히 한민족의 민족주의적 근성은 남한에서 자유민주주의의 정착을 더디게 만들었다. "한국의 자유주의에는 무엇인가 부족한 것이 있었다.

---

55 이상, 강준만, 앞의 책, 2011, 314쪽에서 재인용.

지식인이건 비지식인이건 민족운동가들은 똑같이 서구의 자유주의적 슬로건을 빌려 자결自決의 교구, 인류의 평등 및 정치의 민주주의를 외쳤지만 그러나 이러한 것들은 수입된 사상에 불과했다. 한국은 매우 보수적인 국가였다. 이상理想은 변화될지 몰라도 깊이 뿌리박힌 습관과 행동은 그렇게 빨리 변화하지 않는다. 개혁지향적인 민족운동가들은 바로 이 점 때문에 크게 방해받았던 것이다."[56] 새로운 외래 이념을 우리 것으로 만들고자 하는 민족운동가조차 무의식적으로 과거의 관성에 지배받았다.

6. 한국 민족주의의 폐쇄적 분절성

한국의 위정자들에게 민족주의가 외래 정치이념 수용의 도구이면서 동시에 무의식적인 토대로 작용한 사실은 결국 그들이 지향한 정치적 이념이 상호 화합하지 못하고 배타적으로 제 갈 길을 감으로써 분열을 낳는 결과로 이어졌다. 분절론적으로 말하면, 근대로 진입하는 과정에서 한국사회의 정치적 정체성은 크게 두 개의 마디분절로 나뉘어 서로 간에 한 치의 양보도 허용하지 않는 치킨 게임의 양상을 보였다. 두 진영은 극단적으로 분열하여 중간지역을 허용하지 않았다. 중립을 배격했으며 중도와 타협이 인정되지 않았다.[57] 중도는 '회색인'으로서 정체불명자이기 때문에 신뢰할 수 없었다.

---

56 이상, 이정식, 앞의 책, 1982, 342쪽. 이러한 사실을 신기욱은 "자유주의의 빈곤"으로 지적하고 이를 "종족적 민족주의의 대가"라고 말한다.(신기욱, 앞의 책, 205쪽 이하)
57 강준만, 앞의 책, 2011, 157쪽 참조.

예를 들어, 여운형을 혹자는 "부르주아적 민족주의자"라고 칭하여 "어떤 고정된 정치노선을 추구할 수 없었던 인물" 그리고 "혁신적인 좌익 민족주의자"로 옹호하기도 하지만, 그는 1945년 이후 조선공산당원이 아니어서 정통 좌익의 입장에서는 "기회주의자"로 불리기도 한다. 하지만 그의 정치이념적 성향에 대한 평가에 상관없이 그가 '민족주의자'인 것만은 확실하다.[58] 김구의 경우도 마찬가지다. 1946년 6월 평양에서 김일성이 북조선민주주의민족통일전선민전을 결성하면서 "민전을 가짐으로써 전체 인민들을 인솔하여 이승만, 김구 등 일체 민족반역자들에 대한 투쟁을 통일적으로 더 강력하게 전개할 것"을 선언한다.[59] 이승만은 그렇다손 치더라도 일생동안 오직 '민족'에 투신하는 삶을 살았고 통일된 한민족을 위하여 남한만의 정부수립에 반대했던 김구를 '민족반역자'라고 부르는 태도는 오직 사회주의적 민족주의만을 민족주의로 간주했던 김일성 일파의 경직된 사고가 반영된 결과가 아닐 수 없다. 이러한 사정은 이승만을 위시한 보수적 자유주의자들이 공산주의자를 절대적으로 배격하는 데도 똑같이 드러났다. 미군정기에 수차례 좌·우합작이 시도되었지만 선先친일척결을 주장하는 박헌영과 후後친일척결을 주장하는 이승만의 견해차가 좁혀지지 않아 합작은 무산되고 말았다.[60] 이후에도 박헌영은 미군정의 합작 노력을 지지하는 여운형과 대립각을 세우면서 남한의 좌익 세력은 분열되어 급격히 약화되기 시작하였다. 이때 반미 진영에서 중도파 김규식

---

58 스칼라피노·이정식, 앞의 책, 2015, 384~385쪽.
59 이 보고서 전문은 고려대 아세아문제연구소, 『북한연구자료집』, 제1집에 실려 있다.(스칼라피노·이정식, 앞의 책, 2015, 448쪽에서 재인용)
60 스칼라피노·이정식, 앞의 책, 2015, 437쪽 참조. 박헌영은 이승만의 독촉(獨促)이 일제청산을 못한다고 독촉에서 탈퇴했으며, 이승만은 통일과 독립 후에 친일분자를 처리할 수 있으니 지금은 내부의 단합에 힘을 모아야 한다고 박헌영에 맞섰다.

에 관심을 가졌으나 미군정당국의 판단에 따르면, 한국에서는 좌·우 양
극단의 세력만이 정치 세력으로서 유효할 뿐 중도파는 사실상 유명무실
하기 때문에 김규식 같은 중도적인 인물이 정부수립에 참여할 기회는 거
의 없었다.[61] 예나 지금이나 한반도에는 적어도 정치 영역에서 회색분자
가 설 땅은 마련되어 있지 않았다.

　한국이 근대 국민국가로 태동하던 해방 초기 미군정기에 자유주의적 민
족주의를 표방한 반탁주의자 이승만과 김구 그리고 사회주의적 민족주의
를 내세운 친탁주의자 박헌영과 여운형을 중심으로 한반도는 두 개의 축
이 회오리바람으로 형성되어 급기야는 남한과 북한에 이념을 달리 하는
두 개의 정부가 들어서기에 이른다.[62] 이러한 사정을 헨더슨은 한민족이
삼국시대 이후 역사–정치적으로 형성해 온 특수한 구조적 메커니즘으로
파악하여 '소용돌이vortex'에 비유한다. "한국의 정치역학 법칙은 사회의
여러 가지 능동적 요소들을 권력의 중심으로 빨아올리는 하나의 강력한
소용돌이 형태를 띠게 되었다." 이 소용돌이는 상부에서 하부로 내리누르
는 수직적 압력과 이에 대응하여 하부에서 상부로 향하는 상승기류의 만
남으로 이루어지는데, 유럽이나 일본처럼 봉건사회를 경험하지 못한 한
국의 경우 수평적인 소통구조를 지닌 하부구조가 취약하여 상대적으로
수직적 압력을 크게 증가시켰다. 그리하여 "상승기류는 모든 구성원들이
더 낮은 수준에서 결집하기 전에 권력의 정점을 향해 원자화된 형태로 그

61　박명수, 앞의 글, 1948년 유엔 소총회의 남한 총선거 결의와 의의, 한국정치외교사농총
　　제43집 1호, 28쪽 참조.
62　그래서 남경희는 남북분단의 문제를 미소의 개입보다는 한반도의 분열된 역사적 주체들이
　　이념적 대립을 심화시켜 분단을 기정사실화했다는 분단 내인(內因)론을 펼친다.(남경희
　　(1995), 95쪽 이하 참조)

들을 몰아대기 위해 각각의 구성요소들을 빨아들이는 경향이 있었다". 여기서 문제는 "중간 집단들이 만들어질 수 있는 여지가 전혀 없었다"는 점이다.[63] 정확히 말하면, 중간 집단들이 없었던 것이 아니라 한국사회에서는 삼국시대 이후 현대에 이르기까지 핵심 권력 옆에 소위 '자문기관'을 두어 하부에서 올라오는 상승기류의 마중물로 삼았는데, 이때 자문기관은 권력을 강화하는 역할을 했을 뿐 정치체계의 성격을 띤 매개자 역할을 수행하지 못했다는 것이다.

헨더슨은 소용돌이론을 통해 남북한의 정치체계가 후진성을 면치 못하는 이유를 밝힌다. 이러한 소용돌이 현상은 한국 민족주의의 특성을 이해하는 데도 원용할 수 있다. 민족주의 운동에 참여하는 조직이나 구성원들은 핵심 인물을 중심축으로 거센 바람을 몰며 모여들어 세勢를 과시하나 자신들이 속하지 않는 다른 소용돌이에 대해서는 극히 배타적인 태도를 보인다는 것이다. 여러 개의 소용돌이가 병발竝發적으로 작동하면서도 각자는 자기 안에 갇혀 상대방의 공략하는데 열을 올리는 형국이다. 한국의 정치뿐만 아니라 한국의 민족주의에도 매개적 중간자가 설 땅은 지극히 협소하거나 있다가도 곧 사라진다. 이렇듯 헨더슨은 중도파에 속했던 여운형, 김규식, 안재홍, 조만식 같은 인물이 극좌와 극우 세력에 의해 한국의 정계에서 밀려날 수밖에 없었던 이유를 설명하고 이를 아쉬워한다.[64] 각 계파분절마다 자기들끼리의 동질성을 앞세워 수직적 압력과 상승저 호응민 존새할 뿐

---

63 이상, 헨더슨, 이종삼·박행웅 역, 『소용돌이의 한국정치』, 한울, 2013, 40쪽.
64 해방 전후 한국에서 중도파의 실패를 헨더슨은 이렇게 서술한다. "중도파는 신문도 학교도 후원자도 없었고 의지할 수 있는 조직화된 충성심도 없었다. 재정적 지원도 기대할 수 없었고 지방에 지지자도 없었다. 중도파는 한국에서 어떠한 철학적 기반도 갖고 있지 않았다." (헨더슨, 위의 책, 263쪽)

계파 간의 수평적 소통이 단절된 자폐自閉적 양상을 보인다. 이를 나는 한국 민족주의의 폐쇄적 분절성이라 부른다.

헨더슨의 소용돌이론은 상호 대립하는 두 개의 축만을 인정하여 중도와 중간을 거부하는 한국 특유의 정치적 현상을 설명하는 데 유용하다. 그런데 이러한 현상이 초래된 배후에는 중요하게 고려해야 할 사항이 있다. 일제 하 피식민지인의 분노와 설움 그리고 해방 후 민족분단의 고통과 슬픔이라는 커다란 민족 문제에 비해 결코 가볍게 여길 수 없는 민족의 문제는 '빈곤'이었다. 당시 한국의 지식인과 사회엘리트층이 한민족의 정치적 미래에 관심을 갖고 경쟁하는 동안 "대부분의 민중들은 굶주림을 면할 수 있는 수단을 강구하는 데 몰두"하였다.[65]

'빈곤民生' 문제를 한국 민족주의 담론에서 변수로 끌어들이는 이유는 민족운동에 관여하거나 관심을 가진 당시의 일반 민중에게 자유주의와 사회주의라는 서구의 근대적 정치이념이 처음에는 생소하여 무관심했다는 점을 지적하기 위해서다. 그들은 관념적인 이데올로기보다 현실적인 이해관계에 민감하게 반응했다. 물질적 권력적 이해타산이 암암리에 현실의 지배원리로 작동하는 가운데 이를 현실화하기 위한 방편으로 한국 역사에서 고질적인 파벌의식이 가동하였다. 그리하여 어떤 정치이념에 대한 이성적 판단이 아니라 인간적인 유대나 지리적 연대 등에 따라 우발적으로 특정 이념의 단체에 가입하는 경향이 강했다. "해방정국에서 일반 민중의 이데올로기 선택에선 원한관계와 더불어 전통적인 인간관계나 유대관계도 크게 작용하였다. 예컨대, 어느 시골 마을에서 '인물'로 대접받

---

[65] 이정식, 앞의 책, 1982, 336쪽.

던 인물이 어떤 이데올로기를 택하면 마을 사람들은 그 사람의 지도력에 따라 좌우左右 어느 한쪽으로 기우는 경우가 잦았다. 처세술로서의 이데올로기까지 가세했다. 어느 것이 대세라거나 자신의 '인정욕구' 충족에 도움이 될성싶으면 자신도 모르는 이데올로기의 신봉자인 양 행세했다는 말이다. 김병걸의 증언에 따르면, 조용하던 마을이 해방 후 갑자기 열병을 앓게 되었는데, 그것은 '사회주의'니 '자본주의'니 '공산주의'니 '제국주의'니 하는 금시초문의 관념어들의 난무 때문이었다."[66]

　자신의 계급적 이해관계에 토대를 둔 가치판단에 따라 특정 이데올로기를 지지하기보다는 사적인 감정이나 전통적인 인간관계에 바탕을 두고 별다른 생각 없이 자기 주변의 분위기와 인간적인 유대에 따라 특정 정치이념에 편승하는 경향이 지배적이었다. 더구나 서구에서처럼 공산·사회주의든 자본·자유주의든 그것들이 출현하게 된 정치경제적 배경을 갖고 있지 않은 한민족의 경우 냉전시대에 진입하던 당시 세계사의 흐름을 특징짓던 '이데올로기'들을 합리적으로 판단하여 선택하기보다는 파벌적 이해관계에 치우쳐 특정 이념에 맹목적으로 매달림으로써 대립하는 이념들의 소용돌이에 빠져들었다. 그리하여 일제식민지기와 미군정기에 '민족'이라는 이름으로 분열된 계파 간의 통일과 합작의 시도는 결실을 맺지 못하고 부유浮游하였다. 일반 민중들의 근시안적 이권탐닉과 파벌의식은 한국 민족주의의 자기폐쇄적인 파행跛行에 가세한 셈이다.[67]

66　강준만, 앞의 책, 2011, 9쪽.

67　1920~1945년에 이념적 통일이 이루어지 않은 이유를 이정식은 이렇게 설명한다. "한국 민중은 공통의 적을 반대할 때는 지방적 영역을 넘어 통일 할 수 있었지만, 어떤 건설적인 조직 노력은 참가자의 출신지나 또는 기타 개인적 유대에 근거하였다. 한 작은 단체의 이득을 바라는 데에서 한국 민족 전체의 이득을 구하는 방향으로의 발전이 있긴 했지만, 한국인들은 집단과 파벌을 만드는 과거의 습관을 아직 버릴 수 없었던 것이다."(이정식, 앞의 책,

나가며 – 성찰적 민족주의의 개방적 분절성을 위하여

민족주의는 잘 사용하면 약이지만, 잘못 사용하면 독이다. 한국 민족주의는 한반도의 근현대사에서 긍정적인 역할 못지않게 부정적인 역할을 한 측면도 적지 않았다. 하지만 한국 민족주의를 둘러싼 논쟁에 소모적으로 휘말리기보다는 한국 민족주의가 나아가야 할 방향에 대해 생각해보는 자세가 더 바람직해 보인다. 한국 민족주의는 어떤 태도로 외부의 정치 이념을 대해야 할까? 한국 민족주의가 지향해야 할 가치는 무엇일까? 글로벌 시대에 한국 민족주의는 존속할 필요가 있을까? 있다면, 한국 민족주의는 다른 민족국가에 대해 어떤 태도를 견지해야 할까?

신기욱도 한국 민족주의의 부정적인 면에서 벗어나 "종족 민족주의에서 건설적인 방법을 찾자!"고 제안한다.[68] 이에 대해 나는 '개방적 분절성'을 제안한다. 이 용어는 분절마디 간 소통의 문을 닫는 '폐쇄적 분절성'과 대비된다. 개방적 분절성에서는 '분절分節'의 두 의미 가운데 '마디로 나눔segmentation'보다는 '마디의 연결節合 : articulation'에 초점이 맞춰져, 유연하게 잘 휘어짐이라는 의미를 살릴 수 있기 때문이다. 전자에서는 다른 마디와의 차이 또는 구별이 관건이라면, 후자에서는 다른 마디와의 관계 또는 소통이 관건이다. 분절의 후자적 특성을 바탕으로 한국 민족주의는 기존의 소모적 분절성에서 벗어나 생산성 분절성으로 전환하는 길을 모색해야 한다.

한국 민족주의를 생산적으로 계발하려는 시도를 이용희의 한국 민족주

1982, 337쪽)

68 신기욱, 앞의 책, 279쪽.

의 담론에서 찾을 수 있다. 그는 저항의 민족주의를 "근대국가 전의 현상이며 독특한 민족주의의 형태"로 파악하면서, "역사상에 있어서 새로운 근대국가적인 발전, 혹은 그것에 따른 민족주의의 발전이라고 하는 것은 그 전 단계의 저항에서부터 앞으로 나아가는 건설적이고 전진적인 것입니다. 외세의 저항뿐만 아니라 그 외세의 저항으로부터, 그 다음에는 스스로의 힘을 기르고 스스로의 민족의 발전을 꾀하는, 곧 근대국가로서의 현대적인 체제를 자기 충족적으로, 내부적으로 발전시키고 또 외부적인 조건을 만드는 그러한 전진적인 능력이 비로소 근대국가를 만드는 민족주의의 혼이고 얼이라고 생각합니다"라고 말한다.[69] 하지만 그의 주장이 나에게는 다소 관념적이고 교과서적으로 들린다. 왜냐하면 그가 사용하는 '저항', '자력자강自力自强' 그리고 '외부의 조건 만들기' 등의 표현에서 한 민족의 내재적 발전에 대한 한 민족주의자의 열망을 느낄 수는 있으나 그러한 염원의 실현가능성에 의문이 들기 때문이다. 오히려 한국 민족주의는 스스로 해법을 강구하기보다는 외부세계와의 부단한 접촉과 소통을 통해서만 역동적 정체성을 확보할 수 있으며, 이 가능성을 한국 민족주의의 '개방적 분절성'에서 찾을 수 있다고 나는 생각한다.[70]

개방적 분절성은 폐쇄적 분절성의 지양을 뜻한다. 여기서 분절의 개방성은 분절의 유연성과 통한다. 타자他者에 열려 있다는 것은 타자에 유연하게 대처하는 것이기도 하다. 하지만 개방성이 타자 의존성으로 나아가서는 곤란하다. 분절의 유연하고 개방적인 특성은 앞에서 살핀 한국 민족

---

69 위의 책, 239쪽.
70 윤해동도 이와 흡사한 해법을 제시한다. "집합적 주체로서의 '민족'은 타자와의 대화나 투쟁을 통해 자신의 정체성을 확보해나간다."(윤해동, 앞의 글, 197쪽)

주의의 의타적 분절성과 달리 타자와 수평적 수준에서 열린 마음과 태도로 상호 소통하고 관계하는 성질이다. 개방적 분절성은 외부의 강한 힘에 의존하는 기생성寄生性이 아니다. 건강하고 생산적인 분절성을 띤 민족주의는 다른 민족국가와 인류의 보편적 가치를 공유하면서 서로 동등한 권리를 기반으로 상호 소통하는 개방성을 지녀야 한다. 그리하여 인류의 미래를 밝히는 새로운 가치 또는 문명을 창출하는 활동에 공동으로 기여할 수 있어야 한다.

현대 한국 대중사회의 역동적인 실상을 접하면서 헨더슨은 "전통문화가 폐쇄시켰던 다원화의 길"이 현대의 대중사회에서 열리면서 한국사회가 유동성과 개방성을 지니게 되었기 때문에 이를 잘 살려 나가야 한다고 제언한다.[71] 그런데 실은 한국의 전통사회도 잠재적으로는 이미 항상 유동적이고 개방적이었다. 비록 그 잠재력이 당파싸움과 정쟁 등 소모적으로 사용되기는 했지만, 긍정적이고 생산적인 방향으로 발휘될 소지 또는 역량은 지니고 있었다. 오늘날 '한류韓流'가 세계무대에서 각광을 받는 것은 이러한 사실을 입증한다.[72] '마그마' 같이 들끓는 무작위적이고 유동적인 민족적 열정을 '용광로'에 쏟아 부어 유연하면서도 분절적인 형태로 정제하면 글로벌 시대 세계문화의 견인차 역할을 할 수 있을 것이다.

현재 한반도의 정치·군사적 상황은 한국 민족주의의 성질을 점검하고 방향을 조율하게 한다. 한반도는 지금 지구상에서 종족적 동일성이 두 개의 정체政體로 분열된 유일한 지역이다. 분열은 고통이고 비극이다. 이를

---

71 헨더슨, 앞의 책, 653f.
72 유헌식, 『'한류'의 철학-다섯 가지 미학적 코드』, 『한국연구』 2집, 한국연구원, 2019, 15~21쪽 참조. 이 글에서 나는 '한류'의 특징을 설명하는 데서 "분절적 개연성"과 "절합적 통일성"이라는 용어를 사용하였다.

극복하기 위해 민족주의는 견지되어야 한다. 더구나 분단의 이해당사국들이 여전히 한반도의 내외부에서 경제적 군사적으로 영향력을 행사하고 있는 극동의 정세를 고려할 때, 한국 민족주의는 폐쇄적 태도를 버리고 개방적 태도로 사태의 추이에 맞춰 유연하게 대처하는 성찰적 민족주의로 나아가야 한다. 이와 관련하여 대담 하나를 소개하면서 이 글을 맺기로 한다. 기자가 미국의 한국학자 존 던컨에게 묻는다. "전 세계적으로 쇠퇴하는 민족주의가 왜 한국에서만 강해지고 있을까요" 던컨이 답한다. "유럽도 70~80년 전에는 지금의 동북아와 비슷한 상황이 있었어요. 프랑스와 독일이 굉장히 안 좋았죠. 전쟁도 하고. 그래도 유럽은 영국·프랑스·독일의 경제 규모가 비슷했죠. 한데 동북아는 안 그래요. 중국이 너무 커져 버렸어요. 균형이 안 잡히는 체제거든요. 한국 입장에선 민족주의를 완전히 없애기엔 시기상조입니다. 주변 강대국 속에서 통일을 이뤄야 하는데 그런 면에서 민족주의적인 정서가 필요합니다. 하지만 폐쇄적인 게 아니라 '열린 민족주의'로 나아가야 하죠."[73]

---

73 대담: 김종혁 문화스포츠에디터, 가이아 기획대담 〈40년 동안 바라본 한국, 자부심 가져도 좋은 나라〉, Korea in the World, 2008년 8월 17일.

참고문헌 및 자료

강동국, 「근대 한국의 국민·인종·민족 개념」, 『동양정치사상사』 제5권 1호, 한국동양정치사상사
      학회, 2006.

강만길, 『20세기 우리 역사』, 창작과비평사, 1999.

강상규, 「고종의 대내외 정세인식과 대한제국 외교의 배경」, 『동양정치사상사』 제4권 2호, 2005.

강준만, 『한국현대사산책 1940년대 편 1권』, 인물과 사상사, 2011.

_____, 『한국현대사 산책』, 인물과 사상, 2014.

계용묵(1946), 「별을 헨다」, 『20세기 한국소설』, 창작과비평사, 2005.

계승범, 「조선의 18세기와 탈중화 문제」, 『역사학보』 213집, 역사학회, 2012a.

_____, 「조선후기 조선중화주의와 그 해석 문제」, 한국사연구 159집, 한국사연구회, 2012b.

계용묵, 「별을 헨다」, 『20세기 한국소설 10 황순원 김동리(외)』, 창작과비평사, 2009.

공제욱·정근식 편, 『식민지의 일상 - 지배와 균열』, 문화과학사, 2006.

김구, 『백범일지』, 도진순(주해), 돌베개, 2011.

김낙년, 「식민지 시기의 공업화 재론」, 『해방 전후사의 재인식 1』, 박지향 외편, 책세상, 2006.

김도형, 「한말 계몽운동의 정치론 연구」, 『한국사연구』 54집, 한국사연구회, 1986.

_____, 「대한제국 초기 문명개화론의 발전」, 『한국사연구』 121집, 한국사연구회, 2003.

김동선, 「미군정 公報部 정치교육과의 활동과 구성원의 성격」, 『한국근현대사연구』 제 97집 여름
      호, 2021.

김석근, 「개화기 '자유주의' 수용과 기능 그리고 정치적 함의」, 『동양정치사상사』 제 10권 1호, 2011.

김영민, 「조선중화주의의 재검토」, 『한국사연구』 162집, 2013.

김옥균, 「甲申日錄」, 『韓國의 近代思想』, 삼성출판사, 1977a.

_____, 「治道略論」, 『韓國의 近代思想』, 삼성출판사, 1977b.

김일영, 「전시 정치의 재조명 - 부산정치파동의 다차원성에 대한 복합적 이해」, 『해방 전후사의 재
      인식 2』, 책세상, 2006.

김상기, 『東學과 東學亂』, 춘추문고 002, 한국일보사, 1975.

김수자·하상복, 『한국 정치의 이념과 사상』, 후마니타스, 2009.

김정기, 『국회 프락치 사건의 증언』, 한울, 2021.

김정인, 「3·1운동과 임시정부 법통성 인식의 정치성과 학문성」, 『3·1운동 100년 1. 메타역사』,
      휴머니스트, 2019.

김지민, 「해방 전후 랭던의 한국문제인식과 미국의 정부수립정책」, 『한국사연구』 119집, 2002.

김충렬, 「1880년대 개화파의 세계관 연구」, 『한국동양정치사상사연구』 제 20권 1호, 2021.

김학준, 『구한말의 서양 정치학 수용연구-유길준, 안국선, 이승만을 중심으로』, 서울대 출판문화원, 2011.

김현숙, 「한말 '민족'의 탄생과 민족주의 담론의 창출 : 민족주의 역사서술을 중심으로」, 『동양정치사상사』 제 5권 1호, 한국동양정치사상사학회, 2006.

남경희, 『주체, 외세, 이념-한국 현대국가 건설기의 사상적 인식』, 이대출판부, 1995.

노상균, 「윤치호, 방관과 친일 사이」, 『3·1운동 100년 2. 사건과 목격자들』, 휴머니스트, 2019.

다칭 양, 「일본의 제국적 전기통신망 속의 식민지 한국」, 『한국의 식민지 근대성』, 삼인, 2006.

던컨, J., 〈40년 동안 바라본 한국, 자부심 가져도 좋은 나라〉, 대담 : 김종혁 문화스포츠에디터, 가이아 기획대담 , Korea in the World, 2008.

데니·묄렌도르프·흘, 신복룡 외역, 『청한론 | 데니의 서한집/묄렌도르프 자서전 | 반청한론/조선서해탐사기』, 집문당, 2019.

도면희, 「3·1운동 원인론에 관한 성찰과 제언」, 『3·1운동 100년 1 메타역사』, 휴머니스트, 2019.

르낭, E., 『민족이란 무엇인가』, 책세상, 2002.

민주화운동기념사업회 연구소, 『한국민주화운동사 1』, 돌베개, 2008.

바우어, O., 김정로 역, 『민족문제와 사회민주주의』, 백산서당, 2006.

박경식 편, 조선문제자료총서 5권, 아시아문제 연구소.

박동환, 『안티 호모에렉투스』, 길, 2001.

박명수, 「1948년 유엔 소총회의 남한 총선거 결의와 그 의의」, 『한국정치외교사논총』 43집 1호, 2021.

박영희, 『동아일보』 1934년 신년호, 1934.

박은식, 「한국통사 서언 및 결론」, 『한국의 근대사상』, 삼성출판사, 1977a.

_____, 「物質改良論」, 西北學會 月報 제1권 8호, 『한국의 근대사상』, 삼성출판사, 1977b

박지원, 李家源 譯, 『熱河日記(中)』, 대양서적, 1978.

박종린, 「해방 직후 사회주의자들의 3·1운동 인식」, 『3·1운동 100년 1. 메타역사』, 휴머니스트, 2019.

박찬승, 「1920년대 중반~1930년대 초 민족주의 좌파의 신간회 운동론」, 『한국사 연구』 80집, 1994.

박찬승, 『민족, 민족주의』, 소화, 2010.

박찬표, 한국의 국가형성과 민주주의, 고려대출판부, 1997.

박치우, 『思想과 現實』, 백양당, 1946.

박태균, 「1945~1946년 미군정의 정치세력 개편계획과 남한의 정치구도의 변화」, 『한국사연구』
        74집, 1991.

박헌영, 「파시즘과 테러리즘의 배격」, 『조선 인민에게 드림』, 범우, 2008, 1945.

_____(1946), 「오늘의 정세와 우리 민족의 살 길」, 『조선 인민에게 드림』, 범우, 2008.

배성준, 「3·1운동의 농민봉기적 양상」, 박헌효·류준필 편, 『1919년 3월 1일에 묻다』, 성균관대
        출판부, 2009.

배항섭, 「'탈근대론'과 근대중심주의」, 『민족문학사 연구』 62호, 2016.

_____, 「한반도의 오늘, 한말의 경험에서 생각한다―국제질서 인식의 자율성 · 냉철성을 중심으
        로」, 『역사비평』 124집, 2018.

벨러, H.-U., 이용일 역, 『허구의 민족주의』, 푸른역사, 2007.

브린, 마이클, 『한국인을 말한다』, 홍익출판사, 1990.

서동일, 「유학자 김황의 3·1운동 경험과 독립운동 이해」, 『3·1운동 100년 2. 사건과 목격자들』,
        휴머니스트, 2019.

서재필, 「回顧 甲申政變」, 『韓國의 近代思想』, 삼성출판사, 1977.

_____, 최기영 편, 『서재필이 꿈꾼 나라』, 푸른 역사, 2010.

_____, My days in Korea, 연세대 출판부, 1999.

서중석, 『정부수립 후 반공체제 확립과정에 대한 연구』, 『한국사연구』 90집, 1994.

손문, 『三民主義』, 삼성출판사, 1977.

손정숙, 「구한말 주한 미국공사들의 활동과 개인문서 현황」, 『이화사학연구』 30집, 2003.

송건호, 윤병석 외편, 「신간회 운동」, 『한국 근대사론II』, 지식산업사, 1977.

_____, "解放의 民族史的 認識", 『解放 前後史의 認識』, 한길사, 1979.

송진우, 「세계 대세와 조선의 미래」, 『동아일보』 1925년 8월 29·30일 자, 1925.

스칼라피노·이정식(1961), 『韓國共産主義運動의 起源』, 한국연구도서관.

_____, 『한국 공산주의 운동사』, 돌베개, 2015.

신기욱·마이클 로빈슨, 도면회 역, 『한국의 식민지 근대성―내재적 발전론과 식민지 근대화론을
        넘어서』, 삼인, 2006.

_____, 이진준 역, 『한국 민족주의의 계보와 정치(Ethnic Nationalism in Korea)』, 창작과비평사,

2009.

신남철, 『역사철학』, 서울출판사, 1948.

신명직, 「식민지 근대 도시의 일상과 漫文만화」, 『해방 전후사의 재인식 1』, 박지향 외편, 책세상, 2006.

신복룡, 「미국은 당초 4대국 분할을 획책했다」, 『한국사 새로 보기』, 풀빛, 2001.

신용하, 「3・1獨立運動 勃發의 經緯」, 『韓國近代史論』 II, 지식산업사, 1977.

신채호, 「朝鮮革命宣言」, 丁海廉 편역, 『申采浩 歷史論說集』, 現代實學社, 1995.

심지연, 『미-소공동위원회 연구』, 청계연구소, 1989.

안광천, 「1925年 1月에 滿天下同志들에게」, 思想運動 一二月號 合大號, 朴慶植(編), 朝鮮問題資料 叢書, 第 5卷 在日朝鮮人運動關係機關誌(해방전).

안병직, 「삼일운동에 참가한 사회계층과 그 사상」, 『역사학보』 41집, 1969.

양계초, 이민수 역, 『中國文化思想史』, 정음사, 1974.

_____, 최형욱 편역, 『량치차오, 조선의 망국을 기록하다』, 글항아리, 2014.

여운형, 「祝辭」, 조선문학가동맹 중앙집행위원회 서기국 편, 『건설기의 한국문학』, 백양당, 1946.

역사문제연구소, 「토론마당-한국 민족주의 재검토」, 『역사문제연구』 5호, 2000.

연시중, 『한국 정당정치 실록』, 지와 사랑, 2001.

염상섭, 「만세전」, 『염상섭 20세기 한국소설 02』, 창작과비평사, 2005, 1948.

오익환, 「反民特委의 활동과 와해」, 『해방 전후사의 인식』, 한길사, 1979.

올리버, R.T., 『大韓民國 建國의 秘話-李承晚과 韓美 關係』, 啓明社, 1990.

왕수쩡(王樹增), 나진희・황선영 역, 『한국전쟁』, 글항아리, 2013.

우경섭, 「조선중화주의에 대한 학설사적 검토」, 『한국사연구』 159집, 한국사연구회, 2012.

우정은, 「비합리적 이면의 합리성을 찾아서-이승만 시대 수입대체산업화의 정치경제학」, 『해방 전후사의 재인식 2』, 책세상, 2006.

웜스, 홍정식 역, 『동학 백년사』 서문문고, 서문당, 1975.

유길준, 채훈 역, 『서유견문록』, 대양서적, 1978.

유헌식, 「헤겔의 역사철학에 나타난 '세계사적 민족'의 출현구조」, 『역사이성과 자기혁신』, 철학과 현실사, 2009.

_____, 「한반도의 역사적 경험에 따른 한민족의 정체성 규명을 위한 시론」, 헤겔연구 39호, 2014.

_____, 「새로운 것의 출현을 설명하기 위한 철학의 조건」, 『사고개발』 11권 3호, 2015.

_____, 「'한류'의 철학-다섯 가지 미학적 코드」, 『한국연구』 2집, 한국연구원, 2019.

윤덕영, 「미군정 초기 정치 대립과 갈등 구조의 중층성-1945년 말 한국민주당 주도세력의 정계 개편 운동을 중심으로」, 『한국사연구』165집, 2014.

윤병석, 「1910年代의 韓國獨立運動」, 尹炳奭 愼鏞廈 安秉直 편, 『韓國近代史論 II』, 知識産業社, 1977.

윤순갑, 「서구의 충격과 외압에 대한 발상의 제 형태」, 『동양정치사상사』제2권 2호, 2003.

윤치호, 김상태 편역, 『윤치호 일기』, 역사비평사, 2005.

윤해동, 「內破하는 민족주의」, 『역사문제연구』5호, 2000.

_____, 『식민지 근대의 패러독스』, 휴머니스트, 2007.

_____, 「식민지 근대와 공공성-변용하는 공공성의 지평」, 『식민지 공공성-실체와 은유의 거리』, 책과 함께, 2010.

_____, 대한민국을 만든 국제회의, 대한민국역사박물관, 2016.

_____ · 임지현, 「토론마당-한국 민족주의의 재검토」, 『역사문제연구』5호, 2000.

이강수, 『반민특위 연구』, 나남출판, 2003.

이광린, 『한국개화사상연구』, 일조각, 1989.

이광수, 「민족개조론」, 이주영 편역, 『원문 사료로 읽는 한국근대사』, 필맥, 2014, 1922.

_____, 「힘의 재인식」, 『동광』28호, 한국역사정보 통합시스템, 1931.

_____, 『나의 告白』, 春秋社, 1948.

이균영, 「新幹會의 創立에 대하여」, 『한국사연구』37집, 1982.

이기훈 외, 좌담 : 식민지 근대성론의 역사와 현재, 『역사비평』136집, 2021.

이만규, 『呂運亨先生鬪爭史』, 민주문화사, 1946.

이상백, 「東學黨과 大院君」, 『역사학보』17~18 합집, 1962.

이승만(1945), 「건국과 이상」, 이주영 편역, 『원문 사료로 읽는 한국 근대사』, 필맥, 2014.

_____, 『독립정신』, 비봉출판사, 2018.

이승억, 「임시정부 귀국과 대미군정 관계」, 『역사와 현실』24호, 1997.

이영훈, 대담, 『해방 전후사의 재인식 2』, 책세상, 2007.

이완범, 「해방 직후 국내 정치 세력과 미국의 관계, 1945~1948」, 『해방 전후사의 재인식 2』, 책세상, 2007.

이용기, 「3 · 1운동 연구의 흐름과 민족주의의 향방」, 『사학연구』제139호, 2020.

이용희, 『정치사상과 한국 민족주의』, 동주 이용희 전집 2, 연암서가, 2017.

이우진, 「러일전쟁과 데오도어 루스벨트 미국 대통령의 대 한국정책」, 한국정치외교사학회, 『한국

정치외교사논총』 제 26집 2호, 2005.

이이화, 「척사위정론의 비판적 검토」, 『한국사연구』 18집, 한국사연구회, 1977.

이정식, 『한국민족주의 정치학』, 한밭출판사, 1982.

_____, 『夢陽 여운형』, 서울대출판부, 2008.

_____, 배영대 기자와 대담, 『중앙일보』 2011년 11월 9일 자, 2011.

이철우, 「일제 하 법치와 권력」, 박지향 외편, 『해방 전후사의 재인식 1』, 책세상, 2006.

이청준, 『소문의 벽』, 열림원, 1998.

이태준(1946), 「해방 전후」, 『20세기 한국소설 06 이태준·박태원』, 창작과비평사, 2005.

이항로, 『華西集』, 대양서적, 1978.

이황직, 『군자들의 행군』, 아카넷, 2017.

임어당, 『생활의 발견,』 범조사, 1977.

임종명, 「조선민족청년단(1946.10~1949.1)과 미군정의 '장래 한국의 지도세력' 양성정책」, 『한
국사연구』 95호, 1996.

임 화, 「조선 민족문학 건설의 기본과제에 관한 일반보고」, 『건설기의 한국문학』, 백양당, 1946.

전상숙, 「사회주의 수용 양태를 통해 본 일제시기 사회주의운동의 재고찰」, 『동양정치사상사』 4권
1호, 2005.

전상인, 「해방공간의 사회사」, 박지향 외편, 『해방 전후사의 재인식 2』, 책세상, 2006.

정옥자, 『조선 후기 조선중화사상 연구』, 일지사, 1998.

정용욱, 「해방 이전 미국의 對韓構想과 對韓政策」, 『한국사연구』 83집, 1993.

조관자, 「'민족의 힘'을 욕망한 '친일 내셔널리스트' 이광수」, 『해방 전후사의 재인식 1』, 박지향 외
편, 책세상, 2006.

조규태, 「일제의 한국강점과 동학계열의 변화」, 『한국사연구』 114집, 2001.

조성산, 「18세기 후반~19세기 전반 對淸認識의 변화와 새로운 中華 관념의 형성」, 『한국사연구』
145집, 2009.

조선문학가동맹 중앙집행위원회 서기국 편, 『건설기의 한국문학』, 백양당, 1946.

조형근, 「한국의 식민지 근대성 연구의 흐름」, 공제욱·정근식 편, 『식민지의 일상-지배와 균열』,
문학과학사, 2006.

_____, 「비판과 굴절, 전화 속의 한국 신민지근대성론-구조, 주체, 경험의 삼각구도를 중심으로」,
『역사학보』 203집, 역사학회, 2009.

주윤정, 「일상생활 연구와 식민주의」, 『식민지의 일상-지배와 균열』, 문화과학사, 2006.

주익종, 「친일청산이란 사기극」, 『반일 종족주의』, 미래사, 2019.

차기벽, 『한국 민족주의의 이념과 실태』, 까치, 1978.

차상철, 「이승만과 1950년대의 한미동맹」, 『해방 전후사의 재인식 2』, 책세상, 2006.

채만식(1946), 「논 이야기」, 『20세기 한국소설』, 창작과비평사, 2005.

천정환, 「1920~30년대의 책 읽기와 문화의 변환」, 윤해동 외편, 『근대를 다시 읽는다 2』, 역사비평사, 2006.

최갑수, 「서구에서 근대 민족국가의 형성과 민족주의」, 『근대 국민국가와 민족문제』, 지식산업사, 1995.

최경희, 「식민지적이지도 민족적이지도 않은 – 박완서의 「엄마의 말뚝 1」에서 '신여성'의 형성」, 『식민지의 일상 – 지배와 균열』, 문화과학사, 2006.

최덕수, 「청일전쟁과 동아시아 세력변동」, 『역사비평』 28호, 역사문제연구소, 1994.

최서해(1926), 「탈출기」, 『20세기 한국소설』 04, 창작과비평사, 2005.

최영희, 「3·1運動에 이르는 民族獨立運動의 源流」, 『韓國近代史論』 II, 지식산업사, 1977.

최익현, 『면암집(勉菴集)』, 솔출판사(전자책), 1997.

최장집, 『韓國 現代政治의 構造와 變化』, 까치글방, 1989.

_____, 「우리에게 민주주의란 무엇인가?」, 최장집 외, 『논쟁으로서의 민주주의』, 후마니타스, 2014.

최창규, 『한국의 사상』, 서문당, 1975.

최형우, 『조선혁명 소사』, 서울, 1945.

브루스 커밍스, 『브루스 커밍스의 한국전쟁』, 현실문화, 2017.

한스 콘, 차기벽 역, 『민족주의』, 삼성문화문고, 1974.

코민테른 집행위(1928), 12월 테제, 이주영 편역, 『원문 사료로 읽는 한국 근대사』, 필맥, 2014.

풀다, H.F., 남기호 역, 『헤겔』, 용의 숲, 2010.

한국정치학회 편, 『해방 정국 정치지도자들의 사상과 행동 – 한국정치 이념의 모색』(국회 전자도서관), 2000.

한상구, 「1926~28년 민족주의 세력의 운동론과 新幹會」, 『한국사 연구』 86집, 1994.

한설야(1929), 「과도기」, 『조선지광』 84호, 『20세기 한국소설 04』, 창작과비평사, 2005.

한우근, 「개항 당시의 위기의식과 개화사상」, 『한국사연구』 2집. 한국사연구회, 1968.

한홍구 외, 『대한민국의 정통성을 묻는다』, 철수와 영희, 2009.

한흥수, 『도전과 응전의 한국 민족주의』, 옥당, 2015.

함석헌, 『뜻으로 본 韓國歷史』, 한길사, 2003.

허은, 『미국의 헤게모니와 한국 민족주의』, 고려대 민족문제연구소, 2008.

헨더슨, G, 이종삼 · 박행웅 역, 『소용돌이의 한국정치(*Korea the Politics of Vortex*)』, 한울, 2013.

현채, 임이랑 역, 『동국사략』(근대 역사교과서 2), 소명출판, 2011.

홉스봄, E.J., 강명세 역, 『1780년 이후 민족과 민족주의』, 창작과비평사, 1994.

홍규덕, 「구한말 미국의 대조선 정책」, 『국제관계연구』 23권, 2007.

홍순옥, 「대한민국 임시정부의 성립과정」, 『한국근대사론』 II, 지식산업사, 1977.

홍종욱, 「3 · 1운동과 비식민지화」, 『3 · 1운동 100년 3. 권력과 정치』, 휴머니스트, 2019.

황준헌, 『조선책략』, 건국대 출판부, 1977.

황 현, 『梅泉野錄』, 대양서적, 1978.

후지이 다케시, 「후쿠모토주의의 형성 – 1926년의 좌익 정치운동」, 『역사연구』 17호, 2007.

후쿠자와 유키치, 『서양사정(西洋事情)』, 송정호 외역, 여문책, 2021.

Anderson, B., *Imagined Communities : Reflections on the Origin and Spread of Nationalism*, London, 1983.

Arendt, H., *Vita Activa oder vom tätigen Leben*, München : Serie Piper, 1989.

Berlin, I., *The Age of Enlightenment*, London : A Mentor Book, 1956.

Gellner, E., *Nations and Nationalism*, Oxford, 1983.

Habermas, J., *Strukturwandel der Öffentlichkeit*, Neuwied und Berlin, 1971.

_____, *Theorie des Kommunikativen Handelns II*, Frankfurt/M., Suhrkamp, 1988.

Hegel, G.W.F., *Grundlinien der Philosophie des Rechts*, Frankfurt/M. : Suhrkamp, 1970.

_____, *Vorlesungen über die Philosophie der Weltgeschichte*, hrg. von J. Hoffmeister, Hamburg : Felix Meiner, 1980.

Hochkeppel, W.(hg.), *Die Antworten der Philosophie heute*, München : Szczesny Verlag, 1967.

Husserl, E., *Die Krisis der europäischen Wissenschaften und die tranzsendentale Phänomenologie*, Martinus Nijhoff, 1962.

Macluhan, M., *Understanding Media*, London : Routledge and Kegan Paul, 2002.

Peirce, C.S., *Collected Papers Vol.I*, Harvard Uni. Press, 1960.

Popper, K., *The Poverty of Historicism*, Happer Torchbooks, 1961.

Weber, M., *Wirtschaft und Gesellschaft*, Tübingen : J.C.B. Mohr, 1976.

Weggel, O., *Die Asiaten*, Deutscher Taschenbuch Verlag, 1994.

전자 자료 : 국회 전자도서관 / 국립 중앙도서관 디지털 역사 자료

ㄱ

갑신정변 18, 19, 21, 26, 62, 64, 65, 67, 69~72, 77, 80, 86, 89, 133, 238, 299, 313

갑오개혁 21, 29, 30, 76, 77, 79, 80

개화사상 23, 35, 50, 82, 92, 96, 302, 308, 312

개화파 13, 17, 30, 35, 36, 50, 63~65, 69, 73, 82, 90~92, 95, 99, 110, 124, 155, 199, 237, 251, 302, 313, 314, 316, 329

건국준비위원회(建準) 227, 303, 325

공산·사회주의 4, 14, 19~21, 137, 139, 144, 152, 166, 170, 171, 175, 176, 179, 180, 198, 212, 216, 217, 220, 221, 226, 228, 232, 235, 236, 238, 240, 242~246, 252, 258, 271, 282, 284, 287, 289, 290, 300, 308, 314, 315, 320, 327, 328, 337

과도입법의원 255, 256, 273, 274

국회 프락치 사건 20, 257, 280, 281, 291

군국기무처(軍國機務處) 78, 90

근대성 19, 20, 53, 83, 84, 125, 126, 134, 178, 183~187, 197~199, 204~207, 247

근대주의 82, 85, 92, 125, 131, 133, 188, 196, 312

근대화 13, 28, 34, 65, 80, 83, 91, 108, 119, 122, 123, 125, 126, 175, 183, 185, 188, 190, 198, 200, 204~206, 302, 312, 316, 320, 329

김구 155, 157~161, 180, 228~230, 232, 234, 238, 243, 244, 255~257, 259, 269~272, 281, 302, 303, 305, 308, 309, 322, 333, 334

김규식 161, 232, 234, 243, 256, 259, 269~273, 302, 303, 309, 323, 333~335

김옥균 17, 29, 64~70, 77, 108, 109

김일성 176, 243, 244, 255, 257, 258, 261, 266, 270, 272, 291, 302, 314, 325, 326, 328, 333

ㄴ

남로당(남조선노동당) 20, 181, 232, 257, 265~268, 271, 278~281, 288~290, 304

내선일체(內鮮一體) 77, 147, 193, 208

ㄷ

대원군 23, 58, 61, 63, 72, 73, 76, 79, 127, 143, 313

대한국민대표민주의원(民主議院) 234, 235, 242, 273

독립운동 19, 20, 30, 50, 118, 121, 124, 131~133, 137, 138, 147, 150~153, 156, 157, 159~161, 171, 175, 176, 179, 180, 183, 187, 205, 213, 216, 219, 235, 238, 259, 285, 287, 300, 313, 314

독립촉성중앙협의회(獨促) 230, 231, 251, 260, 309, 325, 333

독립협회 18, 21, 30, 40, 90, 111, 122, 132, 133, 238, 289, 302, 308, 312~314, 329

동도서기파 13, 95, 124

동학(농민)운동 19, 21, 62, 71~76, 80, 86, 89, 113, 133, 142, 162, 217, 238, 299, 308, 312, 320

ㄹ ──────────

량치차오(양계초) 85, 86, 97, 103
러일전쟁 30, 31, 67, 76, 103, 106

ㅁ ──────────

모스크바 3상회의 219, 226, 230, 233, 249,
　　251, 260, 261, 288, 291, 303
문명개화(文明開化) 13, 65, 82, 90, 91, 94,
　　105, 107, 109, 110, 237, 238, 288
미·소공동위원회(미소공위) 224, 230,
　　234, 249, 255, 257, 266, 269~273
민족과 국민의 괴리 113, 140
민족 문제 11, 12, 15, 20, 23~27, 29, 87,
　　91, 102, 153, 154, 164, 167, 180, 187,
　　203, 216, 221, 222, 226, 238, 241,
　　242, 245, 247, 336
민족의식 25, 57, 58, 82, 113~116, 137,
　　139, 217, 226, 294, 312, 316, 330
민족주의
－ 한국 민족주의 6, 12, 14, 25, 113,
　　115~119, 134, 143, 155, 175, 197,
　　237, 249, 293~303, 305~307, 312,
　　314, 316, 317, 321~324, 327~330,
　　335~341
－ 분절적 민족주의 305
－ 사회주의적 민족주의 137, 143, 152~154,
　　156, 300~302, 310, 312, 315, 320,
　　322, 333
－ 우파 민족주의 135, 199, 229, 238, 252,
　　260, 285, 290, 302, 310, 322
－ 자유주의적 민족주의 143, 156, 157, 302,
　　315, 322, 334
－ 저항 민족주의 118, 315, 320, 329
－ 좌파 민족주의 4, 16, 20, 135, 154, 172,
　　175, 198, 204, 221, 225, 228, 235,
　　237, 242, 250, 252, 260, 268, 281,
　　283, 287, 309, 322
－ 친일 민족주의 196

민주주의민족전선(民戰) 224, 227, 234,
　　242, 266, 271, 273, 333

ㅂ ──────────

박영효 35, 50, 64, 66, 68, 79, 104, 124,
　　237
박은식 38~41, 44, 50, 93, 124, 127, 168
박지원 55, 56, 82
박헌영 20, 136, 153, 155, 173, 181,
　　216~220, 230, 232, 244, 254, 265,
　　266, 268, 280, 304, 305, 322, 325,
　　333, 334
반공주의 163, 180, 229, 230, 245, 257,
　　268, 276, 277, 282, 283, 285, 287,
　　305, 309, 310
반민족행위처벌법(反民法) 256, 277, 285
반민특위(反民特委) 20, 180, 193, 200,
　　256, 257, 259, 278, 280~283, 285,
　　286, 291
벽이단 숭정학(闢異端 崇正學) 47, 49
부국강병 26, 33, 68, 84, 105, 125, 275,
　　302, 315, 316
분절성(分節性) 293, 295~298, 300~302,
　　305, 306, 323, 332, 336, 338~340
불연속 18, 35, 36, 62, 90, 92, 93, 107, 110,
　　111, 123, 127, 130, 133, 253, 254,
　　283, 287, 288, 318, 320, 329
비(非)식민지화 145~147

ㅅ ──────────

사회민주주의 12, 19, 24, 134, 233, 246,
　　247
사회주의운동 75, 150, 152, 153, 162, 164,
　　167, 217
삼일(3·1)운동 21, 107, 117~120,
　　122~124,　　126~128,　　131~140,
　　142~147, 150, 154, 156, 162, 208,

218, 300, 324, 329

상해 임시정부 19~21, 134, 135, 144, 155, 156, 158, 160, 289, 308

상해파 156, 158

서양사정(西洋事情) 104, 316

서재필 17, 18, 64, 69, 70, 106, 127, 237, 238

송진우 70, 123, 126, 146, 154, 170, 226, 227, 230, 238, 239, 300

신탁통치 21, 219, 230, 231, 233, 249, 251, 254, 258, 260, 270, 273, 290, 291, 303, 304

식민국가 11, 18, 123, 198, 236, 253, 271, 288, 318

식민지 근대성 125, 126, 183~187, 197, 204~207

신간회 154, 161~171, 300, 324, 325

신채호 40~44, 50, 124, 162, 168, 199, 237

ㅇ

안재홍 154, 162, 168, 227, 259, 300, 303, 335

애국계몽운동 18, 33, 40, 90, 122, 132, 133, 237, 238

여운형 136, 148, 149, 158, 175, 176, 220, 223, 226, 227, 230, 234, 244, 266~268, 303, 322, 325, 333~ 335

유엔한국임시위원단 250, 268, 271, 272, 280

유길준 81, 82, 94, 96, 104, 106, 237, 298, 313, 316

윤치호 106, 107, 122, 123, 139, 192, 203, 237, 245

이광수 147, 170, 199~203, 237, 285, 286

이르쿠츠크파 156, 158, 218, 228

이승만 11, 21, 82, 102, 135, 157, 180, 193, 220, 227, 229~231, 234, 235,

237~239, 242~245, 253, 255, 256, 258~262, 264, 267, 268, 270~273, 276~282, 284, 285, 287, 290, 291, 298, 302, 303, 305, 307, 309, 310, 322, 323, 325, 333, 334

이용희 51~53, 117, 125, 142, 143, 299, 338

이항로 38, 48, 51, 58, 59, 61, 73, 74

인간 문제 15, 16

ㅈ

자본·자유주의 20, 180, 243, 284, 289, 290, 308, 314, 315, 327, 329, 337

자유주의 20, 62, 104, 119, 137, 143, 144, 155~157, 170, 179, 180, 231, 237, 238, 243, 244, 247, 251, 254, 272, 275, 276, 283, 284, 288~291, 295, 297, 302, 308, 314~319, 322,~324, 327~334, 336, 337

자유민주주의 18~21, 110, 111, 124, 127, 134, 155, 161, 180, 220, 228, 229, 233, 235~239, 241, 243~247, 252~254, 258, 261, 267, 268, 270~276, 279, 282, 284~291, 308, 309, 315, 316, 318~320, 331

자유민주주의 교육 239

조선공산당(朝共) 19, 20, 136, 159, 173, 174, 181, 218, 219, 230, 234, 238, 265, 266, 301, 302, 304, 325, 333

조선중화주의(朝鮮中華主義) 28, 51, 53~55, 57, 58, 80~86, 125

조선책략(朝鮮策略) 60, 105, 298

조선 프롤레타리아 예술동맹(KAPF) 176~179, 223, 225

조일수호조규(朝日修好條規 : 강화도조약) 24, 26, 30, 63, 64, 81, 90, 103, 120

조청상민수륙무역장정(朝淸商民水陸貿易章程) 18, 25, 63, 64, 313

좌·우합작 159, 164, 166, 169, 171, 220,
    266, 267, 270, 273, 333
존명배청(尊明排淸) 47, 51, 56
존화양이(尊華攘夷) 58

ㅊ ───────────────

척사위정(斥邪衛正) 13, 29, 30, 32, 33, 40,
    47, 49~51, 53, 56~58, 61, 73, 74, 95,
    99, 100, 122, 127
청일전쟁 25, 26, 29, 70, 72, 76, 86
친미(親美) 79, 179, 180, 220, 241, 253,
    278, 308, 311
친소(親蘇) 14, 180, 215, 216, 219, 228,
    270
친일파 21, 170, 200, 202, 203, 219, 224,
    235, 236, 258, 264, 277~279,
    282~284, 286, 309, 320, 325

ㅋ ───────────────

코민테른(국제 공산당) 19, 134, 150, 153,
    155, 157, 159, 164, 167, 172~174,
    176, 238, 283, 298, 301, 302, 304,
    306, 314

ㅌ ───────────────

태도 142~144, 187, 188, 190~194, 196,
    197, 200~202, 204, 206~210

ㅎ ───────────────

하지(Hodge) 227, 229, 230, 233, 234,
    260, 263, 273, 303
한치진 239~241
황현(黃玹) 37, 46, 61, 81

'한류'의 철학

다섯 가지 미학적 코드

1. 예비적 논의

이 글은 대외적으로 '한류韓流 : korean wave'라 일컬어지는 한국의 문화현상에 감춰진 미학적 의미구조를 밝히는 데 목적이 있다. 1991~1992년에 방영된 드라마 〈사랑이 뭐길래〉를 필두로 최근에 K팝의 '방탄소년단'과 영화 〈기생충〉에 이르기까지 한류를 둘러싼 논의와 담론은 식을 줄을 모른다. 그런데 대부분의 논의는 오늘날 한류의 성공을 가능하게 했던 외적 요인을 다루는 데 편중되어, 한류가 세계인들에게 큰 호응을 얻으며 확산되어 기대 이상의 경제적 효과를 창출하게 된 이유를 디지털 환경과 상업적 전략 그리고 정부의 문화정책 등에서 찾고 있다.[1] 그리하여 정작 '한류

---

[1] 일반적으로 한류가 '성공'한 이유를 한국의 문화산업 종사자들이 디지털 미디어의 선진국인 한국의 장점을 최대한 살린 점에서 찾는다. 사회관계망서비스(SNS)를 통해 소위 '소비-생산자(pro-sumer)'가 최초의 정보를 신속하고 광범위하게 전파할 수 있었다는 것이다. 이러한 맥락에서 홍석경은 "한류 현상을 통해 디지털 문화가 매개하는 세계화의 문화적 과정에 대한 새로운 이해의 틀을 만들어가야 함"을 주장하고, '한류'를 "세계화와 디지털 문화의 발전과정에서 벌어진 문화 유통 현상"으로 파악한다.(홍석경, 『세계화와 디지털문화 시대의 한류』, 한울, 2013, 12~13쪽) 또한 혹자는 한류의 성공이 한국 대중문화의 질적 우수성과 문화의 고유성 때문이 아니라 "아시아 지역에서 새롭게 부상하는 욕망들과 다양

라는 문화 콘텐츠의 어떠한 내재적 특징이 세계인의 호감을 얻었는가?'하
는 물음에 대한 답변에는 상대적으로 게을렀다. 한류 콘텐츠의 내적인 특
성에 초점을 맞추어 이해하는 데에서, 이 글은 한반도가 겪은 역사적 경험
의 특수성을 고려할 것이다.

'한류'는 문화culture다.[2] 한류가 자연발생적인 어떤 것이 아니라는 뜻이
다. 문화란 인간과 세계자연를 연결하는 매개자이다. 이 매개자는 인간이
만든 것이다.[3] 그래서 문화는 인간의 자의恣意가 개입한 결과물이다. 문화
로서의 한류는 세계와 소통하는 매개자중간항로서 관객과 시청자에게 특정
한 감흥을 일으키고 의미를 전달하는 메시지이다. 한류는 한국의 문화산
업 종사자가 세계를 향해 발신하는 메시지이며 한류의 팬들은 이 메시지
의 수신자이다. 여기서 '한류의 코드'란 기호학에 등장하는 코드code와 마
찬가지로 발신자와 수신자가 커뮤니케이션하기 위해 만들고encoding 풀어
내는decoding 규칙이다. 한류를 메시지로 만드는 규칙을 찾는 일이 넓게
보면 이 글의 목적이다. 그래서 이 글은 한류를 이끈 문화 콘텐츠들의 내

한 갈등을 가장 세속적인 자본주의적 물적 욕망으로 포장해 내는 '능력' 덕분"이라고 주장
한다.(조한혜정 외, 『한류와 아시아의 대중문화』, 연세대 출판부, 2006, 29쪽.)

2   최광식은 한류를, 한류 1.0 : 드라마 중심 : 1995~2005, 한류 2.0 : K팝 중심 : 2006~2011,
한류 3.0 : 전통문화 중심 : 2012 이후의 세 구간으로 나눈다.(최광식, 『한류 로드』, 나남,
2013, 12쪽.) 또한 한류의 팬들에게 '무엇을 한류라고 생각하는가?'라는 질문에 "드라마,
K팝, 영화가 1~3위를 차지한 데 이어 한식, 한국제품, 한국관광, 한글, 전통문화, 게임,
태권도, 문학, 스포츠, 의류도 포함됐다".(매일경제 한류본색 프로젝트팀, 『한류본색』, 매
일경제신문사, 2012, 95쪽.)

3   이러한 생각은 기본적으로 카시러(E. Cassirer)의 문화철학에 근거한다. 그에 따르면 문화
를 지닌 인간은 세계 그 자체와 직접 관계하지 않고 오직 매개적으로만 관계한다. 문화는
인간이 만든 상징물로서 이 매개적 상징물을 통해서만 인간은 물리적 세계와 소통한다.
따라서 "인간은 사물들 자체를 다루는 대신 어떤 의미에서 쉴 새 없이 자기 자신과 이야기한
다. 인간은 언어형식, 예술적 심상, 신화적 상징 혹은 종교적 의식에 너무 둘러싸여 있어서
이러한 인위적 매개물의 개입에 의하지 않고서는 아무것도 볼 수 없고 또 만질 수 없다".(카
시러, 최명관 역, 『인간이란 무엇인가』, 전망사, 1979, 40~41쪽.)

부로 관심을 돌려 이들을 '의미를 가진 텍스트'로 보아, 한류에 속하는 드라마와 대중가요 그리고 영화에 담긴 미학적 코드를 이념형적으로 해석하기로 한다.[4]

그런데 '미학적'이란 표현에 토를 달 필요가 있다. '미학'이란 용어는 독일의 철학자 바움가르텐A.G. Baumgarten, 1714~1762이 그의 저서 『감성학 Aesthetica』에서 이성이나 지성을 토대로 한 논리학과 마찬가지로 감성도 객관적인 인식이 가능하다고 하여 미美에 관한 '학' 즉 미학의 길을 열었는데, 이후 칸트I. Kant, 1724~1804가 그의 뜻을 계승하여 『판단력 비판』에서 미학을 논리학인식론과 윤리학과 더불어 독립적인 학문 분야로 정립하였다. 그의 미학 저술의 제목인 '판단력 비판'에서 보이듯이 칸트는 '미'를 '판단'의 범주에 넣어 미적인 감각을 지성의 판단작용과 결부시킴으로써 객관적으로 다룰 수 있는 토대를 마련하였다. 그런데 이 글의 주제인 '한류'에서 초점은 '아름다움美'보다 '즐거움樂'에 있다는 데 논의의 어려움이 따른다. 더구나 칸트의 미학에서 다루는 미가 자연미와 예술미를 포괄하는 데 반하여 한류는 이 둘 다에 해당되지 않기 때문이다. 한류는 기본적으로 '엔터테인먼트' 즉 즐거운 오락을 지향한다.[5] 그래서 '엔터테인먼트'라는

---

4 그런 한에서 이 글은 방법적으로 외버만(U. Oevermann)이 구조주의와 해석학을 종합하여 창안한 객관적 해석학(objektive Hermeneutik)에 의존한다. 이 연구방법론의 강점은 문화 콘텐츠를 하나의 텍스트로 보아, 미리 선취된 개념으로 덮어씌워 이해하지 않고 텍스트의 의미구조를 내재적으로 해석한다는 데 있다.(U. Oevermann, "Die objektive Hermeneutik als unverzichtbare methodologische Grundlage für die Analyse von Subjektivität", in : *Wirklichkeit im Deutungsprozeβ*, Suhrkamp, 1993 참조.)

5 SM 엔터테인먼트, YG 엔터테인먼트 그리고 JYP 엔터테인먼트 등 지금 한류를 주도하고 있는 회사들이 한결같이 'entertainment' 즉 즐거움을 생산하는 '예능'을 회사의 슬로건으로 표방하고 있다. SM의 이수만 대표는 인터뷰에서 자기는 '예술'을 지향하지 않는다고 공언하며, 뮤지컬 퍼포먼스 「난타」를 이끄는 송승환도 예술 '작품'이 아니라 팔리는 '상품'을 만들라고 권한다.(유재혁, 『컬처 이노베이터』, 클라우드나인, 2015, 217쪽 참조.) 드라

꼬리표를 달고 있는 회사들은 즐거움을 기획하고 생산하며 경영하는 일을 목표로 삼아야 한다. 즐겁거나 재미있지 않으면 그건 한류가 아니다.[6]

　문제는 여기에서 생긴다. '아름다움'과 '즐거움'은 같은 미학적 범주에 속하지 않는다. 아름다움이 '판단'에 속한다면, 즐거움은 판단이 아니라 '감정'에 속한다. 그래서 아름다움과 달리 즐거움은 '미학'을 뜻하는 '감성학'에 속하지 않는다. 아름다움은 웃음이나 귀여움과 마찬가지로 지성적 판단과 결부된 감성感性, Sinnlichkeit의 작용이지만, 즐거움은 슬픔이나 분노와 같이 감정感情, Gefühl의 소산이다. 감성은 감정과 다르다. 아름다움과 웃음과 귀여움은 '느낌'의 대상이 아니다. 이들은 감각적 사태에 대해 우회적인반성적인 판단의 결과이다.[7] 이에 반해 슬픔과 즐거움은 특정 사태에 접하여 직접적으로 작동하는 감정의 반응이다. 즐거움과 달리 아름다움은 '느낌'의 대상이 아니다.[8] 그래서 아름다움은 '감성학'에 속하지만 즐거움은 (이런 용어가 가능하다면) '감정학'에 속해야 한다. 아름다움의 발생 메커니즘을 밝힌 칸트의 '판단력 비판'보다 슬픔悲극 발생의 구조적 메

마 작가 김은숙도 "드라마는 예술이 아니라 1시간짜리 엔터테인먼트이기 때문에 남의 돈으로 예술을 하면 안 된다고 생각"한다고 말한다.(김정은 외, 『엔터테인먼트 코리아』, 미래의 창, 2018, 315쪽.)

6　"미국 시리즈는 형식적으로 우월할지 몰라도 재미가 덜하고, 일본 드라마는 한국 드라마와 같은 종류이고 더 잘 만들어졌지만 한국 드라마보다 매력과 재미가 덜하다."(홍석경, 앞의 책, 41쪽.)

7　그런 점에서 칸트 미학에서의 '미감적 판단력'은 '반성적 판단력'이다. 여기서 '반성적'은 '감각적' 또는 '직감적'에 대비된다.(Kant(1990), §45 참조.) 이 사항에 대한 자세한 설명은 박배형, 『헤겔 미학 개요』, 서울대 출판부, 2014, 285쪽 이하 참조. 여기서 반성적 판단으로서의 미감적 판단은 칸트에 따르면 이성의 합목적성(Zweckmäßigkeit)에 토대를 두는데 반하여, 즐거움의 감정은 순전히 주관적인 것이어서 그러한 객관적 목적을 전제하지 않는다.

8　'그것은 아름답다'를 '나'를 주어로 삼아 독일어로 표현할 때 'Ich finde es schön(나는 그것을 아름답게 본다)'이라고 하지 'Ich fühle es mir schön(나는 그것을 아름답게 느낀다)'이라고 하지 않는다.

커니즘을 밝힌 아리스토텔레스의 '시학'이 이 글의 취지에는 더 합당한 이유가 여기에 있다.[9] 그래서 엄밀히 말하면 이 글은 '한류의 감정학적 코드'를 찾는 작업이다. 편의상 일반적인 용어를 사용하여 이 글이 '한류의 미학적 코드'를 탐색한다고 할 때 그 뜻은 한류라는 문화현상에서 '즐거움'이라는 감정을 유발하는 기본구조를 개념적으로 포착하는 일이다.

'문화 콘텐츠'로서 한류의 내재적인 특성에 대해 지금까지 다양한 측면에서 설명이 제시되기는 했다. 예를 들어 한류 드라마의 문화코드를 도킨스R. Dawkins가 말하는 문화적 DNA인 밈meme을 빌려 '한류 드라마의 유전자 밈'을 "가족 간의 화해, 순수, 진실, 순애보, 노인 공경, 발전된 경제, 미남 미녀, 자연스런 연기, 패션 등"에서 찾고 한류 드라마를 "이처럼 다양한 밈들이 서로 상호 적응해서 안정된 세트를 이루고 있는 밈 복합체memeplex"로 규정한다.[10] 또한 한류의 문화코드와 관련하여, "유교문화와 서구문화를 환상적으로 잘 조합하여 아시아적 정서에 맞게 세련되게 가공"장수현, 2006; 신윤환, 2006, "한국 댄스음악의 속도감 있는 리듬과 역동적인 춤을 한국인의 '신명'에서 비롯한 것"서현철, 2002, "한국문화의 화합성"이상훈, 2004으로

---

9   아리스토텔레스는『니코마코스 윤리학』에서 '즐거움(快)'을 인간의 본성과 활동 그리고 행복과 관련하여 정의한다. 여기서 그는 '즐거움' 자체에 대한 원론적인 해명 즉, '즐거움이란 무엇인가'에 대한 형이상학적이고 윤리적인 설명을 제시할 뿐 내가 이 글에서 다루는 즐거움의 발생적 메커니즘 즉, '즐거움이 어떤 코드에서 비롯하는지'에 대해서는 말하지 않는다. 그렇지만 '신체적 즐거움의 강렬함'과 '즐거움의 지속 불가능성'과 관련한 그의 윤리학적 견해는 음미할 만하다.(아리스토텔레스, 제 7권 14장 및 제 10권 4장 참조, 2015.)

10   박장순,『한류의 흥행 유전자 밈』, 북북서, 2011, 58쪽. 박장순은 '한류 밈'에 대한 사유를 틀로 삼아 한류 드라마와 K팝을 유교철학에 따라 仁유전자, 義유전자, 禮유전자, 智유전자에 근거하여 설명하기도 하는데(박장순,『한류토피아에 이르는 길』, 북북서, 2017 참조), 이런 이해방식이야말로 한류라는 텍스트를 외재적인 개념 틀로 덮어씌우는 시도의 전형이다. 텍스트로서의 한류는 그 자체로 살아 있는 생명체로서 미리 주어진 개념 안에 억지로 집어넣을 수 없다. '프로크루스테스 침대'의 오류를 범해서는 곤란하다.

설명하고, 대표적인 한류 드라마 〈대장금〉의 문화코드를 조선시대 소설의 '한韓의 문화'에서 찾아 "의리義理와 정한情恨"에 토대를 둔 주인공들의 태도를 "유교적 충국忠國이념, 인仁과 예禮의 미덕, 불교의 고행정신과 기독교의 인도주의 정신"에서 찾기도 한다.[11] 그러나 유교적 가치관, 정情과 한恨, 미남 미녀, 화합융합성, 신명身命 등은 거칠게 통용되는 문화코드일 수는 있어도 엄밀한 의미에서 개념의 성격을 띤 미학적 코드로 보기 어렵다.

그렇다면 한류의 '즐거움'을 촉발하고 지탱하는 보편적인 요소는 무엇인가? 아리스토텔레스는 비극의 요소를 '연민'과 '공포'로 규정한 바 있다.[12] 이와 마찬가지로 즐거움도 특정한 요소에서 비롯한다. 그 요소를 나는 '만족'과 '재미'라고 생각한다. 사실 만족Wohlgefallen은 칸트의 미학에서 미아름다움의 요소이기도 하다. 즐거움은 여기에 '재미'라는 요소가 추가된다. '재미Spaß, fun'는 자극적이고 감흥적인 성격이 강할 뿐만 아니라 우회적으로 촉발되는 감정상태다. 슬픔이 어둡고 무거운 감정이고 즐거움이 밝고 가벼운 감정이라면, 이 차이는 감정을 겪는 당사자가 어떤 사태를 위협적으로 느끼는가 그렇지 않은가 하는 문제와 관련이 깊다. 인간의 자기보존본능이라는 측면에서 볼 때, 슬픔은 자신에게 위협적인 것에 대한 방어 심리기제에서 비롯하는 반면, 즐거움은 그 반대의 경우에 해당하기 때문이다. 자신의 생존에 위협적이지 않은 것에 즐거운 감정을 많이 소모

---

11 김경일 외, 『'한류'와 '한풍' 상호역동관계연구』, 민족출판사, 2009, 5쪽. 앞의 인용들은 이 책 100쪽 이하에서 재인용. 이와 관련하여 신호웅(『한류 드라마 속의 도덕관』, 도서출판 경혜, 2013)은 禮, 義, 廉, 恥, 孝, 勇, 忠, 信을 한류 드라마 속의 아시아적 가치관으로 제시하는데, 이러한 발상은 드라마 〈대장금〉의 경우에는 일부 타당할 수 있으나 다른 드라마의 경우까지 확대 적용하기에는 무리이며 국수주의의 위험까지 따른다.
12 아리스토텔레스는 『시학』(천병희 역, 2000, 13장)에서 훌륭한 비극이 지키거나 피해야할 플롯을 구체적으로 설명한다.

하는 태도는 비현실적이고 비경제적이다. 인간이 오래 슬퍼할 수는 있지만 오래 즐거워하지 못하는 이유가 여기에 있다.

그래서 재미는 일시적이고 강력한 즐거움으로 표출되지만 지속력은 약하다. 즐거움은 슬픔에 비해 자연으로서 인간의 생존을 위해 덜 필수적인 감정이다. 인류의 문예사에서 희극보다 비극이 절대적으로 우세한 이유는 슬픈 일이 즐거운 일보다 압도적으로 많기 때문이 아니라 슬퍼해야 할 필요가 즐거워해야 할 필요에 비해 실존적으로 훨씬 막강하기 때문이다. 그런 점에서 슬픔과 즐거움의 차이는 사실의 문제가 아니라 경제의 문제에서 비롯한다. 결국 즐거움의 경제성은 즐거움이라는 감정의 일시성을 담보하는데, 이러한 특성은 한류의 콘텐츠를 구성할 때 생산자가 마디에서 마디로 즉, 장면에서 장면으로 그리고 에피소드에서 에피소드로 이행하는 대목에서 '재미'를 살릴 수 있는 여지를 마련한다. 이러한 생각을 바탕으로 이제 즐거움이란 감정이 한류에서 어떤 코드로 작동하는지 살펴보기로 한다.

2. 즐거움의 문화로서 한류의 미학적 코드

한류가 해외로 확산되는데 기여한 외적이고 환경적인 요인을 괄호에 묶고 오직 '문화 콘텐츠'로서 한류의 내적인 특성에 초점을 맞출 경우, 이 사항은 한국사회, 넓게는 한민족이 겪은 특유한 역사적 경험과 무관하지 않다는 생각이다. 한민족이 역사 속에서 체득한 생존전략이 문화로서 한류의 미학적 코드를 형성하는데 직간접으로 영향을 미쳤을 것이라고 나는 가정한다. '문화'란 어느 한 시점에 갑작스럽게 집중적으로 생산되거나 출현할 수 없기 때문이다. 그래서 '즐거움의 문화'로서 한류에 작동하는 코드를 탐색하는 시도에서 이러한 한민족의 생존전략을 변수로서 고려하고자 한다.

한류의 즐거움의 정체는 무엇인가? 한류 콘텐츠의 어떤 내재적 특성이 세계인의 마음을 움직인 것일까? 이에 대한 답변으로 나는 한류 콘텐츠에서 즐거움의 감정을 지탱하는 코드를 구성적 측면재미과 정서적 측면만족으로 나누어 다음과 같이 각각 3개와 2개씩 제시하고자 한다. 나의 시도가 총론의 성격을 띠고 있다는 점에서 이 단상斷想은 시론試論의 성격을 띨 수밖에 없다.

1) 분절分節적 개연성

- 유연성, 적응, 리듬, 자유, 개방, 기생(붙음살이)

분절적 개연성이란 하나의 개체가 여러 개의 마디로 나뉘어 있으면서, 마디로 연결되어 유연하게 움직이는 성질을 뜻한다. 분절은 '마디로 나뉘어 있음'과 '마디를 연결함'이라는 뜻을 동시에 지닌다.[13] 그런 의미에서 분절적 개연성은 절지동물과 대나무처럼 마디로 인해 유연하다. 마디로 연결된 것은 구부러지긴 해도 쉽사리 부러지진 않는다. 한민족의 생존전

---

13 이런 의미에서 박동환은 '분절'을 영어로 'segmentation'과 'articulation'이라는 두 의미를 지닌다고 설명한다(박동환, 『안티 호모에렉투스』, 길, 2001, 114쪽.) 그는 '생명의 논리'를 위해 소위 '3표 철학'을 제안하면서 '마디지음'과 '마디풀이'라는 '분절론'으로 제시하여 '한국적 생활세계의 논리'가 세계 인식의 보편적 틀일 수 있는 길을 모색하고 있다. 이에 대해서는 위의 책과 그의 미발표 논문 「모든 한계 지워진 것들의 세 가지 해법에 대하여」(2007)를 참조 바란다. 그런데 '분절적 개연성'을 다룬 데에서 '분절'은 '마디로 나뉘어 있음'이라는 뜻에서 'segmentation'의 의미만을 취하고 '마디의 연결'이라는 뜻의 'articulation'은 '절합(節合)'으로 번역하여 다음의 '절합적 통일성'에서 취하고자 한다.

략도 이와 유사하다. 한민족은 겉으로는 중국, 러시아, 일본 등 강력한 외세의 등살에 못 이겨 자신의 본래적인 면모를 잃은 채 방황한 것처럼 보이지만 그 속내에는 한민족 나름의 생존전략이 숨겨져 있다. 그 전략이 다름 아닌 '분절적 개연성'이라고 나는 생각한다. 민족과 개인의 생존을 위해서라면 상대의 정체에 상관하지 않고 어느 것이라도 수용하는 개방성과 유연성을 지향했다고 보기 때문이다. 이러한 경향은 오늘날 '새로운 것'을 수용하는 데 남다른 능력을 보이는 한국사회의 성향과 맞물려 있다. 상대 타자에게서 전해오는 정보를 배격하지 않고 끊임없이 새로운 것을 수용하는 무한한 잠재력을 지금 한국사회는 보여주고 있다. 얼핏 보면 무분별하다 할 만큼 무차별적으로 다양한 외래 것을 흡수하여 끌어안으면서도 한국사회는 갈등과 분열로 인해 파국으로 치닫기보다는 나름의 중심을 잡고 항해하고 있다. '분절적 개방성'은 바로 이러한 '미스터리'를 해명할 수 있는 준거점이라고 생각한다.

한민족은 한반도 주변국의 힘의 역학관계를 고려하여 처신의 향방을 결정해왔다. 외부의 압력이 힘에 부칠 정도로 강력하면 한민족은 대나무처럼 새로운 마디를 만들어 유연하게 대처함으로써 민족의 '자기'를 보존했다. 김훈의 소설 『남한산성』은 병자호란 당시 삼전도의 비극을 전한다. 당시 조선은 명나라와 친분을 쌓고 합당한 예를 갖추어 왔기 때문에 신흥 오랑캐인 청나라와 교분을 맺을 수는 없어서 완강히 버틴다. 하지만 용골대가 이끄는 청의 군사력을 당하기에는 역부족이었다. 주전파와 주화파의 부단한 논쟁 속에서 결국 인조는 후발대로 도착한 청태종 홍타이지 앞에 무릎을 꿇고 이마가 땅에 닿게 큰 절을 올리는 수모를 겪는다. 굴욕적이지만 이렇게라도 민족의 자기를 지켜야 했던 것이다. 윤흥길의 소설 「장마」

에서는 6 · 25 당시 평범한 동네 청년이 얼마나 사소한 사연으로 빨치산에 가입하게 되는지를 보여준다. 시골 마을에 인민군이 들어오자 평소에 마을의 밀주 단속원으로 인심을 잃은 한 사람을 끌어와 골탕을 먹이기 위해 대량의 쌀뜨물을 마시게 하는 행위를 시발점으로 하여 점차 자신의 의지에 거슬러 강력한 부역자로 변신한다. 또한 일제 강점기에서 한국전쟁에 이르는 격동의 현대사 속에서 세 인물의 행적을 중심으로 전개된 김성종의 대하소설 『여명의 눈동자』에서 여옥은 대치에게 묻는다. "왜 공산주의가 됐어요?" 대치는 답한다. "택한 게 아니라 그냥 그걸로 시작한 거요!" 이렇듯 보통 사람들의 생활세계를 지배하는 변수는 정치적 이념이 아니라 당시의 시대적 상황에 자기를 맞추는 생존이었다.

부단한 외세의 침입 앞에서 앞날을 예측할 수 없는 세월을 살았던 한민족에게 삶의 계획은 무의미했다. 무릇 계획이란 예측이 가능한 삶을 살 때에만 성립하는 사안이다. 자기의 생 앞에 앞으로 어떤 일이 벌어질지 알 수 없는 상황에서는 '일단 살고 볼 일'이 현안일 수밖에 없다. 더구나 강대국들에 둘러싸인 약소민족은 그들의 눈치를 보며 살지 않을 수 없었다. 생존을 위해서는 자기보다 강력한 힘을 가진 자에게 의존하는 게 생명계의 이치다. 그래서 붙음살이 즉 기생寄生이 생존의 전략이 되기도 한다. 그런 점에서 봉준호 감독의 영화 〈기생충〉은 이런 생존의 원리를 단적으로 보여준다고 할 수 있다. 영화 속 기택은 말한다. "절대 실패하지 않는 계획이 뭔지 아니? 무無계획이야, 무계획 노플랜!! 왜냐, 계획을 하면 반드시 계획대로 안 되거든."

고유섭이 '한국미'의 특징으로 말한 '무無기교의 기교'와 일맥상통한다고 할 수 있다. 계획은 기교와 마찬가지로 계산과 의지의 소산이다. 하지만 기교가 예술작품을 망치듯이 계획이 삶을 망친다. 최근에 TV에서 "아무 공법도 사용하지 않는 맥주가 최고의 맥주"라는 광고와도 통한다. 동양 고전『장자』의 논지에 따라 자기의 이성적인 의지를 버리고 자연의 뜻에 손길을 맡기는 장인처럼, 기생寄生하는 민초民草들도 삶에 불필요하고 걸림돌이 되는 의지와 계획을 버리고 주변의 여건에 맞춰 되어가는 대로 살아야 한다. 김삿갓의 시구 "차죽피죽화거죽此竹彼竹化去竹"[14]처럼. 한국 영화음악의 대부로서 한류 영화음악의 선봉장이라 할 수 있는 조성우 M&FC 대표는 말한다. "나는 물 흐르듯 다가오는 운명에 순종하며 살자는 생각이다. 내 의지로 결단하기보다는 상황이 만들어지고 거기에 그냥 따르자는 주의다."[15] 말이 쉬워 순응주의자이지 작곡뿐만 아니라 음악 외적으로 다양한 사업을 벌이고 있는 조성우에게, "예술과 예술 외적인 일이 한 사람의 머릿속에서 어떻게 공존할 수 있을까" 사람들은 궁금해 하면서, "조성우 안에는 정말 많은 조성우가 있다."[16]고 평가한다. '아티스트'와 '사장' 사이의 밸런스를 유지하는 법을 묻는 질문에 그는 이렇게 답한다. "CEO 할 때는 CEO만, 음악을 할 때는 음악만, 사업하면서 음악 생각 안 하고 음악하면서 사업 생각 안 하고. 훈련해야 된다. 내가 가장 경쟁력 있는 부분이 그거다. 학교 다닐 때 데모, 시험, 연주 모드 전환이 빨랐다."[17] '여러 개의 조성우'라는 마디를 상황에 맞게 운용하는데 성공한 조성우는 '분절적 개연성'의 한 전형을 보이는 인물이라 할 수 있다.

---

14 '차죽피죽화거죽'을 신라시대의 향찰(鄕札) 식으로 훈독(訓讀) 즉 한자의 뜻으로 읽으면 "이대로 저대로 되어 가는 대로"가 된다.
15 『Film 2.0』, 2007년 7월 3일 자, 83쪽.
16 PREMIERE, No. 25, 2005(8.1~15), 57쪽.
17 월간『객석』, 2007년 4월호, 90쪽.

내 바깥의 상황에 따라 내 삶의 방향과 내용을 바꿀 자세가 되어 있다는 사실은 내 안에 잠정적으로 여러 개의 나를 가지고 있다는 사실을 함축한다. 내가 여러 개의 마디로 구성되어 있어야 그때그때 상황에 맞게 서로 다른 마디가 작동하여 새로운 나를 드러낼 수 있기 때문이다. 이러한 사실은 한류의 성공 비결을 "비빔밥", "오감만족五感滿足", "오색찬란五色燦爛"을 지향해온 한국의 전통문화에서 찾는 시도와 맥을 같이 한다.[18] 비빔밥과 마찬가지로 색동저고리를 위시하여 꽃가마와 조각밥상보 등 다채多彩로운 색깔로 눈을 즐겁게 하고, 사물놀이패의 다채로운 소리로 흥을 돋우어 귀를 즐겁게 한다. 시각과 청각에 더하여 봉준호는 영화 〈기생충〉에서 '냄새'까지 변수로 동원하여 후각의 사회학적 의미를 부각시킨다.[19]

'오감五感'은 한민족의 힘이다. "우리 민족처럼 오감을 골고루 발달시켜온 민족을 발견하기란 쉽지 않다."[20] 이러한 다채로운 감각문화를 배경으로 한류문화가 탄생한 것이다. 미디어 영상문화 전문가인 홍석경은 말한다. "유튜브나 데일리 모션, 각종 프로슈머 지향적인 사이트에 매일 올라오는 막대한 양의 영상 속에서 어떤 것이 가시성을 띠고 유명해지는지를 예측하는 것은 바다에 던져진 병이 다른 대륙의 해안에 닿는 것만큼이나 어려운 일일 것이다. 그런데 그 병의 양이 월등히 많고 알록달록해서 눈에

---

18 최광식, 앞의 책, 166쪽. "한국 문화는 여러 문화가 중층적, 복합적으로 섞여있다."(167쪽)
19 '냄새'는 시청각 예술인 영화에 끼어 넣은 후각적 요소로서 스토리 전개에서 상층과 하층의 긴장관계를 견인하는 핵심적인 역할을 한다. 후각은 미학적으로 볼 때 청각과 시각 다음으로 상대(敵)로부터 생명의 위험을 덜 무릅쓰고 상대(적)에게 접근하여 상대의 정체를 파악할 수 있는 감각기능이다. 영화 〈기생충〉에서 동익이 죽은 근세에게 근접하다가 코를 움켜쥐는 순간 기택은 더 이상 냄새의 차이로 인한 동익의 불공정한 처사를 참지 못하고 그를 칼로 찌른다. 동익은 후각을 통한 상대의 정체 파악행위가 청각과 시각에 비해 얼마나 큰 위험을 무릅써야 하는지를 알지 못했던 것이다.
20 유상철 외, 『한류 DNA의 비밀』, 생각의 나무, 2005, 157쪽.

잘 띄는 색이라면?"[21] 어린 아이들이 다채로운 것에 먼저 눈길을 보내듯이, 문화 수용자들도 감각적으로 다양한 것들이 섞여 있는 것에 우선 관심을 보인다. 분절론적으로 말하면, 여러 개의 마디가 동시적으로 작용할 때 더 크고 화려하게 보인다.

그래서 어떤 연예인이 여러 가지 역량을 습득하여 다양한 모습을 보이면 시청자는 '저 친구에게 저런 면이 있었나?'하고 의아해 하면서도 즐거워한다. 키이스트의 배성웅 대표는 말한다. "대중의 마음을 얻기 위해 팔방미인 멀티테이너를 발굴한다."[22] 이수만은 가수 보아를 스타로 만들기 위해 그녀에게 노래뿐만 아니라 춤과 연기 그리고 외국어까지 능숙하게 구사할 수 있도록 가르쳤다. 김수현과 김현중은 연기와 노래를 모두 잘 한다. 홍콩의 한 여성은 홍콩에 한류가 확산되는 이유를 묻는 인터뷰에서 이렇게 대답한다. "한국 연예인들과 아이돌들은 재능이 있고 다방면에서 활동한다. 그렇지만 홍콩 아이돌 스타들은 단지 가수 또는 배우로만 활동한다. 그래서 춤, 노래, 연기를 하는 K-POP 아이돌들은 흥미롭다."

여기서 한국 드라마가 '한류'로 인정받는 데 기여한 제작방식의 특수성에 대해 언급할 필요가 있다. 한국의 드라마 제작방식은 미국의 경우와 크게 다르다. 미국 드라마는 백퍼센트 사전제작이다. 그러나 한국의 드라마는 물론 드라마 작가의 대본이 토대가 되기는 하지만 촬영이 진행되면서 대본 내용이 바뀌기도 한다. 소위 '쪽 대본'이 유행하는 것이다.[23] 하지만

---

21 홍석경, 앞의 책, 27쪽.
22 유재혁, 앞의 책, 77쪽.
23 '쪽 대본'과 '생방송 촬영'은 배우와 스탭들을 정신적으로나 육체적으로 병들게 하는 한국 드라마의 병폐로 인식되어 온 것이 사실이다. 그런데 아이러니컬하게도 '한국에서 사전제작 드라마는 성공하기 힘들다'는 사실은 공공연하게 인정되어 왔으며, 유일하게 〈태양의 후예〉만이 사전제작을 통해 흥행에 성공하였고, 그 이후 사전제작 된 8편의 드라마는 모두

'쪽 대본'이야말로 드라마의 '재미'를 배가하는 견인차 노릇을 한다고 할 수 있다. 드라마 방영 초기에 시청률과 시청자의 반응을 고려할 뿐만 아니라 연출자와 연기자의 제안 그리고 당시의 문화 트렌드를 대본에 반영하기에 '쪽 대본' 방식만한 것이 없기 때문이다. 드라마 작가나 연출자는 자신들이 보여주고 싶은 것보다 시청자가 보고 싶어 하는 것을 중시함으로써 '당시 현장'의 사정을 고려하여 드라마 내용을 탄력적으로 운용한다.

분절적 개연성에 토대를 둔 드라마 제작방식은 하나의 에피소드가 끝날 무렵에 '클리프행어' 기법을 사용할 수 있는 근간이 된다.[24] 이 기법은 각 회의 에피소드가 자기완결성을 띠고 마무리되는 미국 드라마와 달리 다음 회에 전개될 내용을 시청자가 궁금하게 만들어 자연스럽게 시청률과 몰입도를 높이는 효과를 가져 온다. 드라마 원본의 분량은 참고사항일 뿐 구속력을 지니지 않아 시청자들에게 호기심과 궁금증을 유발할 수 있는 지점에 따라 드라마 분량은 유연하게 재조정된다. 그래서 드라마 제작 초기에 잠정적인 방향은 정해놓지만 미래의 방향이 확실하거나 고정되지 않아서 외부의 사정에 따라 이야기가 원래 계획과 다르게 전개되기도 하고 현장의 의견과 사정을 고려하여 디테일한 내용들이 바뀌기도 한다. 이는 분절적 개연성의 소산이 아닐 수 없다.

저조한 시청률을 기록하였다. 그래서 "단순히 사전제작 시스템을 도입하는 것만으로 성공을 자신하는 것은 매우 섣부른 태도다."(김덕중·남상현 외, 『한류 메이커스』, KOFICE, 2017, 27~31쪽 참조.)

24 '절벽에 매달린 자'를 뜻하는 'cliffhanger'는 "연속극이나 연재소설에서 갈등이 해결되지 않고 오히려 고조되거나 새로운 갈등이 등장하는 시점에서 에피소드를 끝냄으로써 시청자 / 독자의 흥미를 유발하는 연출기법 또는 그러한 기법에 쓰인 작품"을 뜻한다.(구글 검색어 : 클리프행어의 뜻.)

2) 절합^{節合}적 통일성

- 연결, 상호인정, 연대, 비동시적인 것의 동시성, 중층성

분절적 개연성이 어떤 주체개체가 여러 개의 마디를 지니면서 주변 타자의 움직임에 따라 유연하게 자기를 변신하거나 적응해 가는 성질이나 양상을 뜻한다면, 지금 논의할 절합적 통일성은 그 마디들이 서로 연결되어 / 연대하여 독립된 생명체처럼 움직이거나 각 마디가 자신의 정체성을 포기하지 않으면서도 상호 공존을 통해 하나의 조화를 생산하는 성질이나 양상을 뜻한다. 그래서 전자의 경우 타자에 대처하는 자기의 유연성에 초점이 맞춰져있다면, 후자의 경우에는 서로 다른 마디들의 연결 혹은 조화가 관건이다.

분절적 개연성에 의존하는 문화는 그 자체만으로는 강력한 힘을 갖지 못한다. 여러 개의 마디를 가지고 외부 여건에 따라 자기를 변신하는 것은 생존의 전략일 수는 있으나 발전의 전략은 되지 않는다. 한류가 문화 콘텐츠로서 대대적으로 각광을 받을 수 있었던 것은 단순히 자기개방적인 적응의 문제를 넘어 여러 개의 마디를 서로 연결시키는 절합^{節合 : articulation}의 전략이 성공했기 때문이다.[25] 하나의 주체가 마디얼굴를 여러 개 갖고 있다는 건 기회주의적이고 기생적이라는 부정적인 평가를 감수해야 한다. 여기에는 다양한 마디들을 연결하여 새로운 통일체를 만들어 마디들끼리 서로 소통하게 함으로써 생명력을 지닌 존재로 탈바꿈하게 하는 조치가 필요하다. 이러한 조치를 나는 '절합적 통일성'을 생산하는 활동이라 부

---

25 이종임은 'articulation'을 홀(S. Hall)이 "특정한 조건들하에서 서로 다른 두 요소의 통일성을 만들어낼 수 있는 연결의 형식"으로 정의한데 바탕을 두어 '절합(節合)'이라 옮기는데 나도 이를 따르기로 한다. (이종임, 『신한류와 문화이동의 지형학』, 논형, 2014, 27쪽.)

른다. 한국의 '비빔밥'은 절합적 통일성의 대표적인 예라 할 수 있다. 비빔밥은 다양한 식재료가 섞여 있지만 서로의 맛을 시샘하지 않으면서도 조화로운 맛을 낳기 때문이다.

절합적 통일성에서 초점은 '마디의 연결', '차이의 상호존중', '이질적 요소의 상호소통' 그리고 '조화로운 통일'에 있다. 그런 의미에서 절합적 통일성은 어떤 것을 구성하고 있는 요소들이 서로 성질이 달라 다투기보다는 다름이 오히려 장점이 되어 서로를 인정하고 소통하여 수준 높은 새로운 통일체를 지향하는 변증법적 성향을 일컬으며, 이는 한류의 문화콘텐츠가 글로벌 사회에서 어필할 수 있는 강력한 요소이다.

방탄소년단의 음악은 R&B, 랩, 힙합, 댄스 등 다양한 대중음악 장르가 혼합되어 음악 자체가 다양하고 복합적인 성질을 띨 뿐만 아니라 속도의 완급과 리듬의 강도에 차이를 두어 청중들이 감정의 긴장과 이완을 경험하게 함으로써 신선한 즐거움을 선사한다.[26] 더구나 그들의 춤동작은 전全방위적으로 유연하다. 그들의 〈Mic-Drop〉, 〈고민보다 Go〉, 특히 '아이돌'의 춤동작은 어떤 규칙도 따르지 않는 듯 자유자재여서 마치 연체동물의 흐느적거림처럼 보인다. 〈아이돌국악 버전〉의 경우 국악의 마당놀이와 탈춤과 부채춤 등이 각각 마디를 형성하면서 한데 어울려 부드러우면서도 강력한 율동의 전형을 보여준다. 또한 〈Be-OG〉를 비롯한 여러 곡에서 멤버들이 하나의 율동을 구성하는 마디들로 연결되어 흐르는 듯한 퍼포먼스를 선보인다. 각 마디는 서로 다르지만 고리로 연결된 것처럼 유기적

---

26 그래서 봉준호의 〈기생충〉이 영화의 다양한 요소를 복합적으로 집결하여 어느 장르에도 분류하기 어렵듯이 BTS 음악도 음악의 어느 장르에 분류하기 어렵다. '정체성 없음'이 이들의 정체성이다.

이고 통일적인 하모니를 이루어낸다. 더구나 사물놀이 패와 비슷하게 각 마디가 돌아가며 마디들의 중심에 서서 전체의 흐름을 수평적으로 주도하는데, 이렇게 '중심이 없는 중심'의 방식은 한류의 아이돌그룹 전반에서 나타나는 퍼포먼스의 특징이다. 이러한 현상은 절합적 통일성이 십분 발휘된 결과라 할 수 있다.

'절합적 통일성'은 한류 드라마에서 더 분명하게 드러난다. 각각의 에피소드마디는 미국 드라마의 에피소드와 달리 각 회마다 이야기의 결말을 짓지 않고 다음 회로 넘어간다. 각 에피소드는 회마다 중심적인 사건을 다루긴 하지만 이야기가 완결되지 않아 시청자는 다음 회를 기다리게 된다. 그러니까 한국 드라마를 구성하는 에피소드들마디들은 자기완결성을 지니지 않고 드라마 전체의 통일적인 흐름을 위한 부분들로 작용한다. 각각의 마디들이 긴밀하게 연결되어 상호 인정하고 소통함으로써 드라마의 전체적인 호흡을 유지하고 통일시킨다. 한국 드라마의 인기비결을 어떤 이는 이렇게 설명한다. "미국 드라마처럼 여러 시즌 동안 재활용된 오래된 줄거리가 아니다. K-드라마의 플롯, 인물 유형 및 설정조차도 새롭고 차별화되어 있어 더욱 흥미롭다." "전형적인 한국 드라마는 16-20개의 에피소드로 이루어져 있다. 이 길이는 강한 빌드업과 결론을 가진 전체적이고 완결된 스토리를 말하기에 충분하다. 한국 드라마의 에피소드들은 영화보다 길기 때문에 시청자들은 드라마에 감정을 더 투자할 수 있다. 그리고 한국 드라마는 명확한 결말을 가지고 있기 때문에 미국 드라마와 다르게 여러 시즌을 지속하기 위해 시간을 때우지 않는다."[27]

---

27 유튜브, 한류썸띵, 〈왜 이렇게 많은 사람들이 한국 드라마를 보는가?〉.

절합적 통일성의 특징 가운데 비非동시적인 것의 동시성 혹은 이질적인 것의 공존은 한류 드라마와 K팝의 곳곳에서 발견할 수 있다. 평균 시청률 59.6%를 기록했던 드라마 〈사랑이 뭐길래〉는 전통적 가치관이 어떻게 근대적 가치관과 대립, 침투, 화해하는지를 보여준다. 단적인 예로 기독교 신자인 진숙과 불교 신자인 그녀의 동생 선숙은 같은 공간에서 각각 성경을 봉독하고 염불을 암송한다. 또한 K팝에서 BTS의 〈Idol〉을 비롯한 많은 곡들에는 팝, 힙합, 댄스, R&B, 일렉트로닉 그리고 뽕끼트로트풍의 멜로디가 섞여 있다. 다른 예로, 여성 아이돌그룹 2NE1은 "미모보다 개성적인 외모를 바탕으로 랩, 보컬, 무대매너로 팬들을 압도한다."[28] 영화 〈국제시장〉의 감독 윤제균은 "익숙함과 새로움의 결합"을 흥행공식이라고 말한다. 아주 새로운 것은 컬트고, 모든 게 익숙하면 식상하다는 것이다. 익숙한 틀에 새로운 스토리를 덧입히는 것도 하나의 방법이다.[29] 이렇듯 이질적인 요소들이 동시적으로 공존하면서도 서로 갈등을 야기하지 않고 인정 / 연대함으로써 시너지 효과를 발휘하도록 구성된 한류 문화콘텐츠는 적지 않다.

영화 〈기생충〉의 플롯은 절합적 통일성의 변형된 형태를 보여준다. 물리적으로는 수평 구조가 아니라 수직 구조를 이루고 있지만 지상층-반半지하층-지하층은 사회학적 의미의 계층 구조를 함축하는 마디들의 위상과 관계를 묘사한다. 여기서 반지하층은 상층과 하층을 연결하는 고리 역할을 한다. 영화에서 실제로 지하의 문광네는 반지하의 기택네를 매개로 지상의 동익네와 연결된다. 그래서 상징적으로 볼 때 영화 〈기생충〉의 이

---

28 유재혁, 앞의 책, 51쪽.
29 위의 책, 202쪽.

야기가 전개되는 관점은 기택(송광호)이 반지하에서 지상을 바라보는 시선(장면이다. 그런데 층위의 문제는 비단 거주의 위치에만 국한되지 않는다. 거실 소파 위上의 동익네와 탁자 밑下의 기택네라는 소속의 층위, '위에서 아래로'와 '아래에서 위로'라는 시선의 층위, 조용한 환경과 시끄러운 환경이라는 소리의 층위, 가벼운 일상과 무거운 일상이라는 무게의 층위 그리고 결정적으로 서로 다른 냄새의 층위 등 경제 형편의 차이로 인해 주어지는 층위는 영화 전반에 깔려 있다.

하지만 마디의 중층重層성만으로 영화 〈기생충〉이 한류 문화콘텐츠의 특징을 구현한다고 말할 수는 없다. '한류'의 정체성을 띠기 위해서는 층위마디 간의 인정과 소통이 추가되어 상호 연결성이 확보되어야 한다. 절합적 통일성을 고려할 때 〈기생충〉에서 층위간의 연결은 긍정적이거나 조화롭지 않다는 점에서 '통일성'이 반드시 '해피 엔딩'이라는 희망적인 결말을 뜻하지는 않는다. 이때의 '통일'은 다른 층위간의 관계가 파국으로 끝나도 결국 이야기가 '완결'된다는 의미로 해석하는 게 옳다. 여러 개의 마디가 조화롭고 생산적으로 만나지 못하고 갈등과 대립을 거쳐 분열적인 파국에 이를 수도 있다. 그런 점에서 절합적 통일성에서 '통일'은 헤겔 변증법의 의미에서 합송을 뜻하지 않을 수 있다. 여기서는 다만 〈기생충〉에는 서로 다른 마디들의 연결이 주제화되고 있다는 점만을 지적하고자 한다.

3) 반전反轉적 역동성

- 조건독립적인 내부 폭발력, 응축적 폭발력, 돌발적 실행성, 생명력, 전환점

하지만 분절적 개연성과 절합적 통일성만으로 한류의 특성과 성공을 설명하기엔 부족하다. 한류를 즐기는 감정 코드에서 빼놓을 수 없는 특징은

'힘' 또는 '역동성'이다. 세계인은 K팝의 파워풀한 춤동작에 열광한다. 이수만은 말한다. "아시아의 음악시장을 강타한 한국음악이 바로 이 댄스뮤직이라는 것입니다. 화려하고 열정적인 춤이 바로 한류 열풍의 주역이었다는 점을 부인해서는 안 됩니다."[30] 역동성은 비단 K팝에 국한된 성질은 아니다. 한국의 드라마를 비롯한 여타의 문예 분야에서도 '한국적인 것의 힘'은 다양한 방식으로 분출되고 있다.

한민족의 전통무예인 택견이나 기천氣天의 경우 대련 시 돌발적이고 급작스런 동작으로 상대의 허를 찔러 무력화시키는 기술이 일품이다. 특히 태견은 무술이면서 동시에 유희여서 무희武戱로도 불리는데 상대선수에게 몸을 가까이 붙여 굼실굼실 춤추듯 움직이다가 상대가 허점을 보이면 순식간에 그 자리에서 발을 치켜들어 상대를 공격한다. 상대가 예상치 못한 폭발력이다. 태견은 동작의 유연성 못지않게 급작스런 공격의 정확성이 관전 포인트인데, 이렇게 점진적인 동작이 없이 돌발적인 공격이 가능한 무예는 다른 민족의 전통무예에서는 찾을 수 없는 고유한 특성이다.

여기서 이 무예들의 조건독립적인 특성에 주목할 필요가 있다. 이들은 공격 중에도 수비를 대비할 뿐만 아니라 공격이 실패했을 경우를 대비해 다음 동작을 예비한다는 점이다. "순간적인 집중이 고정이 되어서는 안 된다."[31] 다시 말해 이들 무예에서는 '전천후의 몸놀림'이 요구된다. 정지한 상태에서도 다음 동작이 이미 예비되어 있어야 하고 동적인 상태에서도 동작의 방향을 바꿀 수 있어야 한다. 그리하여 자기에게 주어진 조건을

---

30 유상철 외, 앞의 책, 118쪽. K팝 가수들의 다이내믹한 율동을 "신기(神氣)가 넘치는 북쪽의 강신무"에 비유하기도 한다.(최광식, 앞의 책, 132쪽.)

31 기천, 2000, 96쪽.

부단히 초기화할 수 있는 역량을 갖추어야 한다. 이러한 상태가 가능하기 위해서는 수련자들이 평소에 강도 높은 반복 훈련으로 기술과 근육을 연마하여 어떤 조건에서도 자신에게 필요한 동작을 자유자재로 취할 수 있어야 한다. 여기서 BTS의 춤동작이 떠오르지 않는가?

한민족 전통무예의 순발력과 역동성은 한류 문화콘텐츠의 특성과 무관하지 않다. 세계인들이 주목하는 한류의 '힘'은 어디에서 비롯할까? 나는 이를 '반전反轉'의 효과에서 찾는다. 관객이 '느끼는 힘'은 그것이 한 단계마디에서 다음 단계로 이행할 때 발생하는 동작 또는 장면의 속도가 빠르고 각도가 예리한 데에서 기인한다. 빠른 속도와 예리한 각도는 관객에게 '놀람'을 유발하는데, 모든 '놀람'은 모든 '갈등'과 마찬가지로 이쪽의 기대예상와 저쪽의 반응결과의 차이에서 생긴다.[32] 이 차이의 폭이 클수록 관객의 놀람 정도와 환호 강도는 커진다. 즐거움이라는 감정이 단순히 '만족'에 그치지 않고 '재미'를 동반한다고 할 때, '재미'는 기존의 것과 다른 '새로운 것' 혹은 '예상치 못한 것'의 출현을 전제한다. 한류 콘텐츠의 생산자들은 관객들이 예상하는 익숙한 것의 허를 찌르고 들어가 낯설지만 일리가 있다고 여겨지는 새로운 마디사건/리듬를 만드는 반전反轉과 배반背反의 논리가 스토리 구성에서 얼마나 중요한지 잘 알고 있다.

〈기생충〉의 봉준호 감독에 대해 항간에서는 이렇게 평가한다. "삑사리의 예술가로 내러티브의 서사적 구조에서 반전을 일으키는 방식을 그의 영화적 강점으로 조명되었다. (…중략…) 그는 '삑사리'를 '헛발질하다',

---

32 놀람 또는 충격(shock)이 어떤 심리적 메커니즘에서 비롯하는지에 대해서는 퍼스(C.S Peirce)가 *Collected Papers of Charles Sanders Peirce* Vol. I(The Harvard Uni. Press, 1965, p.169f)에서 서술한 '경험' 개념을 참조.

'굴러 떨어지다'라는 뜻으로 해석했다." 봉준호 자신도 이렇게 말한다. "엉뚱함, 색다름, 예측할 수 없는 과감성, 이런 것을 추구하는데, 봉테일이라는 틀에서 보면, 얼마만큼 정교한가, 얼마만큼 옥의 티가 없는가, 이런 잣대로 보게 되면 자신은 갑갑하고 두렵다."[33] 봉감독의 디테일이 재미를 이끄는 부수적인 요소이긴 하지만 초점을 거기에만 맞추다 보면 큰 틀을 놓치기 쉽다. 〈살인의 추억〉도 그렇지만 〈기생충〉의 경우 스토리가 전혀 예상치 못한 방향으로 흘러가는 것도 반전적 역동성 혹은 불연속적 단층성을 이 영화 구성의 주도主導동기Leitmotiv로 파악하는 근거라고 할 수 있다. 봉감독의 데뷔작 명칭은 〈지리멸렬incoherence〉이었다고 하는데 지리멸렬의 사전적 의미는 '이리저리 흩어지고 찢기어 갈피를 잡을 수 없음'이지만 'incoherence'는 논리학에서 '정합整合적이지 않음'이란 뜻으로 어떤 논리체계 안에서 명제들이 서로 모순을 일으키는 상황을 일컫는다. 그런 점에서 봉준호의 영화는 '반전反轉의 미학'에 토대를 둔다.

'급작스럽고 예기치 않음'은 한류 드라마와 아이돌그룹 댄스의 역동성을 견인하는 미학 코드이다. BTS의 음악에는 대중가요의 다양한 장르가 섞여 그들의 음악은 청중에게 다채로운 감정변화를 일으킬 뿐만 아니라 파워풀한 춤동작으로 팬들의 폭발적인 반응을 유도한다. 특히 칼춤劍舞은 태견의 공격동작처럼 예기치 못한 급작스러움을 수반하는데, 이러한 반전적 역동성은 동작 이전의 자세에서 상식적으로는 거의 불가능한 동작이 이루어지기 때문이다. 불연속적 단층성이라 부를 수 있는 급작스런 반전은 관객에게 놀라움과 환호를 유발하여 즐거움을 선사한다. 이렇게 비캬

---

33 블로그, 통통샤인, 〈영화 기생충 봉준호 Jtbc 뉴스룸 인터뷰〉, 2019.6.6.

통상적인 동작이 가능하기 위해서 멤버들이 흘린 땀의 가치를 관객은 무의식중에 평가하여 갈채를 보낸다. BTS의 〈피, 땀, 눈물〉이란 곡이 무엇을 뜻하겠는가? 이와 더불어, BTS의 일원인 지민의 해맑고 곱상한 외모와 대조를 이루는 그의 현란하고 강렬한 댄스에서 관객들은 '반전反轉매력'을 포착하기도 한다. 예기치 않게 드러나는 새로운 모습은 단순히 +α가 아니라 본래의 매력을 2배 이상으로 극대화하는 효과를 낳는다.[34]

영화음악 감독 조성우에게 물었다. '영상과 함께 가는 음악에 대한 원칙이 있다면?' 그는 답한다. "지금까지 고수했던 원칙은 '조화'다. (…중략…) 그런데 지금은 달라졌다. 영화에서 음악이 꼭 조화만은 아니고 '충돌'도 방법론이라는 생각을 하게 됐다. 음악과 영화가 너무 안 맞는다는 느낌을 자아내는 것도 어떻게 보면 영화에서 음악을 사용해 접근할 수 있는 독특한 경험의 하나일 수 있다. (…중략…) 음악이 영상과 조화롭시만은 않은, 그러면서도 새로운 결합을 안겨줄 수 있는, 고분고분하지만은 않은 음악, 음악이 튀는 그래서 경우에 따라서는 불쾌할 수도 있는, 그런 시도가 대세에도 맞고, 그런 공감대가 많이 생긴 것 같아서."[35] 한 편의 영화 안에서 발생하는 시각효과와 청각효과의 불협화 또는 단절적 불연속성을 지향하는 기법은 그 배반의 특성으로 시청자의 기대에 부응하지 않음으로써 오히려 충격적이고 역동적인 효과를 자아낼 수 있다.

한류 콘텐츠에 숨겨진 반전적 역동성은 한국사회가 겪은 '과정생략적 근대화'와 무관하지 않다고 나는 생각한다.[36] 한국의 근대화는 서구의 근

---

34 조은재(대중문화평론가), 〈BTS의 지민은 어떻게 최고의 아이돌이 됐나〉, 『여성동아』 인터넷 검색.
35 『객석』, 2007년 4월호, 89~90쪽.
36 유헌식, 『한국인의 일상행위에 감춰진 의미구조 연구』, 한국연구원(비매품), 2008, 215쪽

대화가 겪은 전全과정을 단기간에 압축적으로 밟은 것이 아니라 중간 단계를 건너 뛰어 바로 서구 근대화의 최종적인 결과를 흡수하는데 성공함으로써 가능했다. 이러한 '과정생략적' 혹은 '결과흡수적' 성장은 한국인의 생활양태 전반에 영향을 미쳐, 급기야는 한류 문화콘텐츠의 성격 형성에도 영향을 미쳤다고 본다. 점진적이고 단계적이며 연속적인 과정을 밟지 않고 목표지점에 근접한 단계에서 바로 뛰어오름으로써 이전 단계와 불연속적인 단층을 형성하면서도 목표지점에 도달하는 역량을 키워온 것이다. 앞서 언급한 BTS의 춤동작이나 영화 〈기생충〉의 스토리 전개방식은 한국의 전통문화와 근대적 행동양식 안에 도사리고 있는 실전적인 내부폭발력이 긍정적으로 작동한 결과로 볼 수 있다.

이와 관련하여, 좁은 의미의 한류 문화콘텐츠에 속하지는 않겠지만 넓은 의미에서 한류에 속하는 '한국 바둑'의 특징에 대해 중국의 대표적인 바둑전문기자 씨에루이가 작성한 「한류에 패한 창하오」의 내용은 음미할 만하다. "조훈현, 서봉수, 유창혁 등 '한류'의 대표적인 기사들이 '속력速力' 즉, 속도와 힘의 조화라는 새로운 경지를 선보였다. 이러한 발전이 이세돌에 이르러 혼연일체로 집대성된 것이다. 한 판의 바둑에서 포석에 이르기도 전에 중반에 돌입, 살육의 현장으로 유도해 기백과 계산력을 바탕으로 폭풍 같은 승리를 쟁취하는 것이 바로 그것이다."[37]

이하 참조. 여기서 나는 한국의 근대화를 '압축성장'이 아니라 '과정생략적 성장'이라고 부르는 이유를 자세히 설명하였다.

37 중국 씨에루이 기자, 「한류에 패한 창하오」, TYGEM 중국통신, 2010.5.5.

4) 청량淸凉한 건강미

- 깨끗함 / 깔끔함 / 밝음 / 순수 / 절제 / 희망 / 위생성(청결성)

지금까지는 한류의 콘텐츠에서 즐거움의 감정을 유발하는 코드를 구성적 측면에서 살폈다면, 이제는 정서적 측면에서 살펴보기로 한다. 앞에서 언급한 분절적 개연성, 절합적 통일성 그리고 반전적 역동성은 분절론의 시각에서 볼 때 마디와 마디의 관계에 초점이 맞춰졌다면, 앞으로 다룰 청량한 건강미와 온후한 인간미는 마디들이 합쳐져 전체적으로 자아내는 분위기에 초점이 맞춰진다는 점에서 전자에 비해 관객이나 시청자의 감정에 더 직접적으로 호소한다고 할 수 있다.

한류의 드라마와 대중가요 그리고 영화 속 핵심인물들의 외모와 인상은 하나 같이 맑고 깔끔하다. 한류 스타들의 맑고 깔끔한 이미지는 신사답거나 우아한 태도와 겹쳐 동화 속의 '백마 탄 왕자'의 기품이나 '신데렐라'의 성품을 연상시키면서 꿈의 세계에나 있을 법한 신선한 느낌으로 관객에게 다가와 선망의 대상이 되곤 한다. 이들을 보는 것만으로도 마음은 밝아지고 맑아진다. 한류가 동남아시아와 중동 그리고 남미의 청소년과 여성에게 급속도로 전파되어 적극적으로 수용되는 이유에 대해 "한류는 건강하다"는 반응이 지배적이다. 한류에 비해 미국이나 유럽 그리고 일본의 대중문화는 상대적으로 건강하지 못하다는 방증이다. 한류는 통상적으로 '대중문화'에 따라붙는 선정성, 불량기, 퇴폐성 등의 부정적인 꼬리표를 달고 있지 않다. 한류 스타들의 춤과 노래는 서양 대중음악 톱스타들의 춤과 노래와 질적으로 다르다.

미국에서 힙합 대중화의 기수였던 Run D.M.C.의 〈It's tricky〉비디오는 교묘한 속임수로 남의 돈을 갈취하는 야바위꾼의 이야기를 소재로 삼고 있으며, 70~80년대 힙합의 혁명을 주도한 N.W.A.의 〈Straight Outta Compton〉 비디오은 무기를 들고 경찰과 대치하다 체포되는 이야기를 담고 있고, 80~90 년대의 힙합을 주도했던 The Notorious B.I.G.의 〈Big Poppa〉는 젊은 남녀가 문란하게 섞여 술 마시고 춤추는 클럽의 분위기를 연출하고 있으며, 팝의 황제로 불리는 마이클 잭슨은 여성에게 수작 부리기 딱 좋은 춤동작과 목소리를 뽐낸다. 기존 사회에 대한 저항과 항거의 뜻을 표출하기 위한 방편으로 흑인대중음악이 출현하긴 했지만 메시지를 전달하기 위해 사용되는 소재와 장면에는 사기, 폭력, 술, 섹스 등 부정적인 요소가 가득하다. 미국의 여성 팝 아이콘들의 경우도 예외가 아니다. Lady Gaga, Madonna, Britney Spears의 의상은 페티시즘에 젖어 있고, 춤동작은 관능적sensual이며, 화장과 표정은 성인 클럽에서나 통용될 법할 만큼 퇴폐적décadent이고 기괴grotesque하다. 이들에게서 표현되고 있는 폭력성, 선정성, 퇴폐성은 불쾌, 모욕, 우울의 감정을 유발하기도 한다. 이에 반해 한류 아이돌 그룹의 춤사위는 섹시한 율동에서도 분명한 선을 지킴으로써 오히려 건강한 생동감으로 다가온다. 전자의 '어둡고 불쾌함'에 한류의 '밝고 상쾌함'이 대립한다.[38] BTS의 청량한 목소리와 강건한 춤사위의 결합은 압권이다. 또한 조성우가 영화 〈봄날은 간다〉, 〈밤길〉, 〈만추〉 등의 OST 삽입곡에 흐르는 '맑은 애상哀想'의 선율은, 이를테면 일류日流인 류이치 사카모토坂本 龍一 영화음악의 모호하고 무거운 선율과 대비하여 투명하고 건강하다.

---

[38] "아무리 패션과 스타일에서 튄다고 해도 빅뱅과 2NE1은 마돈나, 레이디가가와 같이 드러난 정치적 불온성을 갖고 있지 않다. 케이팝은 서구의 중산층 청소년들이 흑인문화 수용의 부담 없이, 그리고 성과 마약, 폭력에 대한 도덕적 부담 없이 즐길 수 있는 '양질의' 엔터테인먼트를 제공하고 있다."(홍석경, 앞의 책, 335쪽.)

한류 콘텐츠의 건강성에 대해 해외 한류 팬들의 반응을 보자. 인도네시아 30대 여성들의 반응이다. "한국 드라마는 미국 드라마와 달리 성적인 표현이 많지 않아서 좋아요." "한국 드라마 속 애정 표현은 미국과 일본에 비해 점잖아요. (그래서) 한국 드라마는 가족이 함께 볼 수 있어요."[39] 남미에서는 부모들이 자녀에게 K팝을 듣기를 권장한다는데, "케이팝은 남미 청소년들이 마약, 폭력, 술에 노출되지 않게 해주는 건전한 놀이방식이기 때문"이라고 한다. 남미 노래 가사의 대부분은 마약, 폭력, 섹스에 관한 것이어서 브라질의 경우 13~14세의 청소년이 마약에 노출되어 있었는데, 브라질에 케이팝 열풍이 불면서 많은 청소년들이 마약을 끊고 케이팝을 들으며 춤추게 되었다고 한다.[40] 또한 아랍인들은 "한국 드라마의 가족적인 분위기, 성과 폭력이 극소화되고 인간관계에서 존중과 덕목이 중시되는 내용이 라마단이라는 가족적이고 종교적인 기간에 전체 가족이 모여 늦은 저녁식사와 함께 시청하기에 적합하다는 것이다".[41]

그런데 한류의 건강성에 대해 문화인류학자 조한혜정은 이의를 제기한다. "미국과 일본의 대중문화는 너무 폭력, 말초적이어서 거부감이 있는데 한국문화는 서구 대중문화를 나름대로 수용하고 유교적 정서로 어느 정도 걸러졌기에 수용하기가 용이하다."는 문화관광부 직원의 말에 맞서, 폭력성과 선정성이 짙은 한국 드라마가 적지 않으며 끊임없이 새로운 것을 추구하는 대중문화의 경향에서 볼 때 한국의 대중문화노 미국, 일본과 마찬가지로 폭력성과 선정성의 증가 추세에 동승하고 있다고 진단하면서

---

39 장원호 외, 『한류와 아시아 팝문화의 변동』, 푸른길, 2014, 200쪽.
40 유튜브, 한류썸띵, 〈남미 부모님들이 케이팝에 고마워하는 이유〉.
41 홍석경, 앞의 책, 181쪽.

위 직원의 말은 "단편적인 관찰의 결과"이자 "대중문화 논리에 대한 무지를 드러내는 부분"이라고 비판한다.[42] 그러나 조한혜정의 이 같은 평가는 편파적인 단견이다. 한국의 드라마 일반이 아니라 해외에서 호응을 받은 한류 드라마에 한정할 경우 한류 드라마에는 미국이나 일본 드라마에 비해 폭력적이거나 선정적인 장면이 현저하게 낮은 게 사실이다. 순수와 절제 그리고 애정관계의 완만한 진행은 한류 드라마의 전형적인 특징이 아닐 수 없다. 드라마 속의 어설픈 키스신만으로도 장안의 화제가 되지 않든가? 대표적인 한류 드라마인 〈대장금〉, 〈가을동화〉, 〈겨울연가〉, 〈별에서 온 그대〉 그리고 〈태양의 후예〉에 이르기까지 인간관계에서 과도한 폭력성은 보이지 않으며 애정관계에서 선정적인 장면은 찾기 어렵다.

5) 온후溫厚한 인간미

- 따뜻함, 아량, 배려 / 겸손(禮), 일상적 휴머니즘(서민성), 위로(힐링)

한류는 따뜻하다. 인간적이다. 이 요소는 사실 한류가 문화 콘텐츠로서 대중의 사랑을 받는데 결정적일 수 있다. 대중과의 거리를 어떻게 좁힐 것인가, 하는 문제는 한류의 생산·제작자들이 머리를 맞대고 씨름하는 과제가 아닐 수 없다. 지금 제시하는 '온후한 인간미'라는 코드는 한류가 대중적인 접근성이 높아 발신자와 수신자 간에 동류同類의식을 유발한다는 사실에 토대를 둔다. 나는 그대들과 다르지 않다. 그대들의 사는 모습을 내가 드러냈을 뿐이다. 그대들도 이 정도의 노래와 춤은 어렵지 않게 따라 할 수 있다. 나도 그대들과 다른 삶을 살고 있지 않다. 그래서 우리는 인간

---

42 조한혜정 외, 앞의 책, 15~16쪽.

적으로 하나다.

이렇게 대중성서민성과 생활 밀착성에 토대를 둔 '온후한 인간미'는 한류의 드라마와 K팝 전반에 깔려 있다. 대표적인 예가 싸이의 〈강남스타일〉이다. 〈강남스타일〉은 "재미있는 동작의 말춤과 웃기는 유머 코드로 간결하고 친숙한 멜로디"를 전하여 "인간의 본능을 가감 없이 드러내는 B급 감성으로 전 세계인들이 친근감을 느끼게 했다".[43] 그리하여 〈강남스타일〉은 청중이 거리낌 없이 자기를 표현해도 괜찮은 분위기를 조성하여 긴장을 풀고 공연에 참여하게 만든다. 그런 점에서 〈강남스타일〉은 보통의 K팝에 담긴 세련되고 절제된 미학과 다르다. "싸이의 〈강남스타일〉은 사실 케이팝의 트레이드마크인 완벽히 통제된 미학과 패션을 선보이는 세련되고 깔끔하게 준비되고 기획된 무엇이 아니라 즐거우며 자유롭고 가볍게 만들어진 뮤직비디오이다. 싸이와 가까운 코미디언들이 우정 출연해서 불과 이틀 만에 만들었다고 알려져 있고, 의도적으로 '싸구려 티'가 나면서도 '재밌게 놀아보자'라는 신명이 느껴지는 영상이다." 〈강남스타일〉의 초점은 다른 K팝처럼 '멋지고 정돈된 공연'을 통한 '감동'이 아니라 오히려 '어수선하고 흐트러지고 웃기는 공연'을 통하여 '재미'를 선사한다는 데 있다.[44] 분절적 개방성과도 관련이 있는 K팝의 이러한 대중성은 관객이나 청중들이 애초부터 노래에 참여할 수 있는 여지를 열어놓는 데에서도 드러난다. 싸이나 BTS의 곡들뿐만 아니라 K팝의 대부분은 대중들

---

43 유재혁, 앞의 책, 46쪽.
44 "싸이의 진정한 공헌은 케이팝의 지나치게 말끔하고 소독된 듯한 이미지를 '개선'한 것이 아닌가."(이상, 홍석경, 위의 책, 341~342쪽.) 이러한 K팝의 서민적 특성은 급기야, "케이팝의 '싸구려'스럽고 '유아적'이며 공장에서 생산된 것 같은 '규격화'된 음질과 표상, 이미지들은 탐미적 접근의 대상이 될 필요도 없다"는 평가를 낳기도 한다.(홍석경, 앞의 책, 38쪽.)

이 따라 부르기 쉬우며, 결과적으로 이 노래들은 관객이 함께 부름으로써 비로소 완성된다고 할 만큼 서민적 휴머니즘을 담고 있다.[45]

드라마의 경우도 사정은 다르지 않다. 한류 가족드라마의 문을 열었다고 평가 받는 〈사랑이 뭐길래〉는 말할 나위 없고 〈대장금〉과 〈풀하우스〉 그리고 〈태양의 후예〉에 이르기까지 따뜻한 가족애와 훈훈한 로맨스를 가로지르는 인간미는 시청자들이 품고 싶은 인간관계의 감정을 그대로 드러낸 명품 드라마다. "한국 드라마는 '성취하는', '감동적이고 따뜻한', '재밌는' 스토리를 표현한다."[46] 또한 일상에서 벌어지는 일화를 담고 있는 경우가 많아서 텔레비전을 켜놓고 다른 일을 하면서도 그 줄거리를 파악할 수 있을 만큼 이야기 전개속도가 느리고 한 두 차례 시청을 걸러도 이전 화話의 내용을 짐작할 수 있다. 바로 이 점이 시청각문화로서 한국 드라마의 대중성이다. 이렇게 다소 통속적인 한류 드라마에 대해 고급문화 취향의 교양인들은 거부감을 노골적으로 드러내기도 하지만[47] 바로 그 대중적인 통속성 때문에 대중에게 만족감을 준다. 중국의 중년 여성들이 한국 드라마에 매력을 느끼는 가장 큰 이유는 "생활에 밀착된 것을 소재로 삼아 다룬다는 점이었다. 우리 주변에서 흔히 일어날 수 있는 일들을 소재

---

45 "반복되는 후렴구, 따라 부르기 쉬운 음률 등으로 대중적인 동화성을 확보하고 있고, 서양의 음악을 가미함으로써 글로벌 보편성을 확보하고 있다."(한국문화산업교류재단, 『한류 포에버-세계는 한류 스타일』, (재)한국문화산업교류재단, 2012, 11쪽) "한국 노래는 멜로디를 쉽게 따라 부를 수 있을 것 같다."(김익기·임현진, 『동아시아 문화권에서의 한류』, 진인진, 2014, 83쪽.)

46 장원호 외, 앞의 책, 137쪽.

47 "한류의 성공을 가져온 드라마들을 이 고급문화 취향의 잣대를 가지고 저울질한다면, 지나치게 멜로드라마적인 순애보와 시추에이션 코미디 장르 컨벤션이 두드러지는 로맨틱 코미디들은 대부분 지극히 대중적이고 여성 취향적이며, 알 수 없는 역사적 사건과 인물들을 나열하는 사극은 리듬감 없는 역사기술(historiography)에 가깝고, 형사물은 서스펜스와 연출력이 부족하다."(홍석경, 앞의 책, 39쪽.)

로 삼는 데서 친근감을 느끼고 있었다".[48]

　이와 관련하여 방탄소년단의 성공 컨셉 하나를 혹자는 이렇게 설명한다. "나의 이야기를 하고, 나의 이야기에 공감하는 사람들과 함께 성장하며, 궁극적으로 모두의 미래에 '봄날'을 응원하는 '선한 영향력'에 가치를 둔 아이돌 그룹. 제작자에 의해 만들어진 상품이기를 거부하고, 사회의 부조리에 미숙하지만 당당히 제 목소리를 내며, 누구라도 소통할 수 있는 평범한 개개인이자 '좋은 사람', 함께하면 즐거울 수 있고, 자신들의 음악에 공감하는 사람들과 서로 기대며 힘이 되어주기를 자처하는, 지금의 일곱 멤버로 꾸며진 방탄소년단이었기에 맺을 수 있었던 결실이라는 사실이다."[49]

　BTS의 대중 소통적이고 밀착적인 특성은 비단 그들 음악의 가사나 그들의 성장배경에만 국한되지 않는다. 그들은 스타지만 스타처럼 행동하지 않는다. 사생활뿐만 아니라 일상의 흐트러진 모습을 대중들에게 감추려 하지 않는다. 인간애적인 동질감으로 자신들을 열어 놓는다. 그들은 내밀하게 군림하지 않고 외밀하게 소통하고자 한다. "사생활 노출을 통한 정체성 구축과 존재감의 형성을 지칭하는 신조어가 '외밀성extimity'이다."[50] 외밀성은 기존의 내밀성intimacy과 대비되는 의미에서 자신의 사적이고 자질구레한 일상을 보여줌으로써 관객이 인간적 친밀감을 느끼게 할 뿐만 아니라 관객과 인간적인 호흡할 수 있는 틈을 마련한다.

　한국의 아이돌과 미남 스타들은 프랑스 여성 팬들을 열광시켰다. 근육실 봄매와 세련된 패션 감각 그리고 로맨틱한 이미지를 구비하고 있을 뿐

48　김경일 외, 앞의 책, 241쪽.
49　김정은 외, 앞의 책, 334쪽.
50　홍석경, 앞의 책, 168쪽.

만 아니라 과거 할리우드 스타에 버금가는 성적 매력을 지닌 존재들이다. "게다가 할리우드 스타들처럼 멀고도 '잘난' 존재들이 아니라, 주간 연속극에서 먹고 자는 것을 볼 수 있고 텔레비전 오락 프로그램에서 실수하고 웃음거리도 되며, 일상생활의 일거수일투족이 노출되어 있는, 스타와 미디어 셀러브러티의 중간쯤 되는 존재들이다."[51] 한류의 스타들은 할리우드의 스타들처럼 일상의 삶이 베일에 가려져 대중에게서 격리되어 있지 않다. 스타와 팬덤 사이에 거리를 없앤다. 사생활의 노출에 극도로 예민하고 까다롭게 구는 할리우드 스타들과는 달리 한류 스타들은 팬들에게 친절하고 자신의 지극히 일상적인 모습을 공개하는 데 너그럽다. 따뜻한 인간미가 그들의 매력이다.

3. 맺는 말 – 아시아적 공共감각의 보편화 가능성 – 코드명 : 진정성

지금까지 제시한 코드의 특성을 요약하면, '분절적 개연성'은 어떤 주체가 마디를 여러 개 가짐으로써 외부의 상황에 따라 자기를 유연하게 변형하는 성질, '절합적 통일성'은 주체를 구성하는 마디와 마디를 연결하여 전체적으로 새로운 통일체를 형성하는 성질, '반전적 역동성'은 마디와 마디를 연결하는 방식에서 이전 단계와 불연속적인 도약의 방식을 취하는 성질, 그리고 '청량한 건강미'와 '온후한 인간미'는 앞의 세 가지 구성적 측면의 전반에 흐르는 정서적 측면 즉, 건강하고 따뜻한 이미지를 각각

---

51 홍석경, 앞의 책, 316쪽.

표방한다, 여기서 구성적 측면인 앞의 세 코드는 즐거움의 구성요소 가운데 '재미'를, 그리고 정서적 측면인 뒤의 두 코드는 '만족'을 견인한다.

그러나 이렇게 제시한 5개의 코드가 한류의 모든 콘텐츠에 공히 작동한다고 말할 수 없으며, 오직 한류의 콘텐츠에만 해당한다고 말할 수도 없다. 이 코드들은 한류의 다양한 장르마다 다르게 나타날 수 있으며, 같은 장르에 속해도 작품의 성격에 따라 이 코드들 가운데 몇은 강하게 몇은 약하게 작용하며, 또한 이 코드들을 다른 나라의 대중문화 콘텐츠에서도 찾을 수 있다. 하지만 다른 나라의 경우 이 코드들이 한류만큼 강력하고 전형적인이념형적인 형태로 각인되어 있다고 보이지 않는다. 여기서 후자의 사실은 현재 한류가 세계사회에서 보편적인 대중문화로 수용될 수 있는 여지를 시사한다는 점에서 고무적이라고 생각한다.

한류가 처음에 중국을 필두로 하여 동(남)아시아 전 지역에서 큰 호응을 얻었다는 점을 고려할 때 대중문화로서 한류를 중심으로 아시아의 역사–문화적 공共감각sensus communis을 말할 수 있는 여지가 생긴다. 한류는 (동)아시아의 감정적 정체성을 담아내어 아시아인의 유대감과 자존감을 일깨우는 데 기여하였다. "구미인의 흉내를 내려고 해도 무리가 있고 촌스러울 뿐 아시아인으로서 어떻게 하면 좋을까? 그 모델을 나타낸 것이 한국이었다. 일본의 아이돌과 달리 아시아인으로서 어떻게 하면 좋을까? 세계에 통용되는 아시아적 쿨이라는 답을 냈다." "한류는 아시아인이 아시아인이라는 긍지를 느끼게 했다."[52] 한류는 "가시적이고 느낄 수 있는 '아름다운' 아시아의 정체성"을 창출한 것이다.[53]

---

52 유튜브, 한류썸띵, 〈한국인은 아시아인의 자부심을 만들어냈다!〉
53 홍석경, 앞의 책, 118쪽.

한류가 특히 맹위를 떨쳤던 동(남)아시아와 남미의 국가들은 한국과 마찬가지로 아픈 근대의 역사를 뒤로 하고 있어 정서적 공감대를 형성하기가 수월한 면이 있다. 이를테면 드라마로 제작된 〈여명의 눈동자〉는 인도차이나와 만주까지 무대로 설정되어 있다. 더욱이 전통과 현대의 갈등 그리고 전통에서 현대로 이행하는 데 따른 시대적 문제 상황을 공감하는 일이 서구 선진국들에 비해 상대적으로 쉬웠을 것이다. 음식과 의술을 소재로 담은 〈대장금〉은 동양의 식생활과 의료행위의 의미를 재발견하는 기회가 되었으며, 〈사랑이 뭐길래〉는 경제성장에 따른 전통에서 현대로의 이행에서 발생하는 세대 간 갈등 문제를 구체적으로 다루어 개발도상국 국민들의 공감을 얻기에 충분했다. 제국주의 열강들에 의해 식민지 경험을 한 나라들은 상황에 따라 자신의 입지를 변화시켜 삶을 보존하려 했다는 점에서 한국과 유사한 생존전략을 터득했을 가능성이 높다.[54] 다만 한국은 발달된 소셜 미디어 플랫폼과 경제력을 토대로 자신의 역사적 경험을 한류라는 문화현상으로 녹여내어 세계시장에 먼저 내놓았을 뿐이다.

오래 전부터 서구인들에게 아시아의 문화예술은 일본과 중국으로 대변되었다. 그런데 지금은 한국의 대중문화가 앞장서서 아시아를 넘어 서구 선진국의 문턱을 넘고 있다. 한류 콘텐츠가 서구의 보수 중산층에게도 거슬리지 않는 이유는 "백인의 이상형을 동아시아적으로 구현하고 있는 한국의 아이돌들이 미국 흑인들의 음악인 R&B와 힙합, 랩을 월드음악의 문

---

[54] 한류가 특히 동(남)아시아와 남미의 대중들에게 즐거움의 코드를 선물했다고 할 때, 이 코드에 담긴 가치를 기존의 서구적 가치와 대비시킨다면, '아름다움'에 대하여 '즐거움', '단순(단색)'에 대하여 '복합(컬러)', '경직'에 대하여 '유연', '예측가능'에 대하여 '예측불가', '질병(퇴폐)'에 대하여 '건강', 그리고 '엄격(냉혹)'에 대하여 '온화(온후)'를 선사한 것으로 볼 수 있다.

법일렉트로닉, 가벼운 서유럽 록으로 구현해서 서구의 백인들에게 흑인문화와 동일시하는 '노력'을 강요하지 않고도 그 문화의 경쾌함을 향유할 수 있게 해주었기" 때문이다.[55] 한류의 아이돌들은 서양인에게도 거부감이 적어, 동서양을 아우를 수 있는 공감각적인 즐거움의 코드를 제공할 수 있다. 더구나 '한류'라는 대중문화 콘텐츠는 '우리가 보여주고 싶은 것'이 아니라 '그들이 보고 싶어 하는 것'을 생산함으로써 지금까지 성공할 수 있었다. '나'를 열어놓아 '타인'이 들어와 숨 쉴 수 있는 공간을 내 안에 마련했기 때문이다. 한류가 문화의 분절성을 중심으로 개연성유연성, 연대성, 역동성, 건강성 그리고 인간성을 표방한다고 할 때, 여기에는 '무無중심의 중심'과 '무無국적의 국적'을 문화산업의 전략 또는 정체성으로 삼음으로써 한류가 세계화 시대의 글로벌한 문화가치로 발돋움할 수 있는 길이 열린 것이다. 더구나 "한류의 출발이 하이브리드였다"는 사실을 받아들인다면, 오늘날 혼종混種 : hybrid과 이산離散 : diaspora이 세계사회의 이슈로 등장하는 상황에서 "한류는 아시아 및 전 세계 문화공동체 형성의 담지자가 될 수 있을 것이다".[56]

오늘날 팝아트Pop-art가 출현하면서 통속적인 대중미술과 전통적인 고급예술의 경계가 사라지고 있다. 이러한 시대적 상황에서 한류는 앞으로 어떤 태도를 견지해야 할까? '즐거운 B급 문화'라는 조롱과 괄시는 한류의 배후에서 끊임없이 제기되었다. '한류'에 대해 '깊이가 얕다', '포장만 화려하다', '말초적이다', '일시적인 유행일 뿐이다' 등 '혐嫌한류'의 기세

---

55 홍석경, 앞의 책, 334쪽.
56 장원호 외, 앞의 책, 268~269쪽. 실제로 말레이시아의 경우 말레이인과 중국화교 그리고 인도인으로 구성된 다문화 국가인데 이들 간의 인종적 대립이 이들 모두의 취향을 아우르는 한류문화상품을 매개로 화합할 수 있는 길이 열렸다고 한다.

가 만만치 않다. 서구의 상류층은 말할 것도 없고, 일본과 중국의 고급문화 향유계층에서는 한류에 대해 시기어린 불만과 경멸의 눈초리를 보이곤 한다.[57] 한류를 둘러싼 이런 말들을 단지 질시에서 나온 뒷담화라고 일축할 수만은 없다. 한류가 즐거움의 문화로서 재미와 감흥感興에만 머물 경우 그 생명력이 지속되지 않을 것이라는 우려 때문이다. 그렇다고 처음부터 즐거움을 목표로 대중문화를 표방한 한류에 고급문화 흉내를 주문할 수도 없는 노릇이다. 그래서 '감각적 오락에 정신적 가치를 덧붙여라!'거나 '외양에 내실을 더하라!'라는 요구는 얼핏 자가당착처럼 들릴 수 있다. 하지만 우리는 'The Beatles'와 'ABBA' 그리고 'Queen'과 같은 대중음악의 전설을 보아왔고, 이들에게서 영혼soul의 울림을 경험하지 않았는가? 물론 시대가 바뀌어 더 이상 이들과는 다른 음악환경에 놓여 있기는 하지만, 한류는 오늘날 인공지능의 시대에 걸맞게 디지털의 기술적 효과를 충분히 활용하여 인간에게 울림을 줄 수 있는 새로운 대중음악의 장을 열어가야 할 것이다. 표피적인 감흥에 심층적인 감동感動이 첨가되어야 한다는 생각이다.

많은 세계인이 '한류'의 작품들에 흥겹게 갈채를 보내는 인간적 이유는 한류의 생산자와 출연자가 작품에 기울인 땀 즉, 진정성眞情性 : authenticity에 있다. 그들은 한류에서 '보이지 않는 열정'을 보고, 그 진정성에 움직인 것이다. 그런데 한류도 '문화'인 한에서 인간이 만든 것이지만, '인간이 만든 것'에 땀이 배어 있다는 것만으로 작품의 진정성이 확보되는 것은 아니다. 즐거움과 동시에 감동을 줄 수 있는 문화 콘텐츠를 생산하기 위해서

---

57 "한국 드라마는 그저 시간 남을 때 가벼운 마음으로 볼 수 있는 눈요기 거리일 뿐, 거기에 어떤 거창한 가치를 부여할 필요는 없다."(김경일 외, 앞의 책, 243쪽.)

는 표면의 가치外樣 못지않게 내면의 가치內實를 작품에 구현하는 자세가 요구된다.[58] 콘텐츠의 재미와 완성도를 모두 충족하는 일이 결코 쉽지는 않지만 그 길을 포기할 수는 없다. 겉과 속이 모두 아름다운 '참다운 진정성'을 띤 한류를 생산하는 데 그동안 인문학이 축적해온 고품격의 정신적 역량을 동원해야 할 필요성이 여기에 있다. 그래야 한류는 보편성을 띤 문화콘텐츠로서 롱런할 것이다.

문화경제학자 그로이스B. Groys는 이렇게 말한다. "가치의 전도는 혁신의 일반적 형식이다. 가치 있는 것으로 여겨지던 참됨 혹은 우아함이 가치 절하되고, 이전에는 무가치한 것으로 간주되던 세속적인 것, 낯선 것, 원시적인 것 혹은 속된 것이 가치 절상된다. 가치의 전도로서의 혁신은 경제적 작용이다." 결국 "혁신이란 세속적 공간의 특정한 사물을 가치화하여 문화적 아카이브에 도달하게 하는 행위"이다.[59] 그의 견해를 한류에 대입할 경우 한류는 이전에 세속적이고 속된 것으로 평가되던 것이 가치의 전도로 인해 새로운 것으로 등장했다고 할 수 있다. 한류가 하나의 혁신으로서 지속적으로 현 시대 대중문화의 견인차일 수 있기 위해서는 지금까지 보인 '진정성'을 콘텐츠의 외양을 갈고닦는 데에서만 보이지 말고, 인간에 대한 인문학의 연구 성과를 참고하여 콘텐츠의 내실을 갖추는 데까지 확장해야 할 것이다.

---

58 "중국의 30세 이상 성인은 한류가 깊이가 없고 젊은이에게 좋지 않은 영향을 미칠 것이라고 우려한다."(김익기·임현진(2014), 139쪽.) '깊이 없음'은 '겉을 아름답게 꾸미기'라는 피상성으로 이어진다. 그래서 "콘텐츠산업은 기본적으로 미모(美貌), 미관(美觀), 미담(美談), 미품(美品) 등 아름다움에 기반한 뷰티(beauty)산업이란 특성을 갖고 있다"(박재복, 『한류, 글로벌 시대의 문화 경쟁력』, 삼성경제연구소, 2005, 67쪽)고 할 때, '아름다움'에 대한 욕망을 거스를 수는 없지만 '어떤 아름다움인가?'하는 문제는 신중하게 검토해야 할 것이다.

59 그로이스, 김남시 역, 『새로움에 대하여』, 현실문화, 2017, 20·177쪽.

참고 문헌 및 자료

그로이스, 김남시 역, 『새로움에 대하여』, 현실문화, 2017.

김경일 외, 『'한류'와 '한풍' 상호역동관계연구』, 민족출판사, 2009.

김덕중 · 남상현 외, 『한류 메이커스』, KOFICE, 2017.

김익기 · 임현진, 『동아시아 문화권에서의 한류』, 진인진, 2014.

김정은 외, 『엔터테인먼트 코리아』, 미래의 창, 2018.

매일경제 한류본색 프로젝트팀, 『한류본색』, 매일경제신문사, 2012.

박동환, 『안티 호모에렉투스』, 길, 2001.

_____, 「모든 한계 지워진 것들의 세 가지 해법에 대하여」(미발표 논문), 2007.

박배형, 『헤겔 미학 개요』, 서울대 출판부, 2014.

박장순, 『한류의 흥행 유전자 밈』, 북북서, 2011.

_____, 『한류토피아에 이르는 길』, 북북서, 2017.

_____, 『무엇이 한류 유토피아를 꿈꾸게 하는가』, 북북서, 2018.

박재복, 『한류, 글로벌 시대의 문화 경쟁력』, 삼성경제연구소, 2005.

신호웅, 『한류 드라마 속의 도덕관』, 도서출판 경혜, 2013.

아리스토텔레스, 천병희 역, 『시학』, 2000.

_____, _____, 『니코마코스 윤리학』, 도서출판 숲, 2015.

유상철 외, 『한류 DNA의 비밀』, 생각의 나무, 2005.

유재혁, 『컬처 이노베이터』, 클라우드나인, 2015.

유헌식, 『한국인의 일상행위에 감춰진 의미구조 연구』, 한국연구원(비매품), 2008.

이수연, 『한류 드라마와 아시아 여성의 욕망』, 커뮤니케이션북스, 2008.

이종임, 『신한류와 문화이동의 지형학』, 논형, 2014.

장원호 외, 『한류와 아시아 팝문화의 변동』, 푸른길, 2014.

조한혜정 외, 『'한류'와 아시아의 대중문화』, 연세대 출판부, 2006.

최광식, 『한류 로드』, 나남, 2013.

카시러, 최명관 역, 『인간이란 무엇인가』, 전망사, 1979.

한국문화산업교류재단, 『한류 포에버-세계는 한류 스타일』, (재)한국문화산업교류재단, 2012.

홍석경, 『세계화와 디지털문화 시대의 한류』, 한울, 2013.

I. Kant, *Ktitik der Urteilskraft*, hg. v. Karl Vorländer, Hamburg, 1990.

U. Oevermann, "Die objektive Hermeneutik als unverzichtbare methodologische Grundlage für die Analyse von Subjektivität", in : *Wirklichkeit im Deutungsprozeß*, Suhrkamp, 1993.

C.S. Peirce, *Collected Papers of Charles Sanders Peirce*, The Harvard Uni. Press, 1960.

다수의 한류 드라마와 K팝과 영화(음악).

인터넷 기사 : 씨에루이 기자, 「한류에 패한 창하오」, TYGEM 중국통신 2010-05-05.

유튜브 자료 : 한류썸땡.

구글 검색 : 클립행어의 뜻.

네이버 검색 : 「BTS의 지민은 어떻게 최고의 아이돌이 됐나」, 『여성동아』.

PREMIERE, No. 25, 2005(8.1~15).

월간 『객석』, 2007년 4월호.

(재)한국연구원 한국연구총서 목록

1. 김주수, 신혼인법 연구 (1958)
2. 이창열, 한국경제의 구조와 순환 (1958)
3. 홍이섭, 정약용의 정치경제사상 연구 (1959)
4. 박병호, 한국법제사 특수 연구 (1960)
5. 이만갑, 한국농촌의 사회구조 (1960)
6. 남광우, 동국정운식한자음 연구 (1966)
7. 김경탁, 율곡의 연구 (1960)
8. 이광린, 이조수리사 연구 (1961)
9. 김두종, 한국의학발전에 대한 구미 및 서남방의학의 영향 (1960)
10. 이현종, 조선 전기 대일교섭사 연구 (1964)
11. 박동서, 한국관료제도의 역사적 전개 (1961)
12. 김병국, 한국중앙은행 연구(영문) (1965)
13. 곽상수, 한국 조세 연구 (1961)
15. 김동욱, 이조 전기 복식 연구 (1963)
16. 박원선, 부보상 (1965)
17. 최학근, 전라남도방언 연구 (1962)
18. 이기문, 국어표기법의 역사적 연구 (1963)
19. 김은우, 한국여성의 애정갈등의 원인 연구 (1963)
20. 서남원, 외국원조의 이론과 실제 (1963)
21. 이춘령, 이조농업기술사 (1964)
22. 노창섭, 서울주택지역 연구 (1964)
23. 유인호, 한국농업협업화에 관한 연구 (1967)
24. 강신항, 『운해훈민정음』 연구 (1967)
25. 유원동, 이조 후기 상공업사 연구 (1968)
26. 김병하, 이조 전기 대일무역 연구 (1969)
27. 이효재, 도시인의 친족관계 (1971)
28. 최영희, 임진왜란 중의 사회동태 (1975)
29. 원유한, 조선 후기 화폐사 연구 (1975)
30. 최태호, 개항 전기의 한국관세제도 (1976)
31. 김완진, 노걸대의 언해에 대한 비교 연구 (1976)
32. 하현강, 고려지방제도의 연구 (1977)
33. 김태준, 임진란과 조선문화의 동점 (1977)
34. 황패강, 조선왕조소설 연구 (1978)
35. 이기백, 신라시대의 국가불교와 유교 (1978)
36. 김용덕, 향청연구 (1978)
37. 권명철, 병와이형상 연구 (1978)
38. 신용하, 조선토지조사사업 연구 (1979)
39. 강신표, 단산사회와 한국이주민 (1980)
40. 소재영, 임병양란과 문학의식 (1980)
41. 이기동, 신라골품제사회와 화랑도 (1980)
42. 홍승기, 고려시대 노비 연구 (1981)
43. 김두진, 균여화엄사상 연구 (1981)
44. 신동욱, 우리 이야기문학의 아름다움 (1981)
45. 이기준, 한국경제학교육사 연구 (1982)
46. 민현구, 조선 초기의 군사제도와 정치 (1983)
47. 정형우, 조선시대 서지사 연구 (1983)
48. 조희웅, 한국설화의 유형적 연구 (1983)
49. 김용숙, 한중록 연구 (1983)
50. 이배용, 구한말 광산이권과 열강 (1984)
51. 윤근호, 한국회계사 연구 (1984)
52. 김학준, 북한중공관계 1945-'84(영문) (1985)
53. 이태진, 조선 후기의 정치와 군영제변천 (1985)
54. 박은경, 한국화교의 종족성 (1986)
55. 권병탁, 약령시 연구 (1986)
56. 김용선, 고려음서제도 연구 (1987)
57. 김영자, 한국복식미의 연구 (1987)
58. 양동휘, 한국어의 대용화 (1988)
59. 정두희, 조선 성종대의 대간 연구 (1989)

60. 오두환, 한국근대화폐사 (1991)
61. 윤홍노, 이광수 문학과 삶 (1992)
62. 정규복, 한국고소설사의 연구 (1992)
63. 김동철, 조선 후기 공인 연구 (1993)
64. 이희덕, 한국고대자연관과 왕도정치 (1994)
65. 이호영, 국어 운율론 (1997)
66. 오성, 조선 후기 상업사 연구 (2000)
67. 우대형, 한국 근대농업사의 구조 (2001)
68. 김철웅, 한국 중세 국가제사의 체제와 잡사 (2003)
69. 오항령, 한국 사관제도 성립사 연구 (2003)
70. 노계현, 간도 영유권 분쟁사 (2006)
71. 백옥경, 조선 전기 역관 연구 (2006)
72. 홍정근, 호락논쟁의 본질과 임성주의 철학사상 (2007)
73. 유헌식, 한국인의 일상행위에 감춰진 의미구조 연구 (2008)
74. 김현숙, 근대 한국의 서양인 고문관들 (2008)
75. 최선일, 17세기 조각승과 불교 연구 (2009)
76. 김도형, 일제의 한국농업정책사 연구 (2009)
77. 금지아, 한중 역대 서적교류사 연구 (2010)
78. 이찬, 한국 현대시론의 담론과 계보학 (2011)
79. 송기한, 서정주 연구 - 근대인의 초상 (2012)
80. 노용필, 한국도작문화 연구 (2012)
81. 엄연석, 조선 전기 역철학사 (2013)
82. 박광연, 신라법화사상사 연구 (2013)
83. 박미선, 신라 점찰법회와 신라인의 업윤회 인식 (2013)
84. 김병길, 역사문학, 속과 통하다 (2013)
85. 표정옥, 신화적 상상력에 비쳐진 한국 문학 (2014)
86. 허유호, 인형연행의 문화전통 연구 (2014)
87. 문성화, 『삼국사기』와 『삼국유사』의 역사인식과 역사의식 (2015)
88. 이경재, 다문화 시대의 한국소설 읽기 (2015)
89. 김수연, 유(遊)의 미학, 『금오신화』 (2015)
90. 홍성민, 감정과 도덕 - 성리학의 도덕 감정론 (2016)
91. 박해훈, 한국의 팔경도 (2017)
92. 김주연, 궁중의례미술과 십이장 도상 (2018)
93. 박평식, 조선전기 대외무역과 화폐 연구 (2018)
94. 임채우, 한국의 신선 - 그 계보와 전기 (2018)
95. 엄태웅, 대중들과 만난 구운몽 (2018)
96. 허태구, 병자호란과 예, 그리고 중화 (2019)
97. 한성훈, 이산 - 분단과 월남민의 서사 (2020)
98. 한재훈, 퇴계 이황의 예학사상 (2021)
99. 정우진, 몸의 연대기 (2021)
100. 이승종, 우리 역사의 철학적 쟁점 (2021)
101. 홍정완, 한국 사회과학의 기원 (2021)
102. 허윤, 남성성의 각본들 (2021)
103. 김우형, 한국유학의 철학적 탐구 (2021)
104. 김종수, 의궤로 본 조선시대 궁중연향 문화 (2022)
105. 손증상, 한국 근대 아동극과 아동잡지 (2022)
106. 김미덕, 보편적 부패 평균적 무능 (2022)
107. 이도흠, 18~19세기 한국문학, 차이의 근대성 (2022)
108. 서유리, 이탈과 변이의 미술 (2022)
109. 손성준, 중역한 영웅 (2023)
110. 김남석, 조선 신극의 기치, 극예술연구회 I (2023)
111. 김남석, 조선 신극의 기치, 극예술연구회 II-1 (2023)
112. 김남석, 조선 신극의 기치, 극예술연구회 II-2 (2023)
113. 이봉범, 한국의 냉전문화사 (2023)
114. 장철환, 한국 현대시의 리듬 (2023)
115. 방원일, 개신교 선교사와 한국종교의 만남 (2023)
116. 유헌식, 근대 한국사회의 정치적 정체성 (2023)